◆"国培计划"(2014)小学英语名师成果系列

"三力提升"的教师

教学设计

朱括　罗灵○主编

西南师范大学出版社

国家一级出版社　全国百佳图书出版单位

图书在版编目（CIP）数据

"三力提升"的教师教学设计／朱括，罗灵主编
. — 重庆：西南师范大学出版社，2015.6（2018.11重印）
ISBN 978-7-5621-7458-5

Ⅰ.①三… Ⅱ.①朱… ②罗… Ⅲ.①英语课－教学
设计－小学 Ⅳ.①G623.312

中国版本图书馆 CIP 数据核字（2015）第 132466 号

- -

"三力提升"的教师教学设计

主　编　朱括　罗灵

- -

责任编辑：杨萍
封面设计：仅仅视觉
排　　版：重庆大雅数码印刷有限公司·贝岚
出版发行：西南师范大学出版社
　　　　　地址：重庆市北碚区天生路2号
　　　　　邮编：400715　市场营销部电话：023-68868624
　　　　　http://www.xscbs.com
印　　刷：香河利华文化发展有限公司
幅面尺寸：170mm×240mm
印　　张：36
字　　数：714 千字
版　　次：2015 年 6 月第 1 版
印　　次：2018 年 12 月第 4 次印刷
书　　号：ISBN 978-7-5621-7458-5
定　　价：90.00 元

- -

本丛书编委会

序一

行进在名师成长的路上

李源田

名师是一个常讲常新的话题。其实，我们一直在思考谋划怎样才能把重庆教师队伍建设得更好。市政府已经出台文件，还要召开全市教师工作大会，其中一个重要内容也是名师名家建设。我们有一个基本思路，全市层面第一级台阶就是市级骨干教师，目前为止，已经评审认定了5000多人。第二级台阶是学科教学名师，第三级台阶是学科带头人，第四级台阶是未来教育家。这四级台阶用数字化方式来表征，就是"十百千万名师名家培育工程"。通过若干年的努力，到2020年国家教育现代化基本实现的时候，争取在重庆30多万教师中，能够形成万名左右的市级骨干教师，千名左右的学科教学名师，百名左右的学科带头人以及十名左右的渝派教育家。

在重庆教育高层次人才培养的整体框架下来讨论，我重点不讲名师的定义，这个或许不太重要，因为它也处在发展当中，我谈一谈名师成长发展中值得关注的几个话题。

一、用什么样的视角来讨论和建构名师

参加本次高级研修的这个群体是小学英语教师，整个中小学教师或许都可以遵循这样的思路来讨论。"五色五度话名师"是我曾经选用的角度，今天，我从教师通过专业生活成为名师的四个维度来讨论。名师超越普通教师，不同于一般的优秀教师。"天意君须会，人间要好'师'"，循着专业生活的足迹成长，名师就是教师队伍中的"哲学王"。

首先，名师体现着教师的共性。即高尚的师德、专业的知识、优秀的技能、多样的方法，包括教育的理想、人文的情怀、公道的坚守、责任的担当、创新的追求等，名师与普通教师，差异在于前者是这些方面的集成。

第二，应该是外语教师的个性。因为我们是外语教师，你也可能要运用

其他学科的一些思想、方法和手段,比如信息技术的、数学的乃至化学反应的一些思路来浸润、感染和影响你的学生。但是,一言以蔽之,你最后教的一定是外语,是通过语言与文字达成文章、文学,进而走向文化、文明的教育教学进程,让学生通过外语的方式认识、感悟和理解这个世界。名师登高望远,进而引导学生去发现一个全新的世界!

第三,教育的特性,教师要教书育人。党的十八大报告特别强调,把"立德树人"作为教育工作的根本任务,我们要在教书的过程中育人,要通过我们自身的立德来树人,还要特别地强调教育的一个显著特性,我们做的是教育,而不是一般意义的训练。如果我们只是让学生通过外语的训练去获得考试的高分,去考一个托福、雅思等,那"教育"就会沦为一般意义上的单词、语法、句式、段落、篇章的训练,沦为教书匠的行当。训练肯定是教育里的一些环节,但一定不是教育本身,更不代表教育的本质。因此,好的学科教育,尤其是名师的学科教育,一定要从学科这个单元出发,走向整个教育,实现从学科到科学到教育艺术的精彩纷呈,走向立德树人的广阔天地。置身其中,弥漫着教育的特性。

第四,应该有文化的属性。一般的学校,普通的教师,停留在感知、认知的教与学。在这个层面,也是教育。但是能够很好地影响人,教师能够达到"头脑聪慧,心灵高贵"的境界,做学生健康成长的引路人时,就从教育这样一个亚文化的圈层上升到真正意义上的文化这样一个境界。为什么我们这些年来很多学校都要努力地建设学科的文化、校园的文化、学校的文化呢?其实就是想超越学科的局限,超越一般意义上教学的局限。大量普通学校的老师满足于把知识教给学生,把考试方法教给学生,让学生通过机械式的训练参加考试获得高分。因此,好些学校办了很多年都在教育边缘摩擦生电,在分数和升学的泥潭中奋力挣扎,而没有形成真正的教育与文化影响力。李吉林这次能获得特等奖,她最初是从教学的方法出发的,就是"情境教学"逐步地发展到一种"情境教育",然后研究创造成一个情境教育学,成为教育学的一个流派,一个分支,它实际上就超越了教育本身,能够达到在更大的范围内复制、传播、影响、发展的这样一种境界,所以它就是一种文化。因此,我认为,要讨论名师这个话题,我们应该在共性、个性、特性、属性这样四个层面来给予关注。

如果说,我们能够大致确定这样一个框架的话,接下来,就讨论我们怎样去实现这种状态。

二、怎么样走近名师成为名师

第一，做一个什么样的人是做教师乃至成为名师的基础。在做人的问题上，在我看来，就是做一个热爱生活，挚爱教育，善待学生，悦纳自己的现代人。做这样具有四个特点的教育人，是成为名师的基础。一是我们要做一个热爱生活的人。当秋天到来的时候，当高贵的树叶纷纷落下的时候，当我们看到校园特别美丽的时候，我们是不是有一种向往？我们是不是有一种冲动？我们热爱这个时代，热爱我们身边的场景，热爱我们的专业生活。二是对待教育的态度。今天的社会是一个开放的社会，我认为，做教师有五个层面：我无奈当教师，我可以当教师，我喜欢当教师，我热爱当教师，我迷恋当教师。这些话题都可以展开充分的讨论，可能填报志愿的时候，有方方面面的原因，选择生活的时候，有平平仄仄的理由，但是我们选择了做教师，选择了做外语教师的时候，是不是多次问过自己：我无怨无悔吗？我真的就喜欢吗？我值得一生都为它不懈地努力、奋斗、追求、探索吗？或者是要当就当呗，要教就教呗，要做就做呗？是什么样的情况？讨论名师的话题离不开这个前提条件。如果只是把我们的工作当成一个职业，当成通过我们的付出去获得一些回报来生活下去的一种状态，那讨论名师的话题就没有意义。因为喜欢所以热爱，然后追求、探索、奉献直到迷恋，然后怎么样？那正是我们今天要讨论的话题，所以我说要挚爱教育。三是善待学生。学生在学习英语的时候，一定会有很多的差异，有的有一点基础，有的家里特别重视，有的天生就有学习语言的秉赋。所以对待不同层次的学生，对待不同状态的学生，对待学生的各种纷繁复杂的情况的时候，首先是不是有一个儿童的立场，有一个良善的情怀，有一个把问题搞清楚以后再对学生进行恰如其分的评价的态度。当然我这里所说的善待学生可能更多的是指从师德的角度去要求我们一定要善待学生。四是悦纳自我。很多的时候，在今天这个时代当教师，你要去找不高兴，就像在冬季你要去找冬天的元素，很容易就能找到，所以我觉得作为一个具有这四个要素的人，是我们讨论这些话题的前提。做人的第二维度是健康体魄，践行健康第一。比如说，有一项长期相伴、终身喜欢的运动、活动之类的项目。其实讨论名师不要只纠结在读书、教书、单词、语法，我觉得还应该有人生情怀、生活理念，在这样的背景下我们来讨论名师这个话题。然后做人的第三个维度，有健康自然的审美情趣。健康自然的审美情趣还包括很多东西，比如说在北京待两个月都不回家的话是不是也很想家，这样的一种情绪就是一种健康自然的审美情趣，你如果待到半年都不想家，我相信你这个情趣未必健康。所以,这是第一个,关于做人。做一个很好的现代人是走向名师的基础。

第二,学习出色、工作出彩是走向名师的必备条件。关于工作,外语老师首先从学科本体这样一个角度来看,是不是有一些要素值得我们自然而然地去关注。比如说,在听力方面要听明白,在说和讲的方面要讲标准,在读的方面要多读一些经典,在写的方面要写规范,也就是,听清楚,讲标准,读经典,写规范。这样的一个路径,大家经过好几个月专业而高强度的学习研修,应该很有收获。

今天的中国教育,家庭方面是一块"硬骨头",很多孩子其实在最初都是天才,但是他没有生长在天才成长的环境里面。大家在考虑把外语教好的过程当中,想过通过影响家庭来帮助你把外语教好的这种路径吗?外语教学的基本路径虽仍然是听、说、读、写,但名师应在此之上去实现超越。类似这个方面,我跟语文老师交谈时,建议他们当顺风耳,听的过程中多一些听之任之。然后读万卷书,读的过程当中多一些思索和考量,我们达不到大学者所说的有几分考据说几分话的状态,但是在阅读时,我们一定要尽量加进自己的思考。然后说适切的话,力求少说为佳。我不知道对外语是不是适用,但是我主张:学生会的老师要尽量少说,学生能解决的问题要信任学生,要把学习的责任交给学生。写就要写真性情,不要无病呻吟。对事业负责,对人生负责的人还是要写真性情。

怎么把外语教好,我以为还是千方百计唤醒孩子们学习外语的兴趣,找到学习外语的乐趣。你要成为名师,要让孩子都喜欢你所教的学科,因喜欢你而喜欢你所教的学科,喜欢你教的学科而特别喜欢你,最终让孩子喜欢外语。同时,要把喜欢和兴趣变成若干的活动、行动、策划,而不是直接讲外语的重要性,讲翻译的重要性。孩子是直观的,尤其是小学生,特别强调形象思维、直观思考,把外语放到活动的情境当中来理解我们所教的字母、单词、句式、短文等。沿着这样的思路,把它放到具体的情境当中来教与学,然后营造尽量多说外语的环境和条件。需要通过一些方法把学科层面的知识转化成学科教学的知识,就是从普通知识能够带进教育教学情境的知识,这是教师的专业。具体地说,教会学生学习外语,包括教会学生学习外语知识,教会学生学习外语的方法,教会学生应用外语的途径。

第三,扬长避短的智慧有助于成为名师。自身的长项在哪里?每一个老师都应该追问自己。是善于通过阅读、写作当中哪一个类型的教学来更充分地展示自我的长项,或者更善于运用微课,课堂的翻转、借用MOOC的一些形式来表达外语教学改革的优势,还是既能把课上好,又能把上好课以后的反思形成文章,在我们优秀的朱括教练的帮助下可以拿出去发表呢,还是其他 N 种情形?要善于扬长避短,刻意去补自己的短很难被肯定,善于扬长更容易走向成功。然后,还要关注的就是陆游所说的"汝果欲学诗,工夫在诗外",我们是靠着外语生存,循着外语发展,悟得外语创新,但你的创造、你的改革、你的创新,很可能是其他学科给你的灵感,是生活当中其他的情境对你的感染,很可能是服装、炊烟、火锅、郊游、运动当中的某一个情境让你联想到优化外语教学的某种可能。所以,横跨一步,有助创新。跨界思维,精彩纷呈。

第四,善于适当借助外力,助推我们成长为名师。教师的成长不排斥富有诗意,"好风凭借力,送我上青云"。我们过去可能没有这样的平台,今天来到重庆南岸区教师进修学院,来到这样专业的教师发展机构,又去了北京外国语大学,还到了一些优秀的影子基地学校,里边哪些人、哪些事、哪些案例、哪些情景能够帮助我们成长呢?朱括老师这个团队做得相当好,每年都能带出一批很优秀的学员,我经常在一些报刊杂志上看到他和他带的优秀学员源源不断地推出他们的研修成果,感到非常高兴。但我更希望大家把这样的一些思想、思路借鉴和运用到更为广阔的外语教学和研究的实践和场景当中去,能够借助一些外力来助推我们的名师成长。

第五,教师的专业成长有多种模式,名师同理。比如,实践反思模式、对话交往模式、自我叙事模式、写作科研模式,任何一个都可以作为专题来研究和实践。且行且思,实践反思;对话交流,外语必备;自我叙事,分享经验;写作科研,成果展示。这些都是能很有效地去组织教师专业发展的形式,我们掌握了这样一些方法,又有了加快发展的心态,专业发展就会形成我们的经验。通过讨论,我们有了更加清晰、明朗的路径,然后,让我们走在路上,走在专业修炼加上人生感悟的路上,每天都踏上一级新的台阶,让名师从我们这里涌现出来,我们充满期待。

(2014 年 12 月在重庆市南岸区教师进修学院参加重庆市小学英语教学名师置换脱产高级研修班座谈时的发言)

序二

读重庆骨干小学英语教师国培项目成果有感
张连仲

  2014 年 11 月初,北京外国语大学承办的 2014 年教育部全国骨干英语教师示范性培训项目顺利完成了。这次北京外国语大学共培训了来自全国三十余省市的小初高骨干教师和教研员 1 000 余名。创下全国各培训单位国培项目实施的新纪录。这其中就有 50 余名重庆市小学英语骨干教师。

  国培项目是近年来我国教育部为了更好地推进素质教育、推进基础教育新课程改革采取的重要战略措施,意在使我国广大基础教育教师更好地提升素养和能力,学习新课程理念、落实新课改要求,从而使我国的青少年更好地健康成长,为我国的发展和强盛服务。该项目到今年已历时三年,规模宏大、惠及颇广,效果突出、影响深远。在当今世界各国教育运作中,也是值得关注的重大事件。

  教育发展的核心是学生的成长,而学生的成长有赖于教师。教师在教育中起中心的作用,是最重要的生产力。即使在信息传递方式发生深刻变革进而影响教育形态的今天,教师的根本作用仍是不可否认的。二十一世纪以来,小学英语被正式列入国家基础教育课程,这是面对新世纪国际竞争的背景之下,我国采取的有战略意义的教育决策,英语课程的开设是在面临很多困难和挑战的条件下启动的,其中一个主要的困难就是合格教师队伍的严重不足。随着这些年全国小学英语教师和致力于推进小学英语教学的各界的努力,各方对小学开设英语课程的认识程度不断提升,小学英语课程逐渐得到相应的重视。教师队伍的培养、培训工作也日渐深入,体系化设计,针对性增强,取得了很好的经验和效果。重庆的小学英语教师培训工作就体现出这一趋势。重庆市的小学英语教学给人朝气蓬勃、健康向上的感觉。这源于整个团队的整体优化,行政管理者的整体思考力和认真落实的能力,教师队伍整体上的能力和努力,教研团队的专业研究和引领的协调配合。重庆的小学英语教学研究氛围很浓,培训工作扎实,乘着教育部国培项目的机遇,重庆专门投入大量资源,组织全市小学英语骨干教师参加国家级培训。北京外国语大学很高兴承担了这个工作。

我们认为,当前英语教育的发展,要求一个合格的英语教师应该具有三个维度的专业能力:一、基本语言应用能力;二、进行英语教学的能力;三、审慎反思、提升自己的专业能力。这需要长期有效的积累,一次有限时间内的集中培训不可能完成全面的提升。因此,培训应该有明确的针对性、有鲜明的主题和鲜活的话题;要吸取学员的经验,以平等的姿态、平和的氛围、互动参与的方式,提出问题、研究问题、解决问题;着眼于思路的开拓、思考的深入、思维的训练。我们欣喜地看到,重庆的骨干教师们在紧张的培训中,认真投入、热情参与、积极讨论、不断辨识、日新反思,使组织者的设计安排和教师们的努力学习形成了共鸣和合力,产生了较好的效果。这本小册子集中反映了重庆骨干教师经历培训的感觉、感情、感悟和思考,让读者感到这是成长中的优秀教师,他们有收获、有困惑、有讨论、有争论、有共识,也有不同的见识,但有一点是肯定的,就是他们正在为重庆的小学外语教育更深刻地思考着,更努力地实践着,重庆的小学外语教学将因此获益,重庆的孩子将因此获益。这正是北外和重庆的培训项目双方组织者所期待的。

相信重庆的骨干英语老师们能够在充满机遇和挑战、充满阳光和欢乐的小学英语教学事业中更好、更健康、更快地成长,成为重庆和我国小学英语教育的骨干和专家型、智慧型教师!

我们期待着!

张连仲

北京外国语大学国培项目专家组组长

2014 年 11 月 18 日于新加坡

英语名师国培关键在于"三力提升"

重庆市南岸区教师进修学院　朱括

　　北京外国语大学和重庆市南岸区教师进修学院共同承办的国培计划2012、2013 和 2014 三个 130 天的英语名师班是重庆国培办针对重庆市地方外语教育发展所需的高端教师设计的"两地四阶段"("两地"就是重庆加一个外地,就我们而言,项目所在地就是南岸进修学院和北外;"四阶段"就是理论研修、影子研修、实践研修和反思研修)培训项目。这个项目的目标是培养市级学科名师和市级骨干教师,方向很明确。

　　重庆市在设计这个项目的时候不是为九年义务教育的专职英语教师设计的,它适用于九年义务教育阶段的所有学科。所以,我们在设计这个项目的规划书中第一个需要回答的就是培养什么样的英语教师? 把教师们带到何处,他们应该得到怎样的成长。因为这涉及开发和实施什么课程,教师在 130 天结业后会有什么真正的提升,是不是名师所需的教师专业发展的内容和要求。所以,我们在对第一个班的定位与设计中就明确提出了对名师进行"三力提升"(课堂教学力的提升、教学反思力的提升和教育教学研究力的提升)的培训目标。随着时间的推移,我们通过在三个班的实施与贯彻中越来越清晰地感到这个培训目标的价值与意义。现就培训国培英语名师的"三力提升"是什么、在国培英语名师培训中如何体现"三力提升"和对实施国培计划英语名师"三力提升"培训后的成效、反思与关心名师成长的各位进行一个分享。

一、国培计划英语名师的"三力提升"定义

　　我们提出的"三力提升"是基于学员已有良好的道德修养、较好的专业精神和较成熟的教学技能。在这个基础上对他们进行课堂教学力的提升、教学反思力的提升和教育教学研究力的提升,以期使他们在职业生涯的发展过程中利用这个平台得到一次"接天达地"的专业成长。具体地说:

（一）课堂教学力提升培训是基于以下四个方面来进行的：一是提升课堂设计能力，掌握教材分析、学情分析、活动设计等方法与技巧；二是提升课堂管理能力，加强课堂管理与组织能力，提高课堂教学的有效性；三是积极探索现代信息技术与课程整合的途径和方法，提高自身对教育资源整合与利用的能力，能够将先进技术与自己学科教学相融合；四是提升语言能力，进一步改善教师的英语语音、语调和规范教师在课堂上英语运用的能力。

（二）提升教学反思能力是基于以下三个方面来进行的：一是通过课堂观察、下校学习、跟岗研修和返校实践，掌握"具体经验—观察分析—重新概括—积极验证"的反思方法；二是提升解决教学问题的能力，突破固有思维局限，培养创新的教育、教学思维模式，树立在反思中求完善的习惯；三是提升教师自我反思和专业发展能力，提高驾驭课程标准、课程内容、课程方法、课程实施、课程资源和课程评价的能力。

（三）教育教学研究能力就是要从下列三个方面进行提升：一是树立教师研究意识，愿意和逐渐懂得课题研究，能使教师从纯教学型向研究引领教学型方向发展；二是提升教学研究力，掌握教育教学科研的基本方法，学会教育科研的实施程序，深入了解研究团队建设，具备开展课题研究的能力；三是提升教师教学、科研辐射引领能力，使其具有较强的学科研究带头作用。

二、国培计划英语名师的"三力提升"行动

（一）对国培计划英语名师"三力提升"课程设计

我们根据"三力提升"的目标要求把课程分为五类，见下图：

这五类课程中，一是讲座研修课程，具体地讲就是专家、教研员和一线教师的讲座，主要是让教师了解方向、树立观念、学习理论、反思行动；二是体验研修课程，就是教师自己在讲座研修课堂、基地学校活动和自己的教学场所的各种体验，它含有提问答疑、反思体会、教育叙事、教学日志、课题研究、教学设计和论文撰写等方面；三是观察研修课程，主要有下校观课、回校观课和网上观课，主要是通过经典课例和日常常规课例进行研修学习，还有观看教研活动、观看课题研究等；四是行动研修课程，就是教师积极行动，采取每日反思点评、合作课题推进、论文发表、微课展示、教学设计完善、网络课程完

成、个人成长集形成等形式进行研修;五是学员分享研修课程,主要是通过教师们自己和教师间的互动完成的研究课程,主要有网络团队建设、QQ 聊天、微博共享、微信互传、PPT 讲座开展、班训形成、班歌提炼、团队文化、微论展示、结业考核等项目。这五类课程的开设目的就是为了更好地促进教师们的"三力提升"。

(二)对国培计划英语名师"三力提升"课程实施

在课程实施中我们坚持教师主体地位、教师积极主动发展的思路,让教师成为专业发展的主体和中心,我们提供平台满足需要,用物化来推动教师可持续专业发展。我们按照国培相关文件的要求,在满足文件基本要求的同时创造性地实施课程为教师服务好。

为了切实提高教师的教学技能和教学反思力,我们加大了研修中的实践性课程比例,安排教师们走进北京市海淀区花园村第二小学、首都师范大学附属小学、海淀实验小学、人大附中朝阳小学、南坪实验小学、珊瑚小学、天台岗小学、弹子石小学和江南小学等学校进行实践观摩,带领教师走进真实课堂。还在观课的基础上,参与同课异构,让教师们与北京和重庆的骨干教师一起互动,相互提高。

另外,我们还增设了"教学科研基本方法与课题指导""教师行动研究""开题报告与研究论文的撰写""教学科研性质研究与定量研究方法"等专题讲座,让教师了解与小学英语教学相关的英语语言研究和英语教育研究的新发展,力求提升大家的教育教学科研能力。每组还模拟课题研究,完成从研究方案、开题报告、模拟开题、中间检查和最后结题的课题研究的完整流程。同时,还要求学员每天一篇教学反思、体会或感悟,提升学员的研究力与反思力。最后,还要物化整个过程中的学员学习成果,让他们带回去随时学习和使用。

在研修结束后,老师们也还将在北京外国语大学英语教师教育培训科研网上参加为期一年的远程培训。该网站整合了北京外国语大学一流的师资团队、全国基础外语教育研究培训中心优质的学术科研资源、外语教学与研究出版社丰富的数字教育资源和教师培训资源。其目的就为了充分发挥网上学习自由灵活、交互性强的优势,为持久的教师专业发展搭建优质的学习研修社区。

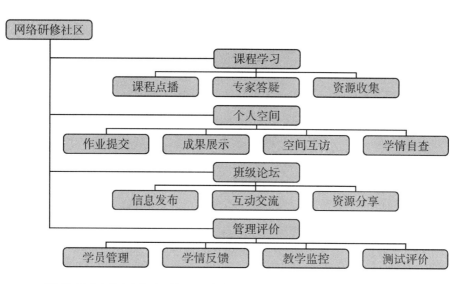

三、国培计划英语名师的"三力提升"反思

国培计划英语名师的"三力提升"进行了三年,在三个班都取得了较好的效果,赢得了较好的社会声誉,也受到了老师们和送培单位领导的衷心赞赏。前两届学员都得到了切实的发展,有了读书的习惯、有了研究的兴趣、有了主动认真工作的态度、有了积极向上的精神。这些都证明我们确定的"三力提升"目标的实用性和价值性。但在实践的过程中,我们感到要在以下两方面进行反思。

(一)对国培计划英语名师"三力提升"理论建构的反思

从理论层面上看,国培计划英语名师"三力提升"还没有被我们深入研究,还未形成一个完整的理论体系。究其原因,一是由于我们当时是根据市里市级骨干教师和市级教学名师的评选条件提出来的,没有从教师专业发展的理论视角来思考。尽管在过程中我们也力图在理论上思考,但还很不深入、不成体系。二是由于理论建构不够,所以课程体系建构与实施的吻合度也是有待提升的。三是评价体系的科学性和专业性也待思考。建构目标和实施目标是一个痛并快乐着的过程,但我们相信只要坚持探索、坚持学习、坚持在实践中反思,我们就会将目标越来越明晰化、科学化和可操作化。

(二)对国培计划英语名师"三力提升"行动实施的反思

在实施中实现国培英语教师"三力提升",是对上课专家、教研员和一线教师的巨大挑战,因为他们必须根据整体设计的要求,完成自己的分目标;对承办单位也有很大挑战,因为外请教师的协调和沟通较困难,还要顾及参培教师的培训满意度;对参培教师也是很大的挑战,时间长、任务重,身心都是一个很大的考验,难怪有参培教师说:"比读大学时候都要辛苦多了,可以跟高三相比了。"而怎样减轻这种压力也是我们要思考的。

总之,要把国培英语名师培训做好,其意义重大。"路漫漫其修远兮,吾将上下而求索。"我们可能会一直走在求索的路上,只有不断探索、不断付出、再付出,才有可能实现美好的目标。让国培英语名师的价值与意义真正凸现出来,让每一个参培教师在愉快培训的同时得到真正的专业成长。

目录/Contents

写在教学设计案例前面的话

南岸区教师进修学院　朱括

在"国培计划"2014小学英语名师班,我们在《教师培训标准》所规定的三类课程外,还根据名师这一要求开设了一些具有一定创新意义的课程,一是励志的沙龙课程;二是凝练团队的拓展课程;三是走向专业听评课的课程;四是学员汇报输出课程;五是学员自传体课程;六是专业教学设计课程。这本书从某个角度可以看到我们专业教学设计课程的效果。

我们开设的基于教师专业发展能力提升的教学设计课程,其流程为学习—研究—实践—再学习—再研究—再实践。课程采取专家讲座、学员研讨和学员实作、专家指导和点评的方式进行。在这个过程中,50名名师对教学设计的认识都由过去的粗浅发展到如今的专业,实现了一次次飞跃。所有学员都在学完这门课程后得到了提高。现在他们所形成的教学设计案例无疑可以证明这一点。

什么叫教学设计呢?我们认为是针对教学系统中存在的问题和学习者的需求,依据学习理论、教学理论和传播理论,运用系统论的观点和方法,分析教学中的问题和需求,从而找出最佳解决方案的一种理论和方法。这个定义无疑为我们进行这个专业课程的教学设计起到了关键的作用,让我们明白了教学设计与过去的教案的不同以及教学设计最重要的要素。

我们还认识到教学设计是教育科学领域的一门应用性科学,是教育技术学的核心内容,是连接教学理论、学习理论和教学实践的桥梁,也被称为教育技术中无形的智力技术。

为什么要进行教学设计呢?教学设计是教学活动的计划形式,它是以教学过程为研究对象,用系统方法分析和研究教学需要,设计解决教学问题的方法和

步骤,并对教学效果做出价值判断的计划过程和操作程序。

教学设计有哪些原则呢？有解决问题的原则、个别化原则、系统化原则、学习科学为基础原则。

教学设计有哪些优缺点呢？优点:一是有助于关注学习者;二是有助于实现好的设计效果,新的教学理念;三是有助于设计者、开发者和教学实施者的相互协调;四是促进教学产品的推广和运用;五是为解决学习问题提供系统框架。不足:一是不能解决教学活动中的所有问题,有局限性;二是难于个别化地适应每一位被教育者;三是预料不到教学活动中的生成问题等。

总之,我们通过对这一系列问题的认识与理解,并在实际操作中反复实践与修改才形成了后面各位学员的教学设计的作业。尽管这些设计可能还有很多问题,但很有特色,主要是一种发展与理性思考的特色。我们相信这个教学设计可以起到抛砖引玉的作用,让我们的小学英语教学更加科学、规范、有效。

点评主要由北外专家杨鲁新、南岸区英语教研员朱括、渝北区英语教研员杨必颖和部分有经验的学员完成。在此一并致谢。

课　　题:Unit 2　My favourite season　Lesson 1(第一课时)
课　　型:单词教学课
教　　材:PEP《英语》(供三年级起始用)
年　　级:五年级下册
教学设计人:重庆市南岸区天台岗小学　屈洁
教　　龄:12 年

教学观念(理念)

词汇教学离不开情境。本课,教师基于单元总目标进行备课,将 A 部分的第一课时和 B 部分的第二课时相融合,并调动与季节相关的已学知识,让学生更好地理解并运用词汇。

课中通过四维导图,梳理与季节相关的信息,帮助学生理解和表达,让学生学习英语学习的策略。

关注学生差异,渗透小组合作学习策略,特别是语言输出阶段,让更多的学生融入小组,互帮互助进行学习。

教学分析

1.内容分析

在本课时的教学中,单词和短语固然是最重要的,但由于本单元的话题是季节,学习内容与 PEP Book 4 中描述天气的形容词有所呼应,而且话题也可以延伸到谈论各个季节的衣服、水果、食物等名词及运动项目,因此,教师可把话题引向学生生活,以旧知带动新知,激发学生学习兴趣。

2.学生分析

五年级下学期的学生,通过两年半的英语学习,已有一定的语言基础,积累了与本课相关的语言,如关于天气的形容词,衣服、水果、食物等名词及与运动项目有关的动词等。他们也学过谈论喜好的一些句型,如 Do you like...? What do you like? 这些基础有助于学生运用旧知,理解新知。但由于学生的学习情况有差异,所以采用了分层教学,合作学习的方式。针对学生的接受水平,教师一方面要注重保持学生的学习兴趣,同时也要引导学生掌握良好的学习方法和学习习惯,注重培养优生能力,同时也关心后进生,为他们以后的英语学习打下基础,使学生从英语学习中体验到成功的喜悦。

3.环境分析

学生处于重庆主城,对四季有一定的感知,但重庆冬季几乎不会下雪,所以堆雪人、看雪景的活动并不是所有学生都经历过。可以让他们通过图片感知其他地区的冬季雪景,同时从本地区实际出发,描述自己感受到的季节。

教学目标

1.语言知识目标

(1)能听、说、读、写词汇:season,spring,fall,summer,winter。

(2)能理解并运用句型:What's your favourite season? Winter. I can make a snowman。

(3)能理解并运用短语:plant trees,eat moon-cakes and make a snowman。

2.语言技能目标

学生能在真实的情境中模仿,并以季节为话题进行谈论,表达自己的喜好和感受。

3.学习策略目标

让学生通过本课的学习,学会联系新知、旧知和相关知识进行完整真实的表达。

4.情感态度目标

让学生乐意用英语表达,能积极参与课堂活动。通过描述自己喜欢的季节,到欣赏其他季节的美,再到热爱生活。

5.文化意识目标

让学生了解、感受有关季节的各种常识,知道不同的季节有不同的美。

教学重、难点

1.教学重点

学生能够听懂、说出、认读本课词汇:season,spring,fall,summer,winter。学生能够在情境中模仿和运用谈论季节的交际用语:What's your favourite season? Winter. I can make a snowman. plant trees,swim,eat moon-cakes and make a snowman。

2.教学难点

单词发音:spring,fall。单词favourite的读音和拼写。让学生感受学习英语的乐趣和英文的美感。把所学的新旧知识融会贯通,进行实际交流和运用。

教学方法及策略

1.教学方法

TPR教学法、情境创设法、直观教学法。

2.教学策略

让学生有意识地用思维导图激活相关信息充实话题的学习。

资源运用

教学具:PPT,各个季节有象征意义物品的小剪纸(各种颜色的树叶,红太阳,各种饮料,雪人等),单词卡片(红色卡片为本课的"四会词汇",绿色卡片为与季节相关的各种动词、名词、形容词),写诗用的A4纸。

教学流程设计

Step 1 Warm up

1.教师播放四年级下册第四单元的歌谣"Mmm,it's warm today...",学生边说,边做动作。

(设计意图:首先通过TPR教学法,用歌谣进行热身,让学生迅速进入英语学习状态,而且通过歌谣的内容激活旧知,复习天气和衣物的相关知识,为理解新知和最后综合表达做好铺垫。)

2.请同学做值日报告。

(设计意图:要求内容与本课有关,形式不限,可以是一段表演,一段故事。可以个人展示,也可以多人合作。每天的值日报告让学生联系当堂课相关知识

学以致用,学生提前做好准备,在准备的过程中,教师加以指导,让学生学会联系相关知识完整表达的策略。课堂上提供展示的平台,让表演者在准备和展示中实现语言输出,让其余学生在欣赏、理解的过程中增加语言输入。)

3.游戏:"变幻莫测的天气"。教师一边说"It's cold now",一边出示魔法卡片(表示天气的单词:cold,warm,cool,hot…),学生用动作表演出这种天气的单词。然后请学生来当魔法师。

(**设计意图**:游戏的设计目的是通过全身感官,激活学生对气候的真实感受,在活跃气氛的同时,做好认识四季的准备。)

Step 2　Presentation

1.呈现本课"四会单词"。

(1)课件出示春、夏、秋、冬四幅图,呈现单词 season,借助图画理解其意思。

(**设计意图**:通过图片展示调动学生认知,让学生观看春、夏、秋、冬各个季节有代表性的景色,理解 season 这个词语的意思。)

(2)师生就季节展开谈话,逐一出示新单词。提问:What's the weather like today? Is it cold? 学生根据实际做答。No,it's warm.引出新词汇 spring。It's spring now.同时出现春天的画面,用单词卡教读。然后,询问学生:Which season is cold? 引出词汇 winter,用单词卡教读。出示一片红叶,问学生 The leaf turn red.What season is it? 引出词汇 fall,用单词卡教读。问学生:Do you like ice-creams? When can we eat ice-creams? 引出词汇 summer,用单词卡教读。

(**设计意图**:运用语言交际法展示新知,自然而然地呈现新课的单词,形成良好的交际氛围,同时谈论涉及四季在气候、大自然变化方面的知识,让学生从多维度立体感受四季特点,同时,通过谈论为进一步呈现本课新句型做铺垫。)

2.游戏:猜一猜。

教师用课件出示四个季节可以进行的活动的模糊画面,让学生猜一猜这是哪个季节。学生说对后,教师把单词图片 spring,summer,fall,winter 贴在黑板上。当出现 plant trees,swim,eat moon-cakes 及 make a snowman 时,学生先猜是哪个季节,用句子"I can plant trees in spring"呈现语言,再教读四个短语,随后将它们分别贴在相应的季节图片下方。

(**设计意图**:游戏"猜一猜"中的模糊画面,是每个季节的一些图片,从风景图到活动场景图,大量的信息都是在激发学生对季节的进一步了解和认识,唤起学生曾经的旧知识,及时地把提到过的有用单词和句型以不同季节分类贴在黑板上,为学生形成一个完整全面的话题做准备。同时通过游戏了解学生对单词的辨认和发音情况,及时订正。出示的四个短语是本单元 B 部分的"四会内容",目标设计将本单元的文本进行了整合,以更好地帮助学生了解话题和充实谈论内容,真实地表达自己的情感。)

3.学习对话。

用课件出示两个小孩的对话,让学生模仿对话。先听,再跟读。然后分成小组,男女生分角色读,互相问答,也可以选择自己喜欢的方式练习。

A:What's your favourite season?

B:Winter.

(设计意图:学习对话时,从听到模仿,再到认读,是根据认知的规律。然后分成小组,选择自己喜欢的方式练习,尊重学生的个体差异,提倡学生采用自己最喜欢并最有效的方式学习。)

4.采访活动。

询问别人:"What's your favourite season?"进行真实交流并做好记录。

(设计意图:设计采访任务,通过与别人进行真实交流增进朋友间的了解,实为真正意义上的交际。记录过程可以检验和提高学生的书写能力,为下一步整体描绘自己喜欢的季节做准备。)

Step 3　Practice

1.歌谣诵读。

Spring,spring,I can plant trees.

Summer,summer,I can swim.

Fall,fall,I can eat moon-cakes.

Winter,winter,I can make a snowman.

(设计意图:教师用本课的重点词句创编了一首歌谣,运用歌谣的韵律感,从欣赏出发,再到朗诵,让学生对所学单词和短语进行进一步的练习,提高学生语音的准确性和熟练程度。)

2.游戏:"找朋友"。

拿出一些卡片分发给一些同学,卡片上是一些天气的形容词,衣服、水果、食物等名词及关于运动项目的动词,先谈论四季:What's the weather like in...? What can you wear in...? What can you eat in...? 把这几个要用的句子出示在黑板上:It's... I can wear... I can eat...然后让学生把这些单词放在四季相应的位置。

(设计意图:"找朋友"的游戏是为了把这个关于季节的话题打开,让学生联想到生活中的种种实情,学会该怎样述说某个季节的特点和感受这个季节的乐趣。)

3.学生两个人一组进行,一个学生用"I can wear...I can eat..."描述季节,一个学生猜是哪个季节。It's...

（**设计意图**：同伴互动，在同学描述几句话之后，另一个人来猜，这要求出题的同学能准确地表述，而听的人也需要努力地去理解对方说的是什么。这样，可提高学生的表达能力和理解能力。）

Step 4　Consolidation and extension

1.欣赏教师写的诗。读一读，想一想。

2.让喜欢同一个季节的学生汇集到一起，形成新的小组，小组合作写诗，写完了自己练练，有感情地朗读。（黑板和课件里提供了一些有用的单词和短语）

3.配乐朗诵。

（**设计意图**：写一首小诗，赞美你觉得最美的季节。先欣赏教师的诗，然后自己写，再配乐朗诵。这几个环节紧紧相扣，贯穿听、说、读、写，也体现了对学生综合能力的培养。学生在自由选择自己想赞美的季节以后，兴趣相投的同学组成一个小队，但在这个队伍里，学生学习情况参差不齐，各有所长，怎样共同把这个团队的任务完成好也是在考验学生的自主合作的能力、协调组织能力。学生在写诗的过程中，可以参考黑板和课件里提供的单词和短语，有的是学过的旧知识，有的是拓展的一些相关的新知识。这可以帮助学生提高调动旧知识、运用新知识的能力。最后，在优美的旋律中，享受自己的劳动成果，感受英文的美妙，激发学生对英文学习的兴趣和对大自然的热爱。）

教学板书设计

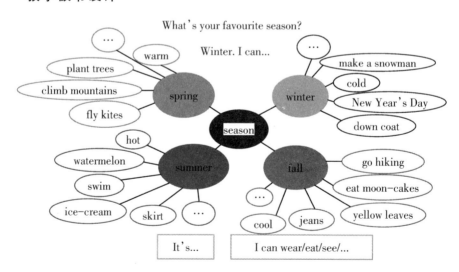

教学评价设计

教师评价:用各个季节有象征意义的小剪纸作为奖品,当学生在学习中有出色表现时奖励一张。将学生获得的剪纸收集起来,装饰在小诗作品上,比一比谁的作品最漂亮。

生生互评:当学生发言、活动、朗诵时,引导其他学生对该生进行评价。

教学设计反思

本课设计遵循学生的认知特点并充分考虑了学生的个体差异。通过歌谣和游戏复习激活旧知,帮助对新知的理解,谈论季节,认识四季,然后经过猜模糊图片、对话练习、同伴采访、歌谣诵读、帮四季找朋友等大量活动让学生操练内化。每个环节由简到难,从听和理解进行大量的语言输入,到模仿、操练进行内化和准备,为最后的综合输出做了充分的准备。最后,学生按喜好结成小组,为喜欢的季节写一首小诗,并借助小组合作的方式,为后进生搭建学习的平台,最后在小组的共同努力下,完成知识的整合和输出。

点评

该教学设计通过板书呈现思维导图,帮助学生综合复习旧知,并进行语言表达,巧妙地为学生搭建了必要的语言支架,既训练了学生的语言技能,同时也培养了学生的思维能力。在语言综合输出的最后一个活动中,以学生创造相关诗歌的形式进行学习汇报,让学生体会到了英语的韵律美,激发了学生对大自然的热爱,充分体现了英语的工具性和人文性。《义务教育英语课程标准(2011年版)》也要求我们的学生能够学会拼读,所以如果在新词的教学中,能够渗透语音知识,对学生阅读兴趣的激发会更加有效。

课　　　题:Module 4 Unit 3 In the street(第一课时)
课　　　型:词汇课
教　　　材:牛津上海版《英语》
年　　　级:二年级上册
教学设计人:重庆市南岸区天台岗小学　屈洁
教　　　龄:12 年

教学观念(理念)

创设真实有趣的情境,激发学生学习的动力。《义务教育英语课程标准(2011年版)》提倡"任务型"教学模式,要求学生在特定的情境中完成一些具体任务来学习语言新知,掌握语言技能,即"Learning by doing"。本教学设计充分结合了学生的心理特点和认知水平,创设在公园玩耍这一情境,充分调动学生的学习兴趣和主观能动性,学习公园里物品的词汇以及在公园里的警示语,让学生在观察、体验中感受语言,促使其乐于参与、主动学习、学会思考、积极交流、善于表达,从而促进学生学习和运用语言的目标达成。

巧用韵律促进听、说能力的培养。在小学英语教学中辅以说唱和演唱等活动,通过歌谣引导学生学习,从声音、图画、旋律、节奏、韵律和音色各方面刺激学生对知识的感知、理解并内化记忆以达到语言输出的目的。

在语言学习的过程中潜移默化地渗透德育。课中通过公园里的活动,帮助学生在理解中发现不安全、不文明的行为,在英语学习的过程中,引导学生爱护环境,培养生活中的文明和安全意识。

教学分析

1.内容分析

本课内容基于牛津上海版英语教材二年级上册第 4 模块第 3 单元,话题为 In the street。经过对单元的整体分析,本课教学内容将用三课时完成。第一课时要完成的内容发生在公园,所以在教学时,可将本课的小话题改为 In the park,主情境创设也围绕公园展开。教材的内容从身边的事物出发,语言点为 flower,tree,pick the flower,climb the tree,Don't...也涉及公园里的实际生活,体现了英语的生活化和实用功能。所以在教学设计的时候,特别关注情境的真实创设,在真实的语境和语用中,让学生掌握语句和词语的基本语义,逐步获得最基本的运用英语的能力。同时,从学生的成长需求出发,关注学生生活知识的获取和技能培养。

2.学生分析

二年级的学生已经有了一年的英语学习经验,对英语学习有浓厚的兴趣,他们的接受能力、模仿能力很强,对周围事物有着强烈的新鲜感与好奇心,绝大多数学生有强烈的求知欲和表现欲。这些是有利于英语学习的积极因素,我们应该注意保护并科学地加以利用,使之为我们的教学服务。但这个年龄段的学生,注意力持续的时间不长,因此在教学过程中,应关注学生的心理和生理需求,创设他们感兴趣的、富有童趣的情境,设计适合他们的 TPR、歌谣、游戏等活动,运用亲切夸张的语言,并注重对学生良好学习习惯的培养,让他们感受身边的事物,并创造一切条件让学生大胆地发表自己的见解,敢于展示自己,使学生爱学、乐学、会学。

3.环境分析

学生处于重庆南岸区,熟知南山公园和南滨路烟雨公园,也常到这些公园游玩,这便于他们在学习的时候根据自己的已有体验和见闻进行感知、学习和思考。学校多媒体配置齐全,在教学时,用课件的大量图片和声音资料加以辅助,很容易激活他们的认知和记忆,让学生融入课堂情境,进行语言学习。

教学目标

1.语言知识目标

(1)能够听懂、认读单词 flower,tree,及动作词组 climb the tree,pick the flower。

(2)能够听懂问句 What's this...? 并根据实际情况应答。

(3)能够用祈使句 Don't...的句型发出禁令,并根据指令用 I'm sorry/OK/All right/Thank you 应答。

2.语言技能目标

(1)学生能在真实的情境中理解公园里活动的词组,并做出相应的反应。

(2)学生能在真实的情境中理解、模仿,能运用 Don't...的句型发出禁令,并根据情况应答。

3.学习策略目标

(1)利用图片、多媒体创设情境,为学生提供一定的语言学习背景,促进学生语言运用能力的提升。

(2)通过童谣的编唱来操练、巩固所学词汇和句型。

(3)通过小组活动来学习和巩固所学知识。

4.情感态度目标

(1)通过学习激发学生爱护环境的好品质,培养生活中的文明和安全意识。

(2)在活动的过程中促使学生形成乐于合作、勇于表现的良好品格。

(3)在活动中激发学生的学习兴趣,增强自信心与自豪感。

5.文化意识目标

通过学习了解在公园里要爱护环境,文明安全玩耍。学会判断,进行适合的活动,避免不适合的活动。

教学重、难点

1.教学重点

能够听懂,认读单词 flower,tree,及动作词组 climb the tree,pick the flower;能够用祈使句 Don't...的句型发出禁令,并根据指令用 I'm sorry 应答。

2.教学难点

用正确的语音语调表达祈使句 Don't...;能把所学的知识融会贯通,进行实际交流和运用。

教学方法及策略

1.教学方法

情境创设法、TPR 教学法、直观教学法、情境表演法和小组合作法。

2.教学策略

用歌谣促进学生语言的学习和巩固。培养学生的社会生活能力,让学生学会判断的策略。

资源运用

教学具:PPT,各色花朵的小剪纸(贴在板书的花坛里,作为评价的奖励,当花坛里的花被摘光时,帮助学生理解不要摘花),风筝图片,小男孩图片两张(分别为放风筝小男孩和爬树小男孩),单词卡片两张,词组卡片十张,树和花的头饰各一个,红袖章一个。

教学流程设计

Step 1   Warm up

1.Greetings. 教师是借班上课,师生之间互不认识。教师用"Hello! My name is Maggie.Nice to meet you."进行问候,然后介绍自己的家乡是重庆。

2.创设情境,出示课题"In the park"。教师先介绍自己家乡有南山公园,用南山公园图片引入"park",然后观看各种公园图片,读词"park",最后出示板书,创设教室里的 park 情境。

(设计意图:通过"Greetings"增进师生间感情并形成良好的英语交流氛围。教师介绍家乡的南山公园,是为了帮助学生理解 park 的意思。然后通过展示丰富的公园图片,让学生充分感知公园的情境,激活学生的已有经验和知识。然后用形象的简笔画绘制板书,出示课题"In the park",将学生带入公园情境。)

3.Chatting.边说边在公园里活动。

Sing,sing,sing sing sing.　　　　Swim,swim,swim swim swim.

Run,run,run run run.　　　　　　Fly,fly,fly the kite.

Ride,ride,ride the bicycle.　　　　Play,play,play football.

Read,read,read a book.　　　　　Pick,pick,pick the flower.

Climb,climb,climb the tree.

(设计意图:通过 TPR 教学法,用歌谣进行热身,让学生迅速进入英语学习状态,儿歌前面 7 句为学过的活动词组,后面两句包含本课新知"pick,climb the tree",通过歌谣的内容激活旧知和感受新知,复习与天气和衣物相关知识,也通过公园里的这些活动,让学生融入新的语言环境,为理解新知和最后的真实表达做好铺垫。)

Step 2   Presentation

1.呈现并学习本课"四会单词":tree,flower。

评价:学生回答问题出彩时,可以到板书的花坛处,摘一朵花作为奖励。

（设计意图：反复对本课的新词汇和短语"pick the flower"进行感受和理解，无意识的输入，帮助后期语言的输出。）

（1）观察板书，师生就公园情境展开交流。（图上有 kite，boy，grass，tree，flower，chair...）当谈到 tree，flower 时，相机教授本课新词汇。

T：What can you see in this park?

S：I can see...

（设计意图：通过图片展示调动学生认知，让学生在公园的情境里，通过观察回答问题，理解并认识新词。）

（2）游戏："In the magic park"。教师首先示范，手持魔法棒，I'm a tree.然后用动作演绎一棵树，演绎完后对着学生说："You are flowers/trees!"学生做出相应的反应。

（设计意图：游戏"In the magic park"带有童话色彩，是学生十分喜爱的活动，能调动学生的学习兴趣，使之积极地参与到课堂。这一活动，通过学生的反馈，可以掌握他们对"四会单词"的辨音能力。）

（3）趣味活动：快速反应。What can you see? 通过课件播放快速闪现或移动的图片，学生捕捉信息，快速回答 I can see...并启发学生回答时观察到更多的信息，说出更长的句子。如：I can see 3 red flowers.或 I can see a tall tree and a pink bicycle.

（设计意图：通过这个活动，让学生在句子的表达中，说本课的新词，并尽可能调动所学知识表达自己看到的物品。同时，快速反应让活动富于挑战，从而更好地抓住学生的注意力。）

2.学习短语：pick the flower，climb the tree。

趣味操练 chant。

Climb，climb，climb the tree. Pick，pick，pick the flower.

活动评价：情节引入，放风筝的男孩不小心将风筝挂到了树上，他准备爬树将风筝拿回。学生二人一组读儿歌，再展示。根据吟诵效果，给小男孩加油。

（设计意图：教师将本课的重点词句创编了一首歌谣，运用歌谣的韵律感，从欣赏出发，再到朗诵，让学生对所学单词和短语进行进一步的练习，提高学生语音的准确性和熟练程度。同时，将帮爬树小男孩加油作为激励评价，提高学生兴趣，并创设情境，为"Don't climb the tree."做好铺垫。）

3.呈现并学习本课重点句型：Don't climb the tree. Don't pick the flower.

（1）情境创设：小男孩在爬树的过程中摔了下来，并弄伤了树木，同时让学生观察花坛寥寥无几的花朵，引导学生感受其中的危险和不文明因素。引出"Don't climb the tree."及"Don't pick the flower."引导学生用肢体语言边说边做 Don't...

(**设计意图**:让学生在情境创设中,真实感受 Don't...的意思,感受和判断在公园不应该做的行为,形成自发的环保、安全意识。)

(2)TPR 活动。Don't sit down/ close your eyes/ stand up...教师说指令,学生做反应。

(**设计意图**:让学生在 TPR 活动中,真实感受 Don't...的意思,了解学生理解的情况。)

(3)看对话,学语言。教师用课件播放公园里爬树和摘花两个场景。学生跟读对话。

对话一:

A:Don't climb the tree.

B:I'm sorry.

对话二:

A:Don't pick the flower.

B:I'm sorry.

(**设计意图**:根据对话的情境创设,阅读和理解,并在模仿中逐渐为语言的输出和运用做准备。)

Step 3 Practice

1.演一演。

教师请两组同学扮演和示范,每组三个同学,并引导学生根据指令用 I'm sorry/OK/ All right/Thank you 应答。

表演一:

B:Oh,flower! I like the flower.

A:Don't pick the flower.

B:I'm sorry./OK./ All right./Thank you.

表演二:

B:Oh,my kite!

A:Don't climb the tree.

B:I'm sorry./OK./ All right./Thank you.

2.四人一组,请每组合作,选择一个场景进行表演练习。

3.上台展示。

(**设计意图**:通过真实的表演,让学生身临其境,富有角色意识,达到语言真实交流和运用的目的。)

Step 4　Consolidation and extension

1.小组看图讨论:公园里哪些地方会用到这些警示语或标语? 你还想做哪些警示语或标语?

2.做一做。展示警示语、标语的做法。鼓励学生课后制作,宣传文明意识。

(**设计意图**:通过拓展,让学生判断和理解,并说出公园里相应地点可以运用的警示语、标语。通过判断、讨论,帮助学生辨认警示语、标语,学会在公园里文明玩耍,拥有生活常识。)

3.Homework.

(1)Listen and read(听音跟读):page 46.

(2)Read the words(读记单词):tree,flower.

(3)Make a sign you like. Then,put it in the park.

(制作一个警示语或标语,然后放在公园里。)

(**设计意图**:分层作业的设计,考虑了每个学生的学习差异。学生可以根据自己的情况选择适合自己的作业。这样,可以提高学生完成作业的积极性、针对性和有效性。)

教学板书设计

教学评价设计

教师评价：教师用适合的表扬语言适时进行语言评价。当学生回答问题出彩时,可以到板书的花坛处,摘一朵花作为奖励。

生生互评：当学生发言、活动、朗诵时,引导其他学生对该生进行评价。

教学设计反思

本课设计遵循学生的认知特点并充分考虑了学生的个体差异。充分创设各种情境,创设的各种情境适合学生的心理和认知特点,能充分调动学生的学习积极性和主观能动性。同时,让学生在真实的情境中理解和感受语言,并在真实的语境中练习和运用语言。

通过歌谣、TPR 和游戏活动,帮助学生复习激活旧知,理解感受新知,对语言的巩固也起到了很好的作用。

整个课堂环节设计条理清晰,环环相扣,过渡十分自然,让学生在不知不觉的情节牵引和活动体验中快乐地学习语言,课堂氛围好。

点评

1.课堂气氛

屈老师按照学生的年龄特点,创设灵活多样的教学活动激发学生的求知欲望,让学生在活动中学习新知识,为学生设置语言运用的真实情境,与生活实际紧密联系,引导学生进行真实的语言交际,创设了宽松、民主的学习氛围,同时渗透了道德教育和健康教育。

2.评价方式

师生间、生生间的互相评比让学生参与活动的积极性高涨;教师极强的亲和力,及时的评价令学生们随时跟着教师的节奏学习。

3.课堂环节

整节课容量大,课件、游戏、歌谣的辅助,使整节课层次清晰,层层递进。每一个环节都不是孤立的,目的是为下面的环节起到铺垫作用。歌谣的利用,由易到难:Climb,climb,climb the tree.Pick,pick,pick the flower. 歌谣配上课件,朗朗上口,既操练了句型,又能使本课难点得以解决。

总之,屈老师的课非常细腻,每个环节总是先示范,在学生充分明白教师的意图之后,再进行下面的环节,这样的教学有条不紊。

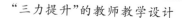

"三力提升"的教师教学设计

课　　题：Unit 5 Food and drink Lesson 2（第一课时）
课　　型：对话课
教　　材：重大版《英语》
年　　级：四年级上册
教学设计人：重庆市沙坪坝区高滩岩小学　　程巧
教　　龄：13 年

教学理念

　　小学生天性爱动、爱玩，只有亲身参与、积极体验过的事情才会在他们的脑海中留下深刻的印象。依据《义务教育英语课程标准（2011 版）》中"义务教育阶段的英语课程具有工具性与人文性双重性质"的理念和"能用英语做事情"的核心要求，恰逢 12 月，我设计了模拟真实的语用情境"圣诞派对"这一主线，尽可能多地给学生语言实践机会，如拟定购物单、设计小组互动游戏等，引导学生们主动、快乐地展开学习之旅。

教学分析

1.内容分析

　　重大版《英语》（2010 年版）四年级上册第 5 单元主要是通过野餐、超市购物等熟悉的话题让学生学习常见饮料及糕点类食物的名称，以及相关的句型。本课是第二课的第一课时，是第一、二课之间实现有序过渡的重要环节，既是对第一课内容的必要反馈、巩固，又是第二课的提纲挈领部分，设计时必然要求前后兼顾，兴趣、体验、达标皆有。

2.学生分析

四年级的学生已经学习了一年多的英语,整体学习兴趣良好,喜欢围绕熟悉的话题展开讨论与学习,好表演,乐于团队合作。根据他们的年龄与心理特征,我采用了以主话题贯穿、递进小活动逐步达成教学目标的教学设计。

3.环境分析

有研究表明,平等、民主、愉悦的课堂环境有利于创造师生情智共生的高效课堂。为此,在本课的设计中,我努力用道具、PPT 的声光效果营造一个欢乐、真实的氛围,为激发学生学习的兴趣与表达的欲望充分铺垫。

教学目标

1.语言知识目标

(1)学习有关饮料的单词:water,juice,milk。

(2)初步掌握新句型:May we have some drinks?

2.语言技能目标

能在情境中表达自己对食物的喜好与需求,并能询问他人的喜好与需求。

3.学习策略目标

通过自主与合作学习,学会归纳、运用已学相关单词与句子。

4.情感态度目标

了解食物金字塔,感知健康饮食的重要性。

5.文化意识目标

感受些许西方圣诞节的习俗与风貌。

教学重、难点

1.教学重点

(1)相关单词与句型的习得与运用。

(2)相关文段的初步感知。

2.教学难点

(1)了解可数名词与不可数名词的基本概念(相关单词为例)。

(2)在模拟真实的语境中自信地表达与交流。

教学方法及策略

1.教学方法

情境教学法、任务型教学法。

2.教学策略

鼓励自主学习与小组合作探究相结合。

资源运用

1.教学具

单词卡、圣诞帽、自制礼物盒、纸质食物盘若干。

2.PPT 课件

教学流程设计

Step 1   Warm up

1.The teacher and students greet each other.

2.Create an atmosphere and let students revise the learned knowledge.

(1)Let them enjoy a flash "We wish you a merry Christmas".

a. The teacher shows some beautiful pictures about Christmas Day to students and asks：Do you know it? It's... （Students answer in Chinese or in English.）

b.T：Bingo！ What do you think about it?

c.Guide them to enjoy a song：*We wish you a merry Christmas.*

(2)Revision.

Show the shopping list to children and guide them to read them.

T(手势"嘘")：Tell you a secret.I'll have a big party at the Christmas Day. I'll buy something first.Look，it's my shopping list.What are they? （学生认读 复习相关单词）

（设计意图：圣诞歌曲导入，营造轻松、愉悦的课堂氛围，并引入圣诞情境，复 习旧知，为新课学习做铺垫。）

Step 2   Presentation

Guide them to learn new words （water，juice and milk）.

1.Learn new words.

(1)Let them find out it's not enough as for drink.

(Food：cookie，candy，pie，egg. Fruit：apple，orange，banana，pear. Drink：tea.)

(2)Arouse them to learn the new words gradually.

(**设计意图**：用修改购物单的方式进行新课单词的学习，调动学生的学习兴趣，并起到承上启下、自然过渡的作用。)

2.Have some ideas about the rules.

(1)Guide them to find some difference (add "some").

$$\text{some}\begin{cases}\text{food：cookies，candies，pies，eggs}\\\text{fruit：apples，oranges，bananas，pears}\\\text{drink：tea，water，juice，milk}\end{cases}$$

(2)After their efforts (find a conclusion)，let students have some ideas of the rules：some $+n.$(c)$-$s，some $+n.$(u).

(**设计意图**：通过 PPT 颜色变化提示，带领学生自主发现、归纳简单的语法知识点，培养其英语学习能力。)

Step 3　Cooperative learning

Let them learn a new expression.

1.Make them know the Father Christmas.

2.Arouse them to make a wish by using the pattern：

May I have some...

3.Let them guess the meaning of the new sentence：

(1)The teacher introduces it to them.

(2)Let them catch the meaning and want to learn the pattern.

(3)Make them work in groups and complete the task gradually.

Task 1：Act in groups as little Santa's show.

(**设计意图**：用圣诞老人对学生们打招呼、送祝福的课件，激发学生合作学习的欲望；通过装扮圣诞老人、许愿互动的方式学习新句型，提升学生的实践能力。)

Step 4　Practice and assessment

1.Guide them to complete the task 2&3.

Task 2：Learn the text in groups (the story on P48 on the TB).

(Find out the key sentences or point out the difficult ones)

(1)The teacher guides them to observe the pictures and lets them read the

words by themselves.

(2)Several students read the passage as little teachers.

(3)Let them underline the important parts.

(4)Let them listen to the tape and check their own pronunciation.

(5)The teacher checks them out and gives them necessary help.

(6)Help them be ready for performance.

Practice with their partners,and then show the work according to Part 2.

2.Guide them to act out their show and arouse them to do the assessments on themselves.

(设计意图:结合课文对话合作学习,巩固句型学习效果。)

Step 5 Consolidation

1.Introduce the healthy diet.(简要介绍食物金字塔,让学生明白健康饮食的重要性与必要性)

(设计意图:介绍何谓健康饮食,引导学生了解健康饮食的重要性。)

2.Homework.

(1)Show the words and expressions in lesson 2.

(2)Preview knowledge of lesson 3.

(设计意图:学以致用,学而时习。学生和父母交流时,若能进行简单的表达或复述都符合"learning by doing"的要求。)

教学板书设计

Lesson 2

—May we have some drinks?

—Sure.What do you like?

—I like juice.

教学评价设计

1.评价的内容

(1)课堂中一切蕴含进步、值得探索与鼓励之时。

(2)勤于思考,积极尝试的学生与小组。

(3)管理与调控的需要。

2.评价的方式

(1)过程性评价与终结性评价结合。

(2)自然简单的肢体、眼神评价与圣诞树上的集星评价结合。

总之,要充分发挥评价规范、鼓励与导向的功能,进一步激励学生自主学习、合作学习的勇气和信心,为后续学习动力的持续积淀和小组学习策略的逐步养成打下坚实基础。

教学设计反思

本课以学生较为熟悉的圣诞节为话题,并以此话题为主线,以准备圣诞派对为开端,设计了多个较为真实的情境与游戏活动,激发了学生学习与表达的兴趣。其中,"购物单的设计"讨论,较贴近生活,旨在鼓励学生积极参与力所能及的日常活动,调动发散思维,并培养其主人翁意识与责任感;而"膳食金字塔"的感知则是进行了一次健康饮食的简要普及、引导,希望课后能对学生及其家人产生良性的影响。

点评

该教学设计充分利用学生喜欢的圣诞节来设置情境,并贯穿整节课。从"我的圣诞购物单"开始复习旧知,用修改购物单的活动来呈现新知,在练习环节中,巧用许下新年愿望来习得语言,体现了新课标用英语做事情的理念,并能让学生在运用的过程中练习语言,学会语言。该教学设计在最后语言综合运用输出阶段的 consolidation 环节,如果能设计一个相对真实的展示活动,如 Welcome to my Christmas party,让学生扮演客人和主人,并进行真正有意义的操练,那么就会实现巩固拓展的目的,使该课有一个相对更好的结尾。

课　　　题：Module 9 Unit 1 Do you want to visit the UN building?（第一课时）
课　　　型：语篇课
教　　　材：外研版《英语》（一年级起点）
年　　　级：六年级上册
教学设计人：重庆市沙坪坝区高滩岩小学　　程巧
教　　　龄：13 年

教学观念(理念)

《义务教育英语课程标准(2011 年版)》指出义务教育阶段的英语课程具有工具性与人文性双重性质,其总目标是通过英语学习使学生形成初步的综合语言运用能力,促进其心智发展,提高其综合人文素养。因此,在本课设计中,我拟定了发展学生英语语言能力和增强学生爱国主义精神的双重教学目标。

教学分析

1.内容分析

本课是第九模块第一单元"Do you want to visit the UN building?"的第一课时。通过小主人公 Simon 和 Daming 想到位于纽约的联合国总部大楼去游览的故事,学习新词及句型,并学会用英语对某地理位置和特征进行描述。

2.学生分析

江北同创新村国际小学以英语为特色,从一年级起就开设了英语课,并引入了一周一次的外教课。六年级的学生经过多年的积累,基础扎实,大部分学生仍然对英语的兴趣浓郁,在课堂上勇于表达、乐于表达,小组合作效益也较为明显。

3.环境分析

因为是借班上课,虽然在班级内有一定的英语展示小园地,但是缺乏对本模块内容的渲染元素,需要我相机而行,利用课件、道具和难易合适的任务来调动学生们的学习积极性,达成学习目标。

教学目标

1.语言知识目标

(1)引导学生学习、理解新单词:peace,make peace,member state。

(2)激励学生学习新句型:Do you want to visit the UN building?

(3)帮助学生整体理解相关语篇的基本内容。

2.语言技能目标

(1)学生能在情境中,运用所学词汇与句型描述某个地理位置和特征。

(2)进一步发展学生的英语语用与阅读能力。

3.情感态度目标

乐于接触外国文化,增强爱国主义意识。

教学重、难点

1.教学重点

运用所学词汇与句型描述某个地理位置和特征。

2.教学难点

理解句子"Haven't you got buildings like this in China"的回答。

教学方法及策略

1.教学方法

情境教学法、任务型教学法。

2.教学策略

小组合作学习策略。

资源运用

教学具:教学音/视频,评价卡,小组合作用表,PPT 等。

教学流程设计

Step 1　Warm up

Greetings and introduction.

T:Hello,boys and girls.My name is Tracy.(To several students)May I have your names? Nice to meet you...(小对话互动)

（设计意图:与学生进行简单小互动,消除陌生感,拉近距离,为新课学习做准备。）

Step 2　Lead-in

T:I like travelling.See,that's me! (PPT 展示 the teacher is flying by a plane)I want to visit a beautiful place.Can you guess where it is? (PPT 展示景点,引导学生找出答案 the Great Wall)

T:Yes,I want to visit the Great Wall.(板书并询问几个学生)Do you want to visit the Great Wall?（适时鼓励学生对长城进行描述,若得到否定答案,则又问:Where do you want to visit?）

（设计意图:由旧引新,铺垫新知,引出主题。）

Step 3　Presentation

1.Learn the text at the first time(the passage of Part 2 on Page 50).

（1）T:Today Simon and Daming want to visit a special building.What's the building? Where is the building? Let's listen carefully and find out.(播放音频,学生练耳,不看书;PPT 出示问题)

（设计意图:初识文本,理解大意。）

（2）Check them out and let them know that UN means the United Nations.（复习缩写词 UK——United Kingdom,USA——United States of America）

2.Learn the text at the second time.

（1）Task 1:Listen and answer.

a.T:Do you want to visit the UN building? （出示小组评价用彩图,贴于黑板）OK,but before listening,let's read these questions together(Task 1).

b.T:Now open your books,turn to page 50.Let's listen again.(播放音频,让学生默读、理解)Take out the sheet of paper 1,work together and find out the answers.

c.Students work together in groups.

Task 1：

①What does the UN want to do?

②How many member states in the UN?

③What does Daming think of the UN?

④Are there buildings like this in China?

⑤Does Daming want to go into the UN building?

d. After checking and evaluation, help students handle with some important or difficult points.

（2）Let them know the new words/phrases (peace/make peace).

（3）Guide them to have some information about the five permanent member states (There are 5 important countries among the member states. They are the USA，the UK，Russia，France and China).

（4）The meaning of the sentence：Haven't you got buildings like this in China? (Notice students the answers will be on the basis of truth. Give them some examples and let them know：if you have，say yes；if not，say no.)

（设计意图：再读文本，小组合作解决难点，教师相机点拨与拓展。）

3. Learn the text at the third time.

（1）Guide them to listen and repeat.

T：OK，let's listen once again and try to repeat.（播放动画，学生跟读）

（2）Task 2：Read in roles.

Arouse the children to read the passage in roles.

T：Pay more attention to the emotion and intonation of Simon and Daming (PPT shows the score chart).

（设计意图：三读文本，模仿语音、语调，激励小组合作，提升学习效果。）

4. Make a summary.

T：So by now，we know some information about the UN.（板书核心词 the UN，并逐步引导学生回忆、回答，完成"思维导图"，引导学生注意描述地点常常用 place，appearance，feature 等词）

Step 4　Production

Task 3：Do a survey.

1. Set up the suitable situation for communication.

T：Just now，Daming says in China we've got lots of very tall and big buildings. Do you know these buildings? （PPT 展示国内知名建筑：上海东方明珠，重庆人民大礼堂）

T:In fact,there are lots of beautiful and interesting places in China.(PPT 出示地图,逐渐展示多个地区的风光)Do you want to visit one of them? Where do your friends want to visit? Why? Go ahead,do a survey with the sheet of paper.Work together please.

2.Team work.

Students ask and answer each other following the task 3.

who	where	why
I	Sanya	beautiful and good for swimming

3.It's a show time.

Guide students to do their work and give them evaluation.

(设计意图:进一步运用、巩固句型。)

Step 5   Extension

Homework.

(1)Read the Part 2 to your parents.☆

(2)Do a survey with your parents about a visiting plan. ☆☆

(3)Can Daming go into the building? Tell us why or how.☆☆☆

(设计意图:回扣主题,承上启下;分层布置作业,预设下节课内容。)

教学板书设计

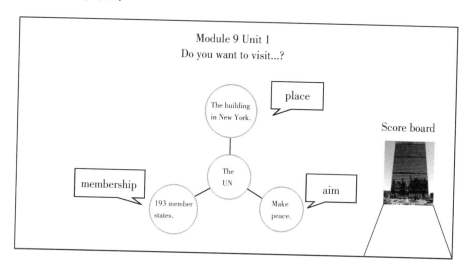

教学评价设计

肢体语言评价、小组集星评价。

教学设计反思

本课可能的亮点：

（1）主题明确，层次分明。根据主题，围绕文本设计的"三读"学习步骤，层次分明，递进性明显，符合该学段学生的认知需求与记忆特点。

（2）评价可行，紧扣话题。紧扣"Do you want to visit the UN building?"的话题，设立分组竞争"Go into the building"的小组评价，辅以教师及时的肢体语言评价，基本能有效调动学生们的学习热情。

（3）小组合作，竞争激励。课堂设计了三次小组合作的任务，激励学生的学习热情。

本课可能存在的不足：

（1）文本学习，趣味不够。机械操练不少，意义运用不多，在学生思维培养上有缺陷。

（2）时间有限。时间上显得紧张，在细节上处理不够，有贪多之嫌。

点评

（1）围绕文本设计"三次学习文本"的教学环节，层次分明，递进性明显，符合六年级学生的认知需求与记忆特点。

第一次阅读：教师让学生带着两个问题"What's the building"和"Where is the building"不看书听文本，达到了训练学生听力的目的，让学生边听边抓能回答问题的关键词，老师对学生阅读文章的学法进行了不露痕迹的指导。第二次阅读：教师先让学生读PPT上出示的五个问题，再边看书边听文本的音频，了解文本的意思，问题由简到难，体现了梯度性，照顾到了学困生。第三次阅读：教师让学生边听边看书，一句一句地跟读，模仿语音语调，再进行角色朗读竞赛。

（2）思维导图的运用。在学生们课文角色朗读结束后，教师引导学生一起回忆课文内容，完成思维导图，快速有效地让学生记忆了文本的核心内容。

（3）设计了三次小组合作的学习任务，结合"go into the UN building"的分小组竞赛评价，充分调动了学生的参与性，有效地激发了学生们的学习热情，提高了学习效率。

（4）分层布置带星课后作业（星星的数量代表了作业的难易系数），预设下节课内容。学生可以按自己的兴趣选择不同的作业，调动了全班同学高效巩固课

堂所学内容的积极性,激发了学生学习英语的兴趣。

(5)值得改进的地方。

①在运用思维导图时,如果让学生经过小组讨论找出关键词(如 Where,What,How many,Why,When 等),可以让思维导图更清晰,学生也能更快速地弄清文本的结构,从而达到复述文本的目标。

②本节课如果按"输入—描述 the UN—描述 places"的环节进行教学,那么设计的逻辑性和递进性就加强了。

课　　　题:Module 5 Unit 1　I get up at seven o'clock
（第一课时）
课　　　型:新课
教　　　材:外研版《英语》(三年级起点)
年　　　级:三年级下册
教学设计人:重庆市巴南区鱼洞四小　文一净
教　　　龄:13 年

教学观念(理念)

在设计本课时,首先就是创设情境,因为本课与学生的生活相当贴近,所以情境教学法在本课一定要体现。根据新课标要培养学生各方面的能力的要求,所以在设计时我考虑到了每一个环节的功能,在培养学生观察思维能力、与人合作的能力等方面下了功夫。让学生在情境中学习语言,通过语言培养能力。

教学分析

1.内容分析

本课主要学习有关一天生活的动词词组和句型,词汇量大,要求学生能听懂、会说六个动词短语,并且还要求学生用第一人称来描述自己一天的日常活动,难度不小,所以一定要设计一些活动来调动学生的积极性。

2.学生分析

三年级下学期的学生接触英语已经一学期了,对学习英语有一定的兴趣和激情,他们也已经学习了时间的整点表达法。但因平时接触英语的机会不多,所以需要创设真实的情境,并不断地对学生进行鼓励,他们才会更有兴趣。

3.环境分析

我校地处城镇,生源参差不齐,家长对孩子学习英语的重视程度不一,就整个学校而言,英语学习积极性不高。所以学生学习英语没有良好的氛围,更谈不上语言环境。

教学目标

1.语言知识目标

(1)认读六个短语:get up,go to school,have lunch,go home,watch TV,go to bed.

(2)初步了解"I...at... o'clock"。

2.语言技能目标

(1)理解六个短语。

(2)初步使用学过的短语和句型与他人交流自己在一天的某个时候做了某事。

3.学习策略目标

(1)能简单拼读单词。

(2)通过活动能初步表达句型。

4.情感态度目标

(1)通过多种形式的活动激发学生的学习兴趣,培养自信心。

(2)通过小组活动,培养学生与他人合作、沟通的能力。

教学重、难点

1.教学重点

认读并理解 get up,go to school,have lunch,go home,watch TV,go to bed.

2.教学难点

将短语融入句型,描述一天的活动。

教学方法及策略

1.教学方法

情境教学法、游戏教学法。

2.教学策略

直呼法教单词,小组合作学习策略,用扩句法练习句型。

资源运用

(1)多媒体课件。

(2)短语卡片。

教学流程设计

Step 1　Warm up

1.Greetings.

2.Sing a song.

3.复习时间并分组。

4.Introduce my friend.

（设计意图：激发兴趣,复习旧知,引入新课,分好组为小组合作学习做准备。）

Step 2　Presentation

1.Introduce my friend 引出：

I get up at seven o'clock.

学习 at,出示单词卡。

（设计意图：直接引出新课。重点学习每一句都会出现的新单词 at。）

2.Get up.

拼读学习 get up。

3.出示 8 点钟,引出：go to school.

Good morning,go to school.

Goodbye,go home.

拼读学习 school,home。

4.Practice in groups：go to school,go home.

（设计意图：直呼法学习新单词,用动作形象地区别 go to school 和 go home。）

5.Card：go ... go to ... go to bed.

拼读学习 bed。

6.Body language：twelve o'clock.

T：I'm hungry.It's time to have lunch.

A chant：lunch,lunch,lunch,I have lunch.

7.Draw a TV.

Watch TV.

（**设计意图**：再次用直呼法学习单词，并运用了肢体语言、儿歌、简笔画等方式形象地表达意义。）

Step 3　Practice

1.Read follow me.

2.Together.

3.火眼金睛。

（**设计意图**：利用各种形式反复操练新短语。）

Step 4　Free talk

School

Go to school.

I go to school.

I go to school at seven o'clock.

引导学生一步一步表达句子。

（**设计意图**：用扩句法练习句型，同时培养学生的思维能力及语感。）

Step 5　Listen and choose

1.Listen and choose.

2.Discuss in groups.

3.Check answers.

（**设计意图**：巩固训练，为小组学习做准备。）

Step 6　Group work

Make a time table for Daming's day.

（**设计意图**：培养学生的合作精神及逻辑思维能力，同时再次巩固新课。）

Step 7　Homework

Step 8　Summary and evaluation

教学板书设计

```
I get up at seven o'clock.
        get up
     go to school
    I go home at...
       go to bed
      have lunch
       watch TV
```

教学评价设计

(1)本课内容涉及了时间,故设计了六个时钟。把学生分成六个小组,每组分得一个时钟。按照表现得分,每组共得一分,自己的时钟就向前走一小格,即一个小时。在下课时总结,哪组走的时间最多即获胜。

(2)获胜的一组可获得一份礼物。礼物就是一句谚语,并展示给大家。

(3)口头评价。

(4)分发贴纸。

教学设计反思

本课的设计优点:时间是本节课的主线,合理巧妙地利用时间作为小组评价方式,将评价与学习内容融为一体。利用直呼法教学单词,让学生学习单词更容易,也能让学生体会到英语学习的成就感,培养自信心。扩句法巩固句型,对学生思维的培养能起到很好的作用,同时能调动学生的学习积极性。缺点在于:因为所教年级是我校的起始年级,学生英语基础不牢,所以没有更多地拓展一天日常生活的短语,如 have breakfast,do homework 等,这是一大遗憾。

点评

从该教学设计中,我们可以看出教师注重对学生学法的指导,如在新词学习中,通过语音教学,帮助学生形成自主拼读单词的能力;在学习重点句型时,通过扩句练习,激发了学生练习的兴趣,降低了学生学习的难度,培养了学生的语感。但该教学设计对目标进行的描述不够具体,因此显得操作性不强。如在语言技能目标的描述"初步使用学过的短语和句型与他人交流自己在一天的某个时候做了某事"中怎么理解"初步使用"?学过的短语和句型是指什么?是今天这节课的,还是结合过去学的?这些都不明确。

课　　　题：Module 4 Unit 1　It's red
课　　　型：新课
教　　　材：外研版《英语》(三年级起点)
年　　　级：三年级上册
教学设计人：重庆市巴南区鱼洞四小　文一净
教　　　龄：13年

教学观念(理念)

兴趣是最好的老师,学生刚接触英语,所以怎样激趣是本课的关键。我根据《义务教育英语课程标准(2011 年版)》总目标的一级目标——"在学习中乐于模仿,敢于表达,对英语具有一定的感知能力"和语言知识的二级目标——"对继续学习英语有兴趣,乐于参与,积极合作,养成良好的学习习惯",设计了本课的活动环节。

教学分析

1.内容分析

本节课是《英语》三年级上册第四模块第一单元的内容。教学内容形象生动、贴近生活,学生学习兴趣浓厚,再加上我设计的一些有趣的活动,能对学生进行听、说、认、读等知识与技能方面的训练,让学生在活动中达到学习新知并学会在实际生活中运用所学知识的目的。

2.学生分析

三年级学生,才刚刚踏上英语学习旅程一个半月。这个年龄段的学生好奇心强,对于英语有着强烈的兴趣。他们喜欢参与各种游戏活动,喜欢在交际中学习英语,在游戏中体验英语,认识英语。在教学过程中,我遵循学生的身心发展特点,按照学生的认知规律,采用情境教学法、直观演示法等引领学生积极参与,主动交流,在轻松愉悦的氛围中快乐学习,提高语言运用能力。

教学目标

1.语言知识目标

(1)要求学生基本能听懂、会说、会读 red,yellow,blue,green,black,white,now 等词汇。

(2)基本能听懂、会说、会读,并运用"I'm a...","It's...","My name is..."等语句。

2.语言技能目标

能够运用"It's..."句型来准确介绍事物的颜色,以便于学生在学习中能正确地描绘事物的颜色。例如,"It's red/yellow/blue/green..."

3.学习策略目标

(1)在学习中集中注意力。

(2)利用实物、图画等对单词进行理解和记忆。

4.情感态度目标

乐于并善于与他人友好地交往,逐步形成与人沟通的能力。

教学重、难点

1.教学重点

基本能听懂、会说、会读六种颜色:red,yellow,blue,green,black,white。

2.教学难点

运用"It's+颜色"的语句结构介绍事物的颜色。

教学方法及策略

1.教学方法

情境教学法、任务教学法。

2.教学策略

实际体验,游戏活动,直观演示。

资源运用

教学具：磁带、图片、课件。

教学流程设计

Step 1   Warm up

1.Greetings.

2.引导学生参与简单的对话练习,复习、巩固、运用前几课所学的问候语。例如："Hello/Hi/Good morning!""How are you?""I'm fine,thank you."

(**设计意图**:亲近学生,建立良好的师生关系。)

Step 2   Revision

1.T:What's this? 引出单词 chair,desk,door,window,blackbord。

2.Listen and point.

3.Let's sing a song.

(**设计意图**:复习旧知,为新课学习做铺垫。)

Step 3   Presentation

出示图片。T:This is my room.点击出无色的椅子、桌子、门、窗户、小黑板。Now,look.

1.教师给门涂上红色,教学 red,然后逐个与学生操练,对于做得好的学生奖励红色小星星。奖励星星时,问:"What colour is it?"让学生说出:"It's red."

2.教师让一位同学上来给桌子涂上绿色,让学生理解并掌握 green 的含义,对于做得好的学生奖励绿色小星星。(抽读,让学生来操作多媒体,增强学生的学习兴趣)

3.Guess,What colour is the blackboard? 引出新词 black。涂上小黑板。

4.请同学上来点击:What colour is the chair? 教师给椅子涂上蓝色,让学生理解并掌握 blue 的含义,对于做得好的学生奖励蓝色小星星。

5.引出新词 yellow,并要求学生能够初步掌握 yellow 的正确发音。给窗户涂上黄色。

6.This is my room.The door is red,the chair is blue,the window is yellow and the desk is green. Look at the wall. It's white.引出 white。

(**设计意图**:从学生熟悉的物品出发,给房间的物品涂上颜色,让学生来操作多媒体,增强学生的学习兴趣。)

7.再次教读单词。

8.抽组读。

9.男女分开读。

10.教师指单词,穿这种颜色衣服的学生站起来读出这个单词。之后会读的学生站起来读。

11.Chant 巩固单词。

Step 4　Consolidation

1.教师组织学生参与游戏"神秘的苹果树",在黑板上向学生呈现一棵挂满了苹果的苹果树,图中所有的苹果均编有号码,一面有颜色一面无色,将所有苹果的无色面朝上,请学生猜每个有号码的苹果的颜色,并运用句型"It's..."来描述苹果的颜色。猜对的同学得到苹果。

2.眼力大比拼。

3.Listen and draw.

(设计意图:巩固复习新课。)

Step 5　Summary

引导学生总结对此课知识点的掌握和运用情况。

教学板书设计

Unit 1　It's red.

red

yellow

blue

black

white

green

教学评价设计

用所教颜色做成的小星星来奖励学生。既可以作为评价方式,又可以复习刚才所教的单词。

教学设计反思

本教学设计环节比较清晰,相互联系紧密,评价方式较好。但应该加大难

度,如果将颜色与物品结合起来教学就更好了。

点评

本课能很好地根据学生学情做出紧贴教学对象学习特征的教学设计;能科学、真实地创造教学情境,并及时做出相应的教学设计给予学生以知识目标的巩固;操练形式多样,能真正做到让学生"在做中学,学中做"。

课　　　题：Unit 5 Do you like pears?（第一课时）
课　　　型：对话课
教　　　材：人教版《英语》（三年级起点）
年　　　级：三年级上册
教学设计人：重庆北部新区民心佳园小学　米红梅
教　　　龄：13 年

教学观念（理念）

1.设计的指导思想

基础教育阶段英语课程的任务是激发和培养学生学习英语的兴趣,使学生树立自信心,养成良好的学习习惯和形成有效的学习策略,发展学生自主学习的能力和合作精神;使学生掌握一定的英语基础知识和听、说、读、写技能,形成一定的综合语言运用能力。基础教育阶段英语课程的目标是以学生语言技能、语言知识、情感态度、学习策略和文化意识的发展为基础,培养学生英语综合语言运用能力。

2.设计的教育教学理念

本单元以水果为主题,所以本堂课就以制作水果沙拉为主线,让学生在看教师制作水果沙拉—品尝水果沙拉—学生准备制作水果沙拉—学生小组亲手制作水果沙拉—分享水果沙拉等一系列活动中完成本课的学习内容,突破重难点。

教学分析

1.内容分析

本套教材为人教版小学英语三年级下册。本册教材注重在轻松愉悦的氛围

中教学生学会简单的英语基础知识。本节课所要谈论的话题就是同学们喜欢的水果。

2.学生分析

三年级的学生好奇心强,活泼好动,学习动机在很大程度上是由周围的环境、事物的显著变化激发的,无意注意为主。教师要在教学过程中掌握运用无意注意规律来吸引并集中学生的注意力,从而根据小学生的生理和心理特点来因材施教。另外,学生中学习存在困难的学生也有一小部分,上课时教师要多给他们读的机会,给他们"优先发言权",还要注意"以优带困"。

教学目标

1.语言知识目标

能运用"Do you like..."来询问别人的爱好,能用"Yes, I do./No, I don't."来回答。

2.语言技能目标

(1)能够理解课文对话大意。
(2)能用"I like..."表达自己对某种水果的喜爱。
(3)能够用正确的语音语调朗读对话。
(4)能用英语进行简单的日常交流。

3.情感态度目标

教育学生养成爱吃水果,多吃水果的好习惯。

教学重、难点

1.教学重点

能运用"Do you like..."来询问别人的爱好,能用"Yes, I do./No, I don't."来回答。

2.教学难点

能够在句型中正确运用名词的复数。

教学方法及策略

1.教学方法

情境教学法:真实的情境,便于学生将所学语言材料进行综合性、创造性的表达交流,而且能变单调、机械的单词、句型操练为活泼、生动的交际性练习。

交际法:让学生能够运用新学单词、结合新旧句型进行交流巩固,重要的是还能使学生考虑进行交流的人的作用和地位,考虑所涉及的题目和情境,从而能恰如其分地运用语言。

小组合作学习法:在组长的带领下,小组合作,小组学习,小组交流,达到人人参与的目的。

游戏教学法:用游戏的形式复习单词、句型,练习新语言点,使学生寓学于乐,在活泼、轻松、愉快的气氛中自然而然地获得英语知识与技能。

赞赏法:多形式地表扬学生。语言表扬(cool,great,very good,super,well done,clever 等),动作激励法(点头微笑、大拇指称赞、轻拍肩膀等),各种贴纸奖励,小组加分等。这让学生整节课都处于愉快的学习氛围中,更有益于学困生参与到学习中来。

2.教学策略

(1)通过情境设置,建立以学生为主的探究模式,由易到难理解学习并运用所学内容,激发学习热情。

(2)利用小组活动,开展交流与合作,让学生做到灵活运用英语。

(3)利用多元化评价机制,培养学生自主学习能力。

资源运用

(1)制作水果沙拉的材料:水果、沙拉酱、果盘、牙签、芥末等。

(2)PPT。

教学流程设计

Step 1 Warm up

1.T:Hello.I'm Apple. I'm 35 years old. I like oranges and cartoons. Do you like cartoons? This is my favourite cartoon. Now let's enjoy it.

(设计意图:简单的自我介绍其实融进了本堂课的两个单词:apple 和 orange。为新课的引入奠定了基础。)

2.Watch a video:party time.

(设计意图:欢快的英语宴会视频和歌曲,让学生被视频中的宴会氛围所感染,跟着音乐的旋律哼唱,为英语课堂营造氛围的同时,也为学习新知识奠定基础。)

Step 2 Presentation

1.教师端上装满干净水果的盘子。OK,it's party time.I want to make some

fruit salad.Oh,I like apples,apples.(教师用牙签串起苹果放在小盘子里)I like oranges. I like pears.Add some salad,mix them.

2.Teacher tastes one piece of pear.

T:Oh,yummy!(表情夸张,吸引学生的注意力,引起他们的好奇)I like pears.Do you like pears?(教师随机问几人)

3.Today we will learn Unit 5:Do you like pears?(教师板书并教读,注意声调)

4.找几组人回答,引出并教读"Yes,I do."并将梨子沙拉给回答的学生吃。引出并板书教读:Yes,I do.

5.The teacher shows some mustard(芥末),add some in the salad. Ask students "Do you like...?"并将水果沙拉给回答的学生品尝。(注意:教师只能放少许芥末,还要准备水和纸巾,不喜欢芥末的学生可以漱口)引出并板书教读:No,I don't.

（设计意图：在制作水果沙拉的过程中自然地将本课的新知识呈现出来，让学生认为这不是在学习英语，而是在学习制作水果沙拉，再品尝水果沙拉，引领无痕。）

Step 3　Practice

1.Play a game.

Look the two faces,and say the sentences.根据笑脸和哭脸回答"Yes,I do"或"No,I don't"。

2.Let's chant.(配上音乐)

Do you like apples?

Yes,I do.

Do you like pears?

No,I don't.

Do you like oranges?

Yes,I do.

Do you like bananas?

No,I don't.

先让学生自己读小诗,然后加上音乐师生共同chant。

（设计意图：游戏活动紧紧围绕本课知识展开，既激趣，又突破本课的重难点句型。）

Step 4　Listen and repeat

1.Sarah and mum want to join us.They want to buy some fruits.

2.Watch the video and answer：What are they doing？ Buying some fruits.（引出 buy some fruits 短语,并教读,理解其意思。）

3.Listen and follow the tape.

4.Role-play the dialogue.

（**设计意图**：自然过渡到文本教学,落实基础知识。）

Step 5　Practice

1.It's party time.First,you should make a fruit salad.

2.Students make their salad in groups and make a dialogue：

A：Hi！ Do you like...？

B：Yes,I do./ No,I don't.

A：Here you are.

B：Thank you.

A：You're welcome.（教师先做示范,一定要让学生明白要说的话和要做的事情）

3.Show Time.（小组展示制作完成的沙拉,学生和其他组的同学分享自己的水果沙拉并进行语言交际）

（**设计意图**：真实的语言情境能够营造良好的语言环境,使学生获得感性材料,并能充分调动学生的非智力因素,使学生有话可说,让他们敢于开口。从而培养了学生的英语表达能力和交际能力,真正体现了新课标提出的英语的人文性与工具性。）

Step 6　Consolidation

总结本课所学内容,并告诉学生养成爱吃水果、多吃水果的好习惯。An apple a day keeps a doctor away.

教学板书设计

Unit 5 Do you like pears?
Do you like apples?　　Yes,I do.
Do you like pears?　　No,I don't.

教学评价

1.评价内容

(1)学生课堂表现的评价。

（2）小组合作后展示的评价。

2.评价方法

以小组为单位进行课堂过程跟踪评价。评价分为个人表现评价与小组合作整体评价。

教学设计反思

本堂课以学生的生活活动"制作水果沙拉"为主线,教师在示范制作的过程中进行了大量的语言输入,并适时呈现水果单词与句型等语言知识,学生在观察、感知和品尝的过程中自然而然、主动地学会了单词和句型。这个过程激发了学生的求知欲,而后学生分组制作沙拉,并与其他组的同学分享沙拉。在分享的过程中运用本节课学到的知识,并结合以前学习到的语言,进行大量的语言输出。让学生在真实的情境中、在真实的生活中运用英语,真正体现了新课标提出的英语的人文性与工具性。学生同样是在玩中学习,本节课的英语运用可以拓展到课外,拓展到生活中,做到了课堂源于生活,又回归生活,真正体现了"学以致用"的目标,也为学生的终身学习和发展奠定了一定的基础。

点评

该教学设计很好地体现了新课标用英语做事情的理念,让学生在准备、制作、分享水果沙拉中去习得语言,而不是枯燥机械地操练语言。在进行每一个活动时,教师有清晰的思路,首先明确活动要求,再示范,小组练习,最后小组汇报展示,做到了活而不乱,兴趣与知识性的结合。但教师在设计活动时,要注意活动与目标的相关性,如在第一步的热身中,采用了 watch a video 的活动,学生跟唱,但这个录像从内容来看,与教学目标的相关性不大,教学的有效性不够。

课　　　题：Unit 5 Do you like pears?（第二课时）
课　　　型：词汇课
教　　　材：人教版《英语》（三年级起点）
年　　　级：三年级下册
教学设计人：重庆北部新区民心佳园小学　米红梅
教　　　龄：13 年

教学观念（理念）

《义务教育英语课程标准（2011 年版）》明确提出：小学英语课程的目的就是激发学生学习英语的兴趣，培养他们英语学习的积极态度。因此在整个课堂，我的设计都是围绕激发学生的学习兴趣而展开的。《果宝特攻》是学生熟悉和喜欢的一部以水果为主题的动画片，这与我们学习的水果是紧密联系的，所以我以动画片里面的人物陆小果为主线，设计了整堂课的脉络：陆小果要在果冻学院开水果派对，但要闯过三大难关的人才有资格进去，这三大难关就是我们本节课的主要内容 let's learn（本节课学习的单词），let's talk（本节课所学的句型），let's play（根据内容量身设计的游戏）；然后在水果派对上综合运用我们所学的单词句型；最后将一些水果文化加入其中，扩展学生的知识面。整个课堂，学生们就在闯关游戏中一步一步学习，运用并交流新学期的英语知识，也在闯关中获得快乐，真正实现了"寓教于乐"。

教学分析

1.内容分析

本单元的内容是围绕"水果"这一常见的生活主题来展开的，本课是这一单

元的第二课时,在第一课时学生已掌握了"Do you like...?""Yes,I do/No,I don't"等句型,并认读了 apple,pear 等单词。因此本节课的重点是提高学生对水果单词的认读能力,并且让学生用学过的句型和新句型进行语言交流,在交流中巩固单词,增加学生的词汇量。此外,通过学习,让学生了解水果文化,并知道水果对身体的好处。

2.学生分析

三年级的学生好奇心强、活泼好动、喜欢模仿。对水果这一熟悉的话题感兴趣,因为贴近他们的日常生活。因此在活动中,学生乐于参与,乐于学习。

3.环境分析

因本校是公租房校区,家庭教育的缺失与疏忽让学生课外学习英语的时间几乎为零。但学生刚接触英语学习,对英语充满兴趣,因此,本课将通过很多游戏活动激发学生的学习兴趣和学习潜能。

教学目标

1.语言知识目标

(1)能听、说、认、读 apple,pear,peach,orange,watermelon 等水果单词。

(2)能初步了解名词的复数形式。

2.语言技能目标

(1)能用"I like..."表达自己对某种水果的喜爱。

(2)能用"Do you like...?"来询问别人的爱好,能用"Yes,I do/No,I don't"进行回答。

(3)能用英语进行简单的日常交流。

3.情感态度目标

渗透水果文化,教育学生养成爱吃水果、多吃水果的好习惯。

教学重、难点

1.教学重点

(1)单词 watermelon,pear 的认读。

(2)在交际中学习并运用句型:"Do you like...?""Yes,I do/No,I don't。"

2.教学难点

(1)初步感知名词的复数形式。

(2)在真实的情境中能运用英语进行交流。

教学方法及策略

1.教学方法

情境教学法,任务型教学法,交际法,小组合作。

2.教学策略

(1)通过情境设置,建立以学生为主的探究模式,由易到难理解、学习并运用所学内容,激发学习热情。

(2)利用小组活动,开展交流与合作,让学生做到用英语做事。

(3)利用多元化评价机制,培养学生自主学习能力。

资源运用

教学具:

1.水果图片以及一些水果实物。

2.PPT。

教学流程设计

Step 1　Warm up

托尔斯泰说过:"成功的教学所必需的不是强制,而是激发学生的兴趣。"兴趣是推动学生学习的强大动力,是学生参与教学活动的基础,激发学生的兴趣是新课导入的关键。"Well begun,half done",良好的开端是成功的一半。因此,导入设计分两块:

1.Greetings:How are you? What's your name? How old are you? How many...can you see? What color...? etc.

(设计意图:自由交谈让全班学生能够说起来,在复习旧知的基础上为新课的学习起到一个呈上启下的作用。)

2.Sing a song:*An Apple a Day*.(with actions)

(设计意图:这是一首关于水果的英文歌,全班同学在教师的带领下,边做动作边唱,营造良好的英语氛围,自然地进入一个良好的学习状态中,也为新课埋下伏笔。)

Step 2　Presentation

1.情境导入。

T:Look! This is an apple,too.Yes,he's Lu Xiaoguo.陆小果想邀请大家去果冻学院开一个水果派对,但不是人人都有资格去,他给我们设立了三道关卡,

闯过关卡的同学才能进去。你们想不想去呀？Are you ready？OK,let's go!

2.第一关:Let's learn。

(1)CAI:Look,what's this？Yes,it's a pear.

(2)教水果单词。

a.教读单词。抽读,开火车读。(如果有学生知道的,让学生当小老师)

b.单数复数形式:one/a pear, three pears。

c.拼读单词,空写单词。

d.看水果图片说话。eg:This is an/a... It's yellow.I like... How many... can you see？

e.用同样的办法教授其他水果单词:orange,peach,watermelon。注意,教学 watermelon 时,先教 water,再教 melon。

(3)Play games。

a.快速反应。

b.英汉互译。

c.开火车,读单词。

T:我们来看看第一关我们通过了没有。

(设计意图:在这一教学过程中注重培养学生听、说、认、读的能力,积极引导学生参与、体验、交流和合作,让学生懂得仔细倾听和认真思考在英语学习中的必要性,并通过一系列机械练习,让英语达到朗朗上口的效果。)

3.第二关:Let's talk。

(1)句型引出:陆小果给大家带来一包东西,猜猜看里面装着的是什么。(边说教师边拿实物展示)

T:I like pears.Do you like pears？

S:Yes,I do.(教师引导学生一起回答)

板书句子,并教读。(点题)

(2)用同样的方法引出"No,I don't"。

(3)CAI:理解 Do you like pears？

(4)用水果实物进行句子操练。

(5)Let's chant。

教师先领读,然后学生读,再分组读。(伴着节奏)

(6)Free talk。

让老师猜猜你们喜欢什么水果,然后让学生猜老师喜欢什么水果。(可运用所有学过的水果单词)

A:Hello,do you like pears？

B：Yes，I do.

A：Here you are.

B：Thank you!

(7)同桌间相互问答。

(**设计意图**：通过让学生用观察、比较、模仿、猜测等方式，通过师生、生生之间的大量语言交流，鼓励学生大胆开口、勇敢表达，逐渐让学生体会到学习英语的快乐。苏霍姆林斯基说过："没有也不可能有抽象的学生。"因此，我们要鼓励学生大胆地用英语表达，让他们知道"English，I can"。)

T：我们来看看第二关我们过了没有？ 好，我们进入第三关。

4.第三关：let's play.

课件展示两个游戏：水果忍者和TOM猫的游戏。(注意讲解游戏规则)

(**设计意图**：鲁迅说过："游戏是儿童的天性。"让学生在熟悉的网络游戏平台上积极学习和运用英语，学生兴趣浓厚，参与的积极性很高，学习达到事半功倍的效果。)

Step 3　Consolidation

1.恭喜大家来到果冻学院参加水果派对。陆小果已经把水果准备好了，大家请看。

陆小果叫老师把这些水果奖励给表现好的同学哦。教师问：Do you like...? 让学生回答，然后教师把水果发给学生。

2.group-work

学生拿自己带的水果或是自己画的水果，四人一组相互问答，也可以问在座的老师们。

S1：Hello.

S2：Hello.

S1：I like apples.Do you like apples?

S2：Yes，I do.

S1：Here you are.

S2：Thank you!

有时间可展示1~2组。

(**设计意图**：真实的语言情境能够营造良好的语言环境，使学生获得感性材料，并能充分调动学生的非智力因素，使学生有话可说，让他们敢于开口，培养学生的英语表达能力和交际能力。)

Step 4　Extension

T：陆小果不仅让同学们参加他的水果派对，也想让同学们增长一些见识，想知道吗？

Do you know?

介绍 Apple 公司、Apple 手机以及 Melon Boy（西瓜太郎），中国人把 peach 赋予更深刻的含义，如仙桃、寿桃等。介绍重庆的特产 Fengjie Orange，让学生热爱重庆，宣传重庆。

（**设计意图**：语言学科不能就教知识而教知识，更应该让学生了解和知道知识中所包含的文化意义，这不仅能扩大学生的知识面，也能增长学生的见识。）

教学板书设计

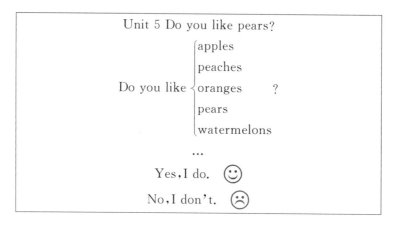

教学评价设计

1.用激励、肯定的语言，如 Good! Wonderful! Well done! Great!

2.无声的鼓励：教师用肢体语言表扬学生，如眼神鼓励、和学生击掌、轻拍学生的肩膀等。

3.发放水果贴纸。

4.小组比赛。将学生分成 4 个水果大组，相互比赛。

教学设计反思

因水果是学生在日常生活中非常熟悉的物品，水果的英语对于部分学生也不陌生，因此所学知识能引起学生们的共鸣。在教学中，我设计的主要人物是学生熟悉的动画片《果宝特攻》中的陆小果。通过主要人物及设计的闯关活动，突破教学的重难点。而课堂中也设计了大家日常生活中爱玩的"水果忍者"和"TOM 猫"的游戏。所以在课堂中，学生就感觉在生活中玩一样。整堂课学生的兴趣非常高，课堂很活跃。真正体现了学生在玩中学，学中玩。

点评

本课教授水果类单词,教学内容贴近学生生活,教师设计的环节紧紧围绕水果展开,从新授到输出,犹如行云流水般流畅、自然。在最后的拓展环节,教师设计了有关水果的其他生活知识,拓展了学生的视野,注意了"全人"的培养和训练。

课　　　题：Unit 1 Lesson 1 How do you go there?
课　　　型：词汇课
教　　　材：人教版《英语》(三年级起点)
年　　　级：六年级上册
教学设计人：重庆市璧山区实验小学　　周宗英
教　　　龄：13 年

教学观念(理念)

《义务教育英语课程标准(2011 年版)》指出：现代外语教育注重语言学习过程,强调语言学习的实践性,主张学生在语境中接触、体验和理解真实语言,并在此基础上学习和运用语言。教师要尽可能地为学生创造在真实语境中运用语言的机会,鼓励学生在教师的指导下,通过体验、实践、参与、探究和合作等方式学习、应用语言。

教学分析

1.内容分析

(1)本课是人教版《英语》(三年级起点)六年级上册第一单元"How do you go there?"的第一课时,属词汇教学。

(2)本单元重点学习如何询问和回答人们日常出行的方式,这个话题与学生的日常生活紧密联系。描述出行方式的英语表达法多是由 by＋交通工具名称构成的,因此语法知识构成相对简单,生词量较少。在这一课时中,一共出现了七个词组：on foot、by bike、by bus、by train、by plane、by ship、by subway。其中要求"四会"掌握的是 on foot，by bike，by bus，by train。我认为本课最重要的教学活动应该是在情境中训练使用"How do you go to...?"句型，做到在学中用，在用中学，边用边学，学以致用，以培养学生"用英语做事情的能力"。

2.学生分析

在这一课时中，只有 subway 是一个完全陌生的单词，其他几个单词都是同学们比较熟悉的，火车 train 和飞机 plane 虽然之前不是太熟悉，但是在前面的语音训练中也出现过，所以对于学生来说还是比较容易接受的。本课时的重难点就是掌握"四会"词组并学会用英语表达自己的出行方式。

3.环境分析

大部分学生学习英语仅仅是在课堂上进行而已，课外基本不学习。

教学目标

1.语言知识目标

Words：plane，ship，subway，train，bus，bike，foot.

Sentence structures：How do you go to...? I go by...

2.语言技能目标

Talk about modes of transportation.

3.学习策略目标

培养学生联系生活实际，学以致用的能力。

4.情感态度目标

Cultivate and keep students' learning interests；Know something related to their real life.

5.文化意识目标

渗透西方文化知识，并使其为生活服务。

教学重、难点

1.教学重点

Words and phrases：by plane(ship，subway，train，bus，bike)，on foot.

Sentence structures：How do you go to...? I go by...

2.教学难点

Talk about modes of transportation.

教学方法及策略

1.教学方法

导入法,游戏教学法,情境教学法,合作学习法等。

2.教学策略

Task-Based Language Teaching.

资源运用

CAI,phrase cards,tape,pictures。

教学流程设计

Step 1　Warm up

1.Daily greetings.

2.The teacher presents a picture of Disney to the students.

T:Look at this picture.What's this?

Ss:It's Disney.

T:It's a lovely place.Do you want to go there?

Ss:Yes,of course.

T:How do we go there?

Most students answer:"坐飞机"。

(设计意图:呈现学生喜欢的香港迪斯尼图片进行导入,训练学生的 thinking skill。运用了 Task-Based Language Teaching,即任务型教学法在课堂一开始就利用图片创设情境,设置了一个任务。)

Step 2　Presentation

Let's learn.

New words teaching.

T:There are so many transportation means in the world.Let's think it over and give some examples.

Students think and give some ideas.(bike,bus,train)

(设计意图:运用 Topic-based teaching 的教学方法,让学生根据交通工具这一个主题进行发散思维,同样也能引起学生的兴趣。)

T:Let's look at the screen.(There's a plane on the screen,students listen to the tape and follow.Students can do some actions.)

Let students do some mechanical pronunciation drill: "lower or higher" (The teacher says the "plane" in a low voice,students repeat it in a high voice.If the teacher says in high,students say in low)or "from whisper to loud".

(Show a ship on the screen)Let students listen to the tape and follow it. Students do the action and drill it in a whisper.

T:(Show a subway on the screen)It's a subway.A subway is just a railway that runs under the ground.

(设计意图:利用 CAI 呈现单词后,分小组、个人运用声音的高低进行单词的机械操练,并对句型进行意义操练,同时尽量加上动作。)

Use the same way to teach pronunciation.And tell students subway is an unfamiliar means of transportation. But in some Western modern countries, subway is very common and convenient.

(设计意图:了解西方文化知识,使其为我们的生活服务。)

Since students have learned the words:foot,bike,bus,train. The teacher should make a review of them.

T:we can use by bike/ bus/ train/ subway/ plane/ ship or on foot to express the meaning of using this kind of transportation means.

Ask students to make a competition of reading these phrases. If someone reads one phrase excellently, the teacher gives him/ her the phrase card.

New sentence teaching:

A:How do you go to school?

B:I go to school by bike.

A:How do you go to Canada?

B:I go by plane.

Let the students listen to the tape and follow it.Then ask them to read it in two teams to make a competition.

Step 3 Practice

Let's chant.

Say a chant.

The teacher had given 7 phrase cards to 7 students just now. Now the teacher lets the 7 students put the cards to stick on their chests,and lets them come to the front and stand in a circle.

The teacher gives instructions:

Begin the chant with his hands, first touch on his thighs (one 拍双腿), then together (two 拍双手), then snap his right fingers (three 右手), and then snap his left fingers (four 左手), so that a rhythm of four beats is clearly audible and visible.

(**设计意图**:尽管是高年级学生,但他们对于做一些简单的手势动作还是很有兴趣的,用手势来辅助句型操练,使枯燥的练习变得生动有趣。)

After students get used to the rhythm, extend the chant to the sentence "I go by bus"(on beats one and two), and "You go by bike"(one beats three and four). And students who hold the "by bike" card should continue the chant, until everyone has a chance to practice.

For example

S1:I go by bus, you go by bike.

S2:I go by bike, you go by ship.

S3:I go by ship, you go by train.

...

Step 4　Consolidation

Snake-track.

Divide the students into 4 groups, let each group chant and let students make more mechanical drill.

Let's play.

Ask students to do the game just as the book shows.

Let's try.

Students listen to the tape and circle. It's very easy for students to do this.

A game:Snake-track.

(Show the picture on the screen)

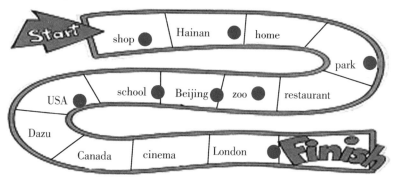

Prepare counters and dice. Ask two students to come to the front. One student roll the dice and moves his counter according to the number. e. g. when he rolls 4, he go to the "park",

The other students: How do you go to the park?

S1: I go by bike/ on foot/ by bus...

And if there's a "●" after "park", he can move forward one step. If there's no "●", he should move backwards one step.

Then pass the dice to S2. The two students roll the dice alternatively. The earliest who reach the "finish" is the winner.

(设计意图:这个游戏是对本课的生词和句型的一个巩固操练。突破本课的重难点。)

The teacher can copy this picture to each pair. Ask more pairs to do this.

Now, it's time to answer the first question.

How do we go to the Big Ben?

The teacher helps students to answer like this:

I go to Chongqing airport by bus.

I go to London by plane.

I go to Big Ben by subway/ by bus/ on foot.

(设计意图:回答开始提出的问题,运用了任务型教学法;同时这样的回答也是一种表达型探究学习活动,让学生熟练运用所学句型,突破本课的重难点。)

Step 5 Extension

Show 4 pictures: London Bridge, Chaotianmen, Jiefangbei, Lhasa. Divide the students into 4 groups. Ask them to choose one picture to discuss and make dialogues in groups.

e.g.

S1: I like Lhasa.

S2: How do you go to Lhasa?

S1: I go to Chongqing railway station by bus. And I go to Lhasa by train.

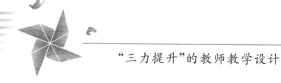

Step 6 Homework

Ask students to make a traveling plan, design their own routes and write the sentences about how to reach these places.

（**设计意图**：以"为自己设计旅游线路"为作业，体现语言的真实性原则。同时，也使英语的教学从课内延伸到课外。）

教学板书设计

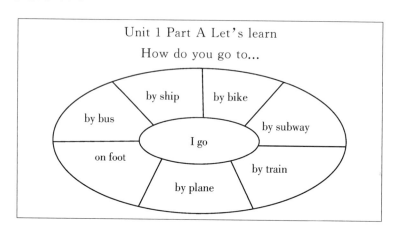

教学评价设计

1.评价内容

通过学生在学习过程中的各种表现、合作互助、学习结果等方面对他们做出正确的判断，并给予肯定，既关注结果，又关注过程，以促进学生学习进步，也帮助教师改进教学方式及手段。

2.评价方法

将学生分为四个小组，主要以小组为单位，通过小组积分的方式，获得最高分的为最佳优胜小组，颁发教师自制的优秀奖章，同时加上 3 颗星，其余小组根据表现分别加上 2 颗星和 1 颗星。

教学设计反思

这节课设计最大的优点是能面向全体学生，设计的活动让每个学生都能参与进来；同时培养学生"会倾听、敢发言、会交流、会合作"的良好的英语学习习惯。但是也存在一些问题，如有些环节之间的衔接不是很自然，图片所展示地方特色不是很明显等。课堂教学的精益求精是我在今后教学中应该追求的，任何时候都不应该满足于现状,要随时发现自己的不足之处,以便及时改正。只有不断地反思,才能取得更大进步。

点评

教学目标的确定来自对教材内容和学情的分析,因此该教学设计对教材和学生进行了细致的分析。分析了新知和旧知,分析了重点和难点,但是在制订教学目标的时候却没有使用一些描述性的语言来细化自己的目标。如对知识目标的描述,仅限于"words:plane,train,ship...",但对于这些词学生究竟要掌握到什么程度没有细化。

课　　　题：Unit 4 I have a pen pal B(第二课时)
课　　　型：对话课
教　　　材：人教版《英语》(三年级起点)
年　　　级：六年级上册
教学设计人：重庆市璧山区实验小学　周宗英
教　　　龄：13 年

教学观念(理念)

《义务教育英语课程标准(2011 年版)》强调英语教学要重视对学生实际语言运用能力的培养,强调课程要从学生的学习兴趣、生活经验和认知水平出发,倡导体验、实践、参与、合作与交流的学习方式,发展学生的综合语言运用能力。因此,在教学中,我尽最大努力为学生创造英语情境,指导学生积极地运用语言。

教学分析

1.内容分析

本课时是六年级上册第四单元 B 部分第二课时,属于对话教学。主要练习第三人称单数一般疑问句的用法。

2.学生分析

第三人称单数一般疑问句的用法是本单元的难点,很多学生在变一般疑问句时,不知道把动词第三人称单数形式还原。学生在对话时不能很快地反应过来,因此,要强化对话练习,使学生形成习惯性的语感。

教学目标

1.语言知识目标

能够听说、朗读与爱好有关的英文表达,如"Does he like doing word puzzles and going hiking? Yes,he does"。能够正确听说认读单词 amazing,Canberra 等。

2.语言技能目标

能用一般现在时的一般疑问句询问他人的住处、爱好等情况。在接受他人询问时能做肯定或否定回答。

3.学习策略目标

联系新旧知识,创设情境。

4.情感态度目标

培养学生积极运用所学语言进行表达、交流与合作的习惯,帮助全体同学共同完成学习任务。

教学重、难点

1.教学重点

能够运用一般现在时的一般疑问句句型来提问他人的住处、爱好等情况并能作答。

2.教学难点

学生能够在真实的语境中灵活运用本课重点句型,并能根据课文内容大胆创编对话。

教学方法及策略

教师创设情境,启发、引导学生自主探究、思考、讨论、交流,开阔学生的视野,锻炼学生的思维。

资源运用

课件、卡片、录音等。

教学流程设计

Step 1　Warm up

1.多媒体播放歌曲"*My pen pal*",学生边唱边跟着教师做相应的动作。

2.学生以开火车的形式介绍自己和同桌的兴趣爱好,如:I like... He/ She likes...

(**设计意图**:营造学习英语的氛围,调动学生学习英语的积极性。)

Step 2　Preview

Free talk.

教师随机叫几个同学回答下列问题。Do you have a pen pal? Do you like him/her? Does he/she live in Chongqing? What are your pen pal's hobbies? Does he/she like playing basketball?

(**设计意图**:让学生初步感知第三人称单数一般疑问句及答语,并进一步巩固动词第三人称单数形式的用法。)

Step 3　Presentation

1.学习本课一般疑问句:"Does he/she live in...?""Does he/she like...?",及其回答。

(1)教师介绍自己的笔友:"I also have a pen pal.Do you want to make friend with him?"

(2)学生从黑板上提示的 age,place,hobbies,favourite animals,favourite sports,favourite subjects 等方面,对教师笔友的情况进行提问。

(3)教师利用多媒体出示天坛照片的一部分,并告诉学生可以用"Does he live in＋地点"来询问。

如:S1:Does he live in Shanghai?　　　T:No,he doesn't.

　　S2:Does he live in Dalian?　　　T:No,he doesn't.

(4)教师呈现整张图片,学生们恍然大悟,教师要求学生一起问:Does he live in Beijing? T:Yes,he does. He lives in Beijing.

(5)教师要求学生由慢到快重复"Does he live in..."句型及其回答(数遍)。

(6)学生继续运用"Does he like..."句型提问。

(7)Let's guess.

四人一小组,猜猜"Who is he/she"。一名学生说:"I have a friend." 其他三个学生用"Does he/she..."提问。

(**设计意图**:教师通过介绍自己的笔友,给学生创设真实的情境,层层深入,让学生能更好地理解语言、运用语言,从而突破本课的重难点。)

2.Let's try.

教师播放 Let's try 部分的录音,学生根据听到的录音内容选出答案,随后师生共同订正答案。

(设计意图:通过听录音,进一步感知本课主题。)

3.Let's talk.

(1)教师介绍 Wu Yifan 也有一个笔友,听"Let's talk" 1～2 遍,以小组为单位讨论并回答探究学习的第一题。

(2)看课文,组内讨论,完成探究学习中第二题,并讲解 amazing 和"Why not"。

(3)介绍悉尼和堪培拉两大城市。

(4)听录音学习课文,指导学生逐句跟读。

(5)学生两人一组以 pair work 形式练习本课对话。

(6)完成探究学习中第三题,听音排序。

(设计意图:通过小组合作,培养学生自主探究、思考、讨论、交流,共同完成学习任务的良好习惯。)

Step 4　Consolidation

1.Make a dialogue:教师发给每个学生一个纸袋,纸袋里装着几个"我猜猜"环节笔友的信息,学生参考本课对话,参照黑板上的拓展对话的例子,灵活运用所学的重点句型创编一个对话,上台表演。教师评价,生生互评。

2.完成探究学习中第四题,给笔友写一个"message",介绍自己的爱好(参考课文第 40 页内容),学生自愿上台朗读。

(设计意图:培养学生积极运用所学语言进行表达与交流的习惯。)

Step 5　Homework

1.听录音熟读课文并力求能背诵课文。

2.课后给你的笔友发送课堂上写的"message"。

(设计意图:给学生布置适当的作业以便检测学生对知识的掌握情况。)

教学板书设计

Unit 4 I have a pen pal
B Let's try & Let's talk

Does he live in Sydney?	age，address，hobbies
No，he doesn't．He lives in Canberra.	
Does he/she live in…? Yes，he/she does.	favourite animals
Does he like doing word puzzles and going hiking?	favourite sport
Yes，he/she does.	favourite subject

教学评价设计

评价内容				学生姓名				评价日期			
评价项目	学生自评				生生互评				教师评价		
	优	良	中	差	优	良	中	差	优	良	中	差
课堂表现												
回答问题												
作业态度												
知识掌握												
综合评价			寄语									

教学设计反思

　　本课时是对话教学，主要学习第三人称单数一般疑问句的用法，这也是本单元的难点。很多学生在变一般疑问句时，不知道把动词第三人称单数形式还原，因此我在教学生这部分对话时，对本课一般疑问句的句型专门进行了有针对性的练习，以此突破重难点，让学生能明白，会运用。

点评

本教学设计注重语境的创设和文化的渗透,注重学生学习策略的培养。针对学生的学习难点——第三人称单数的表达,充分创设语境,让学生在好奇中猜测教师的笔友信息,猜测同学的笔友信息,自然而然地习得语言。在展示本课文本的时候,介绍悉尼和堪培拉两大城市,帮助学生更好地理解文本,同时了解西方国家的文化。在文本的理解突破中,教师采用学生合作探究的形式,培养学生自主探究、思考、讨论、交流,共同完成学习任务的习惯,逐渐培养学生阅读理解的学习策略。

课　　　题：Unit 3 What's your number? Lesson1（第一课时）

课　　　型：新授课（对话教学）

教　　　材：重大版《英语》

年　　　级：三年级上册

教学设计人：重庆市沙坪坝区沙坪坝小学　黄璇

教　　　龄：13 年

教学观念（理念）

以《义务教育英语课程标准（2011 年版）》（以下简称《课标》）提出的标准"面向全体学生，关注语言学习者的不同特点和个体差异"为指导思想，让学生感知生活中的数字，并在教师指导下主动构建知识、发展技能、拓展视野、活跃思维、展现个性，最大限度地满足个体需求以求获得最大化的整体教学效益。

遵循以上理念，我将在本课中充分了解学生现有的认知水平和心理需求，通过合理安排教学活动，调动所有学生的积极性，使他们在各个阶段的学习中不断进步，体验"用英语来做事"的快乐与成就感，从而保持学生浓厚的英语学习兴趣。

教学分析

1.内容分析

（1）本单元是小学生学习重大版教材过程中，首次遇到的关于"number"的话题，是今后学习运用英语谈论数量的基础。同时，对于学生养成在生活中应用数字，真正地"用英语来做事"的习惯也有着至关重要的作用。

（2）本课时主要学习六个数字单词,即 one,two,three,four,five,zero,通过语言运用,让学生能初步听懂和交流"What's your number?",让数字具有实际意义,并真实地应用于生活。

2.学生分析

（1）本课的教学对象为英语起始年级三年级的学生,英语基础很薄弱。但由于数字在生活中的广泛应用,学生对数字单词"one,two,three,four,five"已不陌生。

（2）作为小学英语课程开设的起始年级,学生学习英语的热情高,善于模仿,长于形象思维,乐于表演,但注意力有不持久、不稳定的特点。

3.环境分析

利用课件感知生活中的数字。

利用数字卡片创设语言交流情境。

教学目标

1.语言知识目标

（1）能听、说、认、读数字 0～5 的英文表达。

（2）能理解并初步运用:What's your number?

2.语言技能目标

（1）通过引导学生积极参与各项课堂教学活动,使学生养成爱动脑、动口、动手的良好习惯。

（2）学生熟练运用本课所学的语言知识进行日常交际,形成综合运用语言的能力。

3.学习策略目标

（1）初步培养学生合作、探究、自主学习的能力。

（2）注意观察生活中或媒体中使用的简单英语。

4.情感态度目标

（1）通过同桌、小组等活动形式,培养学生在学习中注重合作学习的意识。

（2）结合实际生活,创设真实情境,引导学生关注生活,激发他们的学习兴趣和热情,提高其学习的积极性和主动性。

5.文化意识目标

发现生活中的数字,感受数字在中西方的差异。

教学重、难点

1.教学重点

六个数字单词的听、说、认、读以及口语交流。

2.教学难点

(1)"What's your number"句型结构的运用。

(2)five,three,zero 的发音。

(3)如何结合实际,在生活中运用。

教学方法及策略

1.教学方法

情境教学法、游戏教学法、合作学习法、任务型教学法。

2.教学策略

合作学习策略、情境体验策略。

资源运用

1.教具

课件、单词卡片、词条、小组游戏数字卡片、一次性盘子。

2.学生准备

水彩笔。

教学流程设计

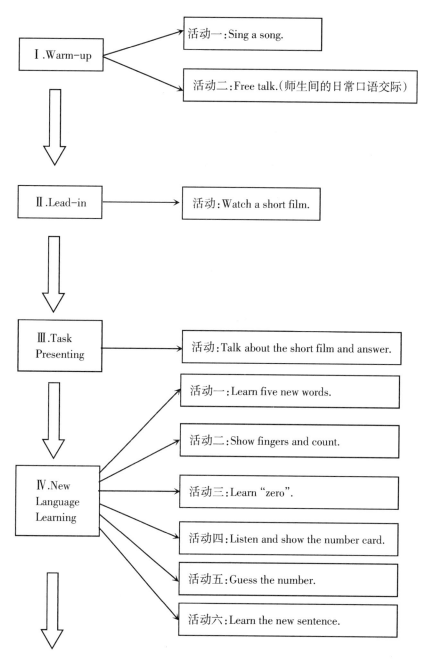

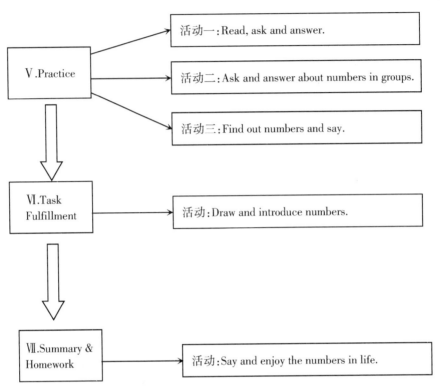

Step 1　Warm up

活动一:Sing a song.(采用的是阶梯英语的儿歌)

(**设计意图**:音乐是美妙的,能给人以美的享受。通过歌曲引入课堂,营造轻松愉快的氛围,能使学生很快地集中注意力,同时也为新知的学习做好铺设。)

活动二:Free talk.师生间的日常口语交际。

(**设计意图**:新课标明确指出:"面向全体学生,关注语言学习者的不同特点和个体差异。只有最大限度地满足个体需求,才有可能获得最大化的整体教学利益。"简单的师生之间、生生之间的问候能拉近师生间的距离,激发学生说英语的热情,为新知的学习打下情感基础,同时复习了以前学过的知识。)

Step 2　Lead-in

活动:Watch a short film.

播放一段有趣的数字动画片,学生边看边听教师为动画片的图片配英语解说,引出新词"number"并教授。

Step 3　Task presenting

活动:Talk about the short film and answer "What did you see? What number did you see?".

通过一段有趣的数字视频的呈现,调动了学生的学习热情,提出问题"What did you see?",然后边放影片,教师边解说,引导学生回答出视频中出现的数字 1~5。

(设计意图:《课标》明确指出:"现代外语教育注重语言学习的过程,强调语言学习的实践性,主张学生在语境中接触、体验和理解真实语言,并在此基础上学习和运用语言。"在情境的创设上,我特别注意了这几个点创设的情境是否能引起学生的兴趣;影片中形象的数字演变和教师的英语解说是否能使出现的句子、单词和学生的已知建立联系;情境中出现的单词是否对突破本课的难点有帮助。)

Step 4　New language learning

活动一:Learn five new words.

five　　　　three　　　　one　　　　two　　　　four

短片最后停留在"5"这里,就自然过渡到从这个数字开始教学。

Three 则根据短片中的提问"Look at the butterfly,it's turning..."引出,注重 five 里 /v/ 和 three 里 /θ/ 的发音。

活动二:Show fingers and count.

活动三:Learn "zero".

通过出手指数数,自然过渡到"zero"的学习。

以此,引出新单词 zero,并进行教授,注意"o"的发音。

在进行新单词教授时,未按照常规从 0 至 5 进行教授,而是以 5,3,1,2,4,0 的顺序进行教授,注重难点 5,3,0 的突破,而 1,2,4 则过渡得较快。

(设计意图:《课标》明确指出:"整体设计目标,充分考虑语言学习的渐进性和持续性。"考虑学生的已知水平,整体把握教材。那么具体在教学中,只是必须把握主次、轻重、详略、缓急。而突出重点、突破难点正是优化课堂教学、提高课堂教学效率的一个重要原则。因此,确定正确、合理的重点和难点对把握好课堂起着关键的作用。)

活动四:Listen and show the number card.

学生是以六人为一组的,每组都有一套"0~5"的卡片,所以每人都有一个号码,各组之间比比谁最先出示号码。(先教师说数字,学生举自己手里的卡片,然后小老师说数字)

活动五:Guess the number.

PPT 展示被遮盖了部分数字的图片,学生通过想象竞猜数字。

(设计意图:预设学生单词发音困难的是:five,three,zero。因此设计两个游

戏来突破难点,培养学生良好的听说认读的习惯,同时也做到在课堂中"动""静"相结合,这样的设计比较符合学生的年龄特点。)

活动六:Learn the new sentence.

If students want to know the teacher's number,they should ask the teacher by using the sentence on the board "What's your number?".

(设计意图:教师的身上也贴了一张数字卡片,只不过是背面朝学生的,激发学生的求知欲,使学生主动地学习新知。)

Step 5 Practice

活动一:Read,ask and answer.

快速认读黑板上的内容。(把具有提示性的阿拉伯数字拿走,只剩数字的英文单词)

(设计意图:培养学生对单词的认读能力,使学生对"What's your number?"的句型做出快速反应。)

活动二:Ask and answer about numbers in groups.

If students want to know their friends' number,they should ask and be polite.

e.g.:S1:Good morning!

　　　S2:Good morning!

　　　S1:What's your number?

　　　S2:…

小组活动,相互问对方的号码,注重新旧知识的结合。(教师先找一个学生示范)

规则介绍:

(1)两分钟内,同桌进行练习:What's your number? Number…

(2)双方要很有礼貌地进行询问:Hello! /Hi! /Goodbye! / Good morning! /I'm…

(设计意图:《课标》明确指出:"让学生在教师的指导下,通过感知、体验、实践、参与和合作的方式,实现任务的目标,感受成功。"在课堂教学中,学生起着主体地位的作用,教师起着主导的作用,巧设情境在小学英语课堂教学中起着引趣、过渡、强化、延伸等作用。)

活动三:Find out numbers and say.

观看 PPT,数字构成了一幅幅漂亮的画。

Step 6 Task fulfillment

活动:Draw and introduce numbers.

组内合作,共同完成一个数字盘子,并向全班进行展示和介绍。

（**设计意图**：两个活动的设计体现了层次性和渐进性。两个活动主要是围绕"用英语做事情"这一理念进行设计的。英语学科与美术学科的相互渗透与联系，以促进学生的认知能力、思维能力、审美情趣、想象力和创造力等素质的综合发展。）

Step 7　Summary

活动：Say and enjoy the numbers in life.

欣赏生活中的数字并用英语读出来。（110,120,119,12315…）

T：We usually see and use these numbers.It's very important.Do you know these numbers?

放到911,教师可稍作解释。

（**设计意图**：这里的活动是围绕《课标》的总目标"通过英语学习使学生形成初步的综合语言运用能力,促进心智发展,提高综合人文素养"这一理念进行设计的。贴近学生的生活,为学生所熟悉,这样才能激发他们积极的学习情感。教师再适时帮助学生联系生活实际和经验,引导学生学习生活中的语言,让他们在生活化的课堂中学习。通过110/120/119与911/999对比学习,注重培养学生的跨文化意识,发展跨文化交际能力。胡老师经常提醒我："课堂上,教师要封住自己的嘴,让自己少说一点,留出时间和空间给学生。"）

Step 8　Homework

找找生活中的数字,用英语来说说。

（**设计意图**：组织生动活泼的课外活动,拓展学生的学习渠道。）

教学板书设计

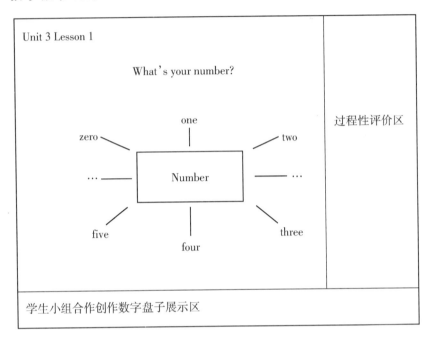

Unit 3 Lesson 1

What's your number?

one

zero

two

...

Number

...

five

three

four

过程性评价区

学生小组合作创作数字盘子展示区

教学评价设计

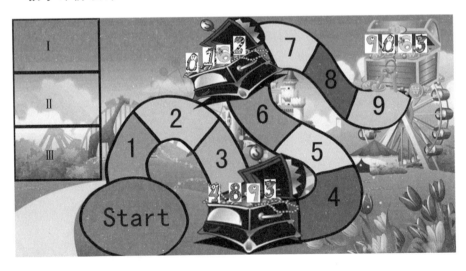

I

II

III

Start

1 2 3 6 7 8 9 5 4

在课堂教学中,教师的评价通过两个方面:有声语言或肢体语言的鼓励相互评价和"从宝箱取数字"的过程性评价。对教学的过程和结果进行及时、有效的监控,使教学评价与教学内容相结合,起到对教学的积极导向作用。让学生"玩"英语、唱英语、讲英语,在各种活动的参与过程中加强对语言多种形式的操练与运用,激发学生参与、体验的热情,促进他们的思维发展,培养学生的自主学习能力。

教学设计反思

本课教学设计以《课标》"面向全体学生,关注语言学习者的不同特点和个体差异"为指导思想。符合学生学情和生活实际,让学生感知生活中的数字,并在教师指导下主动构建知识、发展技能、拓展视野、活跃思维、展现个性。教学活动能有效吸引和组织学生积极参与,并能促使学生有效地获取、处理和使用信息,进而提高用英语与他人交流,用英语解决实际问题的能力。

点评

该教学设计的一大亮点是在进行教学环节的设计时,采用了图表法,让看教学设计的教师能对设计者在每个环节中的教学活动一目了然。但是在进行教学环节描述时,建议教师可以以任务型教学方式为主线来描述,或者以五步教学法的主线来描述,这样思路就会更加清楚。(五步教学法就是热身、导入、新课呈现、练习、巩固拓展;而任务型教学法就用 priming, task-chains, target task 来描述。)

課　　　題：Unit 6 It's time for PE class. Lesson 1（第一课时）
課　　　型：新授课（对话教学）
教　　　材：重大版《英语》
年　　　级：四年级上册
教学设计人：重庆市沙坪坝区沙坪坝小学　黄璇
教　　　龄：13 年

教学观念（理念）

以《义务教育英语课程标准（2011 年版）》（以下简称《课标》）"面向全体学生，强调学习过程，重视语言学习的实践性和应用性"为指导思想。尽可能多地为学生创造在真实语境中运用语言的机会，鼓励学生在教师的指导下，通过体验、实践、参与、探究和合作等方式，发现语言规律，逐步掌握语言知识和技能，形成有效的学习策略，发展自主学习能力。

遵循以上理念，我将在本课合理安排教学活动，创设语言情境，通过接触、理解、操练和运用语言等环节，逐步培养学生实际运用语言的能力。在小组合作完成真实任务的过程中使学生在"做中学、学中用"，培养学生的合作意识。

教学分析

1.内容分析

（1）本单元是小学生学习重大版教材过程中，首次遇到的关于"Time"的话题，也是今后学习运用英语谈论时间的基础。同时，对于学生养成在生活中合理安排时间，真正地"用英语来做事"的习惯也有着至关重要的作用。

（2）本课时主要通过不同形式的训练输入，引导学生理解目标语言。通过不同形式的反复操练，指导学生正确运用句子"It's...o'clock.It's time for..."进行交流。最后通过听和阅读，引导学生从文本中获取信息，解决问题，实现语言的综合运用。

2.学生分析

（1）教学对象为四年级的学生，有一定的英语基础。

（2）经过一年的英语学习，学生虽具备一定的知识量，但基础仍然薄弱。这个阶段的学生学习英语的热情高，善于模仿，长于形象思维，乐于表演，但注意力有不持久、不稳定的特点。

3.环境分析

利用课件感知生活中的时间。

教学目标

1.语言知识目标

（1）能根据图文，灵活运用句型"It's time for..."。

（2）能在图片和动作的提示下听懂本课内容并模仿。

（3）能做简单的角色表演。

2.语言技能目标

（1）通过引导学生积极参与各项课堂教学活动，使学生养成爱动脑、动口、动手的良好习惯。

（2）学生熟练应用本课所学的语言知识进行日常交际，形成综合运用语言的能力。

3.学习策略目标

（1）初步培养学生合作、探究、自主学习的能力。

（2）注意观察生活中或媒体中使用的简单英语。

4.情感态度目标

（1）结合实际生活，创设真实情境，引导学生关注生活，激发他们的学习兴趣和热情，提高其学习的积极性和主动性。

（2）培养学生与他人交流和小组合作的意识。

5.文化意识目标

了解一些日常交际中的中外文化差异。

教学重、难点

1.教学重点

理解并运用句型"It's...o'clock.It's time for..."进行口语交流。

2.教学难点

(1)"It's time for..."句型结构的运用。

(2)在语篇中理解"Back to the line quickly"。

教学方法及策略

1.教学方法

情境教学法、游戏教学法、合作学习法、任务型教学法。

2.教学策略

合作学习策略、情境体验策略。

资源运用

课件、单词卡片、小组评价的沙漏、导学单。

教学流程设计

Step 1 Lead-in

1.Free talk.(师生间的日常口语交际)

Hello,everyone. I am candy. So what's your name? Your name, please? Thank you.教师要通过给学生说 Thank you,来引导学生学说"You are wel-come"。询问了3~4名学生的姓名后,故意将学生的名字念错,并向学生说 sorry,同时引导学生说"That's all right"。("That's all right"是课文中要用到的句子,此处提前对学生进行渗透,让其感知)

(设计意图:《课标》明确指出:"面向全体学生,关注语言学习者的不同特点和个体差异。只有最大限度地满足个体需求,才有可能获得最大化的整体教学利益。"简单的师生之间、生生之间的问候能拉近师生间的距离,激发学生说英语的热情,为新知的学习打下情感基础和知识基础。)

2.Warm up.(渲染气氛)

(1)Chant:Let's do.

让全体学生起立,跟着 chant 的音乐一起打节拍,跟读英语句型"It's time for..."的同时一起做动作。

(2)Reading quickly:通过游戏的方式大量复习之前学过的单词和句型。

(3)Read and tick:让学生看图片,并用上节课所学的句型"It's...o'clock. It's time for..."进行操练,为后面课文的学习奠定基础。

(设计意图:儿歌和游戏是快乐的,能让学生放松心情。通过儿歌和游戏复习已学知识使学生很快进入学习状态,同时也为新知的学习做好铺设。)

Step 2　Presentation

1.看课文图片,回答问题"what class?"。

2.听音,完成导学精要的两项选择题。

(1)Question 1:What time is it?

　　　　A:It's 1 o'clock.　　B:It's 2 o'clock.

　Question 2:Is it PE class?

　　　　A:Yes,it is.　　　B:No,it isn't.

(2)Check answers.(让学生说出答案)

3.看图,听音。(提醒学生要仔细听音,同时要用手指着听到的每句话)

4.自学课文。

(1)Read by yourself and circle the unknown words or sentences.

(默读课文,圈出不会的单词或句子。)

(2)Work in groups,try to learn difficult ones.

(组长带领组员互助解决不懂的词句。)

(3)Circle the unknown words or sentences on the paper.

(在挂图上圈出不会的单词或句子。)

5.全班互助,教师导学。

(1)全班互助解决挂图中勾出的不会的单词或句子,小老师教读。

(2)教师预设学生可能提出的问题,并引导他们理解并学习。

①Hurry up.听音,并创设情境:Daming is late.He is running,let's say "Daming,hurry up,hurry up."

②Quickly.听音,并创设情境:Daming is late,too.He is running,let's say "Daming,quickly,quickly."

③We are late.让学生通过音标、单词来拼读 late.(/ei/—day—play—late)

④That's all right.听2位卡通人物的对话"A:sorry.B:That's all right"来创设

情境,让学生跟读并理解意思。同时,男女生分 A,B 角色读句子,渗透德育教育。

A	B
Thank you!	You are welcome.
How are you?	Fine,thank you.
Nice to meet you.	Nice to meet you,too.
See you!	See you.

⑤Back to the line quickly.听音,跟读。创设情境,分组操练。

(创设情境:Group 1,stand up. Stand on the line,quickly. Now you run quickly/slowly.Stop.Back to the line quickly.)

(设计意图:《课标》明确指出:"整体设计目标,充分考虑语言学习的渐进性和持续性。"考虑学生的已知水平,整体把握教材,即在具体教学中,必须把握主次、轻重、详略、缓急。而突出重点、突破难点正是优化课堂教学、提高课堂教学效率的一个重要原则。因此,确定正确、合理的重点和难点对把握好课堂起着关键的作用。)

Step 3　Practice and consolidation

1.Read and imitate.(让学生跟读课文,并模仿语音语调。)

2.Yes or no.(让学生判断课文内容,用手势来回答。)

(1)It's 2 o'clock.It's time for IT class.(　　)

(2)Gao wendi,Hao Tian,Lu Hua are late.(　　)

(3)Gao wendi,Hao Tian,Stanley back to the line quickly.(　　)

(4)PE class is in the morning.(　　)

3.Check answers.

(设计意图:培养学生良好的听、说、认、读和小组合作的习惯,同时也做到在课堂中"动""静"相结合,比较符合学生的年龄特点。)

Step 4　Extension

1.Watch movie.(观看视频对话)

Chapter 1:

S1:What time is it?

S2:It's 1 o'clock.

S3:Oh,it's time for music class.

S1:Let's go!

Chapter 2:

Ss:Sorry,we are late.

T：That's all right.Come in.

2.Task 1 or task 2.（选择其中一项任务完成）

S1：What time is it?

S2：It's... o'clock.

S3：Oh,it's time for...

S1：...

Task 1(任务一)：Act out this text with your group members.（小组合作表演课文）

Task 2(任务二)：Act out a new story with your group members.（小组合作,创编对话,并表演）

（设计意图:《课标》明确指出:"让学生在教师的指导下,通过感知、体验、实践、参与和合作的方式,实现任务的目标,感受成功。"在课堂教学中,学生起着主体地位的作用,教师起着主导的作用,巧设情境在小学英语课堂教学中起着激情、引趣、过渡、强化、延伸等作用。英语学习贴近学生的生活,为学生所熟悉,这样才能激发他们积极的学习情感;教师再适时帮助学生联系生活实际和经验,引导学生学习生活中的语言,让他们在生活化的课堂中学习。）

Step 5　Homework

1.跟读课文,模仿正确的语音语调。

2.制作主题为"自己的一天"的"mini book"。

（设计意图:利用手工制作,拓展学生的学习渠道,注重培养学生的跨文化意识,发展学生的跨文化交际能力。）

教学板书设计

Unit6 Lesson1
What time is it?
It's (2)o'clock.
It's time for...

教学评价设计

本节课通过儿歌、游戏、听读、表演等多种活动,对语言进行外在的表现。各小组将沙漏上部分的时间贴到下部分进行比赛,各小组成员有自己的过程性评价表,教师对教学的过程和结果进行及时、有效的监控,起到对教学的积极导向

作用。让学生"玩"英语、听英语、讲英语,在参与各种活动中加强对语言多种形式的操练与运用。激发学生参与、体验的热情,促进他们的思维发展,培养学生的自主学习能力。

(**设计意图**:沙漏是古时候计时的工具。每个沙漏的后面都藏着一个单词 time 以及两个句子:"Time is gold. Time is life"。)

教学设计反思

本课是遵循"基础教育阶段英语课程的任务是通过各种教学活动,激发和培养学生学习英语的兴趣,养成良好的学习习惯和形成有效的学习策略,发展自主学习的能力与合作创新的精神,培养学生综合运用英语的能力"原则设计的课堂教学。以"It's time for..."为主题,以与每位学生密切相关的时间为主线贯穿始终。在整堂课中我采用了任务型教学法、全身反应法,为学生营造了真实的学习氛围,并让学生通过合作完成任务,在语境中、在活动中去理解语篇的大意和难点,将所学知识自然地运用于生活实际,收到了"现学现用,学用结合"的成效。

点评

本课根据《课标》,以及小学生的生理和心理特点、认知规律、发展要求和教材设计教学,以学生为主体,采用了情境教学法、游戏教学法、歌谣教学法、活动式教学法及多媒体辅助教学法等展开教学。整个教学过程结构清晰,目标明确,定位准确,重点突出,难点突破。整个教学过程都围绕本课的教学目标展开,过渡自然,环环相扣。

让学生在小组里合作学习。在小组互助自学课文时组长带领组员互助解决不懂的词句,充分使用合作学习策略的同时培养学生的合作意识和与他人合作学习的能力。通过引导学生默读课文时圈出不会的单词或句子,渗透学习方法和策略。通过小组合作完成真实任务的过程实现学生在"做中学、学中用"的目标,逐步培养学生实际运用语言的能力。

巧用沙漏作为评价手段,各小组将沙漏上部分的时间贴到下部分进行比赛。教师对教学的过程和结果进行及时、有效的监控,起到对教学的积极导向作用,同时润物细无声地教育学生要珍惜时间。

课　　　题:Unit 5 My new room(第一课时)
课　　　型:单词课
教　　　材:人教版《英语》
年　　　级:五年级上册
教学设计人:重庆市丰都县江池镇中心小学　江崎
教　　　龄:2 年

教学观念(理念)

《义务教育英语课程标准(2011 年版)》指出,五、六年级要达到二级目标,其中在二级语言知识目标的分级话题目标中,明确指出学生要能理解和表达有关家庭、服饰等简单信息。所以根据高段学生的学情及学习能力,我采用多媒体辅助教学,播放生活中的真实视频,再采用动手设计自己卧室的活动来设计本节课,通过小组合作学习的方式,培养学生的合作学习能力和学习策略。

教学分析

1.内容分析

本节课主要围绕房间里的家具展开,学习有关家具的名称,简单介绍房间里的家具。这一话题与我们的日常生活联系紧密,学生非常熟悉,乐于学习,也乐于说。本课时为 PEP 小学英语五年级上册 Unit 5 My new room A 部分,主要学习六个新单词及复习一个句型。个别单词比较复杂,所以要采用多种方式进行突破。本节课的内容学习为后面的对话交际以及描述家具的摆设做了铺垫,积极拓展了其他关于住宅方面的文化知识。

2.学生分析

本节课教学对象为五年级学生,该年龄段的学生的性格特点介于热衷于对游戏的沉浸感性层面和对知识结构的理性分析之间,因此在课堂上游戏教学的效果会没有三、四年级那么明显。这个班的学生在四年级已经学习过了沙发、床等家具的单词,已经具备了一定的语言运用的能力,能用"I have..."这个句型来进行简单的描述。但是总体来说语言基础较差,不能流畅地用英语表达自己的观点。所以,要设计适合该学段学生的活动,既要有一定的挑战,又要可操作。

教学目标

1.语言知识目标

(1)能认真听、正确说、模仿读、规范写有关家具的单词:mirror,curtain,closet,end table,trash bin 和 air-conditioner。

(2)能掌握 curtain 的复数形式。

2.语言技能目标

(1)能听懂、认读、会说句型"I have a/an...",能用该句型进行描述。

(2)对字母 C 的发音为/k/进行渗透。

3.学习策略目标

培养学生的合作学习能力,让学生掌握把一般名词变为复数的方法。

4.情感态度目标

鼓励学生大胆设想自己未来的家具,爱自己的家。

教学重、难点

1.教学重点

掌握"Let's learn"部分的五个"四会"单词以及"I have a /an..."这个句型,并能进行简单问答、介绍。

2.教学难点

单词 air-conditioner 的发音和运用句型"In my room I have...,...,...and..."进行简单的介绍。

教学方法及策略

1.教学方法

情境教学法、合作学习法、游戏教学法、直观教学法。

2.教学策略

多种方式呈现单词、小组合作培养学生的合作意识、图词匹配培养学生的观察思考能力。

资源运用

1.教学具

单词卡片、贴纸、评价"小房子"。

2.PPT 等

教学流程设计

Step 1   Warm up

1.Make greetings with pupils.

2.Let's chant:It's so cold today,let's warm our bodies.

（设计意图：让学生动起来,营造一个轻松的学习氛围。）

Step 2   Lead-in

1.Show a video about teacher's bedroom.Ask:What can you see in my bedroom? Show some pictures,let students choose.Use Yes or No.

2.引出课题:Today we will learn Unit 5 My new room.然后介绍评价方式:Boys and girls,all of you have 11 groups,so there are 11 houses,if you get one point,I will give you a heart-shaped picture to decorate your home,so please come on!

（设计意图：通过播放"老师的卧室"视频来开课,吸引学生的兴趣,同时评价方式也采用 11 个房子的方式,切合本课时的主题,也激发了学生学习的积极性。）

Step 3   Presentation

Teaching words.

（1）magic mirror.教师用变魔术的方法变出镜子。然后拿出单词卡片教读。用变调的方法操练单词,再加上动作操练单词,最后把 mirror 贴在黑板上的房间卡片里。

（2）curtain/curtains.幻灯片出示窗帘的图片,询问学生。然后拿出单词卡片教读,重点强调 c c c,/k/ /k/ /k/,curtain。再带入句子 I have a curtain 进行操练。然后加上动作记忆单词。幻灯片出示很多窗帘的图片,引导学生得出其复

数 curtains,再进行两个单词的对比教读和句子操练。最后把 curtain 的图片贴在房间卡片里。

（3）trash bin.教师指着讲台说很脏,然后用纸擦一擦,再拿出真的垃圾桶,说 I should clean the desk and put the trash in the trash bin.引出垃圾桶的单词,拿出卡片进行教读。先分解单词,再分男女生朗读,请小老师教读,加上动作读。最后带入句子中,让学生自己朗读。边让学生一起读单词,教师边把垃圾桶的图片贴在黑板的房间上。

（4）clothes.教师提问:I have so many clothes,Where should I put them in?引出衣柜的教学。让学生听录音,然后自学单词的发音,再请小老师教读,开火车读,重复 c c c,/k/ /k/ /k/强化字母的发音,加上动作读。再带入句子进行操练,最后贴图片于黑板上。

（5）air-conditioner.教师给出谜语:It can make me feel warm in the winter and make me feel cool in summer,what's it? 引出空调的教学。先询问班上是否有同学会读,请小老师教读,教师再拆分教读,重复 c c c,/k/ /k/ /k/,加上动作读,再进行大小声读、开火车、男女生读、加入句子读。强调是 I have an air-conditioner,最后贴图片于黑板上。

（6）end table.教师利用幻灯片展示床的图片,旁边有个东西被遮住了,让学生猜出是床头柜,再让学生听录音,进行 end table 的分解教学。让学生自己先拆分读,再试着一起读。再带上动作,加入句子进行操练。I have an end table.最后贴图片于黑板上。

（7）revision.复习所学的 6 个单词,教师说单词,学生说相应的句子。

（**设计意图**:通过不同的方式来进行单词的学习,不枯燥乏味,学生也乐于接受,同时,有了实物的刺激,也能激发学生主动参与、主动学习的欲望。）

Step 4　Practice

1.Show some pictures.给学生展示一些班上学生的卧室照片,让学生用英语说出里面的物品。

2.Listen to the tape and follow.听录音,跟读。教师放录音,学生跟读本课的句子和单词。第二次跟读,让学生打开书,边读边做动作。

（**设计意图**:用班上学生的卧室图片,增加趣味性,让学生在真实的场景中学以致用。打开书本进行跟读,也是让所学回归到书本。）

Step 5　Production

1.Work in pairs.两人小组活动,一人做动作,另外一人猜。然后教师请两人在班上进行展示。

2.Work in groups.小组活动。小组成员齐读单词,加上动作。然后教师抽几个小组进行展示。对表现好的小组进行评价。

3.Find the differences.找不同活动。教师给出两张图片,让学生找不同,用"I can see... in picture one/two"进行操练。

4.Find the words.看图找单词活动。小组 PK 赛。教师让学生合上书,根据给出的图片,小组合作在一号袋子里找出相应的单词,并且马上起立大声读出来,直到全班都找正确为止。根据表现给相应的小组加分。

5.Design your own bedroom.设计房间活动。教师先示范:Now I have a new bedroom. Listen. Welcome to my bedroom, I have a closet, a trash bin, a mirror and an air-conditioner. I love my bedroom. Thank you! Now it's your time to design your own bedroom. Look the requirement and suggestions. I will give you 3 minutes. Now open your bag 2. One, two, go! 根据表现,教师选择几个小组进行展示,并给出相应的评价。

(设计意图:两人活动到小组活动,通过不同的方式巩固所学,再让学生进行输出的展示,检测本课的成效,同时也拓展所学。)

Step 6   Consolidation

1.图片欣赏。教师给出一些不同风格的卧室图片让学生欣赏。

2.情感教育。Do you love your home and love your family? I made a love board by using pictures of your bedroom, please love your class, too.

3.请学科班长和值日班长进行总结。

教学板书设计

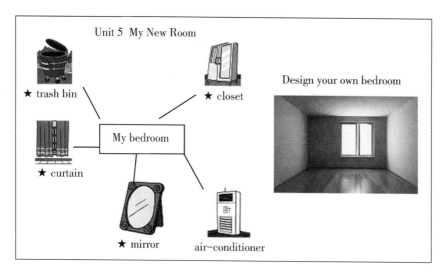

教学评价设计

1.评价内容

(1)评价学生对本节课的学习目标的掌握情况。

是否能正确听、说、认、读单词,是否能正确使用句子进行语言交际。

(2)评价学生小组合作学习的成效。

小组成员是否会合理分工,保质保量完成任务。

2.评价方法

(1)对个人:口头评价和贴贴纸评价结合,最后选出优秀个人。

(2)对小组:进行装饰"小组的家",最后选出优秀小组。

教学设计反思

整堂课的设计,我是基于学生基础较差、年段又高这样复杂的学情而综合考量的,我设计的教学活动简单、易操作,单词的呈现方式多样,也让学生充满兴趣。在进行单词和句子初步感知、逐渐过手之后,通过看图说词、跟读做动作的步骤层层递进,最后通过猜词、小组合作读词、找不同、图词匹配、设计房间的活动进行拓展,让学生有梯度、有难度地进行迁移和运用,培养学生自主学习、合作学习的能力。

点评

该教学设计最大的亮点在于从小学生的兴趣入手,用各种活动、游戏来呈现新词,操练新词,激发了学生的学习兴趣。而且教师的教学思路是非常明确的,从导入到新知呈现,再到练习,最后是语用输出。但是在做相关的活动设计时,也希望教师能够根据教学目标入手,充分考虑活动和目标的有效性。例如在热身环节,该教学设计使用了 chant,而教师的设计意图只是让学生动起来,营造一个轻松的学习氛围。如果该 chant 的内容能够基于今天所学知识,那么有效性会更强。

课　　　题：Unit 4　At farm Part B Let's learn(第三课时)
课　　　型：词汇课
教　　　材：人教版《英语》
年　　　级：四年级下册
教学设计人：重庆市渝中区人民路小学　陈早
教　　　龄：11 年

教学观念(理念)

本节课来自 PEP《英语》四年级下册四单元主题关于农场的其中一堂词汇课教学,内容包括 hens,cows,sheep,horses 四个复数形式的名词,而学生在上节课中已经学过关于"How many...do you have? What about those? /Are they...? Yes,they are.No they aren't."等句型,但是学生对"What are those? What are these?"还不太熟练,因此在这堂词汇课中,在教法上采取了以旧引新、词不离句的教学原则,将句型与词汇相结合,并在创设的一定的情境中教会学生如何运用。同时在活动评价中采用不同的评价方式,以激励为主,鼓励学生参与小组合作式学习,创建学习共同体。教师在本课中设计了贯穿全课的任务型活动,并营造了轻松愉快的学习氛围,让学生在宽松的环境中进行英语学习。

教学分析

1.内容分析

本堂课是 PEP 小学四年级下册四单元 Part B 中的一堂词汇课教学,从知识点看,单词有 hens,cows,sheep,horses,是名词复数形式,学生在 Part A 中已经

对名词单数变复数有一定了解,而单词中 sheep 的复数形式是具有特殊性的。其次,本课时中的句型始终是贯穿整个单元的,所以教师在授课时一定要依据词不离句的原则,将词语融入句型中,并为学生提供一定的场景进行操练。

2.学生分析

四年级的学生经过一年多的英语学习,对英语是充满热情、好奇的。对于词汇、对话的学习非常积极主动。

教学目标

1.语言知识目标

(1)能够听、说、认、读单词 sheep,hen,cow,horse。

(2)了解单词 sheep,hen,cow,horse 的复数形式。

2.学习策略目标

培养学生自主学习、小组合作学习的能力。

3.文化意识目标

让学生了解农民现代化的工作模式,对农场有所了解。

教学重、难点

1.教学重点

(1)单词 sheep,hen,cow,horse 及其复数形式的表达。

(2)句型:"What are those? They're..."问答。能够区分"What's that?"和"What are those?"。

2.教学难点

horse,sheep 的复数形式表达,及句型问答"What are these? /What are those?"。

教学方法及策略

1.教学方法

情境导入法、小组合作学习法、多媒体教学法。

2.教学策略

小组合作和学生自主学习策略、竞争和合作学习策略。

资源运用

1.教学具

单词卡片、磁铁。

2.PPT 等

教学流程设计

Step 1　Warm up

1.Chant：I like tomatoes…

2.Review：What are these? They're…What's this? /It's…/Are they…? Yes,they are.No,they aren't.

T：Hey,boys and girls.I look like a farmer.(教师将草帽戴上,扮演农民)But today I'm not a farmer.(点出课件中本课的题目引导学生一起读题目"If I am a farmer".) Today you are farmers,every group has a big farm.(此时评价体系出现,将全体学生分成两个大组："Happy Farm" and "Love Farm".) I want to know what's in your farm.

T：(走到 Happy Farm,拿出事先准备好的关于蔬菜水果的单词卡片)What are these? What's this? Are they…/Is it…?

S：They are tomatoes/green beans…

T：OK,What about Love Farm? Do you want to know? (引导 Happy Farm 的学生用刚才教师的问句询问 Love Farm 的同学：Is it an orange? / Are they apples?)

S：Yes,it is./No,it isn't.It's a banana./No,they aren't.They are pears.

(设计意图：在热身这个环节用问答的对话形式将上节课学过的句型、单复数进行梳理复习为后面的活动做铺垫。)

Step 2　New lesson

1.Leading.

T：(点击课件,出现电子邮件)Today I'll tell you a good news.Yesterday,I received a message.Let's listen and see."你们好,我是重庆日报社'美丽乡村'栏目的主编 Miss Li。我们正和其他 10 家媒体联合开展'评定星级农场'的活动,10 月底我将和我的记者团队到两个农场进行实地考察,如果你们的条件符合星级的标准,我们将为你们的农场挂上星牌,一个重要的指标是要有丰富的农产品,比如 vegetables,fruits,animals and so on.See you…"

(设计意图：进行任务型教学，教师提出贯穿本堂课的总任务，后面所有的教学活动设计都将围绕这个总任务。)

T：Do you want to get stars?（教师手中拿着星星）

S：Yes.

T：Well，Both of farms have vegetables like tomatoes，potatoes，and some fruits，such as apples，oranges. But we don't have animals. We need some animals.MacDonald can help us.（让学生观看单词）Let's listen and follow.

(设计意图：播放教材配有的 CD-ROM 引出新词以及名词的复数形式以及句型 What are those，并让学生边听原音边跟读。)

cows，hens，horses，sheep

T：Let's see which animals we can have.（课件展示单数与复数的名词形式以及"What's that /What are those"的句型对比，并在黑板上显示）

What's that? It's a horse.What are those? They're horses.

What's that? It's a hen.What are those? They're hens.

What's that? It's a cow.What are those? They're cows.

What's that? It's a duck.What are those? They're ducks.

What's that? It's a sheep.What are those? They're sheep.

(设计意图：在这一认知环节，学生通过跟读以及观看课件观察单复数的变化以及句型的变化，对名词单复数转换有了进一步了解。)

2.Practice and consolidation.

T：Look，on my boards there are many animals.（教师在讲台前为两个农场准备了两个贴满了夹杂着动物单复数词语的板子）Do you want to get them?

S：Yes.

T：Well，you should have a race.Come on.（教师通过 TPR、指令说明游戏规则：示意其中一个农场的学生上台在两块动物名词中选择一张词语卡片询问全班，两个组中只要有同学能抢答成功就可以立刻跑到两块黑板前，扯下他所回答的单词回到自己的农场去，为自己的农场添加动物）

S1：What's that?

S2：It's a horse.

(设计意图：这是为了让学生对名词单数及相关句型进行操练。)

T：Wow，very excited. Which animals do you have on Happy Farm? Come on，Let's listen to the sounds and guess what are those?

(设计意图：教师对上一阶段学生的表现进行小结并评价，鼓励落后的一组学生加油，营造一个竞争的学习场面。)

S:(学生听动物声音猜出动物,并为自己的农场拿到更多的动物)They're horses.

(设计意图:在这个游戏比赛中,教师通过让学生听音辨词,使学生巩固名词复数以及进行句型的操练。同时教师在整个巩固操练环节中从易到难,由单数到复数,让学生在教师设计的两个活动中通过观察、听音逐步掌握了名词单复数以及相关句型。)

3.Expanding.

(1)T:Can you remember our mission?(再次出现邮件提示学生本堂课的总任务)Yes,Miss Li will come to your farms and give you scores.So,which questions can she ask? I give you suggestions.Let's see.(课件出现 Miss Li 可能询问的问题,让学生在观察课件中的问题的同时梳理所有相关的单复数名词、句型和其他学过的问句)(模拟场景)Today I'll act Miss Li,I am an editor.Now I'll choose four students to act four reporters.(教师为学生佩戴好记者证,教师扮演编辑)We'll look around two farms.Then,we give you stars.(教师准备好星星的道具)

(设计意图:此时在扩展活动中,教师与其他四人组成小组,准备好问题,进行演练,而其他两个农场的学生也开始展开小组合作学习,进行讨论,这样做的目的在于让学生在小组合作中体验学习,建立学习共同体。)

(2)Showing.

教师带着记者团对两个农场进行走访,询问扮演农民的学生并用句型:What're these? What're those? Are they...? Is it...? How many...do you have? What color is it?

S:They're.../It's...

教师与记者团最后给出成绩评出星级农场。

(设计意图:教师创设并模拟真实的场景,让学生感受、体验英语在真实生活中如何应用。)

Step 3 Summary

1.T:As a farmer,you should not only know how to grow plants,but also how to sell your products and other knowledge.For example, we have cows,we can have milk, we have hens,we can have eggs, we have sheep,we can have wool.(教师展示课件中的图片)But, we have horse, do you know what we can have? Please think about it.After class,you can discuss and tell me.

(设计意图:在最后小结中,教师通过课件展示了人们生活中农产品的由来,同时也给出了一个开放性的问题,让学生思考:马会带给人类什么呢?这不仅能

让学生发挥想象,同时也让学生的思维能力得到了提升,让学生明白英语学习带来的不只是语言知识和语言技能,同时更是搭建思维能力的平台。)

2.Homework.

(1)You can draw a beautiful farm that you imagine.

(2)You can make an introduction about your farm, using "It's a/an... or They're..."

教学板书设计

Unit 4.At farm

What's this?	What are these?
that?	those?
It's a duck.	They are ducks.
a horse.	horses.
a hen.	hens.
a cow.	cows.
a sheep.	sheep.

教学评价设计

(1)教师通过在课堂中与学生的互动,观察学生在课堂中的表现,并对学生做出的反应及时进行反馈,用鼓励性的言语进行评价,如 Very well! /Great! / Wonderful! /Well done! 对于后进生,用鼓励性的语言调动其学习主动性,如:Keep your try! / Try your best! / I believe you can.

(2)通过设置问题以及布置相关的学习任务,如让学生为自己的农场赢得动物而进行的生生之间的对话,由此来测试学生的学习效果,并在全班中进行展示点评。

(3)让学生们对彼此的学习成果相互进行评价,如最后全班对两个农场进行评星的活动,让所有学生参与到讨论中并给出不同的意见和评价。

教学设计反思

农场对于生活在城市中心的学生来说是既熟悉又陌生的,他们对农场的概念仅是从游戏 QQ 农场里种植蔬菜水果而得来的。在本单元的主题中农场的定义更广一些,既种植蔬菜,又有动物家禽。而教材中"What are these/those? Are they...？Yes，they are.No，they aren't"等句型放在这样的场景中，为学生营造了一个真实的氛围，学生在情境中更能理解语言知识点，同时运用语言技能。而作为教师，能在主题场景的基础上还能为学生提供与农场相关的知识，使教学内容更加真实、丰富，同时扩展了学生的课外知识。

点评

该教学设计的亮点：(1)在做教学目标描述时，非常细化，明确；(2)整节课的设计以记者对农场的新闻报道评比为主线，在主情境中展开教学，体现了"用中学"的理念；(3)在复习时，教师对旧知进行了充分的操练，为以后的教学做好了铺垫。但是在进行板书设计时，教师却缺乏和主情境相对应的趣味性。如果这一部分教师能以农场为背景，通过图片、人物对话的形式来进行板书设计，就会让这一节课的主题更加突出。

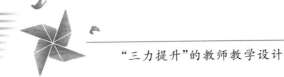

课　　　题:Module 9 Unit 1 Do you want to visit the UN building?
课　　　型:语篇教学
教　　　材:外研版新标准《英语》(一年级起点)
年　　　级:六年级上册
教学设计人:重庆市渝中区人民路小学　陈早
教　　　龄:11 年

教学观念(理念)

《义务教育英语课程标准(2011 年版)》提出,英语课程应具有工具性和人文性双重性质。就工具性而言,学生通过英语课程掌握基本的英语语言知识,发展基本的英语听、说、读、写技能,初步形成用英语与他人交流的能力,进一步促进思维能力的发展;就人文性而言,学生通过英语课程能够开阔视野,丰富生活经历,形成跨文化意识,增强爱国主义精神。

教学分析

1.内容分析

整个模块九都是关于介绍值得参观旅游的地方。而本课是新标准一年级起点六年级上册第九模块中的第一单元的第一课时,内容包括两个部分。(1)"Look,listen and say."中句型"I want to visit... Do you want to visit...?"(2)"Listen,read and act out."是一篇主题为想去联合国参观的对话。

2.学生分析

因为是借班上课,对六年级这个班的学生并不熟悉,但经过一个星期随堂听课的观察,我发现这个班级大部分学生自主学习的能力较强,口语表达能力较好,在英语课中也能主动参与教师布置的任务以及小组合作学习。学生学习英语的兴趣较浓。

教学目标

1.语言知识目标

(1)学生能听、说"I want to visit the Great Wall.Do you want to visit China?"

(2)学生能听懂、理解语篇并能两人或几人扮演文中的角色进行对话表演。

2.语言技能目标

学生能在真实的语境中运用"I want to visit..."和"Do you want to visit... Yes,I do./ No,I don't"。

3.学习策略目标

在课堂学习中,培养学生自主学习、小组合作学习的能力。

4.情感态度目标

学生能通过语篇的学习了解联合国的作用以及中国在联合国的地位。激发学生的爱国意识和民族自豪感。

教学重、难点

1.教学重点

(1)学生能够听、读、分角色表演语篇,理解文本。

(2)学生能够初步运用"I want to visit..."和"Do you want to visit... Yes,I do./ No,I don't"。

2.教学难点

语篇中的词汇 important,building,member states,make peace。

教学方法及策略

1.教学方法

情境导入法、小组合作学习法、多媒体教学法。

2.教学策略

小组合作和学生自主学习策略、竞争和合作学习策略。

资源运用

1.教学具

词卡、磁铁。

2.PPT 等

教学流程设计

Step 1　Warm up

活动 1:Greetings.

T:Hey,boys and girls,nice to meet you.Allow me to introduce myself.My English name is May.You can call me May.May I have your name?

学生介绍自己的名字。

(**设计意图**:因为是借班上课,用问候语以及自我介绍的方式与学生进行交流,并逐步建立起师生之间的熟悉感。)

活动 2:Making a conversation and reviewing.

T:Well,do you like traveling? Where did you go? When did you go there? What did you see?

学生描述自己曾经旅游的地方,同时复习了过去式。

(**设计意图**:盘活旧知,让学生对第二模块的知识点再次巩固,同时也为新课的引入做好铺垫。)

Step 2　Presentation

活动 1:感知句型。

T:OK,these places you've been to are so amazing.I want to visit there. How about others? Do you want to visit...? (板书写上本课重点句型)

学生初步感知本课的重点句型,初次用句型与教师进行对话交流。

(**设计意图**:教师在创设的情境中第一次用本课的重点句型与学生进行对话交流,让学生第一次感知句型在语境中的运用。)

活动 2:语篇导入。

T:But,Simon and Daming,they want to visit a special place.Do you want to know? Let's listen.And then,you should tell me where do they want to visit.

学生听课文并回答问题。

(**设计意图**:这个问题在课文一出现就能找到答案,是为班级中的学困生设计的。同时让学生通过第一次听课文了解文中大意。)

活动 3：细化篇（While-reading）。

T：The UN? Do you know? The US means The United States/America. UN means The United Nations. What's the UN? Let's listen again and answer my questions.

Where is the UN?

Is the UN building very important? Why?

How many countries are there in the UN?

What does the UN building look like?

Have we got tall buildings in China?

Can we go into the UN building?

学生第二遍听读课文，并自主学习文本，回答问题。

（**设计意图**：第二次听读课文，让学生自主学习文本，回答问题，培养学生独立思考的能力，以及自主学习的能力。）

活动 4：巩固文本，扩展视野。

T：OK，is your answer right? Let's listen and read together.

Important. E.g. My ring is an important thing for me.（课件展示）

Peace，the opposite is war.（课件展示）

China is one of the 193 member states in the UN.（课件展示中国在联合国的地位，以及联合国的作用）

学生听读课文，理解文中的词汇意思，了解联合国的功能以及中国在联合国的地位。

（**设计意图**：再次听读文本，巩固文本内容，对个别的生词组进行讲解，并通过课件的展示增加关于联合国的课外知识，由此扩展学生的国际视野，同时也让学生在学习文本的过程中感受中国在联合国的地位，激发学生的爱国意识和民族自豪感。）

活动 5：熟读文本，角色扮演。

T：I think you have known this text. Please listen and read by yourselves，then act with your partner in your group.

小组分角色朗读课文，并在小组中及全班面前展示，教师评价，小组互评。

（**设计意图**：培养学生在小组合作中的学习能力，以及通过教师评价、小组互评，激发学生学习的积极性。）

Step 3　Practice and consolidation

T：Daming tells Simon that there are many tall and beautiful buildings in our country. Look!（课件展示各个城市的标志性建筑）Where do you want to

visit? How about your friends?

Look at the paper. Finish it.

Name	Where to visit?	Why to visit?（选做）
Me	I want to visit...	It's beautiful.
Kelly	She wants to visit...	There are many tall buildings.

通过询问小组成员,做好调查并填好表格。在小组和班级中展示。

（设计意图:在扩展活动中通过自己完成和与小组合作学习相结合的方式, 让学生熟练掌握本课主要句型,同时学会在真实的语境中初步运用句型,并培养 学生自主探究式学习和小组合作学习的能力。在设计表格时,增加了一个选做 的内容,即填写想去这个地方的原因,这是针对学困生和优生而故意设计的一个 有梯度的问题,学生根据自己的学习情况选择是否填写。）

Step 4 Homework

活动1:布置作业。

T:Now, we know in our country, there are many beautiful places, the winter vacation is coming. How do you plan your traveling? Where do you want to visit? How about your families? Please make a survey just like this. Next class, you can show your survey to us.

学生回家运用学过的句型完成调查表。

活动2:展现中国之美,激发爱国情怀。

T:Let's appreciate some beautiful pictures of China.（课件展示）

学生欣赏中国的美好风光,感受祖国的大好河山的美好。

（设计意图:回家做调查报告这项作业的布置是对本课知识点的再次巩固和 延伸。同时在结尾之处让学生欣赏中国的美景,感受中国的发展变化,潜移默化 地渗透爱国情怀,也激发学生的民族自豪感。）

教学板书设计

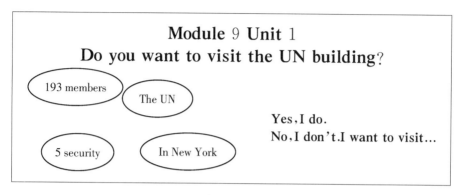

教学评价设计

(1)教师通过在课堂中与学生的互动,观察学生在课堂中的表现,并对学生做出的反应及时进行反馈,用鼓励性的言语进行评价,如 Very well! /Great! /Wonderful! /Well done。对于后进生,用鼓励性的语言调动其学习主动性,如 Keep your try! / Try your best! / I believe you can。

(2)通过设置问题以及布置相关的学习任务,如在 while-reading 中,让学生通过细读文本回答教师设置的六个问题,教师就学生的表现给予评价;在朗读课文时,教师对分角色朗读的小组和个人进行评价。

(3)让学生们对彼此的学习成果相互进行评价,如:在 while-reading 中,学生回答 6 个问题时进行小组互评;在分角色朗读课文时,小组也进行互评。

教学设计反思

首先在设计时,我结合之前的学情和教材分析将课型定位为语篇教学。教材中的文本内容是关于想到联合国参观,所以介绍了联合国的一些常识,并利用教材给出的信息,将本课的功能句型和文本理解融为一体。在引入新课前,我通过将新课的功能句型引入与学生进行自由对话,让学生第一次感知新课的重点句型,然后抛出参观的话题引入新课。在学习文本时,我考虑到学生的个体差异,设置问题按照由易到难、层层递进的方式,从激发学生进行自主、探究式的学习,到小组合作学习中的讨论理解文本。同时在学生给出答案时,我也没有立刻做出判断,而是给予其他学生机会来表达不同的意见,然后和全体学生一起回到教材对文本进行解读。在解读过程中,通过 PPT 课件中的图片为学生解答文本中的 make peace,important,member states 等抽象词。

其次,英语课程具有工具性和人文性。为了很好地将文化渗透到课堂中,我

在和学生谈到联合国时,也在课件中展示了大量关于联合国的信息,比如会徽及其功能性质。同时文本中提到了中国是联合国中的一员,我也自然地将中国在联合国的地位及作用与学生分享,激发了学生的民族自豪感和爱国意识。为了能将新课的功能句更好地演练,在扩展环节中,我创设了调查问卷的情境,让学生在观看课件中中国城市的美丽建筑后用功能句型谈论旅游计划,对小组中的组员进行调查,然后完成调查表。而调查表的设置我也用梯度性的布置,将描述想去的原因作为选作,这样有层次梯度的设置也是为了关注到全体学生,优生和学困生都能在小组学习中得到学习的机会,优生在完成基本句型的学习后,还可以依据自身学习能力的优势在小组学习中带动后进生扩展语言,增大了功能句在语境中的实用性。当然我个人认为,不足之处在于分角色朗读这一块机械操练显得稍微死板,如何增添趣味性,是我还需要思考的。

点评

英语是一门语言学科,具有工具性和人文性双重性质。其工具性要求我们坚持语言交际性原则,而其人文性则要求我们注意通过中西文化习俗的导入,端正学生对异国文化的态度,并引导学生尊重他国的语言和文化,培养他们的爱国主义情操。在本设计中,整堂课突出了语言的工具性与人文性的性质。

1.实现了语言的工具性

从开课的师生自由交流曾经旅游的地方,到语篇导入围绕文本的问题讨论,到最后的扩展活动中小组合作学习谈论旅游,每一活动都在真实的情境中通过师生、生生的互动达到用语言交流、用语言做事的目的,实现了英语的语言工具性。

2.实现了语言的人文性

在本设计中,教师在和学生谈到联合国时,在课件中展示了大量关于联合国的信息,比如会徽及其功能性质。同时文本中提到了中国是联合国中的一员,教师也自然地将中国在联合国的地位及作用与学生分享,这样让文化自然地浸润到课堂中,在潜移默化中激发了学生的民族自豪感和爱国意识,引领无痕,实现了语言的人文性。

课　　　题：Unit 4 What is he/she doing?（第四课时）
课　　　型：对话课
教　　　材：人教版《英语》
年　　　级：五年级下册
教学设计人：重庆市涪陵城区第一小学校　　马凤林
教　　　龄：10 年

教学观念（理念）

1.学生口头英语能力的训练应分步进行,让学生在游戏、唱歌、表演、看图说话等多种形式训练中,提高学习积极性,逐步学会说话,学会表达。

2.听力理解时,为使学生更好地理解故事内容,将图片制成动画形式,这更吸引学生的注意力。

3.借助图片,以录像形式呈现教学内容,训练学生运用现在进行时叙述正在发生的事情,使学生知道什么情况下使用现在进行时,现在进行时如何构成,在动词词尾加上 ing 后发音有什么变化等。

4.从学生的生活经验和兴趣出发,创设与完成任务相关的情境进行语言训练,使学生在真实的情境中学习英语知识,发展语言技能。

教学分析

1.内容分析

人教版《英语》五年级下册第四单元 B 部分,这节课的主题是:What is he/she doing? 在已学过五个进行时态动作的基础上,继续学习五个新动作。同时在

已掌握"What are you doing?"句型的基础上,学习"What is he/she/your father/your mother doing?"句型。

2.学生分析

五年级的学生已经接触英语一段时间了,他们有一定的知识基础,但缺乏刚学习英语时的兴趣和激情,所以教师应多想想如何保持学生的学习兴趣。因此,我采用了各种游戏来激发学生的学习兴趣,创设真实的情境进行句型操练。不断地对学生进行口头表扬和鼓励。

教学目标

1.语言知识目标

能够听、说、读、写动词短语的 ing 形式。

listening to music   washing clothes

cleaning the room   writing a letter/writing an e-mail

2.语言技能目标

学生能用以下句型表述他人正在进行的动作。

What is he doing?   What is she doing?

He's...   She's...

3.情感态度目标

养成讲究卫生、热爱劳动的好习惯,培养乐于助人的优秀品质。

4.学习策略目标

(1)对所学内容能主动复习和归纳。

(2)积极运用所学英语进行表达和交流。

教学重、难点

1.教学重点

重点掌握五个动词短语的 ing 形式。

2.教学难点

(1)以不发音的字母 e 结尾的动词 ing 形式的变化。

(2)正确规范地书写句子。

教学流程设计

Step 1 Warm up

1.Let's chant.（通过说唱、唱歌等形式,引入新课）

What are you doing? I am washing the dishes.

What are you doing? I am drawing pictures.

What are you doing? I am reading a book.

What are you doing? I am cooking dinner.

What are you doing? I am answering the phone.

2.Sing a song:*What are you doing*?（唱一首歌引入主题）

Step 2 Revision

1.Show students some photos,ask and answer.

—What are you doing?（学生通过句型复习五个已学过的动作）

—I'm washing the dishes/drawing pictures/cooking dinner/answering the phone/reading a book.（学生边说边做）

2.Students ask and answer in pairs.（同桌间互问互答）

Step 3 Presentation

1.T:What do you usually do on the weekend?

S:I usually...（通过对话,直接引出词组）

T:But I usually listen to music.I like listening to music very much.Look,I have a radio.Now I'm listening to music.

2.Learn to say and spell"listening to music".（学生跟读词组）

3.Show the photos,ask and answer.（从"What are you doing"句型引出"What is he doing"句型）

—What's he doing?

—He's listening to music.

4.Learn to say the following four phrases and write down the phrases on the blackboard.（继续引出其余四个词组,并将词组写在黑板上,为学生以后的活动做准备）

washing the clothes   cleaning the room

writing a letter   writing an e-mail

Step 4　Drill and practice

1.Look at the photos, ask and answer.(通过 CAI 课件中的模糊画面,让学生猜一猜画面里的人在干什么)

Look and guess.(每幅图片上三个动作,看谁记得最快)

There are three actions in the pictures. What he/she is doing?

2.Do an action:Students are divided into several groups. Someone acts teacher and says,"Everybody,Do an action."(做"每个人做一个动作"的游戏,让学生切实体会进行时的含义)

3.Practice the sentence patterns.

"What are you doing?"

"What is he doing?"

Step 5　Consolidation and extension

1.Watch and listen to a short story.(听蓝猫的故事,回答蓝猫正在干什么。通过故事练习词组)

(1)Listen to the story twice.

(2)Answer the questions:

What's the cat doing first,next…?

2.Write and say:We are so busy!(仿造例子写自己和家人正在干什么,并以对话的形式表演出来)

(1)Choose the activities that the family member's doing.

Write them down and read it out.

(2)Make a short dialogue according to the chart.

(3)Act out the dialogue.

Step 6　Homework

Write down the dialogue"We are so busy".

教学板书设计

We are so busy(忙碌的)!

Look! This is my family. This weekend, we are all very busy.
What are we doing?

I am _____.

My father is _____.

My mother is _____.

My grandfather is _____.

My grandmother is _____.

My sister is _____.

My brother is _____.

Oh! We are so busy!

教学评价设计

1.评价内容

小学英语教学评价的主要目的是激发学生的学习兴趣和积极性。评价形式具有多样性和可选择性。评价以形成性评价为主,以学生参与英语教学活动表现出的兴趣、态度和语言交流能力为主要依据。本课时的评价内容是:

(1)对本单元动词词组的熟练掌握和记忆。

(2)对本单元主要句型"What is he/she doing?""What is she doing?""He/She's..."的熟练应用。

(3)能正确规范地书写句子。

2.评价方法

口头表扬。如:Great! Good! Excellent! Well done! You did a good job!

教学设计反思

学生语言表达能力的提高,要靠长期的学习积累,不能一蹴而就,"冰冻三尺,非一日之寒"。小学生先学会说话,再学写作,把话说得通顺流畅,无疑会为写作奠定基础。在小学英语学习的课堂上,利用看图说话,使学生语言能力的培养在活动中进行,让他们通过敏锐的观察捕捉画面内容,从而萌发用英语表达这

些内容的愿望,这个愿望催促他们灵活地运用已经学过的单词和短语来叙述画面的内容,表达自己的理解和认识。

点评

该教学设计的亮点是利用歌谣、游戏活动激发了学生的兴趣,在新课呈现时,也善于利用学生或教师的真实生活设置情境来呈现新知。在完成语用阶段的任务时,通过让学生写出并表演一家人正在干什么,让学生真正地体验到了语用的有趣。但是教师在做活动设计时,需要考虑整节课活动的梯度性,如在热身和复习阶段,教师使用的三个活动看似不同,其实梯度和内容几乎都是一样的,使活动的有效性减弱了。

课　　　题：Module 7 Unit 1 Happy birthday
课　　　型：对话课
教　　　材：外研版新标准《英语》(三年级起始)
年　　　级：三年级上册
教学设计人：重庆市涪陵区第一小学校　马凤林
教　　　龄：10 年

教学观念(理念)

　　遵循儿童心理和生理发展特点,我们倡导多元的学习方式和开放性教学。在本课时里,我以游戏教学法和情境教学法为主线,以活动为主轴,理论联系实际,创新课堂教学模式,在最大范围内体现课堂上的互动,让学生学以致用。

教学分析

1.内容分析

　　从学生生活实际出发,让学生了解国外小朋友过生日时收礼物的情形,发现与中国过生日收礼物的区别,拓展学生的国际视野。在学习新知时,利用感知为首,逐渐为学生搭建支架的方式来达到知识目标,实现本节课核心内容的功能和价值。学习任务：Happy birthday! Here's your present.Thank you.

2.学生分析

　　生日聚会对于学生来说,是一个比较熟悉的场景,因为现在生活水平提高了,学生在家中都有过生日吃蛋糕的经历,收到亲人送的礼物就更加平常了,因此,学生会喜欢课文提供的场景,会回想起那些快乐的场面,从心理上乐于接受。

学生在之前就会唱那首《祝你生日快乐》的歌曲,很多同学还会唱英文部分,对于"happy birthday"不难掌握。学生们都学会了 1～12 的数字表达,能够满足他们表达年龄的需要。同时学生已经掌握了 book,pen,pencil,bag,cat,dog,panda 等词,可以较为灵活地描述礼物的内容。

教学目标

1.语言知识目标

能听、说、认、读 present,cake,here's,happy,birthday 等词汇。

2.语言技能目标

能听懂、会读并在送礼物时灵活运用"Happy birthday!""Here's your present""Thank you"等句子。初步感知"I'm nine"这种表达年龄的句式。

3.素质教育(文化、情感态度、策略)目标

在生日情境中感受过生日的快乐,体验用英语交流的快乐。学生通过课文的陶冶,学会关注自己的家人和朋友的生日,及时送上生日祝福,也可以力所能及地送上一份小礼物。

教学重、难点

1.教学重点

词汇 happy,birthday,cake 以及句子 Here's your...Thank you"。

2.教学难点

词汇"present"的发音。

教学方法及策略

情境教学法,任务型教学法。

资源运用

教学具

卡片、文具实物、奖品笑脸、学生自己画的礼物图片。

教学流程设计

Step 1 Warm up

1.Greetings.

T:Good morning,boys and girls! Nice to meet you!

S :Nice to meet you,too!

T:I like your good voice.Would you please sing a song?

Please stand up.(师随生齐唱)

2.Review.

Game:Take out a box with some pencils,pens and other things in it.Ask some students to touch the objects.Then the teacher asks,"What's this?" They should answer,"It's a/an..."

(设计意图:轻快的歌曲、亲切的师生对话、有趣的 TPR 活动都能活跃课堂气氛,调整好学生进入学习的状态,同时,复习了旧知识,为新课的教学做好铺垫。)

Step 2 Presentation

1.出示过生日画面,听音乐。

T:Boys and girls,let's enjoy a song.

(课件出示:播放歌曲 Happy Birthday to You。)

Do you like it? Do you know its name?

Happy Birthday to You.(出示课题)

T:Boys and girls,do you like birthday?

S:Yes.

2.T:What do you want on your birthday?

S:pen,pencil,doll,robot...

T:They are presents.Everyone wants a present.(出示图片,教授单词 present)

T:Oh,today is Sam's birthday.What should we say to Sam?

S:Happy birthday!

(设计意图:由"Sam 今天生日"这一话题贯穿整节课的教学,自然引入新课课题,创设了情境,并且过渡自然,也让学生懂得了基本社交礼仪,别人生日,要记得说:Happy birthday!)

Step 3 Text learning

1.T:How kind you are! Who will come to his birthday? Let's look and listen.

S:Daming,Ms.Smart and his friends.

T:You listened carefully.Good job! They send many things to Sam. What does Daming send to him?（课件出示礼物盒子）What's this?

S:A pen.（A pencil,a ruler,doll...）

PPT:打开礼物盒子,呈现钢笔。

S:Oh,it's a pen!

T:What does Daming say? Let's listen and find.（听音第二、三幅图）

S:Here's your present.

T:There is a present for Sam,I'll send it to Sam.Who'll be Sam?

抽几个学生演 Sam,老师送礼物时,启发学生说 Thank you。

课件依次呈现 here is（here's 全写到缩写）,your present,单词到完整的句子依次呈现。

(1)抽个别学生读句子,帮助正音。

(2)分组,分男女读句子。

(3)Now,this time,I want to be Sam,I want my presents.

抽学生回答:Thank you! Oh! It's lovely/nice/beautiful.I like it! Thank you!

（**设计意图**:适当的提问可帮助学生更好地理解文本信息,培养学生阅读的技巧。）

2.T:I got so many presents.I'm very happy.And there are some presents for you!（发礼物到小组）Please pass the presents one by one in your group.Do it like this.（示范在小组里传礼物卡片）When the music stop,we stop.Who'll get the present? Let's go!

课件播放音乐,学生互相传递礼物时说:Here's your present.Thank you.

（**设计意图**:用传礼物形式创造说话语境,提高学生运用英语解决问题的能力。）

3.T:You are so lucky.But Sam got two presents.What does Ms. Smart send to him? Let's listen and find.（听音第四幅图）

T:What does Ms. Smart say?

S:Happy birthday,Sam.Here's your cake.（出示图片教授单词 cake）

PPT 出示大小蛋糕,引导学生说句子。

T:What's this?

It's a big /small cake.

出示生日蛋糕。

T：What's this?

S：It's a birthday cake.

教读 birthday cake。

T：Do you have any presents?（引导学生用手里的礼物卡片说："Here's your..."）

（设计意图：自然过渡，教授新知，面向全体学生。）

4.教学儿歌并齐唱，课件播放歌曲。

Boys and girls，let's do some activities，OK? Follow me!

Please stand up，please sit down，here's your present，here's your pen.

Please stand up，please sit down，here's your present，here's your book.

Please stand up，please sit down，here's your present，here's your cake.

（设计意图：三年级的学生还只是小学生，所以在教学新内容时宜分多个呈现过程，不宜一次呈现过多的新内容。歌曲的运用，适当地放松并引出新知。）

5.T：It's time to eat cake now. How old is Sam?（山姆多少岁了）Please guess.（抽生回答）

T：Yes，let's count the candles.

课件播放录音最后一段，让学生跟读。

There are 9 candles，Tom said：I'm nine.教师教读 I'm...。

课件出示有不同蜡烛的蛋糕，用 I'm... 说年龄。There are 4 candles on the cake，how old are you? There are 5 candles on the cake，how old are you? There are 8 candles on the cake，how old are you?

抽学生说年龄："How old are you?"

（设计意图：从蜡烛的数量自然过渡到年龄的表达，符合真实的情境。）

Step 4　Consolidation

1.We are Sam's friends.Come on! Now let's take part in Sam's birthday party! Please open your books，turn to page 26，let's go!

课件播放课文全部录音，学生模仿并指读。

（设计意图：在英语教学中让学生模仿纯正的英国人发音是很重要的，而且对于三年级的学生而言，养成用手指内容、认真读英语的好习惯是极为重要的。）

2.Let's read the text in role.（培养了学生小组合作学习的能力）

3.课件出示日历以及班上将过生日的三位同学的头像。

T：Birthday party is very interesting.Today we will have a birthday party in our class. Someone's birthday is in this month.Look! Who is he/she? ××, welcome!

(1)We should say:Happy birthday,××!

(2)Do you prepare any presents for them? Send your presents!

Happy birthday! Here's your present.

(3)Happy birthday! Here's your cake! (为过生日的学生出示黑板上已经用三组句子组成的三层蛋糕)Let's light the candles.(过生日的同学贴蜡烛,边贴,下面的同学边数)How many candles are there? Nine.How old are you?

S:We are nine.

(设计意图:全体的学生都参与到"用英语"的活动中去,培养学生用英语进行沟通的能力。)

4.Let's sing birthday songs.

课件播放歌曲 *Happy Birthday to You*。(在欢乐的气氛中结束本课)

Step 5 Homework

为过生日的朋友制作生日卡片。(把英语运用到生活中,体验乐趣)

教学板书设计

> Happy Birthday(蛋糕的第三层)
> A:Here's your present.B:Thank you! (蛋糕的第二层)
> A:Here's your...B:Thank you! (蛋糕的第一层)

教学评价设计

三年级的学生由于年龄低幼,要保持持久的注意力也不容易,因此更需要我们教师在整个过程中加以督促与鞭策。在本课时中包括是否带好学习用品;上课是否认真听讲,注意观察、模仿;上课是否大胆发言,声音响亮;上课是否能大声、有节奏、流利地说出所学的单词及句子,语音语调基本正确;是否高高兴兴参与小组活动,认真听同伴发言;能否虚心接受同伴的评价。在同学的互相监督和教师的督促下,学生的良好习惯正逐步形成。

教学设计反思

寓教于乐,玩中学。《义务教育英语课程标准(2011 年版)》强调小学英语教学的首要目的是激发小学生学习英语的兴趣,帮助他们建立学习的成就感和自信心,使学生在学习过程中发展综合语言运用能力,增强实践能力,培养创新精神。在本课中我也力图体现:面向全体学生,尊重学生的个性差异,采用活动化教学途径来完成教学任务,激发学生学习英语的兴趣,突出英语的交际功能这一全新的教学理念。我本身是一个活泼开朗的人,善于和学生沟通是我的最大长处,学生给我的课最好的评价是"好玩"。在我执教的这一课时中,我充分利用远程教育资源网上资料,根据教学实际需要进行有机整合,把生动活泼的动画世界运用于教学过程的多个环节。营造了良好的英语学习氛围,激发了学生学习英语的兴趣。如开课时播放动画,再现生日聚会场景,把学生课间的兴奋及时有效地引入英语课堂教学中,使学生跃跃欲试,激发了他们迫切想开口说英语的欲望。

点评

本课时为 Module 7 Unit 1 Happy birthday 的第一课时,主要目的是通过对话教学,让学生掌握生日相关词汇及句型,并感悟中西方文化差异。在教学中,教师体现了"面向全体学生,注重素质教育;整体设计目标,体现灵活开放;突出学生主体,尊重个体差异;采用活动途径,倡导体验参与;注重过程评价,促进学生发展;开发课程资源,拓展学用渠道"的基本教学理念。

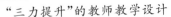

课　　　题:Unit 2 He has a funny face Lesson 2（第一课时）
课　　　型:听说课
教　　　材:重大版《英语》
年　　　级:四年级上册
教学设计人:重庆市合川区新华小学　雷杰
教　　　龄:3 年

教学观念(理念)

《义务教育英语课程标准(2011 年版)》指出:英语课程的学习是通过体验、实践、参与、合作与交流的学习方式和任务型的教学途径,发展学生的综合语言运用能力,在注重学生知识能力形成的同时,关注学生的人格发展和思维开拓。本着这样的认识,结合学生现有的知识水平和实际情况,遵循以学生为主导、以教师为指导的思想,充分利用课件和媒体资源来激发学生的学习兴趣,把情境教学法、游戏教学法和任务型教学法有机结合,让学生在真实的情境中感受语言,体验快乐。

教学分析

1.内容分析

本单元主要学习面部五官词汇及其特征以及句型"Can you talk about...?"和"Let me try,he / she/ it has..."。本课时为本单元的第二课时,在已经学习面部词汇的基础上,学习面部特征和动物的五官特征,使用句型"it has...",要求学生能使用 big,small,long,short 来描述动物的五官特征。因此我采用了头脑风暴和小记者等游戏来帮助学生反复记忆词组和操练重点句型。

2.学生分析

　　四年级的学生对英语接触时间不长,词汇和句型都比较缺乏。因此,我采用了各种游戏来让学生参与其中,使学生体会英语的乐趣,并创设真实的情境进行句型操练,并尽可能地让所有的学生都受到表扬或得到小贴花和小星星。

教学目标

1.语言知识目标

(1)能听、说、读单词:big,small,long,short。

(2)能使用句型"Can you talk about...?"进行提问,并使用"it has..."作答。

2.语言技能目标

(1)能够根据听到的包含 big,small,long,short 等单词的词句识别动物。

(2)能使用句型"Can you talk about...?"就动物五官进行简单的交际。

3.情感态度目标

了解有关动物的一些知识,并愿意与他人分享合作。

教学重、难点

1.教学重点

(1)能听、说、读单词:big,small,long,short。

(2)能使用句型"Can you talk about...?"进行提问,并使用"it has..."作答。

2.教学难点

能使用句型"Can you talk about...?"就动物五官进行简单的交际。

教学方法及策略

1.教学方法

任务型教学法、情境教学法。

2.教学策略

小组合作。

资源运用

1.教学具

动物头饰、录音机。

2.PPT

教学流程设计

Step 1　Warm up

1.Greetings.

通过简单的问候,拉近教师与学生的距离,使学生能自然地进入英语学习状态。

2.Sing a song:*My eyes,my nose,my mouth*.

3.Listen and touch.

(设计意图:课前教师播放歌曲并和学生一起听、唱英文歌曲,配上简单的动作,用表情、动作和学生交流,使学生快速进入"角色",在不知不觉中复习五官词汇。)

Step 2　Presentation

1.Visit a zoo.

Boys and girls,today we are going to visit a zoo,do you like animals? What can you see?

(设计意图:复习动物名称,并引出 it 指代动物,为讨论"最喜欢的动物"环节做铺垫。)

2.Go into zoo.

Now,boys and girls,let's go into the zoo,and see pig first.

走进动物园,参观动物,发现动物特征:big nose,small eyes,long ears,short hair 等。学习句型"It has..."。

Step 3　Practice

1.Guess.

Oh,how lovely they are! Do you like them? Which one do you like best? Do you know what I like best? Please listen and guess.

猜猜老师喜欢的动物。听听老师使用"It has..."句型描述动物,并能听懂句子"Guess,who is it?",巩固"It has..."句型。

2.Pair work.

And now,can you talk about the animal I like best? Talk in pairs.

两人一组谈论老师最喜欢的动物,然后点名反馈。

Step 4　Production

1.Discussion.

And now,can you talk about your favorite animals? Choose your favorite animals and discuss in a group of four.

小组选择一种最喜欢的动物讨论,每位组员说出该动物的一个特征。

2.Say and play.

小组长带领小组成员上台进行描述,每个同学都要描述其中的一种特征,描述结束后一起对其他同学说:"Guess,who is it?"其他同学根据他们的描述猜出他们描述的是哪一种动物。

Step 5　Listen and read

Now,please open your books,turn to page 14.播放录音,学生跟读。学生小组合作读对话,并讨论对话的意思。

Step 6　Homework

回家后听读这个对话,然后读给自己的家长听。

T:Boys and girls,today I'm very happy with you.Thank you.Now,class is over.Goodbye!

教学板书设计

Unit 2 He has a funny face

Lesson 2

Monkey		long tail
Pig		short hair
Rabbit		big eyes
Horse	has	small nose
Dog		log hair
Panda		big mouth

教学评价设计

1.评价内容

小学英语教学评价的主要目的是激发学生的学习兴趣和积极性。评价形式具有多样性和可选择性。评价以形成性评价为主,以学生参与英语教学活动表现出的兴趣、态度和语言交流能力为主要依据。本课时的评价内容是:

(1)对本单元动物词组和面部特征的熟练掌握和记忆;

(2)对本单元主要句型"Can you talk about...?""It has..."的熟练应用;

(3)能大方地参与小组讨论和表演。

2.评价方法

(1)口头表扬,如:Great! Good! Excellent! Well done! You did a good job!

(2)教师把自己准备的小贴纸和小星星发给表现得好的学生。

教学设计反思

本课时主要内容为描述动物的面部五官特征。对于动物,小朋友们都非常喜欢,也容易理解和接受。在呈现环节,设计了参观动物园的情境,非常贴合小朋友们的日常生活实际,活动的参与度也较高。

点评

该教学设计的亮点:(1)教学目标描述细化,让上课的教师以及看教学设计的教师能够很好地理解;(2)善用情境,导入新知学习,以动物园为情境,能够很好地体现本课要学的动物名称以及相关的描述性的词语;(3)本教学设计一共使用了6个不同的活动,体现了以学生为主的课堂观。但是在最后的语用输出环节,该教学设计却没有充分地利用前面已经搭建好的知识技能平台,而用了一个低于前面难度的听录音跟读活动,使整节课最后的产出与目标发生了一定的偏差。

课　　　题:Unit 5 Our relatives Lesson 1（第一课时）

课　　　型:词汇课

教　　　材:重大版《英语》

年　　　级:五年级上册

教学设计人:重庆市合川区新华小学　　雷杰

教　　　龄:3 年

教学观念(理念)

《义务教育英语课程标准(2011 年版)》指出:英语课程是通过让学生体验、实践、参与、合作与交流的方式和任务型的教学途径,发展学生的综合语言运用能力,在注重学生知识能力形成的同时,关注学生的人格发展和思维开拓。本着这样的认识,结合学生现有的知识水平和实际情况,遵循以学生为主导、教师为指导的思想,充分利用课件和媒体资源来激发学生的学习兴趣,把情境教学法、游戏教学法和任务型教学法有机结合,让学生在真实的情境中感受语言,体验快乐。

教学分析

1.内容分析

本单元主要学习职业和家庭词汇,以及句型:"What does he/she do."本课为本单元的第一课时,是本单元的起始课,主要学习职业词汇和感知句型:"What does he/she do?"

2.学生分析

五年级的学生已掌握了一定的英语知识,但听说方面的能力较弱,学习参与度也不够。因此,我采用了多种游戏来让学生参与其中,体会英语的兴趣,并创设真实的情境进行句型操练,并尽可能地让所有的学生都受到表扬或得到小贴花和小星星。

教学目标

1.语言知识目标

(1)能听、说、读单词:engineer,policeman,nurse,cook,tennis player,pilot。复习家庭成员单词,如 father,mother,daughter,son,grandmother,grandfather,uncle,aunt,cousin。

(2)能综合运用句型:What is he/ she doing? He/ She is...

What does your uncle do? He is...

What does your son do? He is...

2.情感态度目标

培养学生从小树立远大理想。

3.文化意识目标

了解多种职业的特征。

教学重、难点

1.教学重点

掌握 engineer,policeman,nurse,cook,tennis player,pilot 等单词的读音。

2.教学难点

掌握句型:What is he/ she doing? He/ She is...

What does your uncle do? He is...

What does your son do? He is...

教学方法及策略

1.教学方法

任务型教学法、情境教学法。

2.教学策略

小组合作。

资源运用

单词卡片、彩色职业徽章、若干图片、录音机、多媒体设备、职业道具。

教学流程设计

Step 1　Warm up

Listen and do.

T：OK，boys and girls，nice to meet you！How are you？I'm your new English teacher，you can call me Mr.Lei.

T：Now，let's play a game.Listen and do，listen to me，group one，stand up！Where is group one？OK，very good. Group two，wave your hands to everyone. Group three，smile to everyone. Group four...

Step 2　Lead-in

引入家族树，复习单词 father，mother，daughter，son，grandmother，grandfather，uncle，aunt，cousin。

Step 3　Presentation

Drive the bus/drive the jeep/drive the car.

（CAI shows the word：drive）

（**设计意图**：导入自然，不露痕迹。）

Presentation and practice.

（呈现和操练）

1.Teach "driver".

Drive the car，drive the car，he is a driver.→driver（er，er，//，//，//）

Ss read：Driver，driver，he is a driver.

T：What is he doing？

S1：He is driving a car.

（CAI）Ss：He is a driver.He likes blue cars.

（注：本环节对说得好的学生奖励印有 driver 的职业徽章）

（**设计意图**：渗透字母组合发音，为语音学习打下基础。通过问答正在做某事，将新旧知识有机结合，达到知识循环的目的。将课堂评价与教学内容巧妙结合，体现评价真正为课堂服务的作用。）

2.Teach "farmer".

（1）T：Let's drive the car to the farm.（CAI shows the word：farm）

(2)Let students listen to the poem:《悯农》。

T:What's he? → A farmer(er,er,//,//,//)

(3)Ss read:Farmer,farmer,he is a farmer.

(4)T:Guess,what's the farmer's hobby?

S1:He is a farmer.He likes...

(CAI)Ss:He is a farmer.He likes playing balls.

（注：本环节对说得好的学生奖励印有 farmer 的职业徽章）

（设计意图：听学生熟悉的古诗,既自然呈现新知,又能很好地渗透德育教育。）

farm＋er→farmer 给学生说明单词后面加 er 可以表示一类人的概念。

3.Teach "baseball player".

(1)T:What kinds of balls do you like?

S1:I like...

(2)T:The farmer likes playing many kinds of balls.Look!

(CAI)Football　Beckham→football player

Basketball　Yao Ming→basketball player

Ping Pong　Kong Linghui→Ping Pong player

(Teach the word:player er,er,//,//,//)

Baseball　a boy→baseball player

(3)Ss read Player,player,a baseball player.

(4)(T shows a toy baseball bat)T:I'm a baseball player.(T pass it to S1)

（设计意图：从学生喜欢的球类和球类明星入手,生动直观,扩大了其知识面,又为新知识的呈现降低了难度,整个过程清晰、流畅。）

Presentation and practice.（呈现和操练）

S1:I'm a baseball player.

（接龙操练:S1→S2→S3→…→Sn）

（注：本环节对说得好的学生奖励印有 baseball player 的职业徽章）

（设计意图：通过表演棒球运动员的方法来提高学生的学习兴趣,同时棒球棒在学生之间自由传动,体现了生生互动。）

4.Teach the sentence:What's he?

(1)(CAI:象征职业人物的黑影图)T:What's he?

S1:He's a baseball player/driver/farmer...→

What's he?

(2)Ss read:What's he?

(3)Ss ask:What's he/she?

S1:He's/She's a...

（教师指向带有职业徽章的学生）

（注：此处对表现得好的学生奖励职业徽章时可让他们自己选择学过的：I like...）

（**设计意图**：利用黑影设置语言交际的信息沟，在猜一猜中增加学生的学习兴趣，同时又很自然地呈现出新句型。将戴有职业徽章的学生作为操练对象，真实形象，也使评价的作用又一次得到体现。）

5.Teach "doctor".

(1)(CAI)T:What's he? → A doctor.

(2)Ss read:Doctor,doctor,he is a doctor.

(3)T:I don't like doctors.What about you?

S1:I like/don't like doctors.

T:So I eat an apple a day.Because there is a saying:An apple a day keeps the doctor away.

Students read the sentence.

Let students sing the song:*An apple a day.*

（注：本环节对说得好的学生奖励印有 doctor 的职业徽章。）

（**设计意图**：复习旧歌曲，活跃了课堂氛围，也使新知识进一步得到巩固。）

6.Teach "nurse".

(1)The teacher shows some tools.（如听诊器、司机帽、护士帽...）

S1 给 S2 戴上工具,S1:What's he /she?

S3:He/She is...

(2)T shows a nurse cap and put it on a girl's head and ask:What's she? → A nurse.

(3)Ss:Nurse,nurse,she is a nurse.

(ur,ur,//,//,//)

(CAI shows 6 nurses.)

T:I like Nurse 1.She is kind.

Group work:4 students discuss.

S1:I like nurse...She is...

（注：本环节对说得好的学生奖励印有 nurse 的职业徽章。）

（**设计意图**：将生活带进学生课堂，创设情境，增强语言交际的真实感。小组内讨论个人喜爱的护士形象，这个环节从学生的生活经验出发，从学到用，强调真实。）

Step 4　Consolidation and extension

1.Review the words.

(1)Read all the words.

(2)Listen and do.

T：Act like a driver/...

Ss do action.

(3)Let students open the books and read "Let's learn"and practice "Let's do ".

(4)Students practice：Let's do.

（设计意图：通过读课文中的内容,使学生养成良好的学习习惯,并为下一步口头交际训练打下基础。）

2.(CAI)Task：评选你最喜欢的职业人物。

每小组推荐一名优秀的职业人物代表,由小组内成员介绍,每人介绍一至两句。要求用上以下句型：

What's he?

He is a...（职业）

He is...（特征）

He likes...（爱好）

（用上学生身上佩带的职业徽章）

（设计意图：培养学生的合作意识,增加交际氛围,引导学生结合语境,促进学生的实践能力。评价的多种作用在这里再一次得到淋漓尽致的发挥。）

Step 5　Homework

设计一张二十年后自己的名片。

（设计意图：引导学生将课堂上获取的语言信息运用在自己的实际生活中；鼓励学生运用多种学习渠道拓宽知识面。）

教学板书设计

Jobs	
What's he/she?	Engineer
He/She is a...	Policeman
	Nurse
	Cook
	Tennis player
	Pilot

教学评价设计

1.评价内容

小学英语教学评价的主要目的是激发学生的学习兴趣和积极性。评价形式具有多样性和可选择性。评价以形成性评价为主,以学生参与英语教学活动表现出的兴趣、态度和语言交流能力为主要依据。本课时的评价内容是:

(1)对本单元职业词汇的熟练掌握和记忆。

(2)对本单元主要句型:"What is he/she doing?""He/She is...";"What does your uncle do?""He is...";"What does your son do?""He is..."的熟练应用。

(3)能大方地参与小组讨论和表演。

2.评价方法

(1)口头表扬,如:Great! Good! Excellent! Well done! You did a good job!

(2)教师把自己准备的小贴纸和小星星发给表现得好的学生。

教学设计反思

本课时主要内容为职业和家人,对于此话题,学生们都非常喜欢,也容易理解和接受。在运用环节,通过讨论将来的自己,树立崇高的理想。

点评

本课课堂容量大,既注重基础又注重拓展,在教授课本上职业单词的同时,还拓展生活中其他的职业单词,注重学生的长期发展和知识积累。在本课中,教师总结 teach-er,farm-er,drive-r 等单词的组合形式,强调学生学习策略的培养,帮助学生记忆单词。教师更注重学科融合,在教授 farmer 一词时,让学生欣赏诗歌《悯农》,帮助学生理解单词意思,也将英语课堂变得更有趣。如果本课的机械操练环节能略微减少,就更好了。

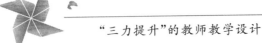

课　　　　题：Module 4 Unit 1 It's red(第一课时)
课　　　　型：新授词汇课
教　　　　材：外研版新标准《英语》(一年级起始)》
年　　　　级：一年级上册
教学设计人：重庆市江北区新村实验小学　高艺铭
教　　　　龄：8 年

教学观念(理念)

《义务教育英语课程标准(2011 年版)》指出,义务教育阶段英语课程的总目标是,通过英语学习使学生形成初步的综合语言运用能力,促进其心智发展,提高其综合人文素养。在本课中,我主张学生用英语表达自己的意愿,渗透科学知识,做到学科融合,并通过观察颜色发现生活中的美。

教学分析

1.内容分析

本书总共 11 个模块,内含一个复习模块。由于我校一周只有两节英语课,课时量偏少,所以本学期我们只学习第 1~5 模块。本课是第 4 模块第一单元"It's red"的第一课时,是一节新授课,重点学习新单词 red,green,black,white,yellow,blue,学习新句型"It's..."。

2.学生分析

一年级的学生好奇、好动、喜欢模仿,偏向直观、具体、形象等思维。虽然本课是第一次学习新句型"It's...",但在前几个模块的学习过程中,有时我会用到这个句型,所以学生应该不会很陌生。

3.环境分析

本校从一年级起开设英语课程,每周两节。一、二年级教授《新标准英语》(一年级起始),三至六年级教授《英语》人教版(三年级起始)。

教学目标

1.语言知识目标

(1)学生能听、说、认、读本单元新单词 red,green,black,white,yellow,blue。
(2)学生能听懂、会说,并运用重点句型"It's..."。

2.语言技能目标

(1)学生能借助图片听懂课文,并能有感情地朗读课文。
(2)学生能运用所学句型"It's..."正确描述生活中的颜色,能真实、自然地表达自己的情感。

3.学习策略目标

(1)能集中注意力听讲和互动。
(2)积极运用所学英语进行表达和交流。
(3)观察生活,运用所学知识,进行真实地表达。

4.情感态度目标

(1)用于开口表达,感受英语学习的乐趣。
(2)通过观察事物的颜色,留心身边的一切,观察生活,热爱生活。

5.文化意识目标

熟悉最简单的问候语和告别语,了解基本的交际礼节。

教学重、难点

1.教学重点

(1)学生能听、说本单元新单词 red,green,black,white,yellow,blue。
(2)学生能听懂、会说重点句型"It's..."。

2.教学难点

(1)学生能认、读本单元新单词 red,green,black,white,yellow,blue。
(2)学生能自由运用重点句型"It's..."。

教学方法及策略

1.教学方法

活动教学法、TPR教学法、多媒体教学法、任务型教学法。

2.教学策略

感知和模仿词句发音,自由表达所想所感。鼓励学生自主学习、相互交流学习。

资源运用

1.教学具

单词卡片,三个装有清水的矿泉水瓶,两朵不同颜色、形状相同的花等。

2.PPT

教学流程设计

Step 1　Warm up

1.Greetings.

The teacher and students greet to each other. T:Hello! How are you? Are you happy? Is it sunny today?

2.Sing a song:*Hello,hello,how are you?*

(**设计意图**:好的开始是成功的一半。简单愉快的师生交流带着学生进入英语学习的课堂,营造轻松和谐的英语学习氛围,让学生融入学习。)

Step 2　Lead-in

幻灯片呈现课文中的变色龙Kami。

T:Today,I'm happy too.Because we have a new friend here.Look!

Ss:变色龙!

T:Yes,it's a lizard.Its name is Kami.

Ss:Kami!

(**设计意图**:课文通过活泼可爱的动画的形式展现,既能激发学生的学习兴趣,吸引学生的注意力,又能让学生对所学新知有整体感知,为接下来的学习做铺垫。)

Step 3 Presentation

1.Play the flash of the text.

T:Kami is a lizard.It can change colours.Let's see what colour it is.

2.Teach the new words.

T:Wow,so many colours! What colour?

Ss:红色。

T:Yes,it's red.

T:Look,1,2,3,4,5,6,Which one is red?

S1:Two.

T:Wonderful!

The teacher teaches the new word,and students repeat.

Use the same way to teach other new words:green,black,white,yellow,blue.

（设计意图:在课文中学习新单词,让学生明确新知,也通过新知了解课文,相辅相成。在学习新知阶段,我设计让学生通过读音找课前贴在黑板角的单词卡片,让学生感知自然拼读法的魅力,为以后系统的学习做铺垫。）

3.Read the new words together.

（设计意图:机械操练,巩固新知,尽量让全班学生有朗读单词的机会。）

4.Read the new text.

（1）Listen and repeat.

（2）Read together.

（3）Read in two groups.

（设计意图:在教授单词时教师一直重复"It's…"。通过听读课文,学生已能很好地模仿"It's…"句型,所以直接进入课文的学习。通过听读课文、全班齐读、分小组读学习巩固,模仿课文中的语音语调,训练学生的听力,纠正其发音。）

Step 4 Practice

1.TPR 活动。

T:Show me green.

Students show the green crayons,and say:Green,green,green.

S1:Show me blue.

Students show the blue crayons,and say:Blue,blue,blue.

2.Point and say.

The teacher points to the clothes,and says:Look,it's white.

Students point to their clothes or some other things, and make a sentence：It's...

S1：It's...

（设计意图：TPR 即 Total Physical Response，全身活动反应法。本环节强调身体的互动性、教学的生动性，以便让学生更直观地了解在游戏中学习英语生活化，同时也可以更好地激发学生对英语学习的浓厚兴趣。除了教师说、学生做，我还设计了学生说、学生做。这样可以练习个别学生的口语，锻炼其胆量，培养其自信，让成绩优异的学生更有成就感和积极性。）

3. The magic show.

（1）What colour is the apple/car/dress?

What colour is the flower?

The magic flower. 教师课前准备好两朵外形一样、颜色不同的塑料花，放在同一个盒子里，分别先后展示两朵花。

T：Good! Kami can change colours. Miss Gao can change colours, too. Look, what colour?

Ss：It's red.

T：Bingo! You're clever! I'll change it. What colour?

S1：It's white.

（2）The magic water. 教师拿出课前准备好的三个小矿泉水瓶和三块能盖住矿泉水瓶的布，瓶内装有大半瓶无色清水。课前在每个瓶盖内分别挤出红、黄、蓝三种固体水粉。

T：Wow, you're so good! Miss Gao 要加大难度了! I need three students to help me. Who want to try?

The teacher shows the bottles, and says：Look, it's colorless. And delivers the three bottles to the three students. Then covers them with the cloth.

T：Magic go! Magic go! Please shake your bottles. Shake! Shake! Shake! 学生摇晃矿泉水瓶，使水粉溶于水中。

T：OK, Stop! Can you guess what colour?

S1：It's green.

S2：It's...

The teacher lifts the covering, and S1 shows the bottle.

T：Yes, you're right. It's red.

T：Points to the second and the third bottles. What colour?

Ss：It's blue! It's...

（3）The magic water.教师将黄色的水和蓝色的水混合在一起,变成绿色。

T:Excellent! Now,Look,If I put yellow and blue together,can you guess what colour it is?

Yellow＋blue＝green

（**设计意图**:最开始用花朵变颜色,只是做铺垫,吸引学生的注意力。接下来的水变颜色的魔术更好地激发学生的学习兴趣,激起学生想说英语、想学英语的欲望,最后将黄色的水和蓝色的水混合变成绿色的水,融入了科学知识,做到学科整合,激发学生的求知欲。本环节让课堂的氛围的热烈程度达到最高点。)

Step 5　Expanding

（1）What colour are the seasons?

（2）教师通过幻灯片展示重庆美景。

The teacher shows a picture of Nanbin Road in Chongqing.

T:Colours are everywhere in our life.Where are they?

Ss:Nanbin Road.

T:Yes,what colour is it?

S1:It's yellow.

S2:It's green.

S3:It's black.

The teacher shows some pictures of Children's Park,Wu Shan,and so on.

T:Is Chongqing beautiful?

Ss:Yes.

T:Chongqing is beautiful.Our life is beautiful with colours.So find colours, and enjoy a wonderful life!

（**设计意图**:教师通过幻灯片播放南滨路夜景、儿童公园的黄色银杏叶、巫山红叶等图片,展示各色各样的重庆美景,同时刺激学生用颜色来表达看到的景色,将英语学习延伸到生活,鼓励学生发现生活中的美,从而形成积极向上、热爱生活的情感观念。)

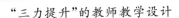

教学板书设计

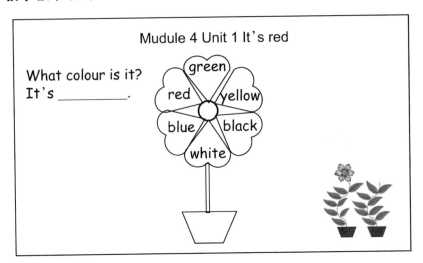

教学评价设计

1.教师口头表扬学生,如:Good! Wonderful! Well done! You're so clever!

2.教师用肢体语言表扬学生,如和学生击掌、轻拍学生的肩膀等。

3.小组互评。如在分小组朗读课文时,让学生点评朗读:是否有感情、声音是否洪亮、有无口误等。

4.小组比赛。本节课将四个小组分成两个大组,相互比赛,激烈竞争。

教学设计反思

根据小学一年级学生好奇、好动、喜欢模仿,偏向直观、具体、形象等思维的心智特点,我做了以下课堂教学设计:

1.自由交谈,活跃气氛。儿歌热身,巩固旧知。

2.整体呈现,感知新知。

3.颜色展示,生动直观。

4.TPR 动静结合,操练新知。

5.口述颜色,自由练习,真实运用。

6.模仿课文,惟妙惟肖,大声朗读,感情丰富。

7.魔术游戏,颜色变换,学科整合,吸引注意,活泼有趣。

8.着眼生活,观察颜色,拓展视野,延伸课堂。

点评

本点评主要从评价的有效性方面看。低年级段的学生活泼好动,特别喜欢受到表扬和鼓励,但自控力差。而他们所喜欢的评价方式是直观的、具体的和及时的。从评价设计看,本课有以下特点:

1.注重评价方式的多样化。

从本设计的教学评价方式上看,教师不仅有激励、肯定的语言,还有无声的鼓励,用体态语言表扬学生,如和学生击掌、摸学生的肩膀等,也有"物质"鼓励,发放贴纸。除了对个人进行评价以外,也有小组的竞争评价。这多样化的评价方式,能有效地刺激小学生主动学习,主动参与的积极性。

2.注重评价学生的主体地位。

"学生是学习和发展的主体",自然也是评价的主体。本设计的教学评价除了教师的评价以外,还有小组互评,这样让学生从评价客体转向评价主体。学生的主体地位得以体现。在参与评价的过程中,学生不断体验进步与成功的喜悦,同时也不断地认识自我,反省自我,从而有效地控制自己的学习过程。

建议:评价可与教学内容相结合,这样的评价更直观,更形象,学生也更喜欢。如在小组竞赛评价时,教师可在黑板上画四盆不同颜色(本课所学颜色)的花,让每一组领养一盆花,哪一组的学生表现得好,就在他们的花盆里加一朵相同颜色的花,到总评价时看看哪一组盛开的花朵最多。

 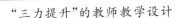

课　　　题:Unit 4 Story time Hide and seek

课　　　型:阅读课

教　　　材:人教版《英语》(三年级起点)

年　　　级:三年级下册

教学设计人:重庆市江北区新村实验小学　高艺铭

教　　　龄:8 年

教学观念(理念)

《义务教育英语课程标准(2011 年版)》在二级目标中提出:(学生)能在图片的帮助下听懂、读懂并讲述简单的故事,能在教师的帮助下表演小故事或小短剧。在本节课,我意在帮助学生理解绘本故事,培养学生的阅读能力,并通过故事的听说读演激发并保持学生的学习兴趣。

教学分析

1.内容分析

本书总共八个模块,内含两个复习模块。本课是第四单元"Where is my cat?"的 story time,是一节阅读课,重点复习本单元新知 on,in,under,学习新单词 table,bed,find,behind,学习并运用新句型:"Where are you? I'm..."

2.学生分析

由于我校从一年级起开设英语课程,一、二年级一周两节英语课,三至六年级一周三节英语课,故四年级的学生已有一定的英语基础,能积极发言,喜欢展示自己,有竞争意识。学生对 on,in,under 在二年级已有一定的了解,所以对于新知掌握较好,本节课重在运用。

3.环境分析

本校从一年级起开设英语课程,每周两节。一、二年级教授外研版《新标准英语(一年级起始)》,三至六年级教授人教版《英语(三年级起始)》。

教学目标

1.语言知识目标

(1)学生能听、说、认、读本单元新单词 table,bed,find,behind。

(2)学生能运用方位介词 on,in,under 描述事物的位置。

(3)学生能在真实场景中正确运用"Where are you? I'm..."的句型。

2.语言技能目标

(1)能在图片的帮助下听懂、读懂并讲述故事,能在教师的帮助下表演小故事。

(2)能在真实场景中正确运用"Where are you? I'm...",并和同学真实地玩捉迷藏的游戏。

3.学习策略目标

(1)学生能集中注意力听讲和互动。

(2)学生能积极运用所学英语进行表达和交流。

(3)学会运用所学知识,进行真实地表达。

4.情感态度目标

(1)勇于开口表达,感受英语学习的乐趣。

(2)愉快地做游戏,享受生活的乐趣。

5.文化意识目标

(1)熟悉最简单的问候语和告别语,了解基本的交际礼节。

(2)学会玩捉迷藏的游戏。

教学重、难点

1.教学重点

(1)学生能听、说、认、读本单元新单词 table,bed,find,behind。

(2)学生能运用方位介词 on,in,under 描述事物的位置。

2.教学难点

(1)学生能在真实场景中正确运用"Where are you? I'm..."。

(2)学生能正确运用 find,behind。

(3)学生能运用所学句型,在生活中玩捉迷藏的游戏。

教学方法及策略

1.教学方法

活动教学法、TPR 教学法、多媒体教学法、任务型教学法。

2.教学策略

通过听、说、读、玩、演、做的形式,进行大量的语言操练。

资源运用

1.教学具

单词卡片、Zip 和 Zoom 的头饰、一个手偶、一个玩具箱。

2.PPT

教学流程设计

Step 1 Warm up

1.Greetings.

2.Sing a song:*On,in,under*.

3.Free talk:How are you today? Where is my English book? Where is your schoolbag? Where is the...? Where are you?

(设计意图:歌曲 on,in,under 来自网络。这是一首歌词简单、节奏明快的英文歌,和本单元的重点词汇相吻合,故用在导入环节。自由问答部分多提问:Where is...? It's on/ in/ under...再引出:Where are you? We're in the class-room/school.这样,既复习本单元重点句型,又引出新句型。)

Step 2 Presentation

1.Before reading.

T:What are they playing?

T:Look at the picture,there are two old friends here.Who's she? Who's he?

Ss:She's Zip.He's Zoom.

T:Yes! Today Zip and Zoom are playing a game.Let's see what they play. Then the teacher shows the flash of the story.

(设计意图:在阅读故事前,教师提出问题:Zip 和 Zoom 玩什么游戏? 让学生带着问题听读,并找出答案。有目的性的学习更能使学生明白需要关注的重点,使听读更有效。同时,教师提出的问题也和本课息息相关,起到点题的作用。)

2.While reading.

(1)T:What are they playing?

S1:They're playing hide and seek.

Teach "hide and seek".And stick the word card on the blackboard.

(2)The teacher plays the flash again.And asks:Where is Zip?

T:Zip and Zoom are playing hide and seek. Where is Zip? Let's see once again.

(PPT 呈现)T:Is Zip under the ?

Teach "table".

(PPT 呈现)T:Is Zip under the ?

Teach "bed".

(PPT 呈现)T:Is Zip in the ?

Teach "toy box".

T:Can Zoom find Zip? //Ss:No.

T:So Zip says:Where are you? I can't _____ you! (见板书设计)

Teach "find".

T:Haha! I'm _____ you!

Teach "behind".

Stick the word cards on the blackboard.

(设计意图:通过看图听故事,理解故事细节,在语境中理解新单词的意思,并模仿单词发音。)

Step 3   Practice

After reading.

1.T:Oh,where is Max? I can't find Max.

Max:I'm here.

T:Oh,you're behind Sally.

T:Where is Windy? I can't find Windy.

Windy:I'm behind Mike.Where is...? I can't find...

（**设计意图**：通过和学生自由对话，操练新单词 find,behind,并运用重点句型 Where is...? Where are you,×××? I'm behind...机械操练能纠正学生的发音，意义操练能让学生真正用英语做事，学中做，做中学，学以致用。）

2.Read the story.

（1）Listen and repeat the story.

（2）Read the story in groups.

（3）Act out the story in groups.

T：I'm Zoom.Who can be Zip?

Students act out the story.

（**设计意图**：通过听音跟读、小组内自由朗读，到小组内分角色表演，层层深入，教师的指导示范作用给学生提供了正确的方向，鼓励学生大声说、大胆说、大胆演。轻松有趣的故事表演也降低了学生的学习压力，提高了学生的学习兴趣。）

Step 4 Expanding

Playing hide and seek with students.

T：Wow,excellent! You're good at acting! Do you like hide and seek? Today we have a new friend.Look,she's coming!

教师手拿手偶，躲在桌子下面，假装新朋友的声音说话。

T：Hello,my name is Emmy.I'm a girl.I like hide and seek.Do you want to play with me?

Ss：Yes!

（**设计意图**：本课围绕捉迷藏的故事展开，在学生阅读故事后，教师带领学生加入真正的捉迷藏游戏，将手偶藏起来，让学生运用所学句型寻找手偶，既利用手偶激发学生兴趣，又将本单元所学重点句型运用到实际生活中，从而将本课的故事内容真实地展现出来。）

T：Are you happy today? I'm happy,too.And I wish you can be happy every day!

教学板书设计

教学评价设计

1.教师口头表扬全班、群里或个别学生,如:Good! Wonderful! Well done! You're so clever!

2.教师用肢体语言表扬学生,如和学生击掌、轻拍学生的肩膀等。

3.小组互评。如在表演故事时,让学生点评表演:是否有感情地表演对话,声音是否洪亮,有无口误,有无动作,等。

4.小组比赛。本节课将学生分成六个小组,相互比赛,竞争激烈。

教学设计反思

本节课是一节简单的阅读课,分成三个部分:阅读前、阅读中和阅读后。在阅读前阶段,教师提出和本课内容相关的问题"What are they playing?",让学生听故事,引出"Hide and Seek",点出标题,引出阅读主旨。在阅读中阶段,教师逐一突破本课重难点词句,并进行意义操练,帮助学生理解并掌握故事内容。在阅读后阶段,教师将表演融入生活,和学生一起玩捉迷藏的游戏,真正做到学以致用。

点评

　　本次教学设计是典型的故事教学。在课堂评价上教师的形成性和终结性评价都有在教案中体现出来,并且设计精巧,可操作。建议故事教学的教案设计最好分为三个板块(pre-reading,while-reading,post-reading),并考虑是否能帮助学生语言的输出和拓展。从学生学习的角度来看,虽然是故事教学,但还是可以设计一些让学生参与的教学活动,如听录音、模仿、表演等。再从课堂文化上课堂创新点来看,教师可以考虑在原有的故事背景下给学生一个留白、消化到创造的过程,还可以多给学生们一些时间和空间来内化。

课　　　题：Module 2 Unit 2 What's your name?（第三课时）
课　　　型：对话课
教　　　材：外研版新标准《英语》（三年级起点）
年　　　级：三年级上册
教学设计人：九龙坡区驿都实验学校　　黄建
教　　　龄：13 年

教学观念(理念)

以英语课程分级目标为指导,结合学生实际学情确立明确、具体、可实现的学习目标,以学生为主体,以学生的学为中心,设计实施教学活动。注重创设真实语言学用情境,注重对学生学习兴趣的培养,注重对学生良好学习习惯和学习策略的培养,引领学生感知语言、学习语言、用语言表达思想,用英语做事,在良好的英语学习氛围中发展认知思维能力、语言运用能力以及社会文化意识。

教学分析

1.内容分析

本课时的教学内容位于模块二第二单元,主要包括第一部分的语言材料和第二部分的称呼用语 Mr.。之所以将第二部分的新知识点 Mr.安排到本课时学习,是因为在第二部分包涵了三个新语言点,合理地进行调整可以保证学生在本课时完成第一部分新知识学习的同时,减少第四课时的新知学习量,适当降低学生的学习难度。本课时询问名字的句型"Your name,please?"对学生来说是一个完全新鲜的语言材料,学好这一句型对下一课时学习句型"What's your name?"

并突破相应的难点将起到非常重要的作用。

2.学生分析

学生在前几课时的学习中已经学过称呼用语 Ms.,教师可以利用这一点,通过对比的方式引导学生理解和学习称呼用语 Mr.。在前面的学习中,学生只学过如何介绍自己的姓名,句型"Your name,please"学生是第一次接触,其中 name 的发音,句子"Your name,please"的升调是学生学习时存在的主要难点,教师在教学中应当充分重视在语音、语调方面对学生进行引导和纠正。

3.环境分析

本校为农村小学,学生多为留守儿童,缺乏家庭和社会环境对其英语学习的支持。学校英语每周课时较少,学生课后接触英语的时间极少。

教学目标

1.语言知识目标

(1)学生能听懂、认读、会说称呼用语:Mr.。

(2)学生能听懂、认读、会说句子"Your name,please?"并知道其功能。

2.语言技能目标

(1)学生能运用 Mr.称呼男士,如男性老师,并与 Ms.进行区别。

(2)学生能伴随音乐演唱歌曲 *Good morning,Sam*。

(3)学生能运用"Your name,please?"询问他人姓名,并在听到同样的问话时能回答自己的名字。

(4)学生能模仿第一部分语言材料与小组同学合作表演对话。

3.学习策略目标

(1)基于结交新朋友、了解信息或增进友谊等目的和兴趣运用英语进行交流。

(2)尝试与小伙伴共同合作,完成学习活动。

4.文化情感目标

(1)通过感知和尝试英语问候方式,激发学习英语的兴趣。

(2)了解在向他人表示问候或交谈时应使用的正确称呼和用语。

(3)了解 please 是礼貌用语。

教学重、难点

1.教学重点

(1)能掌握句子"Your name,please?"的语音语调。

(2)能运用"Your name,please?"询问他人姓名,并进行简单对话表演。

2.教学难点

"Your name,please?"的正确发音和语调。

教学方法及策略

以英语课程标准的教学实施建议和教参的教学建议为指导,从学生身心特点出发,首先考虑激发学生学习的积极性,调动学生的参与热情。然后针对每一个环节的知识点和目标,选取或设计合适的教学活动,引导学生在观看、听音模仿表达、游戏活动中进行快节奏、高频率的机械操练;引导学生在相应的语境中,在自己的独立思考中,在与小组成员的合作表演中进行意义操练和语言实践。设计力求让学生在一个循序渐进的、完整的语言学习过程中实现本课时的教学目标。

资源运用

1.学生准备自己的姓名卡,教师准备教学 PPT、警察头饰、Mr.Li 头饰和图片、Ms.Smart 头饰、超过二十张的模块一和模块二的小单词卡,学生分为四个大组以便开展竞赛。

2.PPT。

教学流程设计

Step 1 Warm up

1.教师与全班学生互相问候。

T:Good morning,boys and girls.(如果教学时间不在上午,老师应给学生说明现在模拟早上和上午时间。)

Ss:Good morning,Ms....(如果教师是男性,则引导学生用 Mr.称呼自己)

T:How are you?

Ss:I'm fine.And how are you?

T:I'm fine, too.Thank you!

如果学生不熟练,教师可以提示,直到全体学生能较整齐地与教师对话即

可。问候完成后,再让学生用同样的方式问候教师,教师来回答学生的问候。

2.师生伴随动画音乐一起听唱模块二歌曲 *Good morning,Sam*。

(设计意图:在热身复习环节,通过 chant、师生反复对话以及听唱歌曲的形式,复习"Good morning"和"How are you"句型的问答,巩固前两课时的学习成果。男教师可在本环节渗透 Mr.的用法,为学习新知进行铺垫。学生也在浓厚的英语学习氛围中快速进入了英语学习状态。)

Step 2　Presentation

1.PPT 依次呈现 Ms.Smart 和 Ms.Wang 的头像和词语,再呈现 Mr.Li 的头像和词语,Ms.和 Mr.形成对比,学生思考如何称呼。

T:Boys and girls,look at the screen.Who's this teacher?

S:Ms.Smart/Ms.Wang.

T:Let's say "Hello" to Ms.Smart/Ms.Wang.

Ss:Hello,Ms.Smart/Ms.Wang.

T:Look,this is another teacher.Who's he? He is...

...

T:Let's say "Hello" to Mr.Li.

Ss:Hello,Mr.Li.

2.教师板书 Mr.Li,将图片贴在黑板上,并示范口型,引导学生正确说出单词 Mr.。学生举手起立说 Mr.Li,教师注意纠正学生的错误发音。

3.PPT 再次呈现多位男士的头像和称呼(如果可能,教师也可用本校男教师的照片),学生快速认读称呼用语,请学生说说发现了什么。学生用自己的语言总结 Mr.Li 是对男性教师的称呼,教师做补充:不只是用于称呼男性教师。

4.学生想一想,用 Mr.作为称呼用语,说一说自己认识的几位男教师或其他男士。

5.PPT 快速交替呈现几张女士和男士的图片以及姓名,学生用 Hello,Ms....和 Hello,Mr....与图片中的人物打招呼。

(设计意图:通过 Ms.与 Mr.的对比引发学生思考应该怎样用英语称呼男教师,激发其学习欲望。通过类比让学生快速感知 Mr.的用法并用自己的语言来总结使用规则,再延伸到称呼学生日常生活中的男性教师或其他男士,实现进一步的感知和理解。学生快速交替使用 Ms.和 Mr.能够使他们更加明确地区分两个称呼用语,同时提高熟练程度。)

Step 3　Practice

1. Your name 的感知与操练。（5分钟）

（1）教师戴上 Mr.Li 头饰，走到学生中间，与几名学生对话。（尽量使用英语名字）。

T：Hello! I'm your new teacher.I'm Mr.Li.

Sa：Hello! I'm Sam.

T：Oh，your name is Sam.Your name is Sam.（师强调 name 的读音）

T：Hello! I'm Mr.Li.

Sb：Hi! I'm Lily.

T：Oh，your name is Lily.Your name is Lily.（师强调 name 的读音）

教师用同样的方式与三到四名学生对话，让学生感受 your name，尤其是 name 的发音。

（2）板书短语：your name(你的名字)。学生模仿 your name 的读音，教师示范 name 的口型，引导学生正确发音。

（3）引导学生用升降调正确说出该短语。

（4）两人小组"开火车"快速起立说短语 your name。

（5）游戏："名字接龙"。

规则：教师指着一名学生说"Your name?"，如指着 Peter 说"Your name?"，学生 Peter 听到教师叫自己的名字后迅速起立回答自己的名字，并用同样的方式叫下一位同学接龙。如果有一个学生的名字在接龙中被提到两次，游戏结束。

（**设计意图**："Your name,please?"是本课的核心句型，单词 name 的读音，please 的读音及其声调都是本课学习的难点，因此在操作时，采用了拆分难点的方式，本步骤将 your name 单独处理，教师在对话中有意识地强调 name 的发音，让学生初步感知，随后运用 PPT 让学生了解 your name 的意义。在仔细地口形示范和正音后，通过"名字接龙"的游戏让学生快速地说练，学生在愉快的学习氛围中潜移默化地突破这个单词的发音难点，进而为后面环节的进一步感知和操练"Your name,please?"打下基础。）

2."Your name,please?"的感知与操练。（6分钟）

（1）教师播放 Part 1 动画，教师提醒学生注意倾听警察说了什么，学生仔细观看动画。

（2）学生回答警察是怎样问 Sam 和 Amy 的名字的。如果有学生不能回答，教师再次逐句播放动画片段。如果有学生模仿得比较准确，可当"小老师"教读其余学生。

（3）教师板书句子：Your name,please? 再示范 please 的发音口型，用上升的手势引导学生用升调说"Your name,please?"。

(4)学生举手起立说这个句子,教师注意纠正学生的错误发音。

(5)学生竖排"开火车"练习句型:Your name,please?

规则:每一竖排的第一名学生问第二排的学生"Your name,please?"第二排的学生回答自己的名字后,再问第三排的学生,以此类推。教师要求学生在活动中必须使用自己的英语名字。

(6)游戏"猜猜好朋友"。

规则:蒙住学生 A 的眼睛,学生 B 改变声音说"Hello!",A:Your name, please? B:...(B可改变声音说自己的名字,也可以随意说其他同学的名字),A进行判断,如果认为 B 说的名字是真实的名字,就握握手,如果认为 B 说的名字不真实,则说"Goodbye!",根据 A 判断的对错进行评价。各小组同时进行。

(设计意图:"Your name?"已经在前面的学习环节进行了针对性的练习,本环节重心放在了完整句型的学习和操练上。学生首先在观看动画的过程中,再次从整体上感知"Your name,please?"的功能,同时模仿读音和标准的语音语调。游戏活动则让学生在玩一玩、乐一乐中高效地操练这个句型,尽可能实现对"Your name,please?"的熟练认读,从而突破这一难点。)

3.齐唱改编歌曲。(5分钟)

(1)教师呈现儿歌,可先请学生自由读,然后教师播放《两只老虎》的伴奏曲,让学生完整听完一遍之后,试着填词演唱。PPT 呈现歌词如下:

Hello! Hello! Hello! Hello!

　　Your name,please? Your name,please?

　　I'm Daming.I'm Lingling.

　　Your name,please? Your name,please?

(2)请学生替换 Daming,用自己或其他名字(如同学、卡通名字)改编自己的儿歌并唱出来与大家分享。

(设计意图:儿歌是学生非常喜欢的语言形式,《两只老虎》简单有趣,学生在改编和齐唱英语儿歌的过程中可以逐步实现对目标语言脱口而出,也有助于培养学生学习英语的兴趣。)

Step 4　Consolidation

1.学生完整观看 Part 1 视频,再逐句跟读。教师提醒学生模仿动画人物的读音和语气。

2.教师:为什么警察会问"Your name,please?"学生思考并回答。

教师顺势引导:与他人交流应当得体地使用语言,在询问别人名字时用"please"是一种礼貌,另外一般不轻易询问女士的姓名。

3.学生齐读 Part 1 对话,教师提醒学生模仿各人物的语气。

(设计意图:本步骤回归文本,让学生结合故事情境去进一步理解和感受语言。设置问题的目的在于让学生更加准确地理解故事内容,体验到英语小故事的趣味性。教师对礼貌和文化的渗透可让学生了解相关注意事项,从而在日常生活中更为得体地运用这个句型与他人交际。)

Step 5　Extension

1.PPT 呈现 Part 1 故事对话模板。两名学生到教室前与教师一起示范角色扮演,其中一名学生戴上头饰并扮演警察。

2.小组合作,分角色进行表演。教师提醒对话中的名字和称呼可以更换。

3.请小组上台展示。

(设计意图:本步骤是一个综合运用的环节,让学生整合本课所学的关键词句,以角色扮演的形式输出本课的目标语言,不仅可以起到巩固和拓展所学新知的作用,也有助于在一定程度上培养学生用英语进行简单交际的能力。)

Step 6　Summary

评价总结。(2 分钟)

师生一起查看每个大组获得的单词卡片。在查看时,师生一起读出卡片上的单词,并引导学生试着说出一个句子,如:How are you?(也可以由获得单词的大组说句子,如果不能正确说出句子,则由其他组竞争该单词)

教师分别给予各组学生表扬和鼓励。

(设计意图:一起数卡片让学生感受到自己的学习成果,从而获得英语学习的成就感,培养学习英语的自信和兴趣,也是对学习的回顾与总结。对单词卡的认读则能帮助学生认读、识记单词,鼓励、引导学生说句子,为培养学生"看词说句"的能力做铺垫,能有效地巩固所学知识。)

Step 7　Homework

1.听音或观看卡通,模仿 Unit 2 第一部分对话直到熟练。

2.大声朗读 Unit 2 第一部分对话给家长听(家长签字),并记下家长的建议。

3.与小伙伴或家长模仿 Unit 2 第一部分内容,分角色对话。

4.给家人演唱本节课学习的歌曲。

151

教学板书设计

<table>
<tr><td colspan="4" align="center">Unit 2　What's your name?</td><td align="center">①</td><td align="center">②</td><td align="center">③</td><td align="center">④</td></tr>
<tr><td></td><td></td><td></td><td></td><td align="center">you</td><td align="center">are</td><td align="center">too</td><td align="center">how</td></tr>
<tr><td colspan="4" align="center">Your name, please?</td><td></td><td align="center">Ms.</td><td></td><td align="center">Smart</td></tr>
<tr><td></td><td></td><td></td><td></td><td></td><td align="center">I'm</td><td></td><td></td></tr>
<tr><td>Mr.Li</td><td></td><td></td><td></td><td></td><td></td><td></td><td></td></tr>
</table>

教学评价设计

1.评价内容

(1)学生的语音语调是否正确,声音是否洪亮。

(2)在对话表演中表情语气是否到位,语言的流畅程度。

(3)是否在游戏活动中成功完成任务。

(4)是否积极参与小组合作完成对话表演,成员配合是否默契。

(5)学习品质和学习习惯:是否积极主动参与学习,是否积极思考,是否善于倾听等。

2.评价方法

(1)结合评价内容,在教学的各环节,运用口头语言、肢体语言对学生的表现给予评价。

(2)让学生作为评价主体,在游戏活动、小组合作、对话表演和展示中进行互评。

(3)采用竞赛的形式对学生的学习过程和结果进行及时评价,操作方式:将全班学生分为四个大组,学生在课堂学习中表现较好、成功参与学习活动或完成小任务均可为所在组获得单词卡片,在课堂学习的最后环节通过数卡片进行总结评价。

教学设计反思

教学活动从设计上缺乏整体性,没有注重让学生在真实的语境中去感知新句型,脱离语境进行新句型的理解和操练。在活动设计上对学生思维训练考量还不够,活动设计仍有大量机械操练,不够开放,语用活动设计较少。

点评

本课从教师设计的环节来看,环节之间是比较紧凑的,是递进式的。同时也采取了具有趣味性的游戏来实施教学活动,激发三年级学生的学习兴趣。从互动来说,本堂课主要是以师生互动为主,教师通过引导、示范让学生能够听懂指令进行学习。但略显不足的是本课的活动中学生之间的互动很少,教师只是就语言本身对学生进行单一、机械式的操练巩固,并没有让学生通过语境进行对语句的理解,也就无法训练学生的思维。

 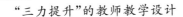
课　　　题:Module 2 Unit 2 What's your name?（第四课时）
课　　　型:新授对话课
教　　　材:外研版新标准《英语》（三年级起点）
年　　　级:三年级上册
教学设计人:九龙坡区驿都实验学校　黄建
教　　　龄:13 年

教学观念(理念)

依据《义务教育英语课程标准(2011 年版)》确立教学目标,以学生为学习主体设计英语学习活动,注重语言学习的整体性、渐进性和实践性。让学生在良好的语境中感知、体验、理解语言,在快节奏的活动中操练语言,在独立思考、合作探究的活动中用思维组织和运用语言。注重在教学中对学生进行积极有效的评价,培养学生的认知能力、初步的语言运用能力,培养学生的良好情感和文化意识,并在此过程中形成对英语学科的兴趣,以及一定的学习策略和能力。

教学分析

1.内容分析

本课时的教学内容主要是模块二第二单元第二部分的语言材料,其中称呼用语 Mr.已经提前在上一课时学习。因此本课时重点处理问候语"Good afternoon"和句型"What's your name"。本课时的学习内容是在学习"Good morning"和句型"Your name,please"基础上进行的拓展和延伸。从模块的角度来看,第一模块和第二模块的内容联系甚为紧密,完成本课时的学习后,学生将掌握称呼用语 Ms.和 Mr.,掌握早晚问候语和两种询问他人名字的句型。

2.学生分析

学生在上一课时已经学习过称呼用语 Mr.,问候语"Good morning",且在前面的学习中已经能较为熟练地运用。在上一课时,学生也较细致地学习了句型"Your name,please"。这些学生已经学习和掌握的知识都为学习本课的新知打下了较好的基础。

3.环境分析

本校为农村小学,学生多为留守儿童和打工人员的子女。学生刚接触英语,对学习充满兴趣,但严重缺乏家庭和社会环境对其英语学习的支持,另外每周课时很少,所以学生课外学习英语的时间几乎为零。因此,有必要通过一定量的机械操练让学生尽快熟练本课目标语言。

教学目标

1.语言知识目标

(1)能听懂、认读、会说问候用语"Good afternoon",并知道其与"Good morning"在功能上的区别。

(2)能听懂、认读、会说句型"What's your name? I'm..."。

(3)通过对比能理解"What's your name"和"Your name,please"具有相同功能。

2.语言技能目标

(1)能在不同时间段,正确地运用"Good afternoon"向他人表达问候。

(2)能运用"What's your name"询问他人姓名,能运用"I'm..."对他人的提问进行回答。

(3)能模仿第二部分语言材料与小组同学合作表演对话。

3.学习策略目标

尝试与小伙伴共同合作,完成学习活动。

4.情感态度目标

(1)通过感知和尝试英语问候方式,激发学习英语的兴趣。

(2)了解询问别人姓名的方式。

(3)不同时间段应用不同的问候语向他人表达问候。

(4)一般不轻易询问女士的姓名。

教学重、难点

1.教学重点

(1)能正确地运用"Good afternoon"向他人表达问候。

(2)能认读、会说句型"What's your name? I'm...",并能运用该句型进行简单的对话表演。

2.教学难点

(1)能认读、会说问候用语"Good afternoon",并掌握其正确发音。

(2)能用正确的语音语调读说句型"What's your name",并能运用该句型进行简单的对话表演。

教学方法及策略

结合教学文本,从学生现有认知水平、英语水平出发,设计能激发学生学习兴趣的活动,调动学生多种感官,让学生在听一听、唱一唱、说一说、玩一玩、演一演等活动中快乐学习。进行多样的师生互动、生生互动,引导学生通过观察、感知、模仿、合作、展示等途径操练和实践,配合适当机械操练,让学生在快节奏、由易到难的课堂学习活动中习得知识与技能,培养学生"用英语做事的能力",同时对学生进行社会文化与情感的渗透,培养学生正确的情感态度和文化意识。

资源运用

1.教具

学生准备自己的姓名卡、Mr.Li头饰、超过二十张的模块一和模块二的小单词卡。(学生分为四个大组以便开展竞赛)

2.PPT

教学流程设计

Step 1 Warm up

1.师生一起在歌谣《两只老虎》的伴奏中唱改编的儿歌。PPT呈现歌词如下:

Hello! Hello! Hello! Hello!

Your name,please? Your name,please?

I'm Daming.I'm Lingling.

Your name, please? Your name, please?

2.教师戴上 Mr.Li 的头饰与全班学生互相问候。

T:Good morning, boys and girls. I'm Mr.Li.(如果教学时间不在上午,教师应给学生说明现在模拟早上和上午时间。)

Ss:Good morning, Mr.Li.

T:How are you?

Ss:I'm fine. And how are you?

T:I'm fine, too. Thank you!

(设计意图:通过齐唱歌曲、师生角色对话的活动形式,复习"Good morning""How are you""Your name, please"句型的问答以及称呼用语 Mr.,巩固前几课时所学语言,同时为本课的新知学习做好铺垫。齐唱歌曲和角色扮演的形式也能将学生带入课堂,激发学生兴趣,创设良好的英语学习氛围。)

Step 2　Pactice "Good afternoon"

1.PPT 呈现早上太阳升起的场景,呈现句子"Good morning",教师戴上 Mr.Li 的头饰向学生问候。

T:Good morning, boys and girls.

Ss:Good morning, Mr.Li.

PPT 呈现太阳变到西边即下午的场景,呈现句子"Good afternoon",并播放读音,学生听音模仿读音。教师板书 Good afternoon,示范口型,快速操练。

2.Let's do and say.

活动方式:师生一起一边做动作,一边说上午、下午问候语,用升起的手势表示上午,用落下的手势表示下午。然后教师可直接发口令,让学生一边说,一边做,如果有学生说错或做错,就当"小老师"上台发口令。

3.游戏"问候接龙"。

规则:教师向一名学生问候"Good afternoon"并加上该生的名字,如"Good afternoon, Jim",学生 Jim 听到教师叫自己的名字后迅速起立并用同样的方式问候下一位同学,如"Good afternoon, Lily",然后 Lily 起立再问候另一位同学。如果有一个学生的名字在接龙中被提到两次,游戏结束。

(设计意图:创设早上与下午的场景并形成对比,引导学生在场景中对比 Good morning 与 Good afternoon,感知、理解新知。通过 TPR 活动,让学生在动一动、想一想、说一说的活动中准确区分 Good morning 与 Good afternoon,在不断对比中强化理解和运用,实现新旧知识的有机衔接。问候接龙游戏旨在训练学生说句子的流畅度。)

Step 3　Practice "What's your name?"

1.教师播放 Part 2 的动画,提醒学生注意听 Mr.Li 是怎样询问 Sam 的名字的。学生仔细观看动画并听音模仿句子读音。

2.学生想想并回答 Mr.Li 是如何问名字的。如果有学生不能回答,教师再次逐句播放动画片段。如果有学生模仿得比较准确,可当"小老师"教读其余学生。教师板书句子"What's your name",然后示范句子的发音口型。开火车和两人小组快速练习该句子。

3.教师引导学生在歌谣《两只老虎》的伴奏中一起唱在第三课时改编的儿歌。PPT 呈现歌词如下:

Hello! Hello! Hello! Hello!

Your name,please? Your name,please?

I'm Daming.I'm Lingling.

Your name,please? Your name,please?

PPT 呈现改编的新歌词,师生在音乐中一起歌唱。

Hello! Hello! Hello! Hello!

What's your name? What's your name?

I'm Daming.I'm Lingling.

What's your name? What's your name?

创编歌曲,小组内学生相互表演对唱,并上台展示。

Hello! Hello! Hello! Hello!

What's your name? What's your name?

I'm...I'm...

What's your name? What's your name?

4.PPT 呈现句子"Your name,please"和"What's your name"。请学生思考并回答问题:"Your name,please"和"What's your name"是用来询问别人什么信息的? 在询问时应该注意些什么呢?

请学生用自己的语言表达,教师顺势引导:在日常生活中与他人交流应当得体地使用语言,在询问别人名字时用"please"是一种礼貌,询问名字也可以说"What's your name,please",此外一般不轻易询问女士的姓名。

(**设计意图**:学生通过反复听音模仿教师的口型,教师示范和指导学生学习该句型。通过儿歌《两只老虎》的改编和齐唱,不但可以让学生实现对目标语言脱口而出,也有助于培养学生学习英语的兴趣。教师通过两个句型的比较对学生进行一些简单的文化渗透,使学生了解在运用目标语言与别人交流时的注意事项。)

Step 4 Consolidation

1.学生再次观看 Part 2 视频并逐句跟读。教师提醒学生注意模仿动画人物的读音和语气。

2.学生齐读 Part 2 对话,分两大组角色扮演。

3.学生在小组内分角色表演对话。

4.学生听音完成 Part 3 Listen and match 的小练习。

(设计意图:回归文本,让学生在结合故事情境的基础上去进一步理解和感受语言。完成练习题和小组内的角色表演也为巩固拓展环节的自编对话和展示做好铺垫。)

Step 5 Extension

PPT 呈现 Part 2 对话模板,教师也可板书,内容如下:

A:Good afternoon.I'm Mr.Li.(如果教学时间不在下午,教师应给学生说明现在模拟下午时间。)

B:Good afternoon,Mr.Li.

A:What's your name?

B:I'm Sam.

教师先与一名学生示范表演,再请两名学生到教室前面示范表演。

小组合作,分角色进行表演。教师提醒对话中的名字和称呼可以更换。

请小组上台展示。

(设计意图:通过自编对话和角色表演两个活动,引导学生整合运用本课所学的目标词句。学生在编对话的过程中组织语言,在游戏和角色表演中输出目标语言,在一定程度上有助于培养学生综合运用英语进行简单交际的能力。)

Step 6 Summary

师生一起查看每个大组获得的单词卡片。在查看时,师生一起读出卡片上的单词,并引导学生试着说出一个句子,如:"Good afternoon."(也可以由获得单词的大组说句子,如果不能正确说出句子,则由其他组竞争该单词。)

教师分别给予各组学生表扬和鼓励。

(设计意图:让学生感受自己的学习成果,获得成就感,培养和巩固学习英语的兴趣,同时单词卡的认读也能让学生及时地复习在模块一和模块二中所学的重点单词,鼓励、引导学生看词说句,也是对学生语言综合运用能力的培养。)

Step 7 Homework

1.听音或观看卡通,模仿 Unit 2 第二部分对话直到熟练。

2.大声朗读 Unit 2 第二部分对话给家长听(家长签字),并记下家长的建议。

3.与小伙伴或家长模仿 Unit 2 第二部分内容,分角色对话。

教学板书设计

Unit 2　What's your name?

Good afternoon. I'm Mr. Li.

Good afternoon, Mr. Li.

What's your name?

I'm Sam.

①	②	③	④
you	are	too	how
	Ms.		smart
	I'm		

教学评价设计

1.评价内容

(1)语音语调是否正确,声音是否洪亮。

(2)在对话表演中表情语气是否到位,语言的流畅程度。

(3)是否在游戏活动中成功完成任务。

(4)是否积极参与小组合作完成对话表演,成员配合是否默契。

(5)学习品质和学习习惯:是否积极主动参与学习,是否积极思考,是否善于倾听等。

2.评价方法

(1)结合评价内容,在教学的各环节,运用口头语言、肢体语言对学生的表现给予评价。

(2)让学生作为评价主体,在游戏活动、小组合作、对话表演和展示中进行互评。

(3)采用竞赛的形式对学生的学习过程和结果进行及时评价,操作方式将全班学生分为四个大组开展竞赛,学生在课堂学习中表现较好、成功参与学习活动或完成小任务均可为所在组获得单词卡片,在课堂学习的最后环节通过查看卡片数量进行总结评价。

教学设计反思

对文本的理解和挖掘不够深入,课堂设计不够开放,机械操练活动较多,活动对学生的思维训练还不够,对社会文化渗透不够明显。对学生学习策略与方法的指导不够,教学设计也缺乏相关意识。

点评

　　本点评主要从教学活动与学生关系看。三年级的学生,因他们好奇、好动、喜欢模仿,偏向直观、具体、形象等思维,所以教师设计教学活动为在听一听、唱一唱、说一说、玩一玩、演一演等活动中快乐学习。这符合我们的学生的生理心理特点,也更能激发学生的学习积极性和学习兴趣。听一听:在新课呈现时,教师播放新知录音,让学生通过视听先整体感知并回答问题,从而引出本课重点句型。引入自然,并且这符合学生的认知规律。唱一唱:在呈现完新句型后,教师用了学生熟悉的《两只老虎》的音乐节奏把本课的句型用唱的形式呈现出来。歌曲本身就是对语言的应用,它能激发人的情感,活跃人的思维。创设轻松的英语学习氛围,有利于培养学生对英语节奏的敏感度,培养其听、说能力,增强对字、词、句的理解。由此,在唱一唱的环节中,教师真正做到了寓教于乐,学生也真正体会到了学习英语的乐趣,从而提高了英语教学质量。说一说:在学生掌握了语言以后,教师通过提问"'Your name,please?'和'What's your name?'是用来询问别人什么信息的? 在询问时应该注意些什么呢?",从而进行一些文化渗透,达成了本课的情感目标。最后,通过玩一玩、演一演的活动,表演本课的对话。教师抓住了学生爱模仿、爱表演的特点,既升华了本课的内容,也树立了学生的自信心,增强了他们的英语学习成就感。

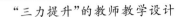

课　　　题：Unit 3 Our hobbies Lesson 1 What do you like doing?
课　　　型：词汇课
教　　　材：重大版《英语》
年　　　级：五年级下册
教学设计人：重庆市开县汉丰第三中心小学　　梁军
教　　　龄：23 年

教学观念（理念）

面向全体学生，突出学生主体，尊重个性差异；小组合作学习，提高协作和自律能力；注重激励性评价，促进学生发展。

教学分析

1.内容分析

该课时内容是在学生已经学习了现在进行时态"What are you doing?"和"What do you like?"句型之后出现的内容，学生再学习 our hobbies 就比较容易。

2.学生分析

作为五年级的学生，他们有一定的英语基础，但是对英语的兴趣渐渐在消失，再加上 80 多个学生，班额大，教师要进行小组合作学习就很困难。

3.环境分析

每周每班开设 3 节英语课；无校园英语角、英语广播；班级的英语学习氛围不太浓；家长们对英语的重视程度在逐渐增加。

教学目标

1.语言知识目标

学生能听说认读 dancing, making, sleeping, walking 4 个新词。

2.语言技能目标

灵活运用"What do you like doing? I like doing..."来进行交流和交际。

3.学习策略目标

通过小组合作学习,培养学生的交际意识和课堂自律能力。

4.情感态度目标

通过爱好的交流与学习,激发学生学习英语的兴趣,提高各个水平学生的自信心,引导他们丰富课余生活,从而热爱生活。

5.文化意识目标

理解良好的兴趣和爱好,感知健康的生活方式。

教学重、难点

1.教学重点

四个新词和主要句型的听说认读。

2.教学难点

"What do you like doing? I like doing..."的灵活运用。

教学方法及策略

1.教学方法

情境教学法、小组合作学习法。

2.教学策略

(1)运用肢体语言,优化教学。

(2)演示 chant,丰富教学。

(3)巧设活动,巩固教学。

(4)激励评价,促进教学。

资源运用

TPR、PPT、单词卡片等。

教学流程设计

Step 1　Warm up

1.分组：Devide students into 4 groups. Which group is the winner?（画小红旗）

2.Review：Which season do you like best? I like…best.

　　　　　Why do you like spring best? Because I can…

（设计意图：提前分组有利于分组教学活动的开展，在学习中引入竞争机制，进行激励性评价，有助于激发学生学习的兴趣。通过复习，巩固已学知识。）

Step 2　Presentation

1.This class, we'll learn Unit 3 Our hobbies Lesson 1.（书写课题于黑板）First of all, Let's watch a video.然后，教师问："What are they doing?"学生答："They are dancing."从而引出新词 dancing 的学习。

（1）出示卡片 dancing，教读 dancing。

（2）分组读。

（3）请一个学生到前台，教师问：Do you like dancing? 学生答：略。教师邀请她表演一个舞蹈动作。

（4）Pay attention：dance and dancing. 贴卡片于黑板。

2.学习 making。

（1）出示卡片 making，教读 making。

（2）开火车读。

3.教师做动作依次教授 sleeping, walking. Compare to "sleep" and "walk"。

4.In English, many words change like this. Now, let's watch carefully and find the change rules.出示三组不同形式的单词，学生找规律。

5.Maybe you are tired, let's relax.（一边说一边做动作）

6.播放完后教师说：As you know, there are four seasons in a year.（点击屏幕）

　　In different season, we like doing different things. Now, suppose I'm a reporter, I want to know "what do you like doing in different seasons".（点击屏幕）

7.拿出纸条教读，并贴于黑板上。

What do you like doing? I like…

（然后师问生答，学生可以在图片的帮助下回答，也可以自由发挥。）

8.Let's chant.巩固所学句型。

（设计意图：运用情境教学法,通过歌曲和视频引入新课,既能吸引学生眼球,又能引出对新词的教学。新词学完以后,通过学生自己观察寻找动词 ing 形式的变化规律,既能加深学习印象,又能为今后的学习做好铺垫。然后插入 chant,营造课堂气氛,调节课堂节奏。）

Step 3　Practice

1.老师出示一组图片,并说道：There are so many pictures here.You can choose one to ask and answer with your partner.(思考一分钟后,教师请两个学生问答,生生互动。)

2.Survey on hobbies.(填好后分小组前台展示)

（设计意图：通过学生两人组活动,一问一答,教师适时点拨,可以照顾到全体学生。通过发放调查表,在小组内由小组长牵头组织填写,用"What do you like doing? I like doing..."这样问答的方式来进行,既培养了学生的合作意识,又能对该课教学内容进行巩固,提高小组长的管理能力和学生的自律能力。）

Step 4　Share our school life

（设计意图：通过分享自己的课余生活照片,潜移默化,帮助学生形成正确的兴趣和爱好,进行正能量情感渗透。）

Step 5　Summary

1.This class,we have learned 4 new words and a new sentence.Now,read after me.

2.看黑板：Who is the winner? (Clap your hands)

Step 6　Homework

1.读所学单词和句型。

2.询问爸爸妈妈的爱好。

3.调查采访,完成调查表。

教学板书设计

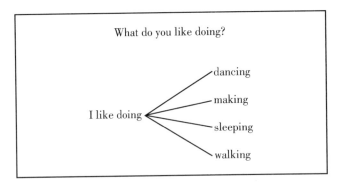

教学评价设计

1.教师课堂语言评价,如:great,good,excellent...

2.组间评价。(小红旗争夺)

3.组内评价。(小组长填写评价量表)

教学设计反思

各板块设计的逻辑性和相关性比较强,有很强的操作性。

点评

本点评主要从板书设计方面看。众所周知,板书设计是教师在教学过程中运用文字符号、绘图、列表等手段,有效提高教学质量的一种教学行为。作为课堂教学的重要组成部分,板书可以帮助学生把握重点、理清思路,使学生能够做到"过目不忘",以后遇到相关学习内容时还能够"触景生情"。板书设计也是教学设计中的画龙点睛之笔。它除了增强课堂教学的吸引力、感染力和启发性之外,还能培养学生的分析能力、概括能力,启发学生思维,发展学生智能。从本课的板书可以看出,板书体现了本课的重难点。但有些细节需要注意:(1)没有课题。Unit 3 our hobbies;(2)I like doing 后面接四个动名词容易产生歧义。学生会觉得 I like doing dancing,所以应把 doing 去掉。除此之外,还应将 ing 突出,让学生知道 like 的后面接的是动词的 ing 形式,这样一目了然。所以建议板书为:

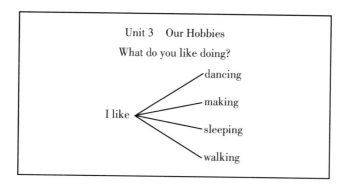

Unit 3   Our Hobbies

What do you like doing?

I like
- dancing
- making
- sleeping
- walking

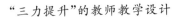
课　　　题：Unit 6 Happy New Year Lesson 3（第一课时）
课　　　型：复习课
教　　　材：重大版《英语》
年　　　级：三年级上册
教学设计人：重庆市开县汉丰第三中心小学　梁军
教　　　龄：23 年

教学观念（理念）

面向全体学生，突出学生主体，尊重个性差异；注重激励性评价，促进学生发展；层层递进，由易到难，环环相扣。

教学分析

1.内容分析

Unit 6 Happy New Year Lesson 3 打算用 2 课时，本节课是一节复习课，主要是通过听录音、涂颜色、玩魔法棒、回答圣诞老人问题、自编对话等活动对单词和句型做一个系统的复习。从复习单词、句子、对话到复习片段，层层递进。第一部分 Listen and color 是复习在本单元所学单词的同时，又运用第四单元所学的颜色单词。这部分内容主要通过 Let's guess，Let's chant，Let's listen and color 来达到复习的目的。第二部分 Talk with your friends 主要是复习重要句型。这部分通过 Let's say，Let's answer，Let's make a dialogue 来达到复习的目的。

2.学生分析

三年级上期的学生才刚刚接触英语不到一学期,对英语还有较浓的兴趣,但是考虑到当地学校班额大,学生分化严重,根据我校自主课堂的模式,采取分组活动形式,让学生多讨论,相互学习。本课时是一节复习课,复习课对学生来说,缺少一些新鲜感。教师可以通过一系列活动来增强课堂的趣味性。同时在练习的选择上,也应以学生为主体,难度适中,争取人人有收获。

3.环境分析

每周每班开设 3 节英语课,无校园英语角、英语广播,班级的英语学习氛围较浓。

教学目标

1.语言知识目标

能牢固掌握单词:dad(daddy),mum(mom),card,rabbit,balloon,plane,bear,boat。能用句子"What's your name? My name is...A card for you.Thank you.Happy New Year.I love you.I love you,too"进行简单的交际活动。

2.语言技能目标

在学习单词和句子的基础上,能够自编对话。

3.学习策略目标

通过小组合作学习,培养学生的交际意识和协作能力。

4.情感态度目标

了解中国传统节日,并能将所学英语运用到实际生活中。

5.文化意识目标

体验传统节日氛围,感受中华文化的博大精深。

教学重、难点

1.教学重点

(1)能牢固掌握单词:dad(daddy),mum(mom),card,rabbit,balloon,plane,bear,boat.

(2)用英语询问别人的名字:What's your name? My name is...

(3)能用"Happy New Year. A card for you. Thank you. I love you. I love you,too"进行交际活动。

2.教学难点

将所学句子运用到生活实际中。各项活动能够顺利开展,学生能够按照教师要求去做。

教学方法及策略

1.教学方法

具体操作法、小组合作学习法。

2.教学策略

运用肢体语言,优化教学;歌谣情境,丰富教学;巧设活动,巩固教学;激励评价,促进教学。

资源运用

TPR、PPT、单词卡片、歌谣等。

教学流程设计

Step 1　Warm up

1.教师用"Good morning! Boys and girls"问候全体学生。

T:Good morning,boys and girls.

Ss:Good morning,Miss Chen.

(设计意图:让学生感受学习英语的氛围,拉近师生距离。)

2.Sing the song:*Happy New Year*.全体学生起立,跟着音乐的节奏和教师一起边跳边唱。

(设计意图:活跃课堂氛围,营造和谐快乐的学习氛围,让学生感受新年的氛围,为复习本单元内容打基础。)

Step 2　Activity

1.Let's guess.

魔法棒:舞动魔法棒会依次出现兔子、小船、卡片等图片。

T:What is it?

Ss:It's a...

(设计意图:魔法棒,能提高学生的学习兴趣,同时对本单元主要单词做了一个系统的复习。)

2.Let's chant.

全体同学随着音乐的节奏一起 chant,然后在已有 chant 的基础上续编。

Balloon,balloon,A red balloon for you.

Plane,plane,A white plane for you.

Card,card,A blue card for you.

Bear,bear,A pink bear for you.

(设计意图:音乐伴奏下的 chant,让学生更有激情,活跃了课堂气氛,学生学习的兴趣更浓。此外,音乐还可以让学生在放松的状态下,系统地复习单词和句子。)

3.Let's listen and color.

(1)教师引导学生看图,明白做题要求。

(2)教师播放录音,学生完成涂色练习。

(3)教师检查学生完成情况,生生互评。

(设计意图:为下一步复习句子做准备,一步步提高学生听录音做练习的能力。)

Step 3　Practice

1.Let's say.

师生或生生模仿对话。Talk with your friends.

(1)T:What's your name?

　　S1:My name is...

(2)S2:Happy New Year.

　　S3:Happy New Year.

(3)S4:A card for you.

　　S5:Thank you.

(4)S6:I love you.

　　S7:I love you,too.

(设计意图:鼓励学生大胆开口,乐于模仿。)

2.Let's answer.

圣诞老人送礼物。但在得到礼物之前,必须得先回答圣诞老人的问题。

Santa:I am Santa.What's your name?

S1:My name is...

Santa:A balloon for you.

S1:Thank you.

Santa:What color is it?

S1:It's...

Santa：Yes.A... balloon for you.

S1：Yes,I love this... one.

（**设计意图**：游戏环节,学生积极性较高,在提高课堂趣味性的同时复习主要句子。）

3.Let's make a dialogue.

小组讨论,自编对话。比一比哪一组最棒。

A：My name is （　　　　　）.What's your name?

B：My name is...

A：A （　　　　　）for you.What color is it?

B：It's （　　　　　）

A：Yes.A （　　　　　）（　　　　　）for you.

B：Thank you.

（**设计意图**：整个环节以小组为主,鼓励学生大胆开口,乐于交流。让学生在合作中感受学习英语的乐趣,在合作中树立学生的自信心以及培养学生的竞争意识和创新意识,同时锻炼学生在复习句子的基础上自编对话的能力。）

Step 4　Assessment

对小组和个人进行评价,对表现突出的个人奖励小贴星,给表现优秀的小组加分,最后评出得分最高的小组为本节的冠军小组。

（**设计意图**：对学生个人进行评价,是为了鼓励学生,并对他们提出希望,在今后的课堂中更加积极。对小组评分,是为了给得分不高的小组一个榜样,同时是对得分高的小组的鼓励。）

Step 5　Homework

1.发挥自己的想象力,制作一个新年贺卡。

2.上网搜索有关圣诞节的知识。

（**设计意图**：制作新年贺卡,与本单元内容息息相关,锻炼学生的动手能力;搜索有关圣诞节的知识,为下一节课做准备,同时锻炼了学生自己总结归纳的能力。）

教学板书设计

dad(daddy)	balloon	What's your name?
mum(mom)	plane	My name is...
card	boat	
rabbit	bear	

教学评价设计

1.评价内容

(1)全班学生整体表现,课堂整体纪律。

(2)小组的合作意识,竞争意识,讨论情况。

(3)单个学生学习的认真程度、积极性、主动性、参与性。

a.上课认真听讲;b.课堂积极发言;c.语言表达流畅;d.和伙伴合作默契。

2.评价方法

(1)全班评价:依据全体学生在课堂上的整体表现,进行口头评价。

(2)小组评价:给表现优秀的小组加分,并评出冠军小组。

(3)个人评价:给表现优异的个人奖励小星,半期计算贴星的总数,对个人进行奖励。

教学设计反思

各板块设计的逻辑性和相关性比较强,有很强的操作性。

点评

本课时为 Unit 6 Happy New Year 的复习课,教学设计依托文本,使学生在玩玩唱唱中复习和巩固所学的词汇,活动性较强。通过 Listen and color、创编对话等形式,分层次输出语言,符合新课标英语课堂应面向全体学生的要求。充分应用自评、小组评、教师评价等方式,激发学生学习英语的兴趣。

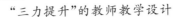

课　　　题:Unit 2 Lesson 1 I have a new toy（第一课时）
课　　　型:词汇教学课
教　　　材:重大版《英语》
年　　　级:三年级上册
教学设计人:重庆市开县鱼龙中心小学　郭胜
教　　　龄:6 年

教学观念（理念）

本课时的内容贴近学生的生活,与学生容易产生共鸣。运用游戏和 TPR 的教学模式进行教学,并在教学中运用情境教学法,用丰富的肢体语言和 chant 来激发学生们学习的兴趣,从而让学生们在快乐中学习,在学习中感受快乐。

教学分析

1.内容分析

本课时主要是让学生能用英语说说新的玩具如 bus,train,并能运用句子"It's a bus"介绍新的玩具,还要学会用英语介绍叔叔和阿姨。

2.学生分析

学习三年级下册的学生已经对英语产生了一定的兴趣,对玩具类的单词了解一些,比如 cat,dog,ball 等,同时对于句型"It's a..."基本上都已掌握,所以对于这节课的新知识应该容易接受。

3.环境分析

学生在歌曲、游戏等轻松愉快的环境中学习,记忆更深刻。

教学目标

1.语言知识目标

能听说认读单词 bus,train,uncle,aunt。

2.语言技能目标

(1)能根据听到的词语识别或指认图片或实物。

(2)能听懂课堂简短的指令并做出相应的反应。

(3)能根据指令做事情。

3.学习策略目标

能积极与他人合作,共同完成学习任务。

4.情感态度目标

有兴趣听英语、说英语、唱歌曲、说 chant。

5.文化意识目标

能区分中外称呼 uncle,aunt 的意义。

教学重、难点

1.教学重点

听说认读单词 bus,train,uncle,aunt。

2.教学难点

单词 train,aunt 的发音。

教学方法及策略

1.教学方法

情境教学法。

2.教学策略

巧用歌谣、chant 增强词汇教学的灵活性。

资源运用

1.教学具

图片、磁铁。

2.PPT 课件

教学流程设计

Step 1　Warm up

1.用英语与学生打招呼。

T：Hello，boys and girls.

S：Hello，Mr.Guo.

T：How are you?

S：I'm fine，thank you.

2.唱英语歌曲，师生互动。

师生共同唱歌曲 *My aunt brings me a toy*，边唱歌曲，边做动作。

（**设计意图**：让学生调整好学习状态，英语歌曲和活动激发了学生学习的兴趣，让他们能积极参与课堂，并且还复习巩固了之前所学的知识。）

Step 2　Presentation

情境一：猜一猜教师有哪些玩具。

1.T：I have many toys.Do you want to know? 学生自由猜测。

教师出示玩具 cat，dog，ball，car 的图片。

2.教授单词 uncle，aunt。

T：Do you want these toys? But I don't have. Your uncle and aunt will bring some for you.

PPT 出示 uncle，aunt 的图片。引出单词 uncle，aunt。运用小组开火车、大小声的方式练习读单词。

3.教授单词 bus，train。

T：What toys do your uncle and aunt bring for you?

PPT 出示不完全图片，让学生猜测，引出单词 bus，train。（展示时，给优胜小组加星）

运用升降调、大小声和 TPR 教学模式教授单词。

bus↗，bus↘，it's a bus.

train↗，train↘，it's a train.

通过句子"It's a..."来学习巩固单词。（小组展示，优胜组加星）

Step 3　Practice

1.听力练习(Listen and number)。

学生听教师读单词，根据教师读的单词在书上 part 2 标出序号。

2.情境二：同学们，还记得昊天吗? 今天他可开心了，知道为什么吗? 看看他说什么了。

PPT 出示图片及对话。

 • Good evening,_____（Uncle 图片）and _____（Aunt 图片）!

 • Good evening, Hao Tian!

 • I have a new toy for you.

 • Wow! It's a _____（train 或 bus 图片）.

Thank you very much.

  学生看图片说出单词,师教读,生跟读。然后各小组分组操练,再分组表演对话。教师给予适当评价。

（设计意图:通过听力练习、问答、补充替换来巩固、学习、操练新单词,运用图片来填空,降低了 part 1 的难度,让学生更容易理解和学习。）

Step 4　Production

PPT 出示 chant:Bus,bus,bus.

     Uncle gives me a bus.

     Train,train,train.

     Aunt gives me a train.

（设计意图:运用 chant 来复习巩固单词,轻快的节奏让学生读起来朗朗上口。）

Step 5　Summary

1.小组总结评价,评出优胜组。

2.回家用英语跟家长说说自己学习的新玩具。

（设计意图:小结本课知识,评价小组表现,根据学生情况布置相应的作业。）

教学板书设计

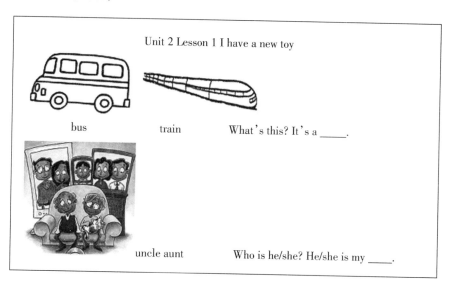

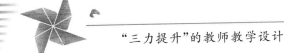

教学评价设计

1.评价内容

评价学生在整节课中的学习情绪,是否能够完成今天的学习目标,能否在小组中体现合作与竞争,以及最终达到的综合语言应用的能力。

2.评价方法

以形成性评价为主,首先通过黑板上的表格进行贴星星评价和小组内评价。其次,进行小组之间的评价。老师以星星的多少进行统计。

教学设计反思

教案设计思想与新的课程理念相适应,教学内容与学生现在的认知水平相符,本课难度不大,句型是以前学过的,歌曲、游戏、chant 操作起来较容易。

点评

1.教学目标、教学重难点、教学方法及策略的行为主体的缺失

教学目标和教学重难点的行为主体是学习者。教学目标是表述学习者在学习后行为的变化,也就是学习者应该达到的行为结果。因此叙述中主语应该是学生,正确的表述方式应该为:学生应该……学生能……所以在这篇教学设计中的各项教学目标叙述句需加上主语"学生"。教学重点和教学难点的表述主语也应为学生。而教学方法及策略的表述主语应为教师,指教师采取了哪些教学方法及策略。这些行为主体的缺失,让人易混淆学生和教师究竟谁是行为主体。

2.教学目标表述笼统抽象,缺乏可测量、可观察性

在设计教学目标时,表述应该具体,应提出学习后学生应该有的行为结果。所以在这篇教学设计中的语言技能目标"(2)能听懂课堂简短的指令并做出相应的反应",其表述不够具体,简单的指令指的是哪些呢?语言技能目标"(3)能根据指令做事情"表述也不够具体,根据哪些指令做事情?而且这些指令在教学流程中也没有显示出来。

课　　　题：Unit 6 Happy New Year Lesson 2（第一课时）
课　　　型：对话课
教　　　材：重大版《英语》
年　　　级：三年级上册
教学设计人：重庆市开县鱼龙小学　　郭胜
教　　　龄：6 年

教学观念（理念）

根据《义务教育英语课程标准（2011 年版）》learn by using，learn for using 的理念，教师首先运用 TPR 教学法，让学生边 chant，边复习，用 chant 引出新的学习内容。接着运用交际语言教学法（Communicative Language Teaching）和情境教学法创建真实情境，让学生产生实际语言交流的需要，呈现本课重点句型，练习本课句型。然后，运用 TBLT（任务型教学法）、Role-play 等方法，让学生通过体验、实践、参与、合作与交流的学习方式，发展学生的言语综合运用能力，循序渐进地帮助学生达到情感、知识和技能目标。

教学分析

1.内容分析

本节课的话题是新年，是一节对话课，生词不多。对话内容与我们的生活密切相关，学生们也非常感兴趣。本节课主要是让学生会用"What's your name? My name is...This is for you"及"Happy New Year!"进行问候。

"三力提升"的教师教学设计

2.学生分析

三年级学生处于学英语的低年级阶段,其年龄特点决定了教学内容的设计以贴近生活、学生感兴趣的事物或者话题为主。本节课的话题是新年,过新年是学生们喜闻乐见的,也是熟悉的。而且教学的时候距离新年比较近,这个年龄段的学生对一切充满幻想和好奇并且对新年充满期待,学习积极性很高,所以教学的时候很容易把学生的积极性调动起来。在选课的内容上面以学生为中心、为主体,用游戏、实物、模仿等方式让学生们增强学习英语的兴趣。争取让每个学生都能够快乐地学习。

3.环境分析

学生在歌曲、游戏等轻松愉快的环境中学习,记忆更深刻。

教学目标

1.语言知识目标

(1)能听、说、认、读单词 balloon,plane,bear,boat。

(2)能运用"What's your name?""My name is..."" A red balloon for you"这些句型。

2.语言技能目标

(1)懂得在新年时用"Happy New Year"进行问候。

(2)能看懂并会写简单的英文新年贺卡。

(3)学生动手能力有所提高。

3.学习策略目标

能积极地与他人合作,共同完成学习任务。

4.情感态度目标

培养学生浓厚的学习兴趣,乐于模仿,敢于开口,同时让学生了解在新年到来之时可以通过问候,或与亲友互赠贺卡等形式表示关怀和爱,从而增进人与人之间的感情。让学生懂得在合作中学习。

5.文化意识目标

学生能理解节日时相互赠送礼物是为了增进彼此之间的感情。

教学重、难点

1.教学重点

句型:What's your name? My name is...

词汇:balloon,plane,bear,boat。

2.教学难点

句型:What's your name? My name is...

教学方法及策略

1.教学方法

情境教学法、任务型教学法。

2.教学策略

利用歌曲、游戏激活课堂。

资源运用

1.教学具

黑色袋子、不同颜色的气球、玩具飞机、小熊、小红花。

2.PPT

教学流程设计

Step 1 Warm up

1.师生问候。

T:Hello! Boys and girls.How are you today?

Ss:Hello! I am fine,thanks.And you?

T:I am OK.All right.Let's begin our class.

2.唱歌 *Happy New Year*。

3.复习 Lesson 1 的句型。学生表演对话:过年了,同学之间相互问候,并赠送礼物。

S1:Happy New Year!

S2:Happy New Year!

S1:A card for you.

S2:Oh,Lovely! Thank you.

4.复习 Lesson 1 的单词:dad,mum,rabbit,card。(教师给表演得好的学生发礼物)

(**设计意图**:活跃课堂气氛,感知新课内容,为后面的学习做铺垫。)

Step 2　Presentation

1.教师把今天要学习的新单词的实物放在一个黑色袋子里面,让同学们摸一摸,然后猜黑色袋子里面装的是什么,接着引入今天要学习的新单词:balloon,plane,bear,boat。教读 balloon(拼读)并展示出实物:It's a balloon.准备好不同颜色的气球。It's a red balloon.It's a yellow balloon.

设计出一个送礼物的情境:

S1:Happy New Year!

S2:Happy New Year!

S1:A red(yellow,green...)balloon for you.

S2:Oh,Lovely! Thank you.

2.问学生们还想要礼物吗。猜一猜教师这里还有什么礼物。Plane,展示出实物:It's a plane.

设计出一个对话的情境:

S1:Happy New Year!

S2:Happy New Year!

S1:A plane for you.

S2:Oh,Lovely! Thank you.

3.教师还有很多礼物,拿出实物 bear:It's a bear.

教师问:"I have a green bear and a red bear.Which one do you like?"

今天我们班上要来一位新同学,你们想知道他的名字吗? 那么我们应该怎样用英语去问人家的名字呢? 引入我们要学习的重要句型:What's your name? (幻灯片出示 Stanley 的照片,这就是我们今天的新同学)My name is...

板书重要句型:What's your name? My name is...

设计出一个对话情境,教师问新来学生的名字并且要送新年礼物给新同学。请学生上讲台扮演小老师。

S1:What's your name?

S2:My name is...

S1:Happy New Year.A green bear for you.

S2:Oh,how lovely! Thank you.

4.看图听课文录音,使学生熟悉课文内容。

5.学生上讲台演练。一个同学问:"Happy New Year! What's your name?" 另外一个学生回答:"My name is..."第一个学生又说:"A red balloon for you."把小红花发给上讲台表演的学生,表示鼓励。

(**设计意图**:自然引出生词句型,学生乐于接受。上讲台进行角色扮演,提高学生们学习英语的兴趣,口语也得到了锻炼。)

Step 3　Practice

Play games:

1.What's missing? 练习单词,把单词和实物拿出来。

单词 balloon,plane,bear,boat 的实物少拿出来一个,让学生们对应着用英语说出哪个实物不见了。

2.设计一个第一次见面的场景,让学生完成以下对话:

A:Hi! My name is...(后面加自己的名字)What's your name?

B:Nice to meet you.My name is...(后面加自己的名字)

A:Nice to meet you,too.Happy New Year! A card(balloon,plane,bear) for you.

B:Happy New Year! Thank you.

3.找朋友:教师分别将问句"What's your name?"和回答"My name is..."写在卡片上,并将卡片交给来自不同组的同学。拿到回答卡片的同学就去找拿到问题的同学,并且读出来。

4.机械操练。

分男生女生读,男生问:"What's your name?"女生回答:"My name is..."

(**设计意图**:培养学生浓厚的学习兴趣,让学生较快地记住句型。)

Step 4　Consolidation

播放课本第48页录音,学生听读。勾画出重要句型和新单词。

(**设计意图**:巩固提高对课文的理解,加深印象。)

Step 5　Homework

1.熟读第一部分。

2.抄写新单词和新句型。

3.准备贺卡纸和水彩笔为下一课做准备。

 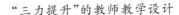

教学板书设计

· A:What's your name?
· B:My name is ...

教学评价设计

1.评价内容

(1)学生用"What's your name?"问名字;用"My name is..."回答。

(2)学生在新年里的问候语。

2.评价方法

(1)语言评价:通过小组操练,角色扮演,每位成员都可以得到练习。

(2)试题评价:通过"What's missing?"测试学生们对单词的掌握情况。

教学设计反思

本课内容难度不大,各教学环节紧密相连,一环接着一环,做游戏时一定不要将步骤弄错了,不然达不到预期效果。步骤虽然简单,但不能大意,同时在展示 PPT 时要把握好节奏,不能已经讲到下一个内容了才想起要展示 PPT。在这里提醒一下自己:谨记!

点评

在小学英语教学中,好的板书是课堂教学的重要组成部分,是英语教师的艺术创作。它有助于教学目标的完成,有助于突破重难点,有助于提高学生的英语书写技能。板书要从教材内容出发,根据教学目的和教学对象的特点来确定板书设计的主题和结构,板书设计的结构布局要合理,板书设计要有概括性,板书设计要美观,板书设计的内容要丰富多彩。

　　根据板书设计的要求,这篇教学设计中的板书设计缺乏课题,没有出示本课要学习掌握的四个单词,建议用五颜六色的简笔画或粘贴卡片出示。

課　　　題：Unit 2 Colors（第一课时）
課　　　型：词汇课
教　　　材：人教版《英语》
年　　　级：三年级上册
教学设计人：重庆市梁平县梁山小学　　左厚娟
教　　　龄：13 年

教学观念（理念）

在魔术中呈现单词，在活动和游戏中操练单词和句型，体现在学中玩、在玩中用、在做事中运用英语的思想。

教学分析

1.内容分析

本课时教学内容 colors 与学生实际密切相关，主要学习颜色词汇 red，yellow，blue，green，要求学生能用所学的单词对身边的事物进行相关描述，并能灵活运用本课时重点句型"I see..."。Let's do 部分，既巩固了 Unit 1 中的"show me..."指令，又拓展和激发了学生对不同颜色的敏感度。

2.学生分析

本课时话题与学生生活实际密切相关，话题有趣、内容开放。因此课堂上通过引导学生观察、探究、绘画、唱歌等形式，让学生主动来学习事物的颜色，并创设真实的语言情境鼓励学生大胆说，积极做，让学生在生活中能用英语进行交际，从而培养和提高学生学习英语的兴趣和积极性。

教学目标

1.语言知识目标

(1)能听、说、认、读单词 blue,green,yellow,red,并能在实际中运用。

(2)能对身边事物的颜色进行简单的描述。

2.语言技能目标

能在情境中运用句型"I see..."介绍事物的颜色。

3.情感态度目标

让学生用颜色来描绘生活中的美好事物,发现大自然的美,并学会欣赏美。

4.学习策略目标

采用多种游戏与活动相结合的方法,培养学生敢于开口、积极参与的学习态度,激发学生学习英语的兴趣。

教学重、难点

1.教学重点

(1)能听、说、认、读四个颜色单词并运用。

(2)能听懂并能按指令完成 Let's do 部分。

2.教学难点

(1)熟练运用所学颜色单词,并能对身边的事物进行简单描述。

(2)单词 green 的发音。

教学方法及策略

情境教学法。

资源运用

矿泉水瓶、录音机、word cards。

教学流程设计

Step 1　Warm up

1.The teacher and students greet together.

2.Greate an atmosphere and let the students revise the learned knowledge.

3.Look,listen and sing the "ABC song".

187

4.Let students find out the letter that they see in the picture.(P19)

Eg：What can you see?

I see"A". It's A.

(设计意图：复习旧知，为下面的学习做好语言铺垫。)

Step 2　Presentation

1.Learn the new words by Magical water.

T：I'm a magician.I can change the water to different color,"red".

(设计意图：通过采用魔术形式，将学习内容巧妙引出，能激发学生的学习兴趣和求知欲。)

2.Let the students find red things in the classroom,point and speak it.

Red ↗ red↘,I see red.　　　Red ↗red↘,it's red.

3.用同样的方法引导学生学习 yellow,green,blue。

4.以颜色词给每组命名。

(设计意图：利用找寻身边的颜色这一活动，把周围的事物和生活中的事物拉进了课堂，变成了生活化的英语，真正地拓宽了学生学习英语的渠道。)

Step 3　Practice

1.Listen and do.

2.Let's do.(请一个学生上台来使用矿泉水瓶，其他学生使用蜡笔。教师说，学生找)

(设计意图：通过 Let's do 反馈了学生对各种颜色的快速反应能力，同时在听与做中还加强了对单词的使用能力。)

3.Play a game(火眼金睛)：What color do you see?（教师出示颜色瓶,学生Say it in English.Use these sentences：I see red.It's red.）

4.Pair work.

A：I see red.

B指出颜色瓶。

A 用"Yes,you are right"或"No"来回答。

(设计意图：在活动中巩固所学知识。)

Step 4　Consolidation

1.Let's draw.

T：Look at the rainbow.It's beautiful.I want to draw one.

Please take out your crayons and paint.

(设计意图：学生在积极参与画彩虹的过程中，对颜色单词进行巩固。)

2.Look and stick the word cards.

3.Students color and show.

This is a rainbow.This is red...

4.Enjoy the song *Colors*.

Step 5　Homework

Draw a picture and color it to make it beautiful.

（**设计意图**：在做中用，在画中感受色彩美。）

教学板书设计

```
Unit 2    Colors
     I see...
        blue
        red
        green
        yellow
```

教学评价设计

有效的评价能充分调动学生学习的积极性。

评价内容为单词的熟练掌握程度和记忆程度，能否在情境中运用句型，学生在课堂上的参与度。

评价方式采用教师口头表扬与生生互评两种方式。

教学设计反思

本课时主要是学习与颜色有关的单词，这本身就与我们实际生活非常贴近，学生很容易理解和接受。在呈现环节里，我设计了一个找颜色的环节，学生很容易在身边找到。在操练巩固环节，我又设计了一个画彩虹的环节，既培养了学生的动手能力，又培养了其审美意识。另外，在家庭作业环节我布置的是画一幅画，并将其涂上美丽的颜色。环节紧凑，可操作性强。学生参与的机会多，形式丰富。

点评

板书设计，是教学设计中的画龙点睛之笔。其基本任务就是围绕教学目标，将抽象的知识形象化，突出重点，加深印象，优秀的板书设计有利于学生掌握知

识,提高学生的审美能力,激发学生的学习兴趣,从而提高课堂教学效果。

　　这篇教学设计的板书太简单,没有吸引学生的眼球。既然是教授有关颜色的单词,在黑板上就可以画出或贴出五颜六色的花瓣来。根据学生要掌握的四个单词,结合评价,把全班分成四个小组,每个小组以一种颜色命名,如学了 red 这个词,就把一小组命名为 red group,以此类推,blue group,green group,yellow group。四个组进行竞赛,在 Listen and do,Play a game,Let's do 等活动中,采用多种评价方式,让学生自评、互评、小组评,再结合师评,获胜的小组就在黑板上贴一片代表自己组颜色的花瓣。下课时学生可以数数哪组的花瓣最多,花瓣最多的一组就成为优胜组。教师要学生画彩虹,可先做出示范把彩虹贴到黑板上,让学生练习说颜色:I see a rainbow.I see green.I see…

课　　　题：Unit 6 A Let's talk
课　　　型：对话课
教　　　材：人教版《英语》
年　　　级：三年级上册
教学设计人：梁平县梁山小学　　左厚娟
教　　　龄：13 年

教学观念（理念）

《义务教育英语课程标准（2011 年版）》指出，各种语言知识的呈现和学习都应从语言使用的角度出发，为提升学生"用英语做事情"的能力服务。遵循这一理念，我将在本课中尽可能创设接近学生实际生活的语境，组织多种形式的循序渐进的语言实践活动，调动学生的积极性，使他们保持学习英语的信心，体验学习英语的乐趣，并使他们在各个阶段的学习中不断进步。

教学分析

1.内容分析

Let's talk：这部分内容主要通过 Sam 和妈妈在蛋糕店买蛋糕的情境，呈现核心句型"How many...?"的语境及语用情境，让学生在模仿、学习、表演的基础上逐步达到自然交流与真实运用的目的。

Count and say：通过一个生日派对的情境图进行数数活动来操练"How many...? Five/Two..."的句型。

2.学生分析

三年级学生活泼好动,爱表现,乐于表达,仍以形象直观思维为主,模仿力强。学生在前面的学习中已经对1~5的个别数字有所感知。

教学目标

1.能听懂、会说数词1~5,并能认读单词Five。
2.能用"How many...?"询问不同物品的数量并作答。
3.能模仿对话中的语音语调,并能正确朗读对话。
4.能听懂,会用句型"This one,please"表达自己想要的物品。

教学重、难点

1.教学重点

(1)听懂、会说数词1~5,并能认读单词Five。
(2)用"How many...?"询问不同物品的数量并作答。

2.教学难点

Plate,five 的发音。

教学方法及策略

情境教学法。

资源运用

单词卡片,图片,盘子实物。

教学流程设计

Step 1 Warm up

1.Greetings.
2.播放 *Happy birthday*。

T:The song is for him.（呈现 Sam 的头像）He is Sam. Today is Sam's birthday。Let's say "happy birthday"to him.（教师出示词条,并将其贴在黑板上）

（**设计意图**:通过简单的问候和交流,拉近师生距离,播放生日歌,营造生日聚会的氛围,引出课题。）

Step 2　Presentation

1.创设情境,理解"This one,please"。

(1)呈现 Sam 和妈妈在蛋糕店的图片。

T:Sam and his mother are in the shop.

(2)呈现蛋糕店中的蛋糕图片。　　T:There are one,two,three,four,four cakes.I like this one.What about you?　　用手势加语言,帮助学生理解,引导学生用 this one 来表达自己喜欢和想要的东西。

T:Sam's mother likes this one.(用手指着那个蛋糕)So she says"This one, please"to the shop keeper.Now I am the shop keeper. You are Sam's mother. Let's act it out.

(3)模拟场景分角色扮演,操练"This one,please""Sure,here you are"。

(设计意图:在情境中,呈现新语言。在师生互动、生生互动中,感受语言并应用语言。)

2.学习单词 plate 和 1~5 的数词。

T:Sam wants some plates.

(1)出示 plate 的实物,教授并板书。

T:Look,this is a plate.　询问一学生:What's this? 检查他是否听懂。反复多形式问答,师对生,生对生等。

(2)数词学习。教师出示一叠盘子,T:Can you guess how many plates are there? One,two,three,four,five? 教师用手势辅助学生理解。在学生猜测的过程中,教师相机出示相对应的数字单词卡片,并将其贴在黑板上。

(3)全班信息反馈,再次输入。教师指着黑板上相应的单词卡,问:How many plates? If you think it's one,please put up your hands and say out"one"。

(4)Count and check.

引导学生从 one 开始数一遍后,交给多个学生数一数。(Can you count them for me?)如果学生基础好,就直接将这一叠盘子交给学生自己数。数完后,提问:"How many plates?"并将本课重点句型板书在黑板上。

(设计意图:抓住学生的好奇心,鼓励学生大胆猜测盘子的数量,激发学生的学习兴趣。同时,用这种方式向学生进行大量的输入,在单词卡片的帮助下,让学生建立音义形的联系。)

Step 3　Practice

操练 1:数铅笔。教师出示一把铅笔,让学生从 one 开始数,数对一次,赠送一支。逐渐增加难度,数对且能向别人提问,才能获赠一支。

操练2:看图问答,pair work。教师先找一个学生进行问答示范,再让学生进行 pair work,操练句型。第一遍问答结束后,两人互换。顺利完成后,教师做出评价:Give me five.

操练3:增加话轮,pair work。

教师出示 Sam 收到的生日礼物图片。T:Wow,so many gifts.What can you see? 学生畅谈。接着教师指着其中的一个 bear。T:How many bears? Count together.找一名学生,进行示范,让其他学生都明白之后,再让学生与同桌进行问答练习。教师在教室里巡视,并及时给予帮助和评价。

Sing a song:*The Counting Song*.

T:Let's enjoy a song and have a rest.

(设计意图:反复多次的 count,让单词和句型操练在无痕中进行。每次活动前,教师必须要有清晰的示范,以确保学生能有样可学,操练时才能有事可干,让操练有实效。歌曲的使用,让学生在放松中复习,在复习中放松。)

Step 4　Consolidation

教师再次出示盘子,问:"What's this? How many plates does Sam want? Let's listen to the tape.OK?"播放录音,此处最好使用点读机。

第一遍,Listen and answer.How many plates?

第二遍,Listen and follow.(根据跟读情况进行评价)

第三遍,听并加动作演跟读。(检查学生理解文本的情况)

第四遍,教师与学生分角色跟读。

第五遍,小组内分角色读。

(设计意图:走进文本,理解对话。反复地听音,模仿录音中正确的语音语调。)

T:Today is Sam's birthday.Let's buy some gifts for you.It's shopping time! Buy something you like.

出示礼品店货架图片,模拟购物场景,创编对话。

教师进行活动前示范。

T:Now I'm the shop keeper.

A:Welcome.

B:Pencils,please.

A:How many pencils?

B:Four.

A:OK/Sure.Here you are.

B:Thank you.

(设计意图:模拟购物场景,培养学生用英语交流的意识,体现用英语做事情的思想。)

板书设计:

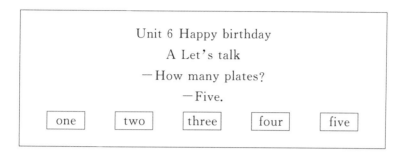

教学评价设计

评价贯穿教学过程始终,多种评价相结合。

活动	评价内容	评价方式
1.分角色扮演	语言是否正确,动作是否大方得体	教师语言评价
2.数铅笔	数数的情况	物质奖励,铅笔一支
3.看图问答 (Pair work)	活动情况	师评,生生互评 Give me five.

教学设计反思

《义务教育英语课程标准(2011年版)》指出:英语教学应注重语言实践,培养学生的语言运用能力。在本课的设计中,我以 Sam 的生日为主线,运用多种活动为载体来展开教学。整节课,抓住学生的好奇心,设计一个个符合儿童年龄特点的教学环节,环节之间联系紧密,过渡自然。其次,单词和句子的呈现是在一定的情境中进行,在语用环节模拟购物情境,让学生在情境中尝试运用新语言,体现了课堂教学与生活的紧密联系。另外,句型操练设计关注全体学生,由易到难,循序渐进,让每个学生都能获得相应的成功体验。

点评

本点评主要从"教学活动与学生的关系"维度入手。整个设计以 Sam 生日为主线,以情境教学为主要教学活动,让学生在真实情境中感知、学习、运用新知。这是本设计的最大亮点。

(1)情境教学活动符合小学生的生理、心理特点。小学生在接受新事物的方

式上直观的模仿胜于理性的思维,形象的接受胜于抽象的理解。他们更适合在游戏、娱乐中掌握新本领,学习新知识。生日话题一直是学生很喜欢的话题,不管是自己的生日,还是他人的生日,学生都有极大的兴趣。教师将数字与生日主题有机结合,抓住了学生的兴奋点,在真实情境中学习和运用数字,可以达到"事半功倍"的效果。

(2)情境教学活动帮助学生跨越语言障碍,让学生寻找到学习英语的捷径。本设计教师将日常的蛋糕店购物的情境引入了课堂,让学生在熟悉的生活情境中感知、学习和运用语言,这让学生有话想说,有话可说,激发了学生的表达欲望。这样学生就敢于跨越第二语言的障碍,树立学习英语的自信心。教师也把简单刻板的教与学融入多姿多彩的真实情境中,它拆去了传统教与学的藩篱,让师生和谐地融合为一体,在欢乐、活跃的氛围中去激发学生的学习热情。

课　　　题：Unit 6 Happy birthday! Lesson 1（第一课时）
课　　　型：词汇课
教　　　材：人教版《英语》
年　　　级：三年级上册
教学设计人：重庆市丰都县兴龙镇接龙小学　马沙沙
教　　　龄：1 年

教学观念（理念）

以听说训练为主线，通过看、听、说、演练等一系列教学活动，使学生获得最基本的英语听说能力，并在教学中充分激发学生强烈的学习愿望，在注重学生知识能力发展的同时，特别强调学生人格的发展和思维的发展。

教学分析

1.内容分析

主要的教学内容是能听懂、会说单词 one，two，three，four，five。

2.学生分析

学生们经过大半学期的英语学习，能听懂一些简单的课堂用语，会说一些简单的日常用语，能听懂简单的指令并做出相应的动作，学习兴趣浓厚，热情高昂。

3.环境分析

我校是一所农村小学，只有一间多媒体教室，几乎都是在这间教室上英语课。

教学目标

1.语言知识目标

(1)能听懂、会读、会说表示数字的单词 one,two,three,four,five。

(2)会唱 Let's chant 的歌谣。

2.语言技能目标

(1)学会用英语表示 1,2,3,4,5 五个数字。

(2)进一步提高听的能力、合作能力和英语语言表达能力。

3.学习策略目标

提高学生的认知和交际能力。

4.情感态度目标

(1)学生能够参与到课堂中,养成合作学习的习惯。

(2)培养学生的学习兴趣。

5.文化意识目标

了解我国有关的紧急电话号码,如匪警110,急救120,火警119等,并教育学生在遇到突发性事件时要冷静处理。

教学重、难点

1.教学重点

能听懂、会说、认读数字 1～5,会唱 Let's chant 的歌谣。

2.教学难点

数字的准确发音,尤其是 3,5 两个数字的发音要到位。

教学方法及策略

1.教学方法

任务型教学法,TPR 教学法,游戏教学法。

2.教学策略

首先我创设了一个实际的教学情境引出新单词,其次,在操练的过程中,我设计了多个游戏,让学生在乐中学,学中乐。

资源运用

教学具
PowerPoint 课件、单词卡片、羊羊头饰。

教学流程设计

Step 1　Warm up and revision

（通过与学生相互对话拉近师生间的距离，也顺便复习了前面所学的句型：My name's... Nice to meet you.通过 guess game 复习第五单元的动物名称以及为新课奠定基础。）

Step 2　Presentation and practice

1.Present the title：Happy birthday.

（**设计意图**：由"Sarah 今天生日"这一话题贯穿整节课的教学，自然引入新课课题，创设了情境，并且过渡自然，也让学生懂得了基本的社交礼仪。别人生日，要记得跟他说 Happy birthday。）

2.Present the numbers from 1 to 5.

（1）将学生分为男女生两大组，表现好的一组有机会参加 Sarah 的生日聚会。适当的竞争可激发学生学习英语的积极性，使学生能自主地参与到英语学习中。

（2）教师通过做动作发出声音让学生猜出来参加聚会的动物的名称，以此承上启下；教师问"How many cats?"，以此过渡到数字的学习。教师通过指着字母读出该字母的音标来教授单词，让学生轻松掌握单词的直拼方法。

（3）Say and do.教师说"group one, stand up"，第一组起立；老师说"one, one, show me one"，学生出示手指。

（4）抽读单词卡复习前面学的单词。

（5）对号入座。

（6）Count and say.

（7）Let's learn.（Listen and point.—Listen, repeat and point.—More faster.—Count from five to one）

（8）Let's chant.

（9）TPR：Teacher says a number and a movement, students count the number with actions.PK：石头剪刀布。

（**设计意图**：每个环节的设计遵循由易到难的原则，兼顾对学生的听说读能力的培养。通过各种活动练习，使学生在真实的语境中轻松学习语言，避免枯燥

无味。)

Step 3　Consolidation and extension

(游戏说明:四人一个小组分别扮演慢羊羊、喜羊羊、美羊羊和灰太狼,介绍自己以及他们的QQ号。)

(设计意图:最后一个游戏把整节课推到一个高潮,它使全体学生都参与到"用英语"的活动中去,培养了学生用英语进行沟通的能力与创新、合作的能力。小组呈现后分别为自己的组加分,充分体现了在合作中竞争,在竞争中合作的理念。)

Step 4　Summary(Count apples on the blackboard)

(设计意图:通过数男生女生各自得到苹果的个数自然达到总结的目的。)

Step 5　Homework

(设计意图:通过在父母处读达到认读的目的。通过操练,使学生把所学知识运用于现实生活当中,投入实践。)

教学板书设计

教学评价设计

(1)以小组的形式,个体代表小组加分。在学生回答问题后,全班齐声说"good,good,very good",并竖起大拇指,对同学鼓励。回答不正确的同学不加分。

(2)课堂小结时,教师统计加分情况,对表现好的小组进行表扬,给表现较差的小组鼓劲加油。

教学设计反思

(1)教学创情境,激励促参与。
(2)合理运用游戏,提高学习的效率。
(3)注意衔接,善于引导。
(4)依靠多媒体技术,整合教学资源。
(5)课堂设计新颖,实效性强。

点评

本教学设计的教学对象是刚刚进入英语学习的农村地区的三年级学生,教师在教学各环节设计上突出了对学生积极性的调动,对学生学习兴趣的激发。在开课时,教师创设了"Sarah 的生日聚会"的情境,并设计竞争性评价机制,开展男女生对抗性学习,让获胜的一方获得参加生日聚会的机会,这属于课堂教学中的竞争行为和对抗性评价机制。

"课堂竞争行为是指,学生之间在课堂教学过程中为达到某种目的而展开的一种较量。从竞争主体的结构来看,课堂教学中的竞争可分为学生个体与学生个体的竞争、学生个体与学生群体之间的竞争、学生群体与学生群体之间的竞争。"很显然,本教学设计中的竞争行为是学生群体之间的竞争。在这里,我们在教学中引入竞争行为并作为教学评价时有两点需要注意的地方:

(1)在课堂教学中,竞争既可能激起学生个人或团队发奋努力,从而在学习上得到更大的收获,也可能由于这种收获仅限于受到奖励的学生,而挫伤另一部分学生的学习积极性。学习应是一种快乐的体验,因此教师在课堂中引入竞争行为时一定要拿捏好尺度。注意双方的差距不能过大,注意机会的均等,注意评价的公正,注意对学生心理的优势方的引导,同时也要注意对劣势方的激励。

(2)在小学阶段,根据男、女生的身心发展特征,女生相较于男生,更能够专注于课堂学习。从语言表达及情绪管理等方面来看,小学阶段女生的表现大部分时候也是优于同龄男生的,再加上每班男、女生数量不一致,因此,本教学设计中的学生群体竞争的天平可能在一开始就倾向于女生。此外,男、女生之间的竞争,有可能煽动男女生对立情绪。因此,建议教师在分组时采用男女搭配和强弱搭配的原则,尽可能使竞争的双方能力均衡,才能在竞争过程中最大限度地发挥学生的主观能动性,使其投入学习和竞争中,从而获得更有效的教学效果。

总之,课堂中的竞争无对错之分,教师要根据教学情境来决定是否采用竞争策略为教学服务,使学生受益。最后,建议教师的课后作业设计能与本课的情境创设相联系,从而使后 5 课时延续本单元的主题。

课　　　题：Unit 1　Hello! Part B　Lesson 2（第一课时）
课　　　型：词汇课
教　　　材：人教版《英语》
年　　　级：三年级上册
教学设计人：重庆市垫江县实验小学　郭军
教　　　龄：8年

教学观念（理念）

《义务教育英语课程标准（2011年版）》明确指出，根据小学生的生理和心理特点以及发展需要，小学阶段英语课程的目的是激发学生学习英语的兴趣，培养他们英语学习的积极态度，使他们建立初步的学习英语的自信心，培养他们一定的语感和良好的语音、语调基础，使他们形成初步用英语进行简单日常交流的能力，为进一步学习打下基础。新课程提倡任务型教学，让学生在教师的指导下通过感知、体验、实践、参与和合作等方式完成教学目标。本着这一理念，我在设计本课时从激发和保持学生的学习兴趣入手，精心编排教学环节，开展丰富多彩的活动，让学生积极参与课堂教学，感受用英语交流的乐趣和成功感，从而培养学生用英语进行交流的能力。

教学分析

1.内容分析

本节课是"PEP Primary English Book 1 Unit 1 Hello!"的第二课时。本课时的第一部分是A部分的Let's learn，主要学习pen，bag，pencil box，book这四

个单词。而第二部分 Let's do 则要求学生模仿四种日常动作,要求学生能根据指令做出相应的动作,若学生能跟着录音边唱边做更好。此部分的活动主要是让学生在表演中练习所学单词,并能熟练运用于实际生活中。

2.学生分析

三年级学生模仿能力强、活泼好动、好奇心强。尤其本节课是学习四个关于学习用品的单词并伴随着动作表演,所以更容易吸引学生的关注。学生通过一个月的学习已基本感受到英语的语言魅力,并能运用所学对话进行简单交际,同时基本掌握了小组互相交流学习的学习策略。

教学目标

1.语言知识目标

能听说、认读单词 pen,bag,pencil box,book。

2.语言技能目标

能听懂 Let's do 的指示语,并能按指令模仿动作做出相应的反应。

3.学习策略目标

培养学生自主学习和小组协作学习的能力;培养学生的表演能力、创新思维能力和语言表达能力。

4.情感态度目标

培养学生对学习的热爱之情。

5.文化意识目标

培养学生爱惜学习用品的习惯,教会学生保持中华民族传统美德。

教学重、难点

1.教学重点

(1)学生能听、会认读单词 pen,bag,pencil box,book。
(2)学生能听懂课堂指令并做出相应的反应。

2.教学难点

(1)学生能听、会认读单词 pen,bag,pencil box,book。
(2)学生能用英语向别人介绍自己带来的学习用品。

教学方法及策略

1.教学方法

以多媒体课件与实物相结合的方式学习新知。

2.教学策略

以多媒体课件与实物相结合的方式导入新课,呈现新词,形式新颖,可引起学生的好奇心,激起学生的学习兴趣。

资源运用

1.教具学具

bag,pencil box,pen,book。

2.PPT 等

教学流程设计

Step 1　Warm up

1.Free talk.

(**设计意图**:师生间的日常会话交流,培养学生用英语思维、用英语交际的能力。)

2.Sing a song together:*ABC song*.

3.Review the words:pencil,ruler,eraser,crayon. e.g.:Show me your pencil.

(**设计意图**:课前师生一起演唱英文歌谣,并用动作、表情交流,使学生情绪兴奋,快速进入"角色",全身心地准备开始学习。)

Step 2　Presentation

1.Show a schoolbag to students.T:Look! What's this? This is a bag.(出示PPT,同时请同学起来 one by one 跟读)I have a bag.Do you have a bag? Now,follow me carry your bag.

2.T:What's in this bag? Oh,it's a pencil box.(出示 PPT 跟读)Now,open your pencil box, please.(让一部分学生当小老师教读单词)

3.T:What's in this pencil box? Oh,it's a pen.(出示 PPT 跟读,采用大小声分读的方式吸引学生注意)Show me your pen.

4.教师出示 PPT,让学生猜一下图片中的事物是什么。Guess,what is it? 教读单词 book,分男生女生跟读单词。T:Close your book,please.

5.Listen to the tape,and do the actions.（出示 PPT 的动画部分,让学生能更形象地理解 Let's do 部分并跟着做动作。）

（设计意图：以多媒体课件与实物相结合的方式,导入新课,呈现新词,形式新颖,引发了学生的好奇心,也让学生在学习新单词的同时表演出相应的动作,为 Let's do 的学习奠定了基础。动画学习的部分更让学生在欢快的节奏中复习所学的单词,并用肢体体会出该种动作,进一步调动学生的学习兴趣。）

Step 3　Practice

1.课件呈现出一道连线题,让学生复习巩固单词。

（设计意图：复习前面学习的单词,有利于提高学生的理解与记忆能力。）

2.用课件呈现"What's missing"。

（设计意图：本部分通过单词的快速消失,使学生全方位地感知与理解单词,同时也对所学单词进行了操练。）

3.宝贝秀：利用课前学生准备的学习用品,让学生向同桌秀出自己的文具,采用 Work in pairs 的方式。让学生利用句型" I have a..."" Me too!"来练习本节课的新单词。

（设计意图：让学生在复习新单词的同时学会与人合作交流。）

4.教师引导学生要爱惜文具,减少浪费。

（设计意图：让学生学会节约。）

Step 4　Assessment

教师带领学生一起数小组的小红旗,并评出最优小组。

（设计意图：让学生体验成功带来的喜悦,让这节课完美收场。）

教学板书设计

pencil	pen
ruler	bag
eraser	pencil box
crayon	book

教学评价设计

1.评价内容

对学生单词、句型的掌握情况进行了解,观察学生是否能用本节课学习的内容介绍出自己拥有的学习用品。

2.评价方法

通过分小组竞赛这种激励性评价,让学生学会与人沟通合作,并形成良好的语言表达能力。

教学设计反思

这节课以课程标准为依据,以三年级学生的生理、心理特点为前提,从自由谈话、复习旧知引入新课。新课的教授让学生在教师的指导下通过感知、体验、实践、参与和合作等方式完成教学目标。我在设计本课时从激发和保持学生的学习兴趣入手,精心编排教学环节,开展丰富多彩的活动,让学生积极参与课堂教学,感受用英语交流的乐趣和成功感,从而培养学生用英语进行交流的能力。

点评

本教学设计所针对的教学对象是三年级刚开始接触英语学习一个月左右的学生,教学内容是第一单元总六课时中的第四课时,教学内容是文具词汇。在第一周,学生应该已经学习了一部分关于文具的词汇,如 pencil,ruler,eraser,crayon。在板书设计中可以看到这四个词汇和本课将要学习的四个新词汇 pen,bag,pencil box,book。除此以外,我们没有从板书设计中获得更多的信息。所以,针对本教学设计,我想从板书的角度提出一些初步的思考和可改良的建议。

在英语教学活动中,板书是最基本的辅助手段,是课堂教学环节的一个重要组成部分,是一堂课教学内容的高度浓缩。它集中体现了教师的授课意图,留给学生的是一个直观、完整的印象。三年级学生刚开始接触英语学习近一个月,每个学生拿到手的就是一本花花绿绿的英语书,对英语课程的了解、教材的内容、教师的要求,甚至每堂英语课的基本教学重点都可能不太明确。因此,我认为简洁明确、重点突出的板书是非常有必要的。

为了使教学内容条理化和具体化,根据三年级学生的年龄特点和学科特色以及教师的教学需要,我们可在黑板上用文字、图形、线条、符号等再现和突出教学重要的内容活动。板书设计应注意针对性、示范性、概括性和灵活性。

针对本教学设计中板书的修改建议:

(1)补充本课课题,在课题后还可以选择性补充本课教学所对应的教材页码。

(2)突出放大本课新学词汇,用红色粉笔写,使其置于板书的中心位置,并选择性地使用图文并茂的格局。

（3）弱化旧词汇，使其置于板书的从属位置，字体缩小。

（4）书写时应注意规范性和示范性，如条件许可，建议教师提前画好四线三格，在日常教学中渗透字母及单词的标准规范书写。

（5）对本课板书设计的其他设计建议：本单元主题性较强，教师可利用思维导图（图文并茂）进行板书设计。一可以复习已学词汇，二可以突出新学词汇，三可以拓展学生思维。

课　　　题:Unit 5 What would you like! Lesson 1(第一课时)
课　　　型:对话课
教　　　材:人教版《英语》
年　　　级:四年级上册
教学设计人:重庆市垫江县实验小学　郭军
教　　　龄:8 年

教学观念(理念)

《义务教育英语课程标准(2011 年版)》(以下简称《课标》)指出,英语课程承担着培养学生基本英语素养和发展学生思维能力的任务,即学生通过英语课程掌握基本的英语语言知识,发展基本的英语听、说、读、写技能,初步形成用英语与他人交流的能力,进一步促进思维能力的发展;同时承担着提高学生综合人文素养的任务,即学生通过英语课程能够开阔视野,丰富生活经历,形成跨文化意识,增强爱国主义精神,发展创造力,形成良好的品格和正确的人生观和价值观。本着这一理念,我在设计本课时从培养学生基本的英语语言知识,发展学生的听说交流技能,形成学生正确的生活习惯的目标出发,精心编排教学环节,创设情境,开展丰富的活动,让学生积极参与课堂教学,感受英语课堂的乐趣,从而培养学生用英语交流的能力。

教学分析

1.内容分析

本节课是 PEP Primary English Book Grade 4 Unit 5 的第一课时。主要学

习 beef，chicken，noodles，soup，vegetables 这五个单词，以及对话：What would you like？I'd like some vegetables，please.OK，Five *yuan*，please.学生能够听、说、认、读上述单词，并能熟练运用上述句型征求和表达用餐意愿。

2.学生分析

四年级学生已经经历了三年的英语课堂学习经验，两年的自然拼读的学习，一年的单词、对话系统学习，学生对单词的拼读学习很快就能掌握。因此本课将学习重点放在了情境中的对话，使学生能够在饭店中征求和表达用餐意愿，同时基本掌握相互交流学习的策略。

教学目标

1.语言知识目标

（1）能够听、说、认、读单词 beef，chicken，noodles，soup，vegetables，能够根据单词的音、义、形来学习词汇。

（2）理解和运用在餐厅里的征求和表达用餐意愿的句型。

What would you like？

I'd like some vegetables，please.

OK，five *yuan*，please.

2.语言技能目标

能够看图识词，并进行在餐厅里的角色表演。

3.学习策略目标

（1）培养学生自主学习和小组协作学习能力。

（2）培养学生的表演能力、创新思维能力和语言表达能力。

4.情感态度目标

教育学生合理膳食保证身体健康。

5.文化意识目标

教育学生合理膳食，不浪费粮食。

教学重、难点

1.教学重点

（1）听、说、认、读单词 soup，chicken，noodles，beef，vegetables。

（2）会用 What would you like？I'd like some...

2.教学难点

(1)能够正确读单词 vegetables。

(2)小组活动情境角色中的对话,菜单的制作和表达。

教学方法及策略

1.教学方法

以多媒体课件与图片、实物相结合的方式学习新知。

2.教学策略

这种方式导入新课,呈现新词,形式新颖,可以引起学生的好奇心,激起学生的学习兴趣。

资源运用

1.教学具

soup,chicken,noodles,beef,vegetables.

2.PPT 等

教学流程设计

Step 1　Warm up

1.Free talk.

(**设计意图**:师生间的日常会话交流,培养学生用英语思维,用英语交际的能力。)

2.师生共同做三年级上 Unit 5 Let's eat 中的 Let's do 部分。

(**设计意图**:课前师生一起演唱英文歌谣,并用动作、表情交流,使学生快速进入食物的情境中。)

3.教师故做饥饿状,复习三年级学过的相关内容。(提前在学生的课桌上准备相应的食物图片)

T:I'm hungry.Can I have some bread,please?

S:OK.Here you are.

T:I'd like some juice,please.

S:OK.Here you are.

Step 2　Presentation

1.T:I'm still hungry.I want to go to the restaurant to eat more yummy food.Do you want to go with me？ 教师做步行状，来到饭店（PPT）。教师换角色，变成服务员，带上服务员的帽子。T：Welcome！ What would you like？ 同时 PPT 上展示这个句子和它的答语，并标注翻译。

2.如果学生说出了要教授的单词，就进行这个单词的教授。如果没有说出，就用"Do you like some beef？"引入对 beef 的学习。教师简单地描述下它的作用：It can give me energy．出示词卡，教读 beef，PPT 展示这个单词 beef，ee—//i：//。

3.继续用"What would you like？"提问，分别学习另外的四个单词。

（1）chicken 注意画线部分的发音。

（2）vegetables 分成 vege，tables 读，注意 v 的发音。

It always green，I like green vegetables．

（3）noodles　　oo—//u：//

Which noodles do you want？ We have egg noodles，chicken noodles，beef noodles．

（4）soup　　ou—//u：//

同上，发散 egg soup，chicken soup，vegetables soup，fish soup．

4.猜一猜，说一说。教师把单词卡放在身后。

T：Now，you're waiter． You ask me．

S：What would you like？

T：Guess．

S：_____．

T：No/Yes，I'd like some _____．

再换成学生来对话，共两个。

5.全班操练这个句型，教师拿单词卡。

T：What would you like？

S：I'd like some _____，please．

换角色，学生当服务员。

S1：What would you like？

S2：I'd like some _____，please．

T：How much is it？（PPT 上展示价格）观察学生的反应，学生能回答，教师就重复。学生不能回答，教师进行引导回答。It's _____ yuan，please．

6.PPT 展示 Menu 及对话内容。

T：What would you like？

S：I'd like some _____，please． How much is it？

T:It's _____ *yuan*,please.

师生互换角色。

(设计意图:以多媒体课件与实物相结合的方式,导入新课,呈现新词,形式新颖,引发了学生的好奇心,也让学生在学习新单词的同时进行相应的扩展,让旧词新用,拓展学生的思维能力,为对话的实际运用奠定了基础。)

Step 3   Practice

小组活动,分别扮演服务员和顾客,制作一个菜单,并进行展示。

Name	Food/Price	Drink/ Price	Number

Total _____

(设计意图:学生在对话中学会交流,学会会计算账单。)

Step 4   Assessment

在学习过程中,设置评价方法,小组进行比拼。

在菜单的制订中,对学生点食物的数量进行评价:适量点餐,不要浪费,也不能吃太多,不利于身体健康。

(设计意图:让学生体验成功的喜悦,增强团队的集体荣誉感。明白合理饮食的重要性。)

教学板书设计

What would you like?	beef
I'd like some ____,please.	chicken
How much is it?	noodles
It's ____ *yuan*,please.	vegetables
	soup

教学评价设计

1.评价内容

对学生单词、句型的掌握情况进行了解,观察学生是否能用本节课学习的内容在情境中进行交流。

2.评价方法

通过合作交流学习竞赛这种激励性评价方式,增强学生的团队合作意识及荣誉感。

教学设计反思

本节课以《课标》为指导思想,以四年级学生的年龄特点、知识构架为前提,从自由谈话,复习和本节课相关的单词、句型引入新课。新课的教授让学生在教师的指导下通过认、读、练的学习方法感知、体验、实践、参与合作等方式完成教学目标。我设计本课时从学生的知识建构入手,精心编排教学环节,展开餐厅里的询问、询价的对话活动,让学生积极参与课堂教学,感受在餐厅里用英语交流的特点,从而培养学生的交际能力。

点评

该教学设计对学生情况分析到位,针对学生学情,把重点放在了情境对话,使学生能够在饭店中征求和表达用餐意愿,同时基本掌握相互交流学习的策略。教学活动的设计为学生的学习服务,体现了以学生为本的教学理念,并在教学中注意了单词拼读等学习策略的渗透。

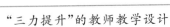

课　　　题：Module 9 Unit 1 This is my mother(第一课时)
课　　　型：对话课
教　　　材：外研版《英语》(三年级起点)
年　　　级：三年级上册
教学设计人：重庆市酉阳县红井小学　　赵维维
教　　　龄：9 年

教学观念(理念)

《义务教育英语课程标准(2011 年版)》提出的一个非常重要的目标就是要激发学生学习英语的兴趣,培养他们学习英语的积极态度,使他们初步建立学习英语的自信心,初步具备用英语进行简单日常交流的能力。

教学分析

1.内容分析

本模块主要学习向他人介绍自己的家庭成员和各自的职业,所运用的语言包括"This is my...,She's...,He's..."等句型。

需要掌握的单词：family,mother,father,doctor,grandpa,grandma,sister,brother,she,he,me。

2.学生分析

学生之前没接触过英语,这学期是学生首次学习英语,学习起来有难度。

教学目标

1.语言知识目标

学习任务语句:This is my mother.She's a teacher.This is my father.He's a doctor.能够口头运用"This is my..."这类语句介绍自己的家庭成员和各自的职业。

2.语言技能目标

能在图片的提示下整体识别单词 family,mother,father,grandpa,grandma,sister,me,brother。

3.情感态度目标

(1)激发学生学习英语的爱好,使学生树立学习英语的自信心。
(2)培养学生的合作交流能力。

教学重、难点

1.教学重点

This is my mother.She's a teacher.This is my father.He's a doctor.能够口头运用 This is my mother.

2.教学难点

运用这类语句介绍自己的家庭成员和各自的职业。

教学方法及策略

小组活动学习法、情境教学法。

资源运用

教学具:PPT、单词卡片、句条。

教学流程设计

Step 1   Greetings

(设计意图:组织课堂,让学生回归课堂。)

Step 2   Warm up

Where's the cat? It's in the cap.

Cap,cap,cap.

Where's the cap? It's in the desk.

Desk desk desk.

Where's the desk? It's in the classroom.

Classroom classroom classroom.

（设计意图：复习以前学过的句子和词汇，营造学习英语的气氛。）

Step 3 Lead-in

1.通过图片说明一个家庭的基本成员有哪些，同时引入新单词 family，mother，father，grandpa，grandma，sister，me，brother。邀请几个课前充分预习了的学生当"小老师"，戴着头饰扮演一家人，手拿单词卡片向全班教授新单词，教师在一旁提供指导和帮助。

（设计意图：通过熟悉的人物带领学生进入课题。）

2.出示 Smart 一家的图片，指着各个人物向学生提问，例如，"Who is he? Who is she?"（使用中文重复问题）引导学生识别出 Smart 一家的成员：Mrs. Smart，Mr.Smart，Sam，Amy 和 Tom。

Step 4 Presentation

1.把本课的挂图贴在黑板上，营造课文故事发生的场景。播放录音，请学生认真听，并让学生试着理解课文的内容，听过第一遍录音后，可以提出一些关于课文的具体问题。让学生完成下列任务：

（1）How many people are there in Sam's family?（在萨姆家里有多少口人?）

Seven.

（2）Who are they?

Sam and lingling.

（3）What are they talking about?

Sam's family.

2.请学生带着问题听第二遍录音。听过第二遍录音后，可以请已经理解课文内容的学生向其他同学提出问题，如："Who are they?"学习单词 mother，father，grandpa，grandma，sister，me，brother。板书新单词，并且教读。小组读，开火车读，男生读，女生读。学生跟读这些单词，速度稍慢些，以熟悉发音。

（设计意图：使用单词卡片教授生词，带领学生理清 Smart 家庭成员之间的相互关系。）

3.学习词汇 doctor。

出示图片学习单词和句子。

She's a doctor.

He's a doctor.

教师教读,学生跟读,练习句子。

Step 5　Practice

1.请学生再听录音,模仿跟读课文。请学生戴着头饰分角色表演课文。

2.找一张全家福或者画一幅全家图,向同学介绍家庭成员。如果学生愿意,可以引导学生介绍自己家庭成员的职业。

(设计意图:通过练习句子,激发学生学习英语的热情,使学生树立学习英语的自信心,培养学生的合作交流能力。)

3.将称呼放进 chant,再次复习。

Step 6　Homework

1.听录音,向家人复述录音内容。

2.画家庭树,向朋友介绍家人。

教学板书设计

```
                Unit 1 This is my mother
                     She's a...
                     He's a...
     family       mother        father
     doctor       grandpa       grandma
                  sister        brother
     she          he            me
```

教学评价设计

课堂评价主要以鼓励性评价为主。

教学设计反思

本节课通过充分利用小组合作的优势,采取教读、小组读、开火车读、男生读、女生读等多种形式,引导学生主动地获取英语知识,提高学生主动学习的能力。

点评

本节课教师扎实地把教学知识点在教学过程中传递给学生,课程完毕后大部分学生应该都能够说得出本课要求掌握的词汇句式。但我有以下一些建议。

(1)教师在设定的情感态度目标上过于广泛,这一堂课我认为可以把情感目标设计在对家人的爱这个点上。

(2)在教学设计上,我个人认为教师没有以学生为基点出发,整个教案的设计让我感觉通篇是教师在拉动学生学,没有提供给学生自主学习思考的环节。

(3)在教学资源的使用上我建议教师可以再多挖掘一些内容来帮助学生理解这几个词在家庭关系中的具体关系,例如,在网络上下载一些现有的有家庭词汇的歌曲或者 chant。

(4)从课堂文化上来讲,我发现教师没有设计一个整体的情境,来帮助学生在情境下完成学习,其实完全可以设计一个"家庭旅游遇见新朋友,向新朋友介绍家人"的这样一个大情境。

(5)教师的板书设计可再仔细考虑一下,以便更明确本堂课所有的知识点。

课　　　　题:Unit 4 Lesson 1 My home
课　　　　型:语篇教学
教　　　　材:人教版《英语》
年　　　　级:四年级上册
教学设计人:重庆市酉阳铜鼓小学　　赵维维
教　　　　龄:9 年

教学观念(理念)

1.面向全体学生,为学生的全面发展和终身发展奠定基础。
2.关注学生的情感,营造宽松、民主、和谐的教学氛围。
3.拓展学生的文化视野,发展他们跨文化交际的意识和能力。

教学分析

1.内容分析

本课时的话题 My home,非常贴近学生的生活,学生在课余很乐意跟同学谈起这一话题。在设定教学目标时,我结合四年级学生的学习水平,设计了通过多种形式教授关于房间的单词的教学案例,以让学生快乐学英语并接受其中的知识。

2.学生分析

四年级学生的年龄在十岁左右,他们生性活泼好动,善于直观形象思维,对游戏、竞赛特别感兴趣。而且他们接触英语已经有一年半时间,已具有初步的听、说能力。在本单元 A 部分中,学生将会接触介绍人物的诸多单词,我相信这能很好地调动学生的学习积极性。

3.环境分析

(1)农村小学的学生胆小,羞于说英语。

(2)缺乏学习英语的氛围。

(3)家庭环境和社会环境不重视学生的英语学习。

教学目标

1.语言知识目标

(1)能听、说、认、读单词 study,bathroom,bedroom,living room 和 kitchen,并能在实际情境中加以运用。

(2)能听懂并发出一些指令,如:Watch TV.Read a book.Have a snack.Take a shower.Have a sleep.

2.语言技能目标

能用下列语言简单介绍自己的家:This is my home.You can see a living room,a bedroom,a...I can watch TV in the living room,I can read a book in the study...

3.学习策略目标

通过给学生一张家庭的图片,让学生看看家里的布置,从而首先感知课题,以便更好地了解和接受新知识。

4.情感态度目标

培养学生对家的热爱。

5.文化意识目标

在中国没有特别区分 bathroom,bedroom,living room,而在西方,这些房间的功能分得特别清楚,所以应注意教学生区分,以免日后闹笑话。

教学重、难点

1.教学重点

(1)能听、说、认、读单词 study,bathroom,bedroom,living room 和 kitchen,并能在实际情境中加以运用。

(2)能用简单的语言介绍自己的家。

2.教学难点

理解并会说:Have a snack.Take a shower.Have a sleep.并能用下列语言简

单介绍自己的家：I can watch TV in the living room，I can read a book in the study...

教学方法及策略

1.教学方法

游戏教学法、情境教学法、动作教学法、活动教学法。

2.教学策略

给学生提出教学目标，组织、提炼教学内容，安排教学顺序，指导学生学习。

资源运用

教学具：单词卡片、录音机、PPT。

教学流程设计

Step 1　Warm up

1.Greeting

T：Hello，Boys and girls.

2.Free talk

T：This is my home.I like my home.(guess the meaning by looking at a picture) What about you?

（设计意图：让学生首先感知课题，以便更好地了解和接受新知识。）

Step 2　Presentation

1.Learn the new words.(Look at the picture)

（设计意图：根据学生好奇心和求知欲强的特点，用图片调动其学习的积极性，同时视觉刺激能让学生积极思考，并加深其记忆。）

(1)Living room.

T：Look at my home.What is in it?

Ss：Living room.

T：Yes.This is a living room.Follow me：living room，living room.

(2)Study.

T：Is this a living room?

Ss：No.

T：Oh，sorry.I go the wrong way.What is this?

Ss：Study.

T:Yes,this is a study. Follow me:study,study.

(3)Kitchen /bedroom/ bathroom.

T:Look at the picture.What is this?

Ss:Kitchen.

T:Yes,this is a kitchen. Follow me:kitchen,kitchen.

2.Practice.

(1)Listen to the tape recorder and read.

（设计意图：通过听觉刺激吸引学生的注意力，同时教师指导和纠正学生的发音。）

(2)I speak in English,you speak in Chinese.

（设计意图：通过这个游戏环节来巩固单词的学习和记忆。）

(3)Draw your home and write down the name.

（设计意图：学以致用，发挥学生的想象力，同时培养学生对家的热爱。）

3.Let's do.

(1)Listen to the tape recorder.

（设计意图：带有旋律的音乐节拍能够调动学生的积极性，活跃课堂气氛，让其更迫切地想学习。）

(2)Guess the meaning.

（设计意图：发挥想象力，调动学生的积极性。）

(3)Read after the tape.

（设计意图：指导和纠正发音，同时找个别同学站起来读，满足学生的学习欲望。）

4.Do action.

（设计意图：学习英语和游戏动作相结合，使枯燥的学习变得更生动，让学生在学中玩，在玩中学。）

Step 3　Extension

介绍自己的家。

T:（多媒体出示一张新的家庭图）Look, boys and girls, this is my new home.You can see a living room, a...I can watch TV in the living room, I can read a book in the study...Can you introduce your home now?

Ss:Yes.

T:Take your pictures and introduce your home to your partner.

（设计意图：多媒体出示教师的示范语言，同桌之间介绍自己的家。）

T:Now,who can introduce your home to the whole class?

 222

（**设计意图**：请部分学生向全班介绍自己的家。）

T：Well done！Now，please walk around the class and introduce your home to your friends.

（**设计意图**：学生在教室自由走动，向朋友介绍自己的家。让学生的感情升华，同时发挥学生的想象力，培养其对家和生活的热爱。）

Step 4　Homework

Please introduce your home to your friends.

教学板书设计

This is my home	
study	Read a book
bathroom	Take a shower
bedroom	Have a sleep
living room	Watch TV
kitchen	Have a snack

教学评价设计

1.评价内容

除了对学生对课本上的知识的掌握情况进行评价外，同时也要注意对学生的学习能力、创新精神、心理素质以及情绪、态度和习惯等综合素质的评价。

2.评价方法

评价方法以传统的上课问答和平时的印象为辅，以学生的日常行为、成长记录、表现性评价等质性评价为主。

教学设计反思

《义务教育英语课程标准(2011年版)》强调从学生的学习兴趣、生活经验和认知水平出发，倡导体验、实践、参与、合作与交流的学习方式，以学生"能做某事"的描述方式设定各级目标要求，倡导教师避免单纯传授语言知识的教学方法。本人在教学 My home 一课时就采用情境教学和任务型教学的途径，并就教学得失谈谈自己的想法。

1.设定有效任务

本课时的话题 My home,非常贴近学生的生活,而且学生在课余也很乐意跟同学谈起这一话题。在设定教学目标时,我结合四年级学生的学习水平,设计了通过多种形式教授关于房间的单词的教学案例,以让学生快乐学英语并容易接受。"Let's do"部分更是迎合学生活泼好动的特性,满足学生的好奇心和求知欲。在掌握有关的房间与单词的基础上扩大信息量,最后给学生布置一项介绍自己家的学习任务。上课一开始,我就提出学习任务,让学生明确学习目的,为新课的学习做好充分的心理准备。通过新课呈现、操练巩固学习新语言,最后在完成任务的过程中运用语言,使学生达到"能介绍自己的家"的目标。

2.注重榜样示范的作用

小学生的学习能力还比较弱,学习策略比较欠缺,对语言的整体把握能力也不够强。因此,在教学过程中榜样示范的作用显得尤为重要。以外,还要注重示范的层递性:由教师示范或借助媒体示范到尖子生的示范,再到大面积练习,要充分考虑到学生的接受能力。

在本堂课的教学中,我不仅在教学词汇和说唱时强调示范,还在任务实施过程中注重示范。我以自己的语言和动作感染学生,激发学生说与做的欲望。在学生介绍自己的家之前,我给出语言框架:先自己示范介绍,然后让尖子生学着模仿,再分成四人小组相互介绍,最后再让学生自由到好朋友处介绍。这样,学生学得扎实,学习任务也能顺利完成。

虽然这堂课上得比较顺利,但是也有不少遗憾。最主要的是评价机制还不够完善,评价方式比较单一,在以后的教学中有待改进与提高。

点评

本教学设计关注学生的心理特点,从学生的已知信息出发,调动学生多种感官进行学习,运用大量的图片创设真实语境,让学生在感知中学习,在合作中运用。根据学生好奇心和求知欲的特点,用教师家的图片呈现语境,调动学生学习的积极性,激发学生积极思考,使之乐于交流。然后用课文的情境加深印象,再次进行语言的输入,并采用游戏对新学词汇进行巩固。再用 TPR 的活动,在图片的提示下,学生边听边做,边说边做,调动各种感官,刺激大脑,加深记忆。最后一个任务——"介绍自己的家"让学生用已学的词汇和句型对自己的家进行描述,达到语言的运用和输出目的。在整个教学过程中,教师根据学生的学习特点,循序渐进地开展教学,充分调动了学生的学习积极性。

课　　　题：Module 8 Unit 2 There are two footballs under my desk
课　　　型：拓展课
教　　　材：外研版新标准《英语》
年　　　级：一年级下册
教学设计人：重庆市大渡口区育才小学　　张帆
教　　　龄：14 年

教学观念（理念）

《义务教育英语课程标准(2011 年版)》强调英语课程要从学生的学习兴趣、生活经验、认知水平出发,倡导体验、参与、实践、合作与交流的学习方式和任务型的教学途径,发展学生综合语言运用能力,使语言学习的过程成为学生形成积极的情感态度、形成主动思维、敢于大胆实践,提高跨文化意识和形成自主学习能力的过程。

教学分析

1.教材分析

本课时主要复习和拓展学习服装类词汇,并运用"there be..."句型进行描述。本课是服装教学的拓展课,根据教材编排,并没有新授内容,而是服装类单词的认读,there be 句型的理解和使用。我并没有简单机械地呈现教学内容,而是在了解学生已较好地掌握已学服装词汇的前提下,对教材及教学要求进行灵活处理,将重点放在对服装词汇的听、说、认、读和综合拓展上。

2.学生分析

本教材为一年级起点每周 3 课时的学生而准备,难度甚于现行四年级教材,因此教师将教学调整为每学期教学半本,并对教材内容进行适当的增减、选择和整合。本校二年级学生现每周 2 课时,正学习本套教材一年级(下)第八模块,本课设计以复习—拓展—运用为主要教学任务。

教学目标

1.语言知识目标

(1)大部分学生能听、说、认、读服装类词汇:shirt,coat,shorts,socks,shoes(教材内容——旧);pants,T-shirt,dress,skirt(拓展词汇——新)。

(2)部分学生能当堂运用 there be 句型进行场景描述。

2.语言技能目标

(1)学生对 there be 句型的运用。

(2)通过一系列教学活动,培养学生主动思维、大胆实践、自主探究的能力。

3.学习策略目标

(1)鼓励学生积极运用多种学习方法和策略,自主获取信息,主动交际,分享交流。

(2)延伸 there be 句型教学,透过句型结构寻找规律,扩充词汇,充分运用所学知识与技能,以建构新的语言知识。

4.情感态度目标

(1)结合实际生活,创设真实情境,引导学生养成良好习惯,同时提高学习的积极性和主动性。

(2)培养学生团结合作的意识和精神。

教学重、难点

1.教学重点

服装类单词的认读,there be 句型的理解和使用。

2.教学难点

There be 句型的单复数变化时的不同表达,以及结合实际生活实际,通过本课主题教育学生养成良好的卫生习惯,让学生认识到保持个人物品整洁是小学生应具备的基本素养之一。

教学方法及策略

1.学生为主体的教学策略

课前、课中、课后,给学生充分展示和表达的机会,使其在教师的引导下成为学习的主体,并让不同层次的学生都有自己的舞台。

2.小组学习策略

课堂教学中的小组学习策略,是合作学习策略的一种,是指学生之间为了达到某一共同目标而彼此配合、相互协助的一种联合行动。

小组学习能激励学生发挥出自己的最高水平;能促进学生在学习上互相帮助、共同提高;能增进同学间的情感沟通,改善人际关系。由于强调小组中的每个成员都积极地参与到学习活动中来,学习任务由大家共同分担,问题就比较容易解决了。

3.竞争的策略

在课堂教学中,设计合理的竞争能激起学生个人发奋努力的热情,从而在学习上得到更大的收获。本课的竞争策略主要体现在教学评价。

资源运用

词卡、评价奖品(贴画)、PPT 课件、磁铁。

教学流程思维导图

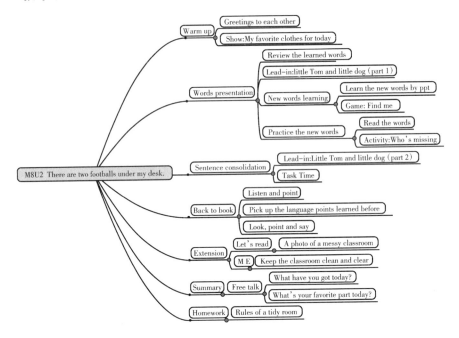

教学流程设计

Step 1　Warm up

1.Greetings to each other.

2.My favorite clothes for today.

Words presentation：About 14mins.

Step 2　Review

The learned words：coat，shirt，shorts，socks，shoes.

Step 3　Lead-in

Little Tom and little dog（Part1）（A mini play）

Step 4　New words learning

pants，T-shirt，dress，skirt

1.Learn the new words one by one with PPT.

2.Game：Find me.

Step 5　Use the new words

1.Read the words.

2.Who's missing?

Sentence consolidation：There is a _____．There are _____．　About

10mins.

Step 6　Lead-in

Little Tom and little dog（Part2）

Task：make the pieces into one sentence and use it.

Step 7　Back to English book——Which page?

1.Listen and point.

2.Pick up the language points learned before.

3.Look，point and say.

Extension：About 8mins.

Step 8　Let's read (the photo of a messy classroom)

Step 9　ME：Keep the classroom clean and tidy.

Summary and homework：about 5min.

Step 10　Free talk：What have you got today?

What's your favorite part today?

Step 11　Homework

Rules of a tidy classroom.

教学板书设计

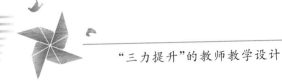

M8U2 There are two footballs under my desk.

比一比,
摘一摘。

There is a _____ _____.
There are _____ _____.

dress   skirt   pants   T-shirt

教学评价设计

1.评价内容

教学评价的主要目的是激发学生的学习兴趣和积极性。评价形式具有多样性和可选择性。评价以形成性评价为主,以学生参与英语教学活动表现出的兴趣、态度和语言交流能力为主要依据。本课时的评价内容是:

(1)能听、说、认、读服装类词汇,运用 there be 句型进行简单场景描述。

(2)对本课各项教学游戏、教学活动的参与度和专注程度。

(3)语言交流能力和学习态度。

2.评价方法

(1)教师口头表扬和小印章表扬。

(2)结课前学生自主发言评价本堂课最喜欢的部分或表现最佳的同学。

(3)小组竞赛:比一比,摘一摘。

生活实践(与实际生活的结合点)

关注学生的生活经验,创设真实生活情境。结合实际生活,通过本课主题教育学生养成良好的卫生习惯,让学生认识到保持个人物品整洁是小学生应具备的基本素养之一。

教学设计反思

低年级的学生活泼好动,对新鲜事物有着极大的好奇心和求知欲,想学也喜欢学英语,对各种游戏、活动的参与积极性很高,有强烈的表现欲望。因此,在教学设计过程中,教师应充分考虑采用 TPR 教学法,让学生唱唱、听听、说说、看看,五官并用,不断激发学习的兴趣和热情。同时,在教学过程中,注意发展学生的记忆、观察和思维能力,让学生在各种快乐的活动过程中不知不觉地回顾、复习及巩固语言知识,发展语言技能。

本课是服装教学的拓展课,根据教材编排,并没有新授内容,而是服装类单词的认读,there be 句型的理解和使用。我并没有简单机械地呈现教学内容,而是在了解学生已较好地掌握已学服装词汇的前提下,对教材及教学要求进行灵活处理,将重点放在对服装词汇的听、说、认、读和综合拓展上,充分体现了"备学生""心中有学生"的教学意识。

点评

本节课教师的设计完整,脉络清晰,结构完整,但仍有几点不足。具体如下:

(1)本节课教师的教学目标设计紧扣新课标,从语言目标、语言技能到情感目标的设定都恰到好处。

(2)在教学内容的设计上教师从学生出发,尽量地挖掘学生能力,但我没有看到教师究竟是怎样指导学生复习旧单词和学习新单词的,希望教师把方法阐述清晰。

(3)在教学环节上我认为教师非常有经验,很有梯度,层层递进。

(4)整个教案在学生自主学习的板块稍有欠缺,我希望教师可以设计一些学生自主学习或者小组学习的活动让学生充分地主动参与到学习过程中。

(5)在板书设计上我认为还是很清楚的,但是因为涉及 there is 和 there are,所以教师应该思考一下单复数在板书上怎样呈现才能帮助到学生更好地理解学习。

(6)遗憾的是教师没有在教案中呈现怎样来评价学生的学习。

课　　　题：Unit 4 We love animals
课　　　型：词汇新授课
教　　　材：人教版《英语》
年　　　级：三年级上册
教学设计人：重庆市大渡口区育才小学　张帆
教　　　龄：14年

教学观念（理念）

　　我采用丰富的教学手段将听、说、读、玩融于一体,激发学生学习英语的兴趣和愿望,使学生通过合作学习体验荣誉感和成就感,从而树立自信心,发展自主学习的能力,形成初步用英语进行简单日常交际的能力。教学设计注重以听、说训练为主线,通过循序渐进的多种教学活动,使学生获得最基本的英语听说能力,并在教学中充分激发学生强烈的学习愿望,在注重学生知识能力发展的同时,特别强调学生人格的发展和思维的发展。

教学分析

　　1.内容分析

　　(1)Let's learn部分是本册书 Unit 4 We love animals 的第二课时,课前学生已学习动物名称,如 rabbit,panda,monkey,会说表示赞美的词语"Super!""Cool!""Great!"等。

　　(2)Let's do部分是为了巩固 Let's learn部分的内容,并培养学生学习英语的兴趣而设计的。学生可以在此项活动中尽情发挥表演才能。

2.学生分析

本册教材针对本校三年级的起始年段的学生。三年级学生生性活泼好动,擅长直观、形象思维,对游戏、竞赛特别感兴趣。学生学英语不久,课堂上应以鼓励性评价为主,注重培养学生学习英语的兴趣,鼓励他们大胆说、积极做、努力唱。学生们喜新好奇,求知欲强,对于新鲜的事物有着浓厚的兴趣和探究欲望。他们已经学过一些简单、常见的动物单词,如 dog,cat,monkey 等。同时,应抓住学生喜爱动物这一有利因素,加强对学生的环保教育。

教学目标

1.语言知识目标

(1)能听、说、认、读一些常见的动物单词,如 cat,dog,monkey,duck,panda,rabbit,并能用英语介绍这些小动物。

(2)能听懂一些简单的指示语,并能按照指令模仿动物做出相应的动作。

2.情感态度目标

(1)通过学习活动,使学生有兴趣听、说英语,培养学生注意观察、乐于模仿的良好习惯和主动竞争的意识。

(2)让学生在鼓励性评价中树立学习英语的自信心。

(3)通过小组活动培养学生合作交流能力,让学生意识到学习英语的重要意义。

(4)使学生形成热爱动物,热爱大自然,热爱我们周围环境的意识。

教学重、难点

1.教学重点

(1)复习 A 部分所学的动物单词,预习 B 部分中的动物单词。

(2)能正确认读新单词 super,cool,great。

(3)新学句型"I have a..."并做出回应。

2.教学难点

"I have a..."的运用和交流。

教学方法及策略

为了突破这堂课的重、难点,根据本校学生英语学习的基础和年龄特点,我主要采取了以下教法和学法。

1.小组合作学习法

把全班分成 6 个小组,分别用 A 部分 Let's learn 中的动物单词命名,并书写在黑板一侧。课堂各项教学活动均以小组活动为主线,以结对或全班活动为辅,学生互相交流、探究,共同完成学习任务,在合作中感受学习英语的乐趣及交流的意义,也通过小组成员之间"荣辱与共"的关系形成同步学习的环境。

2.情境教学法

给学生不断创设各种真实的场景,促使学生在语境中练习英语。

3.课堂评价

主要以鼓励性评价为主。课上恰当使用激励性评语和奖励个人贴画、小组奖红旗(画在黑板上)的方法,让学生渴望成功的心理得到满足。这也是激励学生积极投身英语学习的一个最简单而有效的方法,教师操作起来比较方便。

资源运用

教学具
课件、单词卡片、动物头饰。

教学流程思维导图

教学流程设计

Step 1 Warm up

1.游戏导入,激发学生学习的兴趣。

精彩的课堂开头,不仅能使学生迅速地兴奋起来,而且还会使学生把学习当成一种自我需要,自然地进入学习新知的情境。利用特别设计的"自我介绍",消除教师与学生之间的陌生感,同时为本课句型教学做铺垫。

2.复习旧知,分组学习。

在整堂课的教学中,教师将有意识对学生的学习情况做出实时的小组评价。因此,我根据教材内容以 A 部分出现的小动物,将全班学生分为六个小组。在复

习了动物词汇的同时,将 A 部分句子表述所需要用到的主语渗透到小组名称中,降低了后面练习中造句难度。

Step 2　Lead-in

教师要真心诚意地把学生当成学习的主人,努力提高"导"的艺术,从而在教学中恰到好处地去启发、点拨学生,这样才能使课堂充满活力。因此,这个环节我是这样设计的:

1.活动——猜一猜。课件展示 A 部分中动物图片,不过每张图片都缺少小动物的头像,教师告诉学生,在热身部分的学习分组时,六个小动物已经来到了同学们当中,教师请同学根据课件上图片中小动物的轮廓来判断是什么动物。借此复习 dog,cat,rabbit,panda,duck,monkey 六个单词。紧接着,图片以完整形式出现。

2.模仿秀——在动物单词复习结束后,教师让全体同学随着录音来模仿一下各种小动物的姿态,既衔接 Let's do 部分,又为之后合理过渡到对话教学埋下伏笔。

Step 3　Presentation

在小学英语课堂中使学生保持一种积极的紧张感,能够激发他们学习的外部动机,引发他们一系列的自主活动,促进外部动机向内部动机的转化。

1.新词教学——"找一找"与"试一试"。

由于两个新词都是抽象单词,所以在单词教学设计上,我尽量让抽象的单词直观化。在教学 super 时,教师出示若干套图片,每套图片中有一处与众不同的地方,请同学来找一找不同之处,之后通过多种教学手段对单词进行拼读、认读教学。教学 cool 一词时,教师要求学生闭上眼睛,打开风扇让学生感受风吹动的状态。这个活动完全由学生来体会,既让学生深刻领悟单词的直观含义,又通过单词本意衍生出与 super 同义的"很棒、很了不起"的惊叹意义。

2.对话教学。

(1)学生打开书,结合课文插图,听课文录音,圈出本单元关键词 I have。

(2)趣味操练——找找另一半。将对话按英文内容分为 3 部分,对应的中文翻译也分为 3 份,分别将 6 张纸条乱序发给 6 个小组,让学生去寻找中英文匹配的"另一半"。再听录音,让学生按录音朗读顺序正确排列课文内容。本活动从多方面激发学生学习英语的兴趣,培养学生的自信心,让他们感受到成功的快乐。同时也让学生在游戏中理解和掌握课文内容。

(3)再听录音,学生逐句跟读,教师适时正音。完成和对话有关的选择题练习。

（4）最后，根据录音，小组合作表演。

Step 4　Extension and practice

1.视频欣赏：课件播放《我的野生动物朋友》。讲述美国女孩蒂皮和她的野生动物朋友之间的故事。之后让学生观看摄影图册，激发学生爱护动物之心。此环节的设置也是给已经长时间学习之后的学生安排的休息环节。

2.拓展任务：My lovely pet。由人推己，承接上一个活动，由小动物和人类和平相处的案例推及爱护自己身边的小动物。教育学生爱护小动物从自己做起，让学生以图文并茂、选择补充小短文的方式，先画出自己喜欢的动物，再运用本课句型来配文描述，最后展示。

此任务的设计，重视了对学生情感的熏陶，特别是对学生合作学习能力的培养，让学生们在师生、生生等不同的合作方式中，学会倾听，学会评价，为学生的终身学习奠定基础。

Step 5　Homework

1.总结小组成绩（包括个人的贴画和黑板上小组的小红旗），学生掌声祝贺获胜的小组，并鼓励未获胜的小组继续努力，为激发下节课的学习气氛打下基础。

2.布置课外作业——我的英语墙。

请学生将自己的作品 My lovely pet 修饰后，贴于卧室英语墙，以此培养学生学习的积极性和自信心，以及荣誉感。

教学板书设计

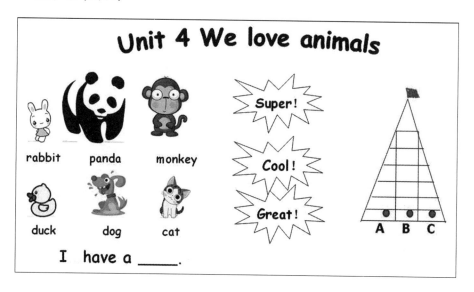

教学评价设计

1.评价内容

教学评价的主要目的是激发学生的学习兴趣和积极性。评价形式具有多样性和可选择性。评价以形成性评价为主,以学生参与英语教学活动表现出的兴趣、态度和语言交流能力为主要依据。本课时的评价内容是:

(1)是否能听、说、认、读六个动物词汇和运用"I have a..."句型进行简单场景描述。

(2)对本课各项教学游戏、教学活动的参与度和专注程度。

(3)语言交流能力和学习态度。

2.评价方法

(1)教师口头表扬和小印章表扬。

(2)结课前学生自主发言评价本堂课最喜欢的部分或表现最佳的同学。

(3)小组夺红旗比赛。

生活实践(与实际生活的结合点)

关注学生的生活经验,创设真实生活情境。结合实际生活,设置 My lovely pet 英语墙海报作业。通过本课主题教育学生关爱小动物,使学生形成热爱动物、热爱大自然、热爱我们周围环境的意识。

教学设计反思

本节课不论是新知的呈现,还是游戏的设计,都是以学生的自主探究学习为中心,充分调动学生学习英语的积极性,让学生全员积极参与到课堂,在玩中学,学中用,提高了课堂实效,培养了学生学习英语的兴趣。我相信通过这样的教学,充分让学生主体参与、体验感悟,能较为成功地实现课堂教学的任务。

在作业的设置上,我也注重体现梯度与层次性。在完成作业 I love my lovely pet animals 时,英语能力较强的学生可以自创,图文并茂地描述自己和动物之间的句子或小语段;中等能力的学生可以根据教师提供的模板完成;能力相对较弱的学生则完成照相作业,附上简单关键词说明即可。最后,学生作业展示放置到教室文化墙的英语角,让每个学生的作品都得以展示,学生之间相互分享,这样的设计对提高学生学习兴趣和自信心有积极作用。

点评

本节课的教学设计充分考虑学生的年龄特点,采用有趣的游戏、TPR 活动、直观激励性评价等形式激发学生学习兴趣,调动学生参与的积极性。各环节活动紧扣本课教学目标,注重通过图片、声音、动作、视频等直观、形象的教学媒体调动学生的听觉、视觉、动作、触觉,通过多种刺激,让学生不断强化感知语言、理解语言,并在这些媒体创设的相应的情境中去运用语言。整节课教学以学生的学为中心,流程清晰、步骤紧凑,较好地体现了由易到难、由不会到会的真实的学习过程。

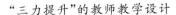
课　　　　题：Unit 3 Look at me
课　　　　型：词汇教学课
教　　　　材：人教版《英语》
年　　　　级：三年级上册
教学设计人：重庆市南岸区川益小学校　　张琳
教　　　　龄：10 年

教学观念（理念）

本课旨在面向全体学生，关注学生情感，营造轻松、愉快的学习氛围。本课倡导"任务型"教学，培养学生综合运用语言能力，在教学设计中，强调对学生学习策略的指导，为他们的后续学习奠定基础。

教学分析

1. 内容分析

本课为人民教育出版社版小学英语三年级 Unit 3 Look at me 中的 Let's learn A。

2. 学生分析

学生是三年级起始年级段的，有较强的英语学习兴趣，好为人师，对本课要求掌握的词汇有一定的基础，在课堂上会有强烈的表现欲望和参与课堂活动的热情。

3. 环境分析

基于以往师生共同营造的良好的英语学习氛围，本课的活动设计符合学生的生理、心理特征,利用 Greetings,Let's do,Let's chant 贯穿课堂始终,加上"神秘礼物"的奖励机制,为学生营造轻松、愉悦的学习英语环境。

教学目标

《义务教育英语课程标准(2011 版)》指出,基础教育阶段英语课程的任务是激发和培养学生学习英语的兴趣,使学生树立自信心,养成良好的学习习惯,形成有效的学习策略;使学生掌握一定的英语基础知识和听、说、读、写技能,形成一定的综合语言运用能力。

基于学生实际情况,确定以下教学目标:

1.Students are able to understand and say the words:ear,eye,nose,mouth and face.

2.Students can use the sentences "Look at me! This is my..." to describe themselves or others.

3.Students can greet with teacher or others.

教学重、难点

1.教学重点

Help the students to understand and say the five words and the sentences.

2.教学难点

(1)The pronunciation of "th".

(2)Understand the meaning of "Look at me!" and use the sentences freely.

教学方法及策略

本课设计主要针对词汇教学进行方法和策略运用。

(1)创设情境,增强词汇教学的直观性。

(2)活用游戏,增强词汇教学的趣味性。

(3)回归生活,增强词汇教学的语用性。

资源运用

PPT,some stationeries,word cards.

教学流程设计

Step 1 Warm up

1.The teacher and students greet together.

T:Good morning,boys and girls.

Ss:Good morning,Miss Zhang.

T:How are you?

Ss:I'm fine,thank you.And you?

T:I'm OK!

（设计意图：开课问候是三上的规定动作，每次的对话内容可以更换。此次对话内容主要复习 Let's talk A。）

2.Let's do.

（1）The teacher shows her book,and says:"This is my book." Students take out their books and say.

（2）The teacher does the actions to lead the students follow.(e.g.Open your book./Close your book./Stand up./Sit down./Touch the ground./Turn a-round.)

（设计意图：此活动源于教材 Let's do，又注意对句子和新知的整体感知，强调在做中学。让学生在不知不觉中感受新知。）

Step 2 Presentation and practice

1.The teacher points to the children's desk,and says:"I see blue." And asks:"What color can you see？" Leads the students to find out the colors in the classroom.

2.The teacher shows PPT—a white "ear","then let's learn 'ear'". The teacher draws an ear on the blackboard,and says:"This is my ear." The first student can get a piece of paper.(This is a secret gift)

3.The teacher shows a red "eye",the students learn.And do "Open/close/touch your eyes/ears."(The teacher also draws the eyes on the blackboard)(secret gift)

（设计意图：用颜色旧知引入五官新词，自然真实。并随时注意句子的整体学习。"神秘礼物"的出现，激发学生兴趣，整节课学生的情绪都高度集中。在画眼睛和耳朵时，教师注意由单数变复数的变化，带着学生进行操练，不必特别解释。）

4.The teacher asks:"What color is your eye?" "Black." Then shows a black circle,put it on the nose,lead the students to guess—It's a nose.The teacher says:"nose,nose." The students:"This is my nose." with touch their nose.(secret gift)

Step 3　Production

1.Let's play.

(1)Choose a little teacher to give the orders—Open/close/touch your eyes/ears/nose.Two groups have a competition.

(2)Pair works."What's this?" "This is my..."(secret gift)

2.The teacher gives a "mouth" to the students as a gift.Teach and draw.

3.At last,the teacher draws a circle as the "face".The teacher asks:"What's this?" "This is my face."

（设计意图：自然过渡，引出新词。）

4.The teacher asks the students to close their eyes,and put the word cards near the face on the blackboard.Then the students open their eyes,try to match.(secret gift)Then read the words together on pictures.

5.Ask the students who gets the secret gift to come to the front,and make the papers together with the right orders.

The teacher helps the students to describe:white ears,red eyes,black nose,red mouth,it's a rabbit.

6.Describe yourselves.The teacher does it first with the sentence:"Look at me! This is my..." And then,the students do it.

（设计意图：从词意的记忆操练到词组的情境运用，最后用真实的语境让学生运用知识。）

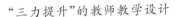

教学板书设计

Unit 3 Look at me

Look at me!
This is my...

ear
eye
mouth
nose
face

教学评价设计

本节课为五官单词学习,本着进行科学有效的评价原则,注重形成性评价,针对三年级学生的年龄特征,设计了与教学内容紧密相关的评价。利用小兔拼图的图片作为奖励,让他们保密,引起他们的好奇心,既能激发学生的兴趣,又可以持续保有他们的注意力。

教学设计反思

本课是 PEP Unit 3 Look at me（PEP 三上）的第二课时。此时的学生处于英语学习的初始阶段,我针对自己的学生对单元进行整体设计,有意识地放慢了教学进度。通过本课教学设计,我认为 5 个五官单词的学习虽是重点却不是难点,不少学生在新词出现甚至还未出现时应该就能脱口而出,因此在实际教学中,我可以放手让他们当小老师,充分调动了已经掌握了的学生的积极性,也激励了其他学生更快地学习,更把自己从课堂机械带读中解放出来。另外,神秘礼物贯穿于整堂课中是亮点,能让奖励机制真正地为教学服务。

点评

本节课中,教师把语言学习与语言运用相结合,教师通过学生对语言的观察和触摸,将五官词汇的呈现建立在学生已知的颜色词汇之上,并通过 TPR、小组活动、神秘礼物等多种互动形式为学生体验、参与、实践与合作学习提供了充分的机会。教学中教师示范到位,新知的呈现符合三年级学生直观、形象思维,语言实践活动层层递进。在活动中,教师鼓励学生创造性地使用语言,这种相对真实的任务有利于学生把所学语言运用到语言实践活动中。

课　　　　题：Unit 4 Where is my car？（第一课时）
课　　　　型：新授课
教　　　　材：人教版《英语》
年　　　　级：三年级下册
教学设计人：重庆市南川区隆化七校　　谢雨敏
教　　　　龄：11 年

教学观念（理念）

这节课是 PEP 新版小学英语三年级下册第四单元 A 部分的第一课时。本单元的语言功能为：描述物品位置。在语言结构上，A 部分主要是学习用句型"Where is...？ It's in/on/under..."来询问物品位置并回答，这个句型也是本单元基本的语言内容。因此，本节课将为随后的教学做知识上的铺垫，是本单元最重要的基础教学。根据《义务教育英语课程标准（2011 年版）》，本人主要运用任务型教学法及情境交际法，并采用多媒体课件进行教学。按照任务型教学的基本理念，课堂任务的设计选择贴近学生实际生活的内容，提供符合真实生活的学习情境，通过自主、合作、探究培养学生主动学习英语的兴趣、自学能力、合作能力。

教学分析

1.内容分析

本单元 A 部分提供学生要学习的核心句型：Where is...？ It's in/on/under...重点词汇是 desk，chair，以及三个方位介词 in，on，under。本部分把对话和词汇整合，分两课时完成。第一课时侧重在语篇中整体感知学习词汇和句型，第二课

时侧重词形的认读训练,强化听说、认读技能的培养。结合我校学生实际,在教学中,我将教学顺序做了适当调整。本节课我主要将 A 部分 Let's learn 作为第四单元 A 部分的第一课时,以"Where is...?"为中心话题,运用介词 in,on,under,围绕学生身边的学习用品展开练习。最后呈现对话内容,让学生初步在语篇中整体感知学习的词汇和句型,为第二课时的语篇教学做铺垫。

2.学生分析

本单元教学设计的学习者是小学三年级的学生。他们学习英语的时间不长,好奇心很强,爱玩,记忆力好,好表现,好竞争,但注意力容易分散,他们又喜欢教师的赏识与表扬,因此,教学时可充分利用学生的这一特点,采用活动、游戏等多种形式,激发学生学习英语的兴趣,让学生学得轻松,掌握知识掌握得牢固。

教学目标

1.语言知识目标

(1)能听、说、认、读单词:desk,chair,in,on,under。

(2)能够听懂、会说句型 Where is...? It's in/on/under...

2.语言技能目标

(1)能听懂英语指令:Put your...in/on/under...并做出正确的动作。

(2)能在实际情境中正确运用本课句型:Where is...? It's in/on/under...

(3)能听懂录音内容,并模仿正确的语音语调。

3.学习策略目标

(1)在学习中集中注意力。

(2)积极运用所学英语进行表达。

4.情感态度目标

(1)敢于开口,表达中不怕出错误。

(2)养成自己收拾整理书包的习惯。

教学重、难点

1.教学重点

(1)能听、说、认、读单词:desk,chair,in,on,under。

(2)能够听懂、会说句型 Where is...? It's in/on/under...

2.教学难点

单词 under 和 chair 的发音。

教学方法及策略

1.教学方法

直观教学法、游戏教学法、情境教学法、交际法等。

2.教学策略

根据教学内容组织多种形式的课堂互动,鼓励学生通过观察、模仿、体验、展示等方式学习和运用英语,尽可能多地为他们创造语言实践的机会,引导他们学会自主学习和合作学习。

资源运用

1.教学具

日常学习用品。

2.PPT 教学课件

教学流程设计

Step 1 Warm up

1.教师播放本册 Recycle 2 歌曲 *Short vowel song*,学生跟唱。

歌曲主要句子:Where is short a? I'm in a fat cat.

(设计意图:播放的歌曲图文并茂,旋律简单,易学,能活跃课堂气氛;歌曲里有这节课要学的新句型"Where is...?",让学生通过听唱歌曲感知本节课将要学的句型,为后面新知识的学习奠定基础。)

2.复习三年级上册第一单元单词 pen、bag、pencil、pencil-box、book、ruler。

T(教师拿起一位学生的文具盒):Boys and girls,look,it's a pencil box.Can you guess,what's in it? (学生猜物品)

请学生打开文具盒,一一取出文具,全班一起说单词:a pen,a pencil,a ruler...

(设计意图:用猜文具的方式复习学生身边学习用具的英语表达,能提高学生的注意力,激发学习兴趣,并为后面的新知学习做铺垫。)

Step 2 Presentation

1.教师边示范边发指令:Put your pen/ pencil/ ruler/... in your pencil box.教读介词:in(出示单词卡片)。

教师指着文具盒里的铅笔:It's in the pencil box.

然后教师指着学生手里的文具盒里的铅笔问:Where is your pencil?

可提示学生用英语表达:It's in the pencil box.

2.教师继续发指令:Put your book in your hand.Put your book on your head.教师边说边将书放在头上,教读单词 on。然后问学生:Oh,Where is my book? 提示学生回答:It's on your head.

教师边说边用手敲打学生课桌:Put your pencil box on the desk.示意学生将书放在课桌上,并教读单词 desk。(出示单词卡片)

小组开火车读单词。(教师在黑板中间画一张桌子)

教师边画边问:Can you guess,What's this?

学生用英语回答。

教师板书单词。

教师发指令:Put your ruler on the desk.Put your hand/face... on the desk.

3.教师接着发指令:Put your hand on the chair.教师指着凳子教读 chair。

出示单词卡,学生认读。教师巡回视听学生认读情况,发现错误及时纠正。

4.教师发指令:Put your hand on the chair.Put your book on the chair.Put your book on the desk.Put your chair under the desk.教师用手势表示"在……下"。然后一边重复刚才的指令一边帮助几个学生将凳子放在桌子下。出示单词卡片教读:under,学生开火车认读单词,若发音不准,教师及时纠正。

教师发指令:Put your leg/body under your desk.

5.学生打开书第39页,教师放录音,学生听音指单词,并模仿跟读。

6.播放录音 Let's do,学生听音做动作。

7.出示新授单词卡片,学生认读单词。

(设计意图:书、笔、文具盒等学习用具都是学生三年级上册学过的知识,教师利用旧知通过句子 put your...in/on/under...发指令,学生在听指令做动作的过程中逐步渗透新知识的学习。这一活动设计是依据《义务教育英语课程标准(2011 年版)》教学建议以学生"能用英语做事情"的方式,通过接触、理解、操练、运用等逐步实现语言知识的内化。)

Step 3　Practice

1.教师简笔画。

桌子上画一支铅笔问:Where is the pencil?

学生回答:It's on the desk.教师板书句子。

又在桌子里画 pencil box:Where is the pencil box?

学生举手回答:It's in the desk.教师板书句子。

教师在桌子下画上书包:Where is the bag?

学生答,教师板书句子:It's under the desk.

学生齐读黑板上的句子。

2.竞猜游戏。

教师走到学生身边,让学生背对教师,教师将书放在学生的凳子上,问:Where is the pencil? 学生猜一猜,用英语"It's..."来表达。其余学生判断是否猜对,猜对了才能转过身来,交换提问,教师背对该学生,该学生将文具藏好,对教师提问:Where is the...? 教师猜,其余学生判断。全班三人小组练习。

3.整理凌乱的书桌和书包。

刚才的练习活动中,书包和文具可能都摆放乱了,请学生用英语表达文具应该放在什么地方,教师提问:Where is the pen? 学生一边将笔放在文具盒里,一边用英语回答:It's in the pencil box.

教师请学生就还未收好的文具提问,其余学生边收拾边回答。

(设计意图:本部分是操练环节,设计了多种方式进行练习巩固本节课学习的主要知识点:教师简笔画能将方位介词的意义直观形象地展示给学生,以适应儿童的认知特点。竞猜游戏活动能调动学生的积极性,体验学习英语的乐趣。用英语收拾书包这一活动是培养学生养成自己整理书包的习惯。)

Step 4 Extension

1.课件播放 Part A Let's talk 部分对话,学生观看后回答问题。

(1)Where is Zhang Peng's pencil box?

(2)Where is Zhang Peng's pencil?

2.再听课文录音,学生跟读对话。

(设计意图:语篇整体呈现,培养学生获取、处理信息的能力。录音模仿能培养学生纯正的语音、语调,形成正确的语感。)

Step 5 Homework

1.教师:Good job! Boys and girls. After school, you can...

(1)朗读对话。

(2)小组分角色表演,下次上课前展示。

2.教师小结:This class, we have learned these words(指着黑板上的单词,生齐读) and these sentences(齐读句子):Where is the...? It's...

That's all for today. Goodbye, boys and girls.

(设计意图:朗读所学内容,让学生再次复习巩固目标内容。)

教学板书设计

Unit 4 Where is the bag?

Where is the book?　　　　　　　　It's on the desk.

Where is the pen?　　　（简笔画情境图）　　It's in the desk.

Where is the bag?　　　　　　　　It's under the desk.

教学评价设计

课堂上用生动的手势、鼓励的语言、信任的眼神加强师生间的情感交流;在轻松愉悦、民主和谐的环境气氛中,让学生积极主动参与,使学生产生了强烈的求知愿望。

教学设计反思

(1)通过运用多种手段和方法,展现本节课的词汇和句型。从听教师指令做相应的事情,抓住学生好动的特点,引导学生在玩玩做做中进入新知学习,达到课前预期的效果。

(2)在操作活动中抓住学生好玩的特点,用学生喜欢的猜物游戏练习句型"Where is...? It's...",调动了学生的积极性,使学生有了更多的主动学习机会。

总的来说,小学英语教学要创建任务型教学模式,不是简单的动动玩玩,我们的活动一定要有实效,要为主题服务,要为真正发展学生的综合语言运用能力而服务。

点评

本课时有以下几个特点:

(1)全面体现了"在做中学、玩中学"的原则,学生通过观察、模仿、体验、展示等方式来学习和运用语言。

(2)在语言的准备阶段,教师创设性使用文具这一大众资源,通过鼓励学生观察发现本课 in,on 等新知。

(3)设计的任务真实,有教育意义。三年级学生对于凌乱的书桌和书包不会陌生,因此教师设计整理凌乱的书桌和书包的任务,充分观照了小学生的特点,并渗透了情感教育。活动设计层次清晰,可操作性强。

课　　　题：Module 3 Unit 1 Point to the door
课　　　型：词汇教学
教　　　材：外研版《英语》
年　　　级：三年级上册
教学设计人：重庆市彭水县鹿角中心校　　冯小燕
教　　　龄：7年

教学观念(理念)

1.面向全体学生,为学生全面发展和终身发展奠定基础。

2.关注学生的情感,营造宽松、民主、和谐的教学氛围。

3.加强对学生学习策略的指导,为他们终身学习奠定基础。

4.遵循课时安排的高频率原则,保证教学质量和效果。

教学分析

1.内容分析

(1)注重学生语言运用能力的培养,突出语言的实践性和实际性。同时也突出语言的真实性和实用性。

(2)注重中外文化的双向交流,使学生通过学习培养未来跨文化交际所需的能力。

(3)注重学生学习兴趣的培养,以不同方式最大限度地激发学生的学习动机。

(4)通过动画的形式展现在学生面前,让学生在观看动画的同时学习英语,让学生感觉轻松又愉快。

本教学内容并不难,只是对于刚接触英语的学生来说,要让他们在短时间内掌握,并记住那么多学习内容比较难。所以需要反复花样式的操练,方能达到教学目的。

2.学生分析

三年级的学生,由于年龄小,生性活泼好动,喜欢直观形象思维,对游戏、竞赛、画画特别感兴趣。三年级是小学生学习英语的基础阶段,这一阶段的重要任务在于激发并保持学生学习英语的兴趣。因此,在设计课堂教学活动时一定要根据学生的情况,采用灵活多样的教学方法来吸引学生的注意,努力营造玩中学、学中玩的教学情境。课堂上尽量以鼓励表扬为主,鼓励学生开口说英语、特别是给差生创造机会,让他们尝试成功的喜悦。

三年级个别学生还存在顽劣和懒惰倾向,有上课不专心、课下作业完成不及时的坏毛病,学习效率也较差,有些学生甚至出现了厌学情绪。久而久之,两极分化现象日趋明显。英语学得好的学生越学越有信心,越学越有兴趣,而学得不好的学生则越来越不能集中注意力上课,更谈不上回家复习,基础就更差了。这一问题在期末考试中也暴露无遗。学习兴趣浓、学习自主性强的学生确实比那些学习兴趣低、学习被动的学生考得好。

3.环境分析

(1)农村小学的学生胆小,羞于说英语。

(2)缺乏学习英语的环境氛围。

(3)家庭环境和社会环境不重视学生的英语学习。

教学目标

1.语言知识目标

功能:发出指令和执行指令。

语法(结构和句子):指令 Stand up/ Sit down/ Point to。

(1)听:能在听录音的过程中从语句中辨别如下单词:door,please,window,blackboard,bird,desk,chair。

(2)说:能在句子中正确使用如下单词:door,please,window,blackboard,bird,desk,chair。

(3)读:能在图片的指示下,跟着录音在语句中正确朗读如下单词:door,please,window,blackboard,bird,desk,chair。

2.语言技能目标

(1)听:在听录音的过程中能听懂别人的指令并根据指令做动作:"Sit down, please.""Stand up, Lingling.""Point to the door."

(2)说:能在图片的帮助下,说出教室里的物品并发出指令:Point to the blackboard/window/chair/door。

(3)读:能在图片的帮助下指读课文,读出教室里介绍的物品单词:Point to the door/window/chair/desk。

3.学习策略目标

通过歌曲导入,在教学中穿插游戏提高学生学习兴趣,活跃课堂学习氛围,提高学习英语的积极性,在轻松愉悦的教学环境中掌握这节课所学的知识。

4.情感态度目标

让同学们在学习的过程中体会到团结合作的精神,懂得尊敬师长,尊重他人。

5.文化意识目标

能在图片的帮助下指读课文,读出教室里的物品单词。

教学重、难点

1.教学重点

(1)功能:发出指令和执行指令,识别教室里的物品。

(2)单词:the,door,please,window,blackboard,bird。

(3)句子:"Stand up,please""Sit down,please""Point to the door"。

2.教学难点

使学生能够透彻理解 Stand up,Sit down 和 Point to 三个指令性短语的意思,并在教师的帮助下灵活运用,指身边的实物及图片。

教学方法及策略

1.教学方法

歌曲导入法、游戏教学法、活动教学法、合作学习法。

2.教学策略

给学生提出教学目标,组织、提炼教学内容,安排教学顺序,指导学生学习。

资源运用

教具

黑板、图片、单词卡、录音机、磁带和教室资源。

教学流程设计

Step 1　Warm up

Sing a song：*Hello*，*Hello*.

T：Do you like singing songs? OK.Let's sing a song together.

（**设计意图**：课前播放歌曲 *Good morning*，*Sam*；*How are you*，一方面复习旧知，另一方面营造课堂轻松的课堂气氛。）

Step 2　Lead-in

Guess.

将事先准备好的 door，window，blackboard 等物品的小图只露出一部分。

T：What's this?

引导学生猜测图片上的物品。学生可以使用中文回答，教师相机教授英文单词，并引导学生用大小声游戏重复练习。

（**设计意图**：用猜图的方法使学生处于积极思维状态，很自然地引入新课。）

Step 3　Presentation

1.Point and say.

T：Do you know "point"?（板书 Point to the...并揭示课题）

Let's point and say.

I say "Point to the...",and you repeat the sentence and point to this thing.

（**设计意图**：三年级的学生喜欢游戏，游戏可以保持学生的有意注意。通过从说单词，到边做动作边说句子，将游戏难度渐渐增加，保持学生的挑战欲望。）

2.Chant.

T：Let's say the chant.

Door，door，door，point to the door.

Window，window，window，point to the window.

Blackboard，blackboard，point to the blackboard.

（**设计意图**：Chant 巩固，加深学生对词句的印象，避免枯燥的机械重复。）

3.Do and say.

（1）T：Do you know"stand up"?

Let's do and say.

Now let's "sit down".

（通过动作示范，帮助学生理解"Stand up"和"Sit down"。）

（2）请个别学生上前当小老师，带领全班练习"Stand up"和"Sit down"。

全班学生跟着小老师重复句子，同时执行指令。

（**设计意图**：通过动作的示范，以及小老师的教学，强化对这两个指令的理解。）

Step 4　Practice

1.Listen and think.

T：Now，let's listen to the tape，and think：

What can you see from the picture?

2.Listen and repeat.

T：Read after the tape.Let's imitate.

比一比，哪个组模仿的声音最像。

3.Work in group.

小组分角色进行练习，并进行展示。

（**设计意图**：听音，让学生带着问题去听，有听的目的和动机；跟读，训练学生纯正的语音；小组活动给学生更多的展示机会，也更能了解学生的掌握情况，将教学落到实处。）

Step 5　Consolidation

游戏："Simon says"。

要求：请五位学生上台，根据指令做动作。如果指令带有"Simon says"，五位学生迅速做出动作；如果指令没有"Simon says"，则不能做动作。做错的淘汰下台。

指令由教师先下达，执行指令错误的学生就要被罚为施令者，其他台下同学重复指令并负责监督。

（**设计意图**：通过游戏的形式来操练词组和单词，激发学生的兴趣，提高操练的效率，一个学生发出指令，另一些学生执行指令，执行错误的学生就要被罚为施令者，这样可以有效达到训练的效果，学生也可以很快地掌握所学的东西。）

Step 6　Homework

1.听读15分钟。

2.回家之后，识别家里的物品。

（**设计意图**：让每一个同学都能在课外听读英语15分钟，要求家长签字。目

的就是监督学生完成当天的任务。识别教室里的物品,消化当天所学的知识。)

教学板书设计

Point to the door
Point to the...   door
                window
                blackboard
                desk

教学评价设计

1.评价内容

除了对课本上的知识进行评价外,同时也要注意对学生能力、创新精神、心理素质以及情绪、态度和习惯等综合素质的评价。

2.评价方法

评价方法以传统的上课问答和教师平时对学生的印象为辅,注重以学生的日常行为、成长记录、表现性评价等质性评价为主。

在这堂课上我会把每个小组分为苹果组、橘子组、香蕉组、杧果组和荔枝组等。因为这些水果都是同学们平常喜欢吃的水果,他们也许对这些会比较感兴趣。他们的目标就是去迪斯尼乐园,表扬一次就会前进一步,看谁先到迪斯尼乐园。

教学设计反思

这篇课文难度不大,主要就是掌握教室里的一些常见物品,如桌子、椅子、黑板、窗户等。这节课的主要目的就是让学生学会这些物品的名称并做出相应的指令动作。首先采用了歌曲导入,调动学生学习的积极性。在教学中,我设计了游戏穿插在教学中,让课堂氛围活跃起来。三年级学生有着极强的求知欲和表现欲。根据学生的心理特点,我在课堂上多以表扬为主,注重对学生英语学习兴趣的培养,鼓励他们大胆说、积极做、努力唱。让学生们在玩玩、做做、说说、唱唱中学习英语。

点评

　　本课时教学对象为刚开始学习英语的三年级学生,因此,教师在教学设计时突出了语言的输入,通过听唱、听说、听指等形式强化输入,并通过模仿、表演、游戏等形式及时地反馈,符合语言学习规律和儿童学习心理特征。

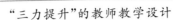

课　　题:Module 7 Unit 2 There are twelve boys on the bike
课　　型:对话教学
教　　材:外研版新标准《英语》(三年级起点)
年　　级:四年级上册
教学设计人:重庆市彭水县鹿角中心校　　冯小燕
教　　龄:7 年

教学观念(理念)

1.面向全体学生,为学生全面发展和终身发展奠定基础。

2.关注学生的情感,营造宽松、民主、和谐的教学氛围。

3.加强学生学习策略的指导,为他们终身学习奠定基础。

4.拓展学生的文化视野,发展他们跨文化交际的意识和能力。

教学分析

1.内容分析

本教材是外研版新标准《英语》(三年级起点)四年级上册。本单元的难度较大,句子比较长,但是词汇量不大,只有四个要求掌握的单词。由于本单元的内容是以单张图片展示每一个句子,于是我进行了文本再构,将文本再构成 Lingling 和 Daming 一起参观校园的英语手抄报(因为在第一单元就讲了要为英语手抄报选择图片)。于是在他们之间就会发生一段对话,他们将要对他们喜欢的这些图片用"There is/are..."句型进行描述。

2.学生分析

四年级学生有一年多的英语学习经历,比三年级学习英语要容易一些,人数比较少,课堂管理有序。大部分学生表现都很积极、活跃。在课堂采用各种形式的游戏以及辅助用品来提高学习兴趣,另一方面帮助学生理解记忆。

3.环境分析

由于乡村学校远离城镇,所以社会与家庭的影响导致学生不是很喜欢学习英语,没有英语学习氛围。由于环境问题,学生对于英语知识并没有真正灵活运用,基本上都是对教材进行简单机械的重复。

教学目标

1.语言知识目标

(1)全体能运用:fruit,chicken,bear,pig。

(2)用"There is/are..."描述图片或场景。

(3)通过一些例子让学生感知正在进行时态的构成。

2.语言技能目标

(1)听。全体能听懂:There is a Panda in the photo. It's eating fruit. There are three chickens in the photo. They're eating rice.

(2)说。全体学生能说:There is a Panda in the photo. It's eating fruit. There are three chickens in the photo. They're eating rice.

(3)读。全体学生能认读:fruit,chicken,bear,pig。

(4)写。全体学生能拼写自选词汇。

3.学习策略目标

积极与他人合作,共同完成学习任务。

4.情感态度目标

积极参与各种课堂学习活动。

5.文化意识目标

通过体验"There is/are..."的重音,初步感知中外文化异同。

教学重、难点

1.教学重点

(1)掌握 fruit,chicken,bear,pig 四个单词。

(2)能用"There is/are…,It's/ They are＋ v-ing"句型来描述英语海报。

2.教学难点

能用"There is/are…,It's/ They are＋ v-ing"句型来描述英语海报。

教学方法及策略

1.教学方法

歌曲导入法、游戏教学法、活动教学法、合作学习法。

2.教学策略

给学生提出教学目标,组织、提炼教学内容,安排教学顺序,指导学生学习。

资源运用

教学具:PPT、电脑、单词卡片、图片。

教学流程设计

Step 1　Warm up

全班齐读上一节课所学的 chant。

(设计意图:课前播放上一节课所学的 chant,一方面复习旧知,另一方面营造轻松的课堂气氛。)

Step 2　Lead-in

教师出示上一节课所学的几张图片,要求学生对这几张图片进行描述。

(设计意图:让学生描述图片是为了复习上一节课的句型:There is/are…)

Step 3　Presentation

1.教师:同学们以前看见过英语海报吗? 今天 Lingling 和 Daming 要去参观英语海报,让我们一起来看看这些英语海报吧! 于是通过 PPT 展示 Lingling 和 Daming 去参观英语海报。在听这段对话时,选出自己最喜欢哪一张海报,并要说明理由。

(设计意图:由于本单元的内容是以单张图片展示每一个句子,于是我进行了文本再构,将文本再构成 Lingling 和 Daming 一起参观校园的英语手抄报,让学生觉得学习不单调。让学生在说明理由时要用"there is/are…"句型来描述,一是可以再次复习旧知,二是在原有的句子基础上还要增加"They are＋ v-ing"。)

2.看完第一次对话后,请同学说出自己喜欢哪一张海报,并简单地说明理由。

如果同学不能完全描述,教师将给予及时的补充,如果遇到新单词就在句子中教读。如果还有海报没有同学喜欢,那么教师就说"I like this poster,because there is/are...They are＋v-ing"引出新单词并教读。

(设计意图:在同学参观海报时引出新的词汇,让同学们在不枯燥的情境下学习并掌握词汇。)

3.再次播放对话,让同学们模仿语音语调跟着对话读一次。再请同学分角色扮演。

(设计意图:让学生尽量模仿课文录音,加强同学们的语音知识。)

4.教师出示4张海报,让同学们两人一组讨论并用英语描述这些海报。抽同学做示范。

(设计意图:让同学们小组合作学习讨论,复习本节课所教的知识。)

5.学习一首英语歌曲(书上第42页的歌曲)。

(设计意图:在紧张学习后,唱一首英语歌曲让学生轻松一下,同时歌词也是本节课所学内容。)

6.让同学们四人一组分别制作自己喜欢的海报,选优秀的进行展示,并用英语描述海报内容。

(设计意图:充分发挥同学们的想象力,小组合作把海报制作好。)

Step 4　Homework

每人制作一张英语海报,下次上课要求展示,并用英语描述自己的海报。

(设计意图:成绩较差的同学在课堂上可能不能完成,但课后自己完成一份,学生会有成就感。)

教学板书设计

> There are twelve boys on the bike.
>
> There is a...　　　　It's eating...
>
> There are...　　　　They are eating...

教学评价设计

1.评价内容

除了对课本上的知识进行评价外,同时也要注意对学生能力、创新精神、心理素质以及情绪、态度和习惯等综合素质进行评价。

2.评价方法

评价方法以传统的上课问答和教师平时对学生的印象为辅,注重以学生的

日常行为、成长记录、表现性评价等质性评价为主。

在这堂课上我会把这些同学分成四个小组。他们的目标就是去参观海报，并说出自己喜欢这张海报的理由，并用学过的句型描述海报。教师给予奖励。

教学设计反思

本教材是外研版新标准《英语》（三年级起点）四年级上册。本单元的难度较大，句子比较长，但是词汇量不大，只有四个要求掌握的单词。由于这单元的内容是以单张图片展示每一个句子，于是我进行了文本再构，将文本再构成Lingling 和 Daming 一起参观校园的英语手抄报（因为在第一个单元就讲了要为英语手抄报选择图片）。于是在他们之间就会发生一段对话，他们将要对他们喜欢的这些图片用"There is/are..."句型进行描述。这样学生学习的兴趣可能会浓厚一点。

因为我已经将文本再构成一篇对话教学，所以学生在进行对话时更能掌握本节课所要掌握的内容，如果单是课文的几张图片让学生学习，不仅收获不大，反而使学生丧失学习兴趣。在学习对话时，教师带领同学一起增加一些辅助动作，让课堂变得更加生动有趣，以便更能达到教学效果。

点评

本课设计是基于学生认知与学段特征的，在结合学生已学旧知的基础上，采用描述海报来学习"there be"句型，而重复利用孩童喜好的色彩斑斓的教具或图片能起到活跃课堂的作用。不过，教师应更关注细节，尽可能多地营造学生们更为熟悉的语用情境，并进一步设置分层活动来培养和训练学生们的思维及运用能力。

课　　　　题：Unit 5 Lesson 17（第一课时）
课　　　　型：对话课
教　　　　材：重大版《英语》
年　　　　级：二年级上册
教学设计人：重庆市万州区沙河小学　　张郊
教　　　　龄：9 年

教学观念（理念）

《义务教育英语课程标准（2011 年版）》指出：现代外语教育注重语言学习过程，强调语言学习的实践性，主张学生在语境中接触、体验和理解真实语言，并在此基础上学习和应用语言。

教学分析

1.内容分析

听课文，让课文在听中说，说中听。

2.学生分析

二年级处于直观形象思维阶段，有意注意的时间短。

教学目标

1.语言知识目标

理解和运用关于形容动物的语言表达形式。

2.语言技能目标

能根据录音模仿说话,根据表演猜测意思,进行简单的角色表演,在图片的帮助下读懂简单的小故事。

3.学习策略目标

在课堂交流中,注意倾听,积极思考。

4.情感态度目标

能体会到学习英语的乐趣。

5.文化意识目标

了解用英语怎么简单地形容动物特征。

教学重、难点

1.教学重点

学生能够在"猜动物"的活动中,理解"It has long nose"等描述,并听懂问句"What's this?"尝试使用"It's..."来回答这是什么动物。

2.教学难点

身体部位 eyes,ears 的认读和记忆,以及"It has..."句型的认读。

教学方法及策略

1.教学方法
情境教学法。

2.教学策略
听说教学策略。

资源运用

教学具:单词卡片、教学课件。

教学流程设计

Step 1   Warm up

1.Greeting.

—Hello,everyone.Nice to meet you.

—I'm Betty.May I have your name,please?(The teacher greets 2～3 children)

2.Let's chant.

—OK! Let's chant.First,let's watch one time.

—Now,let's chant.Stand up,please!

(Look at the cat,it is fat./Look at the pig,it is big./Look at the monkey,it is funny./Look at the mouse,it's in my house.)

（**设计意图**:利用媒体资源播放 Let's chant。学生跟着说唱,以欢快的节奏活跃课堂气氛,并服务于教学,为后面的知识做铺垫。）

3.Show a picture.

—Look at the clown! It's so funny,can you dress up the clown?

（**设计意图**:通过出示没有填充五官的小丑,让学生根据单词卡片贴在相应的部位。）

Eyes,nose,mouth,ears,hair 唤起学生对旧知的记忆,为这节课的内容打基础。

Step 2　Lead-in

1.Watch the cartoon.

—Wow! How clever! I have another surprise for you.Look! It's *Kung Fu Panda*.What animals can you see in this video? Tigers? Dogs? OK! Let's watch.

After watching:

—What animals can you see? Do you like them? What animals do you like? (2 students)

（**设计意图**:卡通动画《功夫熊猫》来自网络。本环节的设计,为本节课的对话教学做好语言铺垫。）

2.Review the words about the body.

—Do you know what animal Betty likes? (2 children guess)

—Now,I'll draw for you.(The teacher says the sentence:"It has big ears", when drawing.)

Body—head—big ears

—What's this? Who knows?

Red eyes—white hair

—What animals do I like? Yeah! The rabbit.

（**设计意图**:在新课呈现中,教师巧妙利用简笔画,大量地输入语言:It has... 从听入手,自然渗透,为学生的语言输出做好准备。）

3.Present the new sentences.

—Look at the rabbit,it has big ears.(The teacher writes the new sentence on the board)

—The teacher leads students try to say the sentence:It has…It's…

—Practice.

—The teacher encourages the students to describe other parts of the rabbit.(group by group,boys and girls and one by one.)

(设计意图:通过首先呈现重点句型,大量输入和重点句型相关的内容,让学生初步感知以及为后面的课文打基础。)

Step 3　Presentation

1.Watch the flash of the text.

—Today,let's listen and see what animals they are talking?　Now,let's watch.

2.Listen and follow.

—This time,please open your book on page 42,let's listen and follow.

3.Group work.

—OK！Please work in groups,read the text and help each other.If you have any questions,please hands up.One minute,OK?　Go！

4.Let's act.(The teacher encourages the children to say out the sentences according to the picture and try to act)

5.Play a game.

Show some pictures,take away the key words,let the students use the new sentences to practice with their partner.

(设计意图:回归课本,对话课的机械操练和交际操练,让学生通过大量听并尝试输出语言,同时再体会不同角色,不同语境的语音、语调,为下一步拓展活动打下基础。)

Step 4　Extension

1.Go to the zoo.

Boys and girls,Christmas' Day is coming,let's go to the zoo,OK?　Wow！So many animals！Who want to go with me?（The teacher invites one student and shows an example）

2.Group work.

T:Now,it's your turn.You can go to the zoo with your friend,try to say and act. You can choose these sentences. 2 minutes for you. Let's go!

3. Show time. (The teacher praises the children who did a good job.)

—You really did a good job today! Are you happy today? I'm so happy. But it's time to say goodbye! Bye bye!

教学板书设计

```
                          Lesson 17
    兔子简笔画      It has      big ears        It's a...
                               red eyes
                               white hair
```

教学评价设计

师评,互评,自评。

教学设计反思

(1)利用歌谣充分输入语言。课堂热身环节让学生听歌谣,遵循了输入大于输出的教学原则。

(2)通过情境展示,不断输入语言。让学生在一定的语境中更好地学习单词,为输出做准备。

(3)创设符合低年级学生特征和认知规律的活动。通过 TPR、唱歌谣、猜一猜等活动,让学生活动起来,积极参与课堂学习,激发了学生的兴趣。

点评

本设计板书简洁清晰,重点突出,且简笔画美观大方、生动形象。这样既呈现了本课的重点句型,又给学生明确指明了需要学习的内容。如果能在板书上加上一定的评价机制,如分组比赛,就更好了。

课　　　题：Unit 6 How's the weather today?（第二课时）
课　　　型：词汇教学课
教　　　材：重大版《英语》
年　　　级：四年级下册
教学设计人：重庆市万州区沙河小学　张郊
教　　　龄：9 年

教学观念（理念）

通过让学生体验、感知、参与、合作与交流的学习方式,让学生初步感知词汇教学。教师通过创设一定的情境,让学生在情境中学,真切地感受。

教学分析

1.内容分析

本册书共包括 5 个新授模块,每个模块有三个单元,本课是重大版第六单元"How's the weather today?"（第二课时）,主要是单词与句型教学。

2.学生分析

小学四年级的学生对英语仍然是持有兴趣的,在涉及活动时,要充分考虑学生的实际情况,活动的内容和形式要符合他们的心理、生理特征和认知水平。同时要注意培养学生分析问题、解决问题的能力。

3.环境分析

分析家庭因素、周边的社会因素以及学校使用的硬件因素。

教学目标

根据《义务教育英语课程标准(2011年版)》的要求、本课的课型特点,以及对教材和学生的分析,我制订了以下教学目标。

1.语言知识目标

能熟练地将单词 rainy,cloudy,sunny,windy,snowy 以及句型"How's the weather today? It's..."运用于课本对话教学中。

2.语言技能目标

(1)能用英语简单谈论天气情况。

(2)能将谈论内容简单融入生活交际中。

3.学习策略目标

能用所学的语言进行简单的交流,鼓励自主、合作、探究的学习行为。

4.情感态度目标

培养学生热爱生活的品质。

教学重、难点

1.教学重点

能熟练地将单词 rainy,cloudy,sunny,windy,snowy 以及句型"How's the weather today? It's..."运用于课本对话教学中。

2.教学难点

在拓展思维时,注意不同国家的发音区分。例如,London,New York,Austrilian,Canada 等。

教学方法及策略

1.教学方法

情境教学法、游戏教学法、歌曲教学法、TPR、合作学习法。

2.教学策略

运用歌谣复习旧知,运用歌曲歌谣巩固所学知识,巧用游戏激发兴趣。

资源运用

教具

PPT、磁带、录音机、多媒体。

教学流程设计

Step 1   Warm up

1.Let's chant：What can you do?

2.Ask some questions about "What can you do?""I can…"

Step 2   Presentation

1.Review the words they have learned last class：rainy, cloudy, sunny, snowy.教师通过让学生听各种关于天气的不同声音或者提示，猜出天气的单词。然后在黑板上用简笔画勾勒五个关于天气的简单图片。

2.和学生做个小小的游戏：OK, now, let's play a game, I'll show you some pictures, you can answer "How's the weather today?"然后先呈现三个中国城市：Beijing, Harbin, Hongkong 让学生根据不同城市回答。然后呈现几个国外城市：London, Canada, New York, Australia 等，让学生两两进行对话，充分熟练，然后展示。

3.进入正文。

（1）Today, Du Xiaomao is talking with her father and mother, let's listen carefully what are they talking about? Then, you can answer my question "How's the weather today?""What can Du Xiaomao do?"OK? Let's watch.

（2）Listen and imitate.

—This time, let's listen and imitate. Pay attention to your pronunciation. Open your English book on page 56. Are you ready, let's go！

（3）Let's read with our group.

为了让学生熟练课文，教师可以将文本的句子用空白表示，请学生操练后能举手复述空白处的对话，加深印象。

（4）Let's act.

让学生自主选择角色进行表演，配上相应的动作。

Step 3   Consolidation

1.出示三幅相应的天气图片，让学生根据图片 free talk，能辨别天气，并且可以在和小伙伴的对话中运用到两个句型："How's the weather today？It's…""What can you do？I can…"

2.Listen to a song：*How's the weather today？*结合主题，再次巩固。在欢快的音乐中结束今天的教学。

教学板书设计

> Unit 6 How's the weather today?
> rainy cloudy sunny
> windy snowy
> How's the weather today?
> It's...

教学评价设计

1.评价内容

对本课的单词和句型能进行熟练的运用,并能结合生活实际,将生活与课本结合起来,最后达到能根据图片简单地进行交流。

2.评价方法

口头表扬、小贴画。

教学设计反思

通过让学生听各种关于不同天气的声音或者提示,猜出天气的单词。然后在黑板上用简笔画画出五幅关于天气的简单图片,给学生不同渠道的输入,为下一步的教学打好了基础。本课让学生在轻松、愉快的语境中积极地学习,极大地激发了学生的兴趣和信心,使其学以致用。

点评

本课根据小学生的生理、心理特点,认知规律,发展要求以及教材的编写思想设计教学,积极发挥教师的指导作用,以学生为主体,采用了情境教学法、游戏教学法、歌谣教学法、活动式教学法及多媒体辅助教学法等展开教学。教师通过让学生听各种关于天气的不同声音或者提示,猜出天气的单词引入新知,让学生通过动耳、动口、动脑学习本课单词。接着呈现中外城市卡片让学生两两对话练习,通过这个练习巩固新知,调动了学生的参与意识,体现学生的主体性,同时注重学生的差异表现。在学生熟悉课文后,教师只呈现文本框架,请学生操练后复述对话,有效降低学习难度。让学生跳一跳能达到目标。

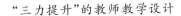
课　　　题：Unit 3 Look at me Part A（第一课时）
课　　　型：词汇课
教　　　材：人教版《英语》
年　　　级：三年级上册
教学设计人：重庆市黔江区育才小学　李汇
教　　　龄：3 年

教学观念（理念）

《义务教育英语课程标准（2011 年版）》指出，现代外语教育注重语言学习的过程，强调语言学习的实践性，并提倡在体验和运用中学习语言。所以本节课的设计思路为：以教师为主导，以学生为主体，教师通过逐步画大耳朵图图的五个器官引出五个五官单词，并教读；再通过看图连线，我说你指，我指你说及找和说出动物缺失器官四个活动进行操练和巩固；最后 4 人一小组拼出教师所给动漫人物或动物，每组选出一名同学用本节课所学语言进行展示。

教学分析

1.内容分析

本部分是三年级上册第三单元 Part A Let's learn 部分，主要呈现了要学习的五个五官单词 eye，ear，face，nose，mouth 及新句型"This is my face"，并了解 Let's do 中与五官相关的三个指令动作：Close/open/touch your eyes...

2.学生分析

我校三年级学生才开始接触英语，所以英语基础几乎为零。但他们天性活泼好动,学习英语的兴趣浓厚,求知欲强,表现欲强。考虑到每班学生人数在50人左右,不能关注到每个学生。为了便于管理和练习,部分活动采取小组形式进行。

3.环境分析

我校是一所多媒体教学设备较齐全的新校,但是学生家境不太好,回家没电脑,家长也不能辅导,所以只能在课上得到学习英语的机会。

教学目标

1.语言知识目标

(1)学生能听、说,会认读下列单词:face,ear,eye,nose,mouth。

(2)中等偏上学生能听懂、会说句型:This is my face/ eye/ear。后进生能听懂、理解句型:This is my face。

2.语言技能目标

学生能根据听到的词句识别图片和指认实物,学生能根据指令"touch/close your..."做动作。

3.学习策略目标

能在课上积极与教师进行互动,以及和其他小组成员合作顺利完成任务。

4.情感态度目标

(1)学生能敢于开口,积极参与到课堂,表达中不怕出错误。

(2)学生有爱护身体器官的意识。

5.文化意识目标

认识了解各国人民的面部特点。

教学重、难点

1.教学重点

五个五官单词 face,ear,eye,nose,mouth,及新句型"This is my..."。

2.教学难点

(1)单词"mouth"中"th"的发音。

(2)运用句型"Look at me,this is... "介绍自己或他人的五官。

教学方法及策略

1.教学方法

情境教学法、交际教学法。

2.教学策略

通过听、说、读、唱、游、演、画、做的形式,进行大量的语言操练和书面练习。努力做到"以听说助读写,以读写促听说"。

资源运用

教学具:空白纸、PPT、单词卡和图片。

教学流程设计

Step 1　Warm up

1.Greetings:师生用英语互相打招呼。

2.活动:学生跟录音唱"Let's play"部分的歌曲,复习问候语"How are you?"并在歌曲后播放图图的一句问候"How are you?"让学生猜。

(**设计意图**:通过吟唱上节课所学歌曲来营造学英语的氛围,并引出新人物图图,激起学生学习的兴趣。)

Step 2　Presentation

1.引入并进行单词"eye"的教学,感知句型"This is my eye"。

(1)教师在 PPT 上画出大耳朵图图的一双眼睛,教师引导学生用英语说出来。

　　T:Look,what's this?(看,这是什么?)

　　Ss:眼睛。

　　T:Yes,it's an eye.Follow me,eye,eye.教师手举 eye 的单词卡,请第一大组学生读出来。

(2)教师在学生学会 eye 的发音后引导学生模仿跟读句子"This is my eye"。

　　T:Good!(教师指着自己的眼睛说)Look at me,this is my eye,this——is——my——eye.Can you follow me?(你能读出这句话吗)

2.在 PPT 上展示图图的 nose,并进行教读。引导学生试着说出:"This is my..."

(1)进行单词"nose"的教学。

　　T:Look,what's this?

Ss:鼻子。

T:Yes,it's a nose.Follow me,nose,nose.教师请第二大组学生读出新单词nose.

(2)教师在学生学会 nose 后教读句型:"This is my nose."

T:Great! Look at me,this is my nose,this is my nose.Can you say this sentence?(你们谁能说出这句话?)

(3)mouth 单词教读同上,在学生会读 mouth 后,教师介绍自己的 eye,nose,mouth 后引导学生介绍自己的 mouth,并奖励贴纸。

(4)最后呈现图图的完整头像,揭晓谜底,并带着学生一一说出他们的五个器官。

(设计意图:利用多媒体形象生动和直接的特点,逐步展示图图的五官,让学生产生学习的兴趣和求知欲,在教师的引领下逐步完成单词和句子的学习。)

(5)最后呈现图图完整的脸,并教读 face。呈现各个国家(英、美、中、日、俄等)典型的笑脸,快速呈现,让学生用句子"This is a face"来操练单词。

(设计意图:通过呈现不同国家人们的脸来让学生了解外国人的长相,同时也对新单词和句子进行有意义的操练。)

Step 3　Practice

1.教师呈现五个器官图和单词,让学生连线。

2.教师和学生一起做"谁反应快"的游戏。

(1)教师说五个器官英语单词,学生指出自己身上对应的器官。

(2)教师指自己身上的五个器官,学生说出其英语单词。

(3)教师播放"Let's do"动画,演示 touch/open/close,发指令:Touch your eye,nose…学生做出相应的动作。

3.做"What's missing?"游戏。学生说出每种动物缺失的器官。

(设计意图:通过设计三个操练活动,让学生从读图识图、听说和听做三个层次逐步将五个单词和新句型内化,为最终的知识产出做铺垫。)

Step 4　Presentation

教师用本节所学单词和句型一边猜一边拼出喜羊羊进行示范。然后教师发给每组学生一个动漫角色的拼图,四人一小组拼出整体,派代表用"this is…"分享拼图过程。(3～4个)

(设计意图:通过让学生拼出他们不知道的动漫角色,让学生从真实的情感出发,运用本节课新知识,将他们的动漫人物分享给大家。体现为学生创造真实合理的教学情境以及用英语做事的理念。)

Step 5　Summary

教师呈现海绵宝宝的图片,与学生一起介绍。

(设计意图:通过活动来复习和总结。)

Step 6　Homework

回家画一个自己想象中的动漫角色,并用英语将它介绍给爸妈。

(设计意图:发挥学生的创造力,将任务变得更有趣,让学生有完成作业的兴趣。)

教学板书设计

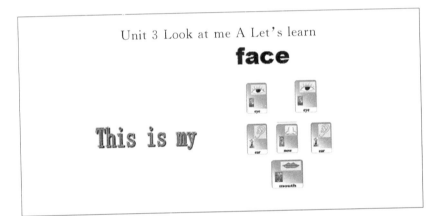

教学评价设计

1.评价内容

以新课标中"小学的评价应与小学生的认知、心理特点相符合,并以激发兴趣,保持自信心为评价的主要目的,以形成性评价为主,渗透到教学活动中"为理论依据,本节课采用形成性评价方式。评价内容是:

(1)脱口而出五个五官单词,并能用句型"This is..."进行介绍。

(2)听懂有关五个五官单词的指令,部分学生会说五个指令。

2.评价方法

课堂观察、课堂提问、口头表扬、奖励贴纸、小测验、课堂活动。

教学设计反思

这节课是一节有关五官的词汇新授课。所以在词汇教授阶段,我采取从上到下,从左到右的顺序进行新单词的教学;后采用连线、我说你指、我指你说、

What's missing 几个环节来进行操练;最后通过设计真实任务,将图片碎片拼出完整人物和动物。我始终围绕交际型的教学活动,联系学生生活实际,关注学生的情感,营造民主的教学氛围,通过提供趣味性较强的活动和内容,激发学生的学习兴趣和学习动机。创设各种学习活动,使学生通过自身体验与实践,快乐轻松地学习英语知识。

点评

本课我从板书设计方面进行了以下思考:本课重点教授五官单词 eye,ear,face,nose,mouth 及新句型"This is my face"。故可在黑板上整体呈现卡通头像,再分别标示出五官,并在一旁用四线格写出重点句型。并将评级机制通过画五官的形式呈现在黑板上,答对一题为本组的小人画一个五官,最后比比谁画得最有创意。如下:

课　　题：Unit 2 Let's talk & Let's play
课　　型：对话课
教　　材：人教版《英语》
年　　级：三年级上册
教学设计人：重庆市黔江区育才小学　　李汇
教　　龄：3 年

教学观念(理念)

《义务教育英语课程标准(2011 年版)》指出,现代外语教育注重语言学习的过程,强调语言学习的实践性,并提倡在体验和运用中学习语言。

教学分析

1.内容分析

本部分主要是在 A 部分 Let's talk 会话学习之后安排教学的,让学生学习不同时间的问候并让学生在真实的情境中运用。学会 Good afternoon,Nice to meet you,初次见面以及别人介绍认识的时候用到 This is...,放在情境中让学生了解。通过活动,让学生大量地练习与运用 Let's talk 部分会话。

2.学生分析

学习了 Good morning 之后,有一定的会话基础,学生爱模仿、喜欢表现的天性有助于类比学习本课内容。

3.环境分析

我校是一所多媒体教学设备较齐全的新校,但是学生家境不太好,回家没电脑,家长也不能辅导,所以只能在课上得到学习英语的机会。

教学目标

1.知识目标

能听懂、会说：This is Wu Yifan,good afternoon,nice to meet you.

2.能力目标

在实际情境中运用所学句型。要求模仿正确,语调自然。

3.情感目标

学会初次见面时的问候语,懂得要有礼貌。

教学重、难点

1.教学重点

This is Wu Yifan, good afternoon, nice to meet you.能在实际情境中进行运用。

2.教学难点

Afternoon 的读音是难点。

教学方法与策略

在教学活动中,我通过各种生动、形象、有趣的手段激发儿童的兴趣,根据对以上教材、学情的分析,结合教学重、难点,在这一课时中我采用了情境教学法、多媒体辅助教学法、多学科整合法和小组活动学习法,勤表扬,多鼓励,使学生掌握语言点。

资源运用

(1)教师准备头饰、录音机、挂图。
(2)学生准备课本。

教学流程设计

Step 1　Warm up

准备好生日快乐歌曲的旋律、歌词,让学生跟着歌曲唱。

Good morning,Mike.Good morning,Wu Yifan.

Good morning.Good morning.

Good morning,Miss White.

（**设计意图**：以轻松的歌唱引入本课内容，复习所学知识，融洽学习氛围，提高学习兴趣。）

Step 2　Presentation

1.呈现课本图片，让学生观察图片，思考情境发生的时间和地点是什么。

（**设计意图**：先让学生观察，后教师指导，引导学生看懂图片，理解情境发生的时间、地点，为学习课文做准备。）

2.教学 Good afternoon。

学生理解图画意义之后，指导学生下午用英语来说是 afternoon，师范读，生齐读、开火车读。

通过类比上午好的表达方法 good morning，学生说出下午好的表达方法 good afternoon。

（**设计意图**：在学生理解情境的基础上，让学生通过类比 good morning 的表述方法，学习 good afternoon。）

3.教学 Nice to meet you。

第一次见面用 Nice to meet you 打招呼，并学会读。作为回应，应该说：Nice to meet you，too。

教师和学生互相打招呼，指名让学生之间互相打招呼，最后同桌互相练习。

（**设计意图**：通过师生、生生互动，培养学生口语表达能力。）

4.听录音。

让学生跟读，了解汉语意思，学会：Good afternoon 与 Nice to meet you.

（**设计意图**：巩固知识，纠正读音。）

Step 3　Practice

1.三人一组角色扮演，进行对话。

S1：Hi，Mum，this is Wu Yifan.

S2：Good afternoon，Wu Yifan.

S3：Good afternoon.Nice to meet you.

S2：Nice to meet you，too.

请学生三人一组表演 Let's talk 部分的对话。

（**设计意图**：角色扮演，激发学生兴趣，提高学生参与度。）

2.根据教师设计情境，表演对话。

情境1：下午放学后，Amy 将 Sarah 带到她家，Amy 向妈妈介绍 Sarah，妈妈和 Sarah 互相打招呼。

教师请三个同学上讲台,进行角色扮演。

情境 2:下午时,Miss White 向全班同学介绍新来的学生 John,同学们和他打招呼。

教师、一名学生、其余学生共同进行角色扮演。

(设计意图:多种对话情境,培养学生的类比能力,让学生将所学知识加以应用和创新。)

3.给学生已准备的词卡,让他们拼成完整的句子。

4.做活动手册本单元练习。

(设计意图:练习的形式多样化,有助于吸引学生的注意力,提高学生参与的积极性。)

Step 4　Summary

Now please think over:What have you got in this class?

引导学生从知识、阅读方法、情感三个方面进行总结。

Step 5　Homework

1.熟悉课文,熟读对话。

2.下午回家后用所学知识和爸爸妈妈打招呼,介绍新朋友。

教学板书设计

Unit 2 B Let's talk

Good afternoon

——Nice to meet you.

——Nice to meet you,too.

教学评价设计

1.评价内容

以新课标中"小学的评价应与小学生的认知、心理特点相符合,并以激发兴趣,保持自信心为评价的主要目的,以形成性评价为主,渗透到教学活动中"为理论依据,本节课采用形成性评价方式。评价内容是:

(1)下午用英语打招呼的句子:Good afternoon.

(2)听懂会说"Nice to meet you"和"Nice to meet you,too"。

2.评价方法

课堂观察、课堂提问、口头表扬、奖励贴纸、小测验、课堂活动。

教学设计反思

本课在上节课的基础上新增了句型"Nice to meet you""Good afternoon"要求学生听懂,会说"Good afternoon! Nice to meet you./ Nice to meet you, too",并能在实际情境中进行运用。要求模仿正确,语调自然。根据对以上教材的分析和学情分析,结合教学重、难点,本课的教学以日常会话为主。在教学活动中,我通过各种生动、形象、有趣的手段激发儿童的兴趣。在这一课时中我采用了情境法、多媒体辅助法、多学科整合法和小组活动学习法,勤表扬,多鼓励,使学生掌握语言点。并努力通过各种形式鼓励学生说话、练习,激发学生对新事物的兴趣,并鼓励学生日常应用。

本节课需要改进的地方:充分利用配套练习册的资源,可以让学生做完练习后根据图片对话;在进行对话表演之前,先让学生在小组合作中练习对话,进行熟读、操练,然后分组进行展示。

点评

李老师的课堂设计有如下特点:

1.始终以学生为中心,贴近学生生活,能让学生跟着教师的思路,自由发挥,成为课堂的主角,使不同程度的学生在课堂上都有不同程度的提高。

2.教师呈现3句重点句型,由易到难,由浅入深,层层递进,并在创设的情境中应用。这正是教师重视知识的滚动,很好地培养了学生的综合语言运用能力的表现。

课　　　题:Unit 4 Lesson 1(第一课时)
课　　　型:对话课
教　　　材:人教版《英语》
年　　　级:三年级上册
教学设计人:重庆市南川区木凉中心小学　王于洪
教　　　龄:20 年

教学观念(理念)

注重素质教育,体现语言学习对学生发展的价值。

教学分析

1.内容分析

能够结合已有知识,学习简单的单词和句型。

2.学生分析

学生能说简单的单词和句子,积累量很少;能听明白基本的口令。

3.环境分析

教室有多媒体资源,能图文并茂地展示内容;学生初学英语有兴趣,联系生活中的动物使学生有强烈的求知欲。

教学目标

(1)能听、会读、会说三个单词:dog,bear,duck。

(2)能借助图片初步运用句型"What's this?",并能结合生活实际就自己喜欢的或者其他的动物做出简单回答。

(3)能够自己比画手影,看图片、动画学习单词和句型。

教学重、难点

1.教学重点

听说读三个单词 dog,bear,duck,初步运用句型:What's this?

2.教学难点

比画动物手影,用不是动物类的实物来回答:What's this?

教学方法及策略

1.教学方法

讨论法、演示法、练习法。

2.教学策略

让学生通过模仿、实践来学习语言;通过图片、动画、动手、听音乐和思考问题来培养思维能力。

资源运用

教学具:图片、PPT、音视频资料。

教学流程设计

Step 1   Warm up

通过播放视频,让学生一边观看,一边聆听歌曲 Hop,brown squirrel。

(设计意图:激发小学生热爱小动物的美好情感。)

Step 2   Presentation

1.教师提问:Do you like it? Can you guess it?

2.教师用手比拼出小狗的样子,让学生去猜,同时让学生自己跟着比出小狗。接着,播放视频,让学生模仿着学习新词新句"What's this? It's a dog."

3.学生同桌练习。

4.以同样的方法学习:"What's this? It's a bear/duck."

(设计意图:这样不仅能让学生感知动物形象,还能调动学生用口、耳、眼模仿学习新词句。)

Step 3　Practice

1.教师向学生提问:"What's this?"学生回答:"It's a dog."

2.学生在同桌之间练习关于三种小动物的询问。

3.学生在小组之间练习关于三种小动物的询问,并展示对话。

4.学生用自己画的物品询问同学:"What's this?"

(**设计意图**:这样练习能让学生熟练运用新词新句。)

5.这时,若学生自己画的物品不是小动物,应该特别表扬,并鼓励同学说出更多不同类别的实物。如:水果 apple,pear;学具 pen,pencil;交通工具 car,bus...

(**设计意图**:这样能够有意识地培养学生的发散思维能力。)

Step 4　Summary

学生自己说出今天都学到了什么?

(**设计意图**:让学生回顾学习内容。)

Step 5　Homework

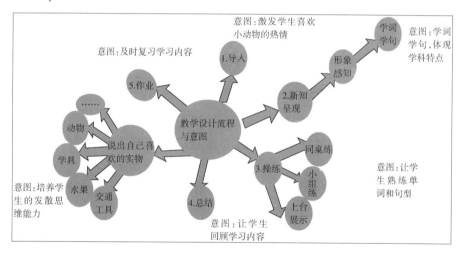

教学板书设计

教学评价设计

语言鼓励,个人展示。

教学设计反思

本设计能够体现新课程改革的三维目标,既有知识能力(单词和句型)、动口动手操练的过程,又有热爱小动物的活动;将教法与学法有机融合(小组合作学习);注重培养学生的直观形象思维和发散思维,是真正体现了以学生为主体的教学设计。

点评

本课我从板书设计方面做了以下思考:本课教授新单词 bear,duck,dog,句型"What's this? It's a..."。板书明确呈现了本课重点,简洁清晰。但过于卡通的图片让学生对于新单词意义的认识略有混淆,特别是第一幅图 bear,也许会让学生理解成狗,而第二幅图 dog,也许会误解成狐狸等。运用图片的意识很好,但使用图片的目的是使内容直观清晰,如果能换一下图片就更好了,建议在百度里搜索一下相关图片,关键词可为:熊,矢量图。

课　　　题:Module 4　　Unit 1（第一课时）
课　　　型:新授课
教　　　材:外研社版 New Standard English
　　　　　　一年级起点
年　　　级:二年级上册
教学设计人:重庆市大渡口区钰鑫小学　　王娟
教　　　龄:20 年

教学观念(理念)

《义务教育英语课程标准(2011 年版)》指出:英语课程的学习是学生通过体验、实践、参与、合作与交流的学习方式和任务型的教学途径,发展学生的综合语言运用能力,在注重学生知识能力形成的同时,关注学生的人格发展和思维开拓。本着这样的认识,结合自己学生现有的知识水平和实际情况,遵循以学生为主导,以教师为指导的思想,我设计了以下内容。

(1)运用唱歌的形式进行英语问答,使学生对回答问题感兴趣。

(2)运用游戏复习和巩固新课,激发了学生的学习兴趣。

(3)让能力强的学生用课本剧的形式把课文表演出来,使学生真切地感知课文的内容和含义,帮助教师教学,也激发每一个学生的表演欲望,让他们学得更积极。

教学分析

1.内容分析

本课时为新标准英语一年级起点第三册第四模块第一单元,教师在这节课

里采用任务型教学模式,结合听说法和竞赛法多种教法的优化组合,要让学生能运用句型"What's the time?"向他人询问时间或说明整点时间。

2.学生分析

二年级的学生已经有了一定的英语学习基础且积极性高,善于模仿,好胜心强,但他们的英语表达还缺乏一定的层次性和综合性,需要教师创设情境,借助各种任务型活动的有效开展来发展学生的综合语言表达能力。

教学目标

1.语言知识目标

(1)能听、说、认、读单词:o'clock,film,time,run,train。

(2)能听、说、认、读句子:What's the time? It's two o'clock.

2.语言技能目标

能运用句型"What's the time?"向他人询问时间或说明整点时间。

3.情感态度、学习策略目标

(1)热爱生活,能积极与他人合作,运用所学英语进行交流,共同完成学习任务。

(2)知道珍惜时间。

教学重、难点

1.教学重点

能听说句型"What's the time?"并给出相应的回答。

2.教学难点

(1)能认读句子"What's the time?"及其回答。

(2)能正确读出单词 film,time。

教学方法及策略

(1)运用唱歌的形式进行英语问答,使学生对回答问题感兴趣。

(2)运用游戏复习和巩固新课,激发了学生的学习兴趣。

(3)让能力强的学生用课本剧的形式把课文表演出来,使学生真切地感知课文的内容和含义,帮助教师教学,也激发了每一个想表演的学生,以致学得更积极。

教学准备

词卡、评价奖品(贴画)、录音机、磁带、头饰、磁铁。

教学流程示意

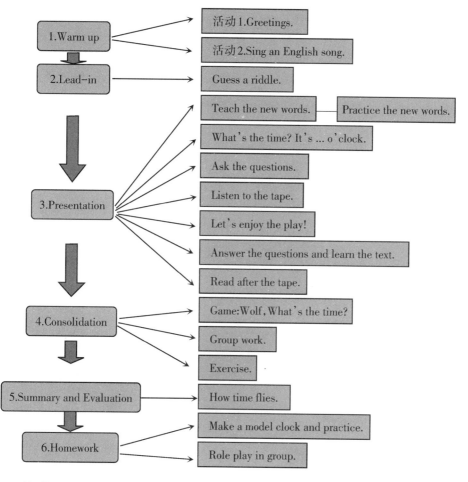

教学过程设计

Step 1   Warm up/Prevision

1.Greetings.

2.Sing an English song.

(**设计意图**:通过师生间亲切的歌曲问候,建立轻松和谐、民主的课堂气氛,使学生很自然地进入学习状态。)

3.Revise the numbers.

(1)Count together.(from 1 to 12)

(2)Say the number quickly.

(**设计意图:**由单个数字过渡到一串数字,循序渐进,有效复习所学语言点。把全班分为四个组,采取竞赛的形式,让学生看口算卡片做12以内的口算,激发学生说数字的欲望,培养学生的参与意识、合作精神和集体荣誉感,并为下面的时间表达法教学做好铺垫。)

4.Listen and do.

Let's dance\stand up\sit down\walk\sing\swim.

(**设计意图:**采用 TPR 的教学方式缓解了学生的紧张情绪,既能使学生在说唱的热身活动中很快进入轻松、愉快的英语氛围中,又可复习相关的动作短语及句型"Let's do...",为进一步学习奠定了基础。)

Step 2   Lead-in

Guess a riddle :It has no legs,but it can walk.

It has no mouth,but it can talk.

What is it?

(Answer:It is a clock.)

T:Can you show it with your body language?

(**设计意图:**猜谜语是学生喜爱的活动,能充分激励学生积极地思考,体现学生学习过程中的主动性。教师边说谜语,边做动作,便于学生理解,从而引出钟,学习钟这个单词。)

T:Oh,What's the time?(Taking out a big clock)

It's 9 o'clock.We'll begin our new materials.

(板书课题 Module 4   Unit 1 It's 2 o'clock.)

Step 3   Presentation

1.Show them the clock,teach the words " clock and o'clock"

2.What's the time? It's... o'clock.

(教师手拨指针,学生说时间。)

3.Teach the new words.

4.Practice the words.

(1)One by one.

(2)Two by two.

(3)Four by four.

(4)Games :Looking for the card.

Looking at my mouth and say the word

（设计意图：采用多种形式教单词 one by one,two by two,four by four,运用游戏"找卡片"和"看教师或同学的嘴形说单词"来练习听、说、读单词,激发学生的学习兴趣。）

5.Ask the questions：

(1)Does Sam like films?

(2)Did he see the film?

(3)Why?

6.Listen to the tape.

7.Let's enjoy the play.

（设计意图：我事先辅导了几个能力强的学生,让他们带着头饰表演课文,做一个示范。这样,其他的学生很感兴趣,也便于学生理解课文,体现学生学习过程中的主动性和自主性。）

8.Answer the questions and learn the text.

9.Read after the tape.

Step 4　Consolidation

1.Game：Wolf,Wolf,what's the time?

（设计意图：创设问大灰狼时间的情境,不但可以活跃课堂气氛,达到训练目的,而且还给学生一个开放的空间,激活他们的学习积极性和表达欲,使全体学生置身其中,感受语言的功能,在兴趣盎然地习得语言。）

2.Group work.

（设计意图：小学生爱说、爱表演,想象力丰富。通过小组合作学习,给予他们自由创作的空间、充足的练习时间,满足学生的表现欲,让每个学生都有自我展示的成功体验。）

3.Exercise：Activity Book P14～15.

Step 5　Summary and evaluation

1.How time flies!

（设计意图：教育学生要珍惜时间。）

2.学生自己评价本节课的最佳小组,教师发给他们贴画并表扬。

Step 6　Homework

1.每人制作一个模型钟,并把1～12的英文说法及时间表达法说给父母听。

2.各小组自己安排课文里的角色进行排练,下节课分组表演。

教学板书设计

Module 4

Unit 1   It's 2 o'clock.

What's the time?	Which group is the best?
It's... o'clock.	1. 2. 3. 4.
	(看哪一小组获得的五角星最多)

教学评价设计

1.评价内容

小学英语教学评价的主要目的是激发学生的学习兴趣和积极性。评价形式具有多样性和可选择性。评价以形成性评价为主,以学生参与英语教学活动表现出的兴趣、态度和语言交流能力为主要依据。本课时的评价内容是:

(1)能听、说、认、读单词:o'clock,film,time,run,train。

(2)能听、说、认、读句子:"What's the time? It's two o'clock."

(3)能运用句型"What's the time?"向他人询问时间或说明整点时间。

(4)热爱生活,能积极与他人合作,运用所学英语进行交流,共同完成学习任务。

(5)知道珍惜时间。

2.评价方法

(1)口头表扬。如:Great! Good! Excellent! Well done! You did a good job!

(2)下课后,教师给获胜小组的每位成员发一张贴画。

生活实践(与实际生活的结合点):

本课时要求学生能运用句型"What's the time?"向他人询问时间或说明整点时间,这个句型在生活中有很强的实践性。我们在日常生活中,经常都会问"What's the time?"学生很容易理解其意思。即将下课时,教师做惋惜状,边看表边说:"Oh! How time flies!"以此告诉学生"逝者如斯夫",一分一秒,稍纵即逝。所以,时间是宝贵的。从而教育学生要珍惜时间,要充分利用时间。

教学设计反思

本节课采用任务型教学模式,结合听说法、竞赛法等多种教法的优化组合,做到扶与放结合,讲与练交融,充分发挥教师的主导作用和学生的主体作用,创设轻松愉悦的课堂教学气氛,激发学生的学习兴趣。

教法的选择固然重要,但学法也是必不可少的,"教学生学会学习"是当今教育的根本所在。在今后的教学中,教师应逐渐把主动权交给学生,力求使用参与、交流与合作等学习方式,通过任务型的教学途径,培养学生综合语言运用能力。

点评

本堂课的教学设计以《义务教育英语课程标准(2011年版)》的理念为指导:面向全体学生,使学生通过体验、实践、参与、合作与交流的学习方式和任务型的教学途径,发展学生的综合语言运用能力。以教学活动流程与学生的关系为关注点,有以下特点:

(1)基于二年级学生的学情,通过游戏的方式组织,让学生动起来。通过多样的课堂交流和语言活动引导学生感知、理解和运用语言。课堂上教师借助生动直观的教具并配合动作、手势引导学生参与语言活动,如:做12以内的口算、唱英语歌曲、TPR说唱热身活动、猜谜语、找卡片、看嘴形说单词等。并在这当中通过说、唱、玩、演的活动持续吸引学生的注意力,不断创造机会刺激学生的好奇心,让他们主动去尝试和体验。

(2)教师依据具体的教学内容提供了大量的数字卡片和实物钟,为学生提供了体验语言的机会。立足于文本,提出有关的问题,让学生有目的地听,便于学生整体理解文本,体现了学生的主动性和自主性。

(3)在问大灰狼时间的情境中,巩固运用询问时间或说明整点时间的新知,既充满趣味性,也习得了语言。最后给出真实的任务,在小组合作中进行思考、运用,培养学生的综合语言运用能力。

课　　　题:Module 9 Unit 1 Do you want to visit the UN building?
课　　　型:语篇课
教　　　材:外研版新标准《英语》(一年级起点)
年　　　级:六年级上册
教学设计人:重庆市大渡口区钰鑫小学　王娟
教　　　龄:20 年

教学观念(理念)

《义务教育英语课程标准(2011 年版)》指出:通过英语学习使学生形成初步的综合语言运用能力,促进心智发展,提高综合人文素养。综合语言运用能力的形成建立在语言技能、语言知识、情感态度、学习策略和文化意识等方面整体发展的基础之上。学生在学习英语的过程中,接触和了解了外国文化,有益于对英语的理解和使用,有益于加深对中华民族优秀传统文化的认识和热爱,有益于培养国际意识,有益于激发学生学习英语的兴趣,拓宽视野,进而提高跨文化交际能力。

教学分析

1.内容分析

(1)本模块的主要内容是介绍值得参观或旅游的地方。

(2)Unit 1 的课文情境是 Simon 的爸爸问 Simon 和 Daming 是否想参观联合国大厦,他俩异口同声地回答想去。Simon 向 Daming 介绍说,联合国大厦是纽约非常重要的建筑,联合国希望维护世界和平,世界上很多国家都是联合国成员。后来,他们来到联合国大厦前,Daming 赞叹联合国大厦很雄伟。

2.学生分析

六年级的学生已经形成了一定的综合语言运用能力,对继续学习英语有兴趣,在学习中乐于参与、积极合作、主动请教,有良好的学习习惯。

教学目标

1.语言知识目标

(1)全体学生能理解:peace,make peace,member state,famous。

(2)全体学生能正确运用句型:"Do you want to visit the..."

2.语言技能目标

(1)全体学生能听懂并会说:"Do you want to visit the UN building?"

(2)全体学生能朗读课文,阅读相关短文。

(3)全体学生能运用已学语言描述一个地方的地理位置和特征,询问同伴想去哪里参观或旅游。

3.学习策略目标

学生遇到问题能主动向老师或同学请教。

4.文化意识目标

学生了解主要英语国家的重要标志物。

5.情感态度目标

学生乐于接触外国文化,增强国际意识。

教学重、难点

1.教学重点

综合复习一般现在时的用法,教师要注意给有学习困难的学生更多的练习机会,让全体学生都会正确运用:"Do you want to visit the...?"

2.教学难点

(1)学生能理解 peace,make peace,member state,famous 的语义并正确运用。

(2)学生能运用所学词汇与句型描述一个地方的地理位置和特征。

教学方法及策略

(1)教师运用情境教学法、交际教学法和任务教学法。

(2)教师采取小组合作的学习策略,提倡互助学习,取长补短。

教学资源

词卡、磁铁、PPT 等。

教学流程设计

Step 1 Warm up/Prevision

1.Greetings.

2.Sing an English song：*The Great Wall of China*.

（**设计意图**：通过师生间歌曲互动，建立轻松和谐、民主的课堂气氛，使学生很自然地进入学习状态，同时也让学生回忆所学过的长城的特征，为新课的引入做好铺垫。）

Step 2 Lead-in

1.PPT 展示一系列图片，如长城、颐和园、桂林等图片。

T：Can you tell me where are they?

S：They are in China.

T：Which one do you want to visit?

S：I want to visit...

T：Do you want to visit the Great Wall?

S：...

T：What about Simon? Let's listen.(P50 Activity1)

2.Look，listen and say.

3.PPT shows the picture of the UN building.

T：Do you know it's name? And where is it?

Do you want to visit it? What about Simon and Daming?

Let's listen to the tape.

4.T：Do you know it's name? 根据学生的回答，板书：the UN building Moudle 9 Unit 1 Do you want to visit UN building?

（**设计意图**：引出课题。）

Step 3 Presentation

1.Group work (PPT shows students seven questions).

(1)Do Simon and Daming want to visit the UN building?

(2)Where is the UN building?

(3)Is China in the UN?

(4) What does the UN want to do?

(5) What does Daming think of the UN building?

(6) Are there buildings like this in China?

(7) Does Daming want to go into the UN building?

The teacher divides the whole class into 4 groups, giving each group a piece of paper with seven questions. Let the students listen to the tape again, then discuss in groups to find the answers. Have a competition.

(设计意图: 充分发挥小组合作学习的优势, 互助互学, 取长补短, 利用小组竞赛机制, 调动学生的学习积极性和参与性, 照顾学困生。)

2. Let's check and evaluation.

3. Listen to the tape, let the students read after the tape one sentence by one sentence.

4. Read the text.

5. Role play.

6. T: Do you have any other questions?

(1) make peace.

(2) member state.

(3) Famous.

7. Summarize the UN building with the mind map.

8. Retell the text.

(设计意图: 尽力让学生用自主提问的方式来学习理解文本, 培养学生的独立阅读习惯, 提高阅读能力。)

Step 4   Consolidation

1. Exercise. (P52 Activity 4 Practice)

2. Do a survey in groups. (Where do your friends want to visit?)

3. Show time.

(设计意图: 小学生爱说、爱表演, 想象力丰富。通过小组合作学习, 给予他们自由创作的空间、充足的练习时间, 巩固本节课所学句型, 让每个学生都有自我交流、展示的成功体验。)

Step 5   Summary and evaluation

1. Revise the UN building.

2. 学生自己评出本节课的最佳小组。

Step 6　Homework(学生根据自己的喜好选择作业)

1.Read the text./Draw the pictures.

2.Recite the text！

3.Retell the text！

4.Introduce a famous place to your parents in English.

(**设计意图**：照顾到每一位学生的需要，尤其是学困生，让他们自己选择适合自己的作业，保持他们学习英语的持续兴趣。)

教学板书设计

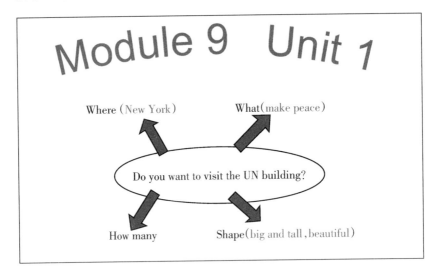

教学评价设计

1.评价内容

(1)课堂提问。

(2)角色表演。

(3)小组合作。

2.评价方法

上课前，教师交代评价的规则及标准，师评、组评、生评相结合，下课时评选出优胜小组，给予鼓励。

教学设计反思

本节课采用任务型教学模式,采用小组合作学习,充分发挥小组合作学习的优势,互助互学,取长补短;运用小组竞赛机制,有效地调动了学生的学习积极性和参与性,同时也照顾到了学困生;尽量让学生用自主提问的方式来学习理解文本,培养学生的独立阅读习惯,提高阅读能力;布置家庭作业时,照顾到每一位学生的需要,尤其是学困生,让他们自己选择适合自己的作业,保持他们学习英语的持续兴趣。通过学习,学生了解了联合国大厦是美国纽约的重要建筑物,联合国希望维护世界和平,同时学生还了解了各国的标志性建筑,学生的视野拓宽了,跨文化交际能力得到了提高。

点评

本课科学地对教学目标进行了详细的分析,并且教学目标设定清晰、合理。教学环节紧凑、流畅且极富趣味性。评价方式多样化且积极关注到全体学生。真正做到让学生通过英语看世界,很好地体现了英语人文性这一特点。

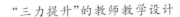

课　　　题：Unit 1 How many new books do you have? Lesson 1（第一课时）

课　　　型：新授课

教　　　材：重庆大学出版社小学英语

年　　　级：四年级上册

教学设计人：重庆市沙坪坝区实验一小　　金红艳

教　　　龄：17 年

教学观念（理念）

以发展学生语言能力，提高学习兴趣为指导思想，围绕学生感兴趣的话题和形式来进行教学环节设计。

教学分析

1.内容分析

本节课为"How many new books do you have?"，主要是培养学生英语听、说能力和应用语言的能力。学习四会单词 music book，art book，English book，Chinese book；学习句型："How many... do you have? We have...books."

2.学生分析

教师为学生提供精心制作的多媒体教学课件，为学生提供了比课本更生动更真实更丰富的资源，更容易引起学生的兴趣，因此有助于培养学生观察、判断和推理事物的能力，也更容易激发与培养学生的想象力，使学生可以在生动活泼的氛围中进行创新思维，培养学生自主学习、自我创新能力。

3.环境分析

根据《义务教育英语课程标准(2011年版)》,四年级要达到二级教学目标:对英语学习有持续的兴趣和爱好,能用简单的英语互致问候,能根据所学内容表演对话,在学习中乐于参与、积极合作、主动请教。

教学目标

1.语言知识目标

能听、说、认、读、写单词:music book,art book,English book,Chinese book。

2.语言技能目标

能在情境下,运用句子"How many... do you have?"展开对话,并尝试模仿情境自编对话。

3.情感态度目标

通过创设情境,增长课外知识,激发学生主动与人交流,培养良好的英语交际能力。

4.学习策略目标

注重观察、模仿、理解、想象。

教学重、难点

1.教学重点

能听、说、认、读、写单词:music book,art book,English book,Chinese book。

2.教学难点

能在情境下,运用句子"How many... do you have?"展开对话,并尝试模仿情境自编对话。

教学方法及策略

1.教学方法

本课围绕"构建高效课堂,追求卓越"的教学理念,尽量采用交际法、表演法、视听法、游戏法等一系列方法,创设一些相对真实的情境,让学生在情境中学、在情境中演,使学习不脱离现实,有想说能说的机会。

2.教学策略

让学生感知学习英语的方法:预习—找问题自我探究学习—小组合作学

习—达到目标—拓展运用—复习巩固。通过鼓励和创设条件,让学生大胆展示,学会运用语言的途径之一:大胆开口练习。

资源运用

图片、照相机、话筒、PPT 等。

教学流程设计

Step 1　Warm up

Free talk

T:Hello,class! Nice to see you again! How are you today? Now,let's begin our class,are you ready? This class,we will learn Unit 1 How Many New Books Do You Have? Lesson 1（读课题）

T:Look here,this is a camera. OK,now,I'm a reporter,I want to know something about your class.

T:May I ask you some questions?（课件）

S:Yes,please.

T:Who wants to be the reporter?

（先师生问答,问一些前面的语句,再让学生当记者,生生问答）

Step 2　Presentation

1.Learn the new words.

T:Reporter,may I ask you some questions?（叫住最后一个扮演记者的学生）

S:Yes.

T:Do you like PE?

S:Yes.

T:I like PE too,and I also like music,new term,new books,let's see what new books do you have. So this term,we have many new books.（教师依次出示语文书、音乐书、英语书、美术书。用课件一一展示出所需要学习的单词,先跟磁带读这个单词,然后教师领读）

T:Look here,in art class,we can draw,do you like art?

T:In English class,we can act and read,do you like English?

T:In Chinese class,we can learn many lovely stories,do you like Chinese?

T:We have Chinese book（指着 Chinese）,music book（指着 music）,art

book(指着 art),English book(指着 PE)and so on,They are my new books,do you know?

T:Who can write the new words on the blackboard?（课件展示两个单词,找两个学生在黑板上写单词:Chinese book,music book）

T:Take out the paper,write the two new words.同法教授书写其他几个单词。

2.Play a game.

T:Let's play a game. When I say "show me your art book", you must show it to me quickly,do you understand?（先找一个学生,教师出示口令,学生做,然后让学生两人一组,上来做游戏,一个出示口令,另一个配合）

Let's chant.

T:Now,let's have a rest,let's chant.

Chinese book,Chinese book,we have Chinese book.

Music book,music book,we have music book.

Art book,art book,we have art book.

English book,English book,we have English book.

They are my new books.

3.Learning text.

(1)Show a PPT.

T:Here is a show(PPT)，now,let's look at it.看完之后根据动画情境问：How many apples do you have?

S:Three.（提示回答成：We have three apples）

T:How many pears do you have?

S:We have five pears.

回到书本上的内容,T:How many new books do you have?（板书）

S:We have... new books.（板书）

T:Now,we know,we have nine new books,but what are they?（板书）

S:We have...（板书）

T:Do you want to know how many new books I have?（找一个同学问教师）

（带读几遍后多抽生问教师,生生练习问答。）

(2)Show a picture.（课件出示课文图片）

T:Who are they?

S:They are Lu Hua and Wendy.

T：What are they talking about?

S：They are...

T：OK，Let's look and listen. And try to answer the questions and read it out.

（多听几遍，每听一次解决一个问题，最后让学生说出听到的句子）

Step 3　Practice

1.Read after the tape recording.

2.Read after the teacher.

3.Read in the groups.

Act a role.

T：Now，let's act a role，who wants to be the reporter？ Who wants to be Lu Hua？ Who wants to be Yang Ming？ Who want to be Peter？

（让学生进行角色扮演）

Have a new dialogue.（让学生编新对话，给他们一定的角色，如新教师、父母和子女，客人和学生，记者采访等情形，让他们自己选择，然后在组内活动）

Exercise.

做练习册上的题。

Step 4　Homework

Listen and read the text.

Finish a timetable in English.

Write the new words.

教学板书设计

> Unit 1　How Many New Books Do You Have?
>
> Lesson 1
>
> How many new books do you have?
>
> We have...new books.
>
> We have *music*　book.
>
> *Chinese*
>
> *English*
>
> *Art*

教学评价设计

评价分为:个人评价(单个表现特别优秀的进行奖励、表扬、提醒)、小组评价(以小组为单位进行整体评价,如:集体操练、集体展示、精神状态突出和需要鼓励的时候)及自我评价(根据教师、同学的分享自己参照标准进行自我评价)。

教学设计反思

本节课的单词和句型是学生在日常学习中最熟悉的,十分贴近学生的生活。整堂课都是以操练和运用为主,我在每一个细节都下了很大的功夫。整堂课主要有以下几个设计亮点值得提出。

(1)精讲巧练,由浅入深,由情境导入,循序渐进地深化教学内容。在"How many books do you have?"的问题设计时,教师自己翻着自己的教具书包里的书本,一本本地数,然后答出具体的数字,同学们看见了教师的呈现过程,于是很容易就理解了这个句子的中文含义。教师让学生根据自己的情况回答时,又多次反复追问,给学生不断地语音输入,听力刺激,轮到学生学习句型的时候,轻松一学就能够上口。句型的操练是以教师为主导、以学生为主体的师生双边活动。学生在本堂课中始终能积极地参与活动,积极动脑,课堂气氛活跃,学生学得容易,学得扎实,学得开心。

(2)创设教学情境,激发学生学习兴趣。充分利用多媒体技术,可以把学习的单词、对话以生动形象的画面、音响表现出来,从而使学生置身于以英语为主要对话的语言环境中,轻松体验英语的实际运用,激发起学习兴趣,寓教于乐,从而大大提高学生学习的积极性和主动性。课堂气氛活跃,学生主动参与,快乐学习,教学中注重培养学生的学习兴趣。采用灵活多样的教学活动,激发学生的学习兴趣,充分调动他们学习的积极性。教师能够轻轻松松地完成教学任务,学生容易接受,也记得牢。

(3)课上的多元化评价方式,让学生在课堂上体验到成功感。每一个学生都有机会通过自己的努力去获取成功,都有学习激情和参与体验。

其次,说说本堂课在设计时有可能存在的不足及改进措施。

(1)学生分组练习时,尽管组内每个学生都有可能在练习,但是来展示的时候只有汇报员来呈现,反馈的途径还是不够宽,掌握好坏情况反馈得不够全面,部分学生依然没能表现出学习情况。

改进措施:在以后的教学中,在学生分组练习时,我要更多地关注后进生,并且教育鼓励优秀学生帮助他们,提供更多的机会让整个小组都可以来表演和展示。

(2)在情境设置时教师对资源的运用不够充分,使得学生有可能会比较死板地去练习教师指定的情境,而无法创造性地运用情境。

改进措施:在以后的教学中,尽量在设计合理情境后考虑设置几个比较开放的场景,供学生选择运用,这样可以开拓学生的视野,增加运用范围。

点评

这节四年级的英语课,体现了新课标的理念:面向全体学生,强调学习过程,重视语言学习的实践性和应用性。以教学内容与学生的关系为关注点,有以下特点:

(1)教师的教学内容始终立足于学生,联系学生的生活实际。本课的主要内容和学生的日常生活联系紧密。所以,课一开始,教师就引导学生充当 reporter 进行相互信息的了解,也是为最后的 act a role 做储备。学生在教师的指引下,自由发挥,成为课堂的主角,使不同程度的学生在课堂上都有不同程度的提高。

(2)教师呈现教学内容时,以学生旧知为平台;在知识的滚动中,由易到难,由浅入深,层层递进;在创设的教学情境中,运用英语,收获成功,培养了学生的综合语言运用能力。课堂上,师生碰撞出灿烂的思维火花,使课堂高潮迭起。

课　　　题：Unit 2 Lesson 1（第一课时）
课　　　型：新授课
教　　　材：重大版《英语》
年　　　级：三年级上册
教学设计人：重庆市沙坪坝区实验一小　金红艳
教　　　龄：17 年

教学观念（理念）

以发展学生语言能力，提高学习兴趣为指导思想，围绕学生感兴趣的话题来进行教学环节设计。

教学分析

1.内容分析

本课是重大版《英语》三年级上册第二单元的教学设计。在设计中主要从三方面进行教材分析。首先是基于本课的教材分析：本课以对话的形式呈现语言"What are you going to do? I can..."其功能是简单介绍自己能做的运动并询问对方能做什么事情。其次是基于本单元的教材分析：本单元话题是"What are you going to do?"教学重点是对有关运动项目的表述方法。最后是基于学生已有的知识储备的教材分析：三年级的学生有学习热情但无多少语言积累，学习短语 do high jump，do long jump，run 100 meters 和句型"What are you going to do? I can..."时，应该在积累不多的基础上使知识有所增长。

2.学生分析

三年级是我们学习英语的起始年级,要达到二级教学目标:对英语学习有持续的兴趣和爱好;能用简单的英语互致问候,能根据所学内容表演对话。对英语的学习,学生还只有简单的热情和兴趣,对语言知识还缺乏积累,家长对英语的重视程度也不太高,所以全凭教师在课堂上的传授和引导,这要求教师需要对学生具有极强的责任心和爱心,用更多相对真实的情境进行教学更有利于学生的学习生成和运用。

3.环境分析

爱因斯坦曾说过:"兴趣是最好的老师。"因此,英语教学一开始就应当注意培养学生对这门学科的兴趣,保持强烈的好奇心和旺盛的求知欲。这就要求我们教师采用灵活多样的教学法,激发学生的学习兴趣,充分调动他们学习的积极性。所以,我采用情境法、多媒体辅助教学法、交际法等进行教学。学习英语的目的在于用英语进行交际,英语要作为交际工具来教,也要作为交际工具来学,做到学用统一。在教学中,我遵循这一原则,给学生提供较真实的情境。如:在引入新课时创设教师和一学生正在打篮球的情境,让学生体会现在进行时,活学活用所学知识。这样,既激发了学生的学习兴趣,活跃了课堂气氛,又培养了学生的语言交际能力。

教学目标

(1)能够听、说、认、读句子:"What are you going to do? I can..."并能在实际情境中运用。

(2)能够掌握短语 do high jump,do long jump,run 100 meters。

教学重、难点

(1)短语 do high jump,do long jump,run 100 meters 的发音。

(2)句子"What are you going to do? I can..."在情境中的运用。

资源运用

录音机、录音带、教学挂图、单词卡片、河流的道具、气球、橡筋绳、毽子。

教学流程设计

Step 1 Warm up

1.日常口语练习。

2.整理队伍。T:Attention,at ease! Hello,boys and girls.

S:Hello,Miss Jin.

T:Today I will ask each group to show us a kind of sports.Now I will give you one minute to prepare for...(悄悄向各组分派动作指令)准备之后各小组依次表演,同时以"What are they doing?"提问,其他观看的同学复习现在进行时的句子。

3.sing a song——*You can come too*.

Step 2　Presentation

1.T:After some body exercises,I am hungry.(做出拍打肚皮的动作)How about you?（由此引出学生课文里的对话）

S:I am hungry too.

T:Oh,you are hungry.Let me find some food.(做出找东西的样子)Wow, what are they?（拿出事先准备好的糖果、饼干等学生爱吃的东西。总的数量是参加上课人数的四分之一左右）

S:学生七嘴八舌地说出食物的名字。

T:根据学生说出的食物和学生一起数数,达到了练习数字的目的,又激起学生想要获得实物奖励的激情。

2.T:I want to give everyone a gift,but they are not enough,how can I make choices with these food? I think all of you want these food.If you are the win-ner,you can get the food,OK?

3.学生与教师比赛,学生之间比赛。

比赛时先展示比赛项目的简笔画,让学生准确地说出这些项目的名称(首先要选择已知的词组),如 T:The first sport is...(举起打乒乓球的简笔画引导学生说出后面的项目名称)选择学生比赛,冠军发刚才展示的食物然后引出新的简笔画:Do high jump。

T:The second one is...

S:跳高。

T:Yes,in English,we should say"do high jump".(拿出词组卡片依次示范单词读音,进行机械操练,然后再进行此项比赛)

教授 do long jump,run 100 meters,如上所述。

机械操练的方式:1.read it one by one;2.boys say or girls say;3.boys in blue (red,yellow...)say...

Step 3　Practice

1.Teacher says, students do, or students say, teacher does.

2.准备一个气球作为此次游戏的目标,在学生与目标间要设计河流、阶梯等障碍物。一个同学蒙上眼睛,可以由他自己选择一个合作伙伴,用我们学习过的单词或词组来指挥,如 do long jump,do high jump 以及以前学习的 left,right 等指令。

3.拿出有运动项目简笔画的挂图提问:The next week we will have a sports meeting,what are you going to do? 学生再把词组放入"I am going to..."的句子中去表达。

Step 4   Summary

1.T:Next week we will have a sports meeting,we must make our bodies healthy and strong.So let us do the body exercise,OK? 利用本课的已有 chant 表演类似啦啦队的舞蹈,将本堂课推向另一个高潮。

2.结合 2016 年奥运会向学生提问:"I know many of you like sports. In 2016,we will have Olympic Games.What are you going to do at that time?"让学生自由发挥,能用英语表达的用英语,不能的则用汉语,尽量鼓励他们用将来时的句子表达,尽量拓宽他们的思维,并结合时事,升华到思想教育的层面。

教学板书设计

> Unit 2 I can do high jump Lesson 1
> ——What are you going to do?
> ——I can do high jump
> long jump
> run 100 meters

教学评价设计

这是一节单词和句型的新授课,为达到教学目标,教师在设计教学环节时引入了对学生学习兴趣激励的评价机制,评价分为:个人评价(单个表现特别优秀的进行奖励、表扬、提醒)、小组评价(以小组为单位进行整体评价,如:集体操练、集体展示、精神状态突出和需要鼓励的时候)及自我评价(根据教师、同学的分享自己参照标准进行自我评价)。

教学设计反思

(1)教师在设计这节课中,充分注意到"学中用,用中学,学用结合"的教学要求。从 Warm up 开始就为新课的导入做了细心的铺垫。

（2）生动有趣的课件。"兴趣是最好的老师。"课前我根据学生的兴趣爱好设计了生动有趣、贴近学生生活的课件，对学生进行视觉与听觉的双重刺激，让原本死的内容变成活的内容，让无声的课本变成有声的画面，增强了课本的趣味性。课件中熟悉的歌星和运动员、老师以及他们的同龄人，都让学生觉得真实、自然，从而激发了学生的参与热情。

（3）形式多样的游戏活动。我通过游戏 Touch and guess 导入新课，有趣自然，让学生在做游戏中自然地复习旧句型，为学习新句型做好铺垫。课中游戏 Listen and touch 避免了机械单调的单词操练，小教师的参与提高了学生学习的热情，使单词教学落到了实处。

（4）美观大方的简笔画板书。为了使学生更好地理解本课时这几个短语，我把抽象的内容具体化、直观化，用简笔画的形式表达词语的意思。

（5）所有的活动都围绕教学目标展开。句型"What are you going to do? I can..."的练习，使同学们在活泼真实的教学氛围中体验获取知识的快乐感受。

点评

本教学设计以《义务教育英语课程标准（2011年版）》倡导激发学生兴趣入手，以提高学生语言运用能力为目的，展开教学设计，给我们展示了很多亮点。

（1）教学分析详细具体。以《义务教育英语课程标准（2011年版）》倡导的提高语言运用能力为中心，该教材分析以功能和话题为出发点，以能用英语去做事为目标，对学生的分析从旧知和新知入手，结合小学生的认知特点，这样的教学分析使得教学目标的确订是合理而科学的。

（2）本教学设计的思路表达非常清楚，一个步骤下的活动和目标让看的人能一目了然。

（3）本课的活动在围绕教学目标的前提下，充分利用小学生爱动、好表现的特点，激发学生的兴趣和热情，相关而且有效，如热身活动的猜猜体育项目表演，好的开头就让这节课成功了一半。

（4）本节课以体育比赛为主线，呈现新知，并展开小组评价，体现以学生为主体，老师为引导的教学思想。最后学生们报名参加运动会，让学生们在真实情境中的语言运用得到了最有效的展示，提高了学生们的语言整合能力，也让学生们在玩中学、学中玩，自然地习得语言。

但如果考虑到教学资源的最大节约，以及真正激发学生们内在的学习动力，而不是通过一些实物奖励的刺激的角度来看的话，建议教师在全课的评价活动中变食物奖励为其他形式的奖励，可以是口头的，或者是与体育项目活动有关的一些进阶活动。比如说以看看谁投篮最准，或者谁跳得更远的形式来进行。

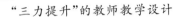

课　　　题：Unit 5 Lesson 1（第一课时）
课　　　型：单词课
教　　　材：重大版《英语》
年　　　级：三年级上册
教学设计人：重庆市铜梁区金龙小学　　陈永琴
教　　　龄：19 年

教学观念（理念）

根据《义务教育英语课程标准（2011 年版）》要求，三年级是英语学习初始阶段，学生对英语的学习刚入门。教学目标是让学生对英语产生好奇心，喜欢听他人说英语；能根据教师的简单指令做动作，做游戏，做事情，能做简单的角色表演；能在图片的帮助下学说单词。在学习中乐于模仿，敢于表达，对英语具有一定的感知能力。

教学分析

1.内容分析

本课是重大版教材三年级上册第五单元 It's a lemon Lesson 1 单词教学。本课要求学生能熟练掌握 5 个表示水果的单词，即 pear，lemon，banana，apple，orange，能做到听、说、读这 5 个单词，并能运用句型"What's this? It's a/an..."。

2.学生分析

本班学生正处于三年级上期，刚开始学习英语，毫无基础可言，只有一小部分学生对英语懵懵懂懂，还包括发音有误的。因此，学习是从零开始，值得庆幸的是学生好奇心强,对学习有兴趣。

3.环境分析

金龙小学是一所位于城乡接合部的学校,因此大部分学生是农民子弟,绝大部分学生是留守儿童。重庆巴中的招生让所有铜梁的小学生都努力地学习语文、数学,对英语却不重视。

教学目标

1.语言知识目标

(1)能听、说、读表示水果的单词。

(2)能听懂,会说日常用语:What's this? It's a/an...

(3)能大胆灵活运用表示水果的英语单词,完成相关的练习。

2.语言技能目标

(1)在生活中看到相关的水果能用英语表达出来。

(2)能用英语说出自己喜欢的且学过的水果。

(3)会灵活运用句型:What's this? It's a/an...

3.学习策略目标

(1)能看图说出水果的英语单词。

(2)能流利地用英语表达所学水果。

(3)会灵活运用句型:What's this? It's a/an...

4.情感态度目标

养成吃水果的好习惯。

5.文化意识目标

熟练英语口语。

教学重、难点

1.教学重点

(1)能听、说、读本课重点单词,要求发音正确。

(2)能在指认物体的前提下认读所学的单词。

2.教学难点

单词 banana,orange 中 n 的发音。

教学方法及策略

1.教学方法

直接法。

2.教学策略

(1)运用歌曲激发学生学习的兴趣。

(2)利用摸物引发学生学习的积极性。

(3)利用同桌对话和小组合作提高学生的口语表达能力和相互配合的能力。

资源运用

教学具:教材、卡片、点读机、PPT 等。

教学流程设计

Step 1　Warm up

1.Greetings.

2.Chant.

3.Free talk.

Step 2　Presentation

1.教师手拿口袋,T:There are some fruits in the bag,can you guess what they are?(口袋里有水果,你们能猜猜有什么吗? 有哪位同学来摸一摸?)Who can try? 抽学生从口袋里摸出一样东西,然后用实物教读此单词。

T:Apple,apple.(抽生拿出实物读,没有的可以下位置找实物读)

T:An apple,it's an apple.(抽生拿出实物读,没有的可以下位置找实物读)

2.依次拿出口袋里的其他东西并教读。

3.同桌的两个同学练习"An apple,it's an apple."

Step 3　Practice

1.Have a try! (试一试)同桌完成:Miss Chen 念出单词,一位同学从黑板上取下单词卡片教读,另一位同学找出相应的实物。抽组表演。

2.Listening.P38 Part 2.

3.小组练习:在组长的带领下,拿出今天学的东西,一个一个练习:It's an apple.It's a picture...抽组表演。

Step 4　Consolidation

1.(拿出一个苹果)T:What's this? S1:It's an apple.教读。

2.学生自己拿出东西 one by one 问:What's this? 后面的学生回答:It's a/an...再提问。

3.同桌练习并抽问。

4.小组练习:在组长的带领下,拿出准备好的东西问答,再抽组练习。

全班同学下位置进行问答练习。

Step 5　Assessment

教师根据学生在课堂上的表现,对学生和小组进行奖励。

Step 6　Homework

1.听单词录音。

2.找出生活中今天我们所学的实物并用英语说出来。

3.同学之间看到学过的实物相互问答。

教学板书设计

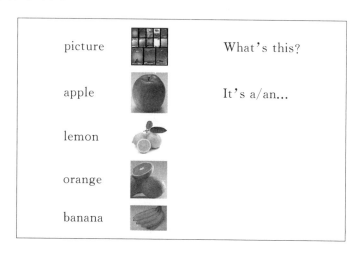

教学评价设计

1.评价内容

小学英语教学评价应充分考虑小学生的认知方式、认知水平和心理特点,以激发和保持小学生的英语学习兴趣和自信心为主要目的。

本课的评价内容是:

(1)能听、说、读表示水果的单词。

(2)能大胆灵活运用表示水果的英语单词,完成相关的练习。

(3)在生活中看到相关的水果能用英语表达出来。

(4)能用英语说出自己喜欢的且学过的水果。

2.评价方法

(1)口头表扬,如:Great! Good! Excellent! Well done!

(2)回答得既对又好的加一颗星。

(3)优胜组教师奖励小礼物。

教学设计反思

这节课主要是单词教学,后面加了一个句型"What's this? It's a/an..."作为单词的巩固练习。歌曲引唱激发学生上课的积极性,运用直接法让学生摸实物注意到本堂课要学习的内容,环环相扣地递进学习以提高学生的学习兴趣。同桌和小组 practice 主要用于口语练习及锻炼学生之间的合作协调能力。

点评

(1)游戏导入,充分调动学生兴趣。良好的开头对一堂课的成功与否,起着关键的作用。本堂课一开始,教师就用 TPR 活动"摸一摸,猜一猜"导入新课,使学生的注意力在最短的时间里被激活,接着教师利用游戏引出新词教学。

(2)关注教学方法,体现了一个"活"字。教师的教学方法灵活,新单词呈现形式多样。应该说整堂课中,教师在引入新词时,都是比较新颖而又自然,而且生活化的。教师还注意利用实物、图片、卡片、身体语言、表情动作等作为教学资源,创设讲解、操练和运用英语的情境。陈老师能贯彻以学生为中心的原则,关注教学过程,尽可能发挥学生的主体作用,让学生真实地去感受知识,体验知识,积极参与,努力实践。在活动中学会用语言表达交流,较好地体现了从不懂到懂、从不会到会、从不熟练到熟练的过程。

(3)教学活动的设计丰富多彩、有效,训练方式多样,有全班活动、师生互动、小组活动、双人活动、个人活动等,在活动中突破难点,在活动中发展能力。教师为了巩固本课的内容,精心设计了多个活动,有歌曲、摸摸猜猜、游戏,内容非常丰富。不但使单词、句型的操练面广,练习次数多,而且还调动了每一个学生的参与热情,将热闹的形式与有效的语言实践有机结合。

课　　　题：Unit 4 Lesson 1(第一课时)
课　　　型：对话课
教　　　材：重大版《英语》
年　　　级：三年级上册
教学设计人：重庆市铜梁区金龙小学　　陈永琴
教　　　龄：19 年

教学观念(理念)

根据《义务教育英语课程标准(2011 年版)》要求,三年级是英语学习初始阶段,学生对英语的学习刚入门。教学目标是让学生对英语产生好奇心,喜欢听他人说英语;能根据教师的简单指令做动作,做游戏,做事情,能做简单的角色表演;能在图片的帮助下学说单词。在学习中乐于模仿,敢于表达,对英语具有一定的感知能力。

教学分析

1.内容分析

本课是重大版教材三年级上册第四单元 What color is it? Lesson 1 对话教学。本课的教学内容是学习表示颜色的单词(red,white,yellow,green,blue)及句型"what color is it?"。回答:It's...

2.学生分析

本班学生正处于三年级上期,刚开始学习英语,毫无基础可言,只有一小部分学生对英语还有些了解,有的发音还有误。因此,学习是从零开始的,值得庆

幸的是学生好奇心强,对学习有兴趣。

3.环境分析

金龙小学是一个位于城乡接合部的学校,因此大部分学生是农民子弟,绝大部分学生是留守儿童。重庆巴中的招生让所有铜梁的小学生都努力地学习语文、数学,对英语却不重视。

教学目标

1.语言知识目标

(1)能听、说、读表示颜色的单词及句子。

(2)能听懂,会说日常用语:"What color is it"回答:"It's..."

(3)能大胆灵活地运用表示颜色的英语单词,完成相关的练习。

2.语言技能目标

(1)在生活中看到相关的颜色能用英语表达出来。

(2)能用英语说出自己喜欢的学过的颜色。

(3)会灵活运用句型"What color is it"并回答:"It's..."

3.学习策略目标

(1)能看图说出表示颜色的英语单词。

(2)能流利地用英语表达所学的关于颜色的单词。

(3)会灵活运用句型"What color is it?"并回答:"It's..."

4.情感态度目标

养成欣赏美好事物的习惯。

5.文化意识目标

热爱用英语交际。

教学重、难点

1.教学重点

(1)能听、说、读本课重点单词,要求发音正确。

(2)能大胆灵活地运用句型"What color is it?"并回答:"It's..."并操练于日常情境对话中。

2.教学难点

(1)单词 red 中摩擦辅音/r/的发音。

(2)句型：What color is it?

教学方法及策略

1.教学方法

情境教学法。

2.教学策略

(1)运用歌曲激发学生学习的兴趣。

(2)利用 PPT 情境展示引发学生学习的积极性。

(3)通过同桌对话和小组合作练习,提高学生的口语表达能力和相互配合的能力。

资源运用

教学具:教材、卡片、点读机、PPT 等。

教学流程设计

Step 1 Warm up

1.Greetings.

2.Chant.

3.Free talk.

Step 2 Presentation

由 PPT 呈现一个美丽的花园,教师指引学生看这里有好多颜色:How beautiful! What color is it? 从而引出新课。

1.由颜色引出单词 red,教读 red。高低音教读,拿出红色的东西教读,抽个别学生读,学生到教室找红色读,教师指着红色引出句型:What color is it? 并引导学生回答"It's red"。抽生答。同桌练习。

2.教师拿出白纸教读 white。高低音教读,抽个别学生读,学生到教室找白色读:What color is it? 练习问答。开火车 one by one,练习问答。

3.教读 yellow。通过分音节教读,高低音教读,小老师教读,学生到教室找黄色读:What color is it? 练习问答。学生前后练习问答。

4.教读 green。高低音教读,抽个别学生读,学生到教室找绿色读,生拿出绿色的物体下位置找同学进行"What color is it?"问答。

5.教读 blue。高低音教读,抽个别学生读,学生到教室找蓝色读,学生拿东西到讲台进行"What color is it?"问答。

Step 3　Consolidation

1.教师对所学单词进行教读,学生指着颜色跟读。

2.教师把全班分成几个组,每组代表一种颜色,教师喊出哪组颜色的单词,该组学生就起立,拍手重复单词 3 遍,说对的得到奖励,也可让学生发指令。

听力练习:Listen and point.(P30)

Step 4　Practice

1.小组一起 one by one 进行说颜色单词的操练(一个学生出示颜色,另一个说出单词)。然后教师抽组展示操练结果。

2.小组一起用我们今天学习的 5 种颜色中自己喜欢的颜色给图片涂色,并用句型"What color is it?"进行操练,然后教师抽一个小组展示操练结果。

Step 5　Assessment

教师根据学生在课堂上的表现,对学生和小组进行奖励。

Step 6　Homework

1.听单词录音。

2.找生活中带有今天我们所学颜色的实物并用英语说出来。

3.同学之间用学过的实物相互问答。

教学板书设计

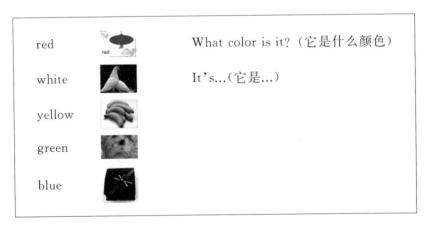

教学评价设计

1.评价内容

小学英语教学评价应充分考虑小学生的认知方式、认知水平和心理特点,以激发和保持小学生的英语学习兴趣和自信心为主要目的。

本课的评价内容是：

(1)能听、说、读表示颜色的单词。

(2)能大胆灵活运用表示颜色的英语单词,完成相关的练习。

(3)在生活中看到相关的颜色能用英语表达出来。

(4)能灵活运用句型:What color is it? 并回答:It's...

2.评价方法

(1)口头表扬。如:Great! Good! Excellent! Well done!

(2)回答得既对又好的加一颗星。

(3)优胜组得到小礼物。

教学设计反思

这节课主要是对话教学,由单词的学习引入句型的运用。歌曲引唱激发学生上课的积极性,运用情境教学法引起学生的注意从而联想到本堂课要学习的内容,环环相扣的递进学习提高了学生的学习兴趣。同桌和小组 practice 主要用于口语练习及锻炼学生之间的合作协调能力。

点评

从本课的呈现来看,教师运用了情境式教学法引入,创设了花园这个情境,而引出了本课的重点:关于颜色的单词。情境式教学比较贴近学生生活。从教学环节来看,教师将 consolidation 和 practice 的环节位置弄反了,以至于操练和巩固的内容几乎相似,没有梯度,没有层次。从互动来说,本课主要以师生互动为主,教师在课堂中均以引导教授为主,但在活动中学生之间的互动太少。

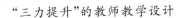
课　　　题:Unit 6 Lesson 1(第一课时)
课　　　型:词汇课
教　　　材:人教版《英语》
年　　　级:四年级下册
教学设计人:重庆市万州区中加友谊小学　杨应忠
教　　　龄:15 年

教学观念(理念)

　　《义务教育英语课程标准(2011 年版)》指出:激发和培养学生学习英语的兴趣,使学生树立自信心,养成良好的学习习惯和形成有效的学习策略,发展学生自主学习的能力和合作精神是小学英语教学的基本任务。为了突破这堂课的重、难点,根据小学生好奇、好胜、好动、模仿力强、表现欲旺盛等生理和心理特点,我以活动、合作为主线,采用了任务型教学和情境教学,倡导了自主和合作学习,让学生在教师的指导下,通过感知、体验、实践、参与和合作、游戏感悟等多法并用的方式组织教学。这种方法彻底改变了传统的"授—受"的教学模式,促进学生语言实际运用能力的提高。这节课不论是新知识的呈现,还是游戏的设计,都紧紧地抓住学生,以吸引学生,让学生积极参与到课堂中来。学生在玩中学、学中用,提高了课堂实效,培养了学生学习的兴趣。

教学分析

1.内容分析

本单元主要围绕"农场"这一主题展开学习,Part A 部分主要是农场中常见的六种动物名称的学习,包括 hen,sheep,cow,lamb,goat 和 horse,以及这些单词的复数形式,本节课的单词教学是在学生初步学习了句型"How many...do you have?"之后进行的。通过学习新词,感知句子"What are they? They are..." 能用这一句型针对农场里的动物进行交流。单词是语言学习的基础,本部分的功能是为后面的教学内容做铺垫,让学生先掌握这些动物名称以及它们的复数形式,为下节课的教学打下基础。

2.学生分析

本班学生在英语学习上具有基本的能力和一定的小组自学能力,能按照教师提出的问题通过小组自学来解决。但学生在学习中注意力容易分散,因此,要在课前激发他们的兴趣和充分调动他们的积极性。学生回答问题的积极性较高,但英语语言表达能力比较差,有部分学生还难以用完整、准确的语言来回答问题,或在表述上存在一些语病,需要教师有针对性地进行引导或纠正。

3.环境分析

我校地处万州城区,学校环境优美,本节课将在学校多功能教室上,但由于当时规划的原因,该功能室面积比较小,设备比较陈旧。

教学目标

1.语言知识目标

(1)掌握 sheep,lamb,goat,cow,horse,hen 等单词,以及掌握它们的复数形式。

(2)初步感知"What are they? They are..."等句子。

2.语言技能目标

(1)学生能听、说、认、读 sheep,lamb,goat,cow,horse,hen 等单词,会使用它们的复数形式。

(2)学生能听懂句子"What are they? They are..."并理解其意思,能够灵活运用。

3.学习策略目标

(1)培养学生注意观察、认真模仿的良好习惯和主动竞争的意识。

(2)激发学生学习英语的兴趣,培养他们学习英语的积极态度,初步建立学习英语的自信心。

(3)培养学生的合作能力和良好的学习习惯,使其初步具备用英语进行简单日常交流的能力。

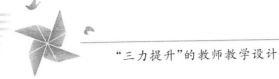

4.情感态度目标

激发学生热爱动物的情感,鼓励他们爱护、保护动物。

5.文化意识目标

让学生了解西方国家农场的情况,知道各国有哪些特别的动物。

教学重、难点

1.教学重点

学习新词 sheep,lamb,goat,cow,horse,hen,能正确认读。

2.教学难点

horse 和 house 的发音区别,单词的复数 horses 的读音和单词 lamb 的发音,及 sheep 的单复数一样。

教学方法及策略

1.教学方法

任务型教学法、情境教学法、游戏教学法。

2.教学策略

group work,pair work.

资源运用

教学具:PPT、单词卡片、动物头饰、多媒体设备。

教学流程设计

Step 1　Warm up

1.Sing a song:*Old MacDonald had a farm.*

(设计意图:教育家托尔斯泰说过:成功的教学所必需的不是强制,而是激发学生的兴趣,兴趣是推动学生学习的强大动力,是学生参与教学活动的基础。激发学生参与学习的兴趣,是新课导入的关键。Well begun,half done.精彩的课堂开头,往往给学生带来新颖、亲切的感觉,不仅能使学生迅速地兴奋起来,而且还会使学生把学习当成一种自我需要,自然地进入学习新知的情境。因此,在热身的时候,首先让学生分角色演唱歌曲"Old MacDonald had a farm",这样的导入能很快吸引住学生,同时还渲染了学生学习英语的良好气氛。)

2.Revision.

T:I love animals very much.Do you love animals? What animals do you know? 让学生说说自己知道的动物单词。

（设计意图：学生处在一个平等、相互尊重的氛围中，他们的思维是放松的，敢于说、敢于参与教学。教师要真心诚意地把学生当成学习的主人，努力提高"导"的艺术，从而在教学中恰到好处地去启发、点拨，尽可能地给学生多一点思考的时间，多一点活动的余地，多一点表现自己的机会，这样才能使课堂氛围充满活力。本环节不仅复习了旧知识，还渲染了学习英语的良好气氛。）

Step 2　Presentation

1.T:Do you know a farm? There are many animals at a farm.Now listen and guess the animals.听动物的声音，引出单词hen，并带读。然后通过图片中动物数量的增加，引出单词的复数形式。并用"What are they? They are..."进行问答。然后渗透"Let's do"部分的动作。

2.以相同的方式引出cow,sheep的教学。

3.通过看图，与sheep对比，引出goat的教学。教师出示单词卡，让学生进行认读，教师可以总结一些发音规律，帮助学生记忆单词。如ee在sheep中发[iː],ow在cow中发[au],oa在goat中发[əu]等，也可以启发学生说说自己是怎样记住每个单词的。

4.通过图片教读horse，然后教授复数horses的读音。

5.巩固单词，学生当小老师带读。

（设计意图：通过听音猜图以及看图等形式引出新单词的教授，既激发了学生的好奇心，也激活了学生记忆单词的能力。通过请说得好的学生当小老师带读的方式，激励他们自主学习新单词，培养其自学的好习惯，贯彻《义务教育英语课程标准(2011年版)》中"how to learn"的基本精神，也体现了以学生为主体，教师为主导的教学模式。在新单词的教学中融入TPR活动法，以动作帮助学生记忆。另外，图片的对比让学生学会分析动物单词单复数的形式。）

Step 3　Practice

1."Let's do"部分：学生看书并听录音。启发学生根据所看、所听内容说说feed,ride,milk,shear,hold的意思。

2.播放录音，学生根据所听内容做出相应的动作。

3.观看课件，引导学生发现所学单词单数形式与复数形式的区别，强调sheep单数和复数相同，以及horses,goats的发音。

4.教师说句子,学生举出相应的卡片:

It's a cow.They are cows.It's a sheep.They are sheep.It's a hen.They are hens. It's a goat.They are goats.It's a lamb. They are lambs.It's a horse.They are horses.

5.Let's play:猜卡片。请一位同学拿一张卡片(复数形式的图片)站在前面,不让全班看到正面是什么,其他人用"Are they...?"来猜图片内容。猜错了,该同学要说:No,they aren't.猜对了,说:Yes,they are.

(设计意图:以 Let's do 的形式进行放松活动,使学生通过 TPR 活动巩固新知,更注意抓住小学生好动的特点,辅以全身反应法,如模仿动物的叫声,或与之相关的动作(挤牛奶)等有趣的活动,充分激发学生学习的兴趣。同时在学习生词时感知句型,做到"词不离句,句不离词",重视对学生思维、观察能力的培养,特别是对学生合作学习能力的培养,让学生们在师生、生生等不同的合作方式中,学会倾听,学会评价,为学生的终身学习奠定基础。)

Step 4　Extension

Introduce the farm:介绍你自己设计的一个农场,里面有哪些动物。

(设计意图:通过小组自行修建喜欢的农场,然后编对话交流,让学生的想象力得到发挥和培养,同时提高所学语言的运用能力。小组的合作也有利于培养学生的团结协作精神和互相学习,从而取长补短。)

Step 5　Summary

总结本课所学的内容,并拼读单词。

对学生的课堂表现进行简单评价。

(设计意图:最后小结本课时的学习内容,帮助学生将本课的信息进行加工、储存,从而明确教学目标、重点和难点。课后小结有利于学生课后的复习巩固,课堂评价有利于学生树立学习英语的信心,激发学习英语的兴趣。)

Step 6　Homework

1.听录音,跟读单词。

2.听 Let's do 部分的录音,边说边做动作。

(设计意图:课后的复习非常重要,只有通过不断的巩固复习,才能让学生把所学的知识从短时记忆转化为长久记忆,才能把知识转化为自身的能力,这是培养学生良好自学能力的良好途径。)

教学板书设计

> Unit 6　At a Farm learn A
> What are they?　　They'ye...　　评价
> cows　　horses　　hens　　　　Group A Group B
> lambs　　goats　　sheep

教学评价设计

1.评价内容

在课堂上以学生参与课堂活动的情况为形成性评价的重要内容,对学生的表现进行总结评价,以评价促发展,培养小组团队精神,激励学生大胆开口,积极活动,为小组争得荣誉。

2.评价方法

多采用表扬和鼓励性语言或颁发奖品等方式对学生进行积极有效的评价。语言有:Good! Very good! Wonderful! Well done! Perfect! 奖品则多使用大棕熊和小松鼠贴纸来表扬学生。

教学设计反思

《义务教育英语课程标准(2011年版)》强调小学英语教学的首要目的是激发学生对英语的学习兴趣,帮助他们建立学习的自信心和成就感,使学生在学习进程中发展综合运用语言的能力。本节课的设计遵循了这个理念,在教学过程中让各种活动贯穿于整个英语课堂教学中,鼓励学生主动参与、主动思考和主动实践,让学生充分动起来,这带给学生愉悦的学习感受,使其轻松愉快地掌握了本节课的内容。

（1）设计课前通过 *Old MacDonald had a farm* 这首学生很熟悉很喜欢的歌曲来热身,能很好地调动学生的积极性,能起到很好的热身效果。

（2）通过创设情境,让同学们在坐"汽车"去农场、认识新动物、玩游戏以及帮助 Mac Donald 做农活等活动中学得不亦乐乎,这样能充分调动学生的各种感官,激发学生的学习热情。

（3）本节课设计的教学目标明确,既注重对所教单词在听、说和认读方面的训练,又注重引导学生对比和运用所学知识,让学生在体验中获取知识和发展情感。

（4）设计的课后作业较新颖,有利于培养学生扩展和运用所学语言的能力。

点评

（1）本堂课上,教师很好地贯彻了"在用中学,学中用,学用结合,学以致用"的原则。同时体现了以学生为主体,以教师为主导的新课程理念。在这样的学习过程中,学习者处于相对自然的状态,不断地习得和使用语言,使学和用每分每秒都和谐地交织在一起。

（2）教师的语言不是很丰富。其实这也是我们较多教师的一个毛病。我们说当教师有足够多的 input（输入）的时候,对学生才能有 output（输出）。这可能就需要我们教师平时多进行阅读,丰富自己的课外知识。

课　　　题：Unit 6　It's time for PE class
课　　　型：句型课
教　　　材：重大版《英语》
年　　　级：四年级上册
教学设计人：重庆市万州区中加友谊小学　　杨应忠
教　　　龄：15 年

教学观念(理念)

《义务教育英语课程标准(2011 年版)》指出：激发和培养学生学习英语的兴趣,使学生树立自信心,养成良好的学习习惯和形成有效的学习策略,发展学生自主学习的能力和合作精神是小学英语教学的基本任务。本着这样的认识,我结合自己学生现有的知识水平和实际情况,遵循"以学生为主导,以教师为指导"的思想,充分利用课件和媒体资源来激发学生的学习兴趣,把情境教学法、游戏教学法和任务型教学法有机结合,让学生在真实的生活情境中感受语言,体验快乐。

教学分析

1.内容分析

本课的教学内容是小学英语教材(重大版)四年级上册第六单元 It's time for PE class 第二课,知识点主要包括：句型 "What's the time?" "It's time to…" 和 "It's time for…"；短语 half past eight, get up, go to bed, go to school, go home；新句型 "It's time to…"

2.学生情况分析

本班学生具有基本的英语学习能力和一定的小组自学能力,能按照教师提出的问题通过小组自学来解决。但在学习中注意力容易分散,因此,教师要在课前激发他们的兴趣和充分调动他们的积极性。学生回答问题的积极性较高,但英语语言表达能力比较差,有部分学生还难以用完整、准确的语言来回答问题,或在表述上存在一些语病,需要教师有针对性地进行引导或纠正。

3.环境分析

我校地处万州城区,学校环境优美,本节课将在学校多功能教室上,但由于当时规划的原因,该功能室面积比较小,设备比较陈旧。

教学目标

1.语言知识目标

学习句型"What's the time?""It's time to..."和"It's time for...";短语half past eight,get up,go to bed,go to school,go home。

2.语言技能目标

熟练运用"What's the time?"问时间,用"It's time to..."或"It's time for..."作答;学习短语half past eight,get up,go to bed,go to school,go home;掌握新句型"It's time to...",并能运用新句型进行简单的对话练习。

3.学习策略目标

鼓励学生积极运用多种学习方法和策略,自主获取信息,主动交际,分享交流;充分运用所学知识与技能,以习得新的语言知识。

4.情感态度目标

结合实际生活,引导学生养成守时、珍惜时间的良好习惯,同时提高其学习的积极性和主动性;培养学生团结合作的意识和精神。

5.文化意识目标

让学生了解世界各国存在时差。

教学重、难点

1.教学重点

巩固短语 go home,go to school,get up,go to bed;运用句型"It's time to..."

2.教学难点

区分"It's time for..."和"It's time to..."

教学方法及策略

本课与生活联系紧密,从实际出发,教学时主要采用激励式、诱导式、情境式、愉悦式等方法。从小学生对新鲜事物具有好奇、爱探索、爱挑战的心理特点出发,引导学生采用激情式、合作式、表演式等方法进行学习。

资源运用

PPT、词组卡片、录音机、多媒体设备。

教学流程设计

Step 1   Warm up and Revision

1.Free talk.

2.Listen a song:*It's time to get up.*

(**设计意图**:自由对话、唱歌曲等课前热身活动,可以使学生很快地进入英语学习的氛围中,既可复习旧知识又可为本课的学习做铺垫。教学热身是英语课堂全身反应法 TPR 的重要形式之一。教师采用歌曲来缓解学生的紧张情绪,为进一步学习奠定了良好的基础。)

Step 2   Presentation

呈现新知。

T:Can you tell me what can you see? 引导学生从歌曲中说出"It's time to...get up,go to school"等短语。

1.学习短语 go to bed,get up 和"It's time to..."句型。比较"It's time for..."和"It's time to..."

(1)引导学生学习短语。

听完歌曲后,问大家:Can you tell me what can you listen?

学生回答后出示短语 go to school,get up 和句型"It's time to get up",随即板书。领读短语和句子"It's time to get up",引导学生带着动作练习。然后指定学生读,开火车读,教师领读,指名读,学生集体读。

(2)课件中出现了一个男孩。我问学生:"Who's he?"学生会答出:"He's Hao Tian."我又对学生说:"Look,he has a clock.Can you guess what time it is?"让学生来猜时间,并给猜对的小组一个 sticker。在此环节学生们复习了数词 1~

12 以及句式：What time is it? It's...o'clock.

在学生猜到时间是九点时，我对学生说："It's nine o'clock. It's time to go to bed."课件中出现 Hao Tian 睡觉的情形，他睡得好香呢！转眼，时钟到了早上七点，我问学生："What time is it?"学生说："It's seven o'clock. It's time to get up."

（3）继续转动时钟，问学生："What time is it?"学生回答："It's half past seven. It's time for breakfast."（出示课件提醒学生回顾以前的内容并板书）我接着说："We can also say：It's time to have breakfast."（板书）区别比较句子结构："It's time for..."后跟名词，"It's time to..."后跟动词短语，两者的意思基本一样。引申出 have lunch，have dinner.

（4）继续转动时钟，指向 12 点，引导学生回答："It's 12 o'clock. It's time to have lunch."指向 3 点半，引导学生回答："It's half past three. It's time to go home."出示卡片学习 go home.

2.Let's learn the text.让学生打开课本第 60 页。听录音，然后跟读、模仿。分角色朗读和分角色表演。

（设计意图：本环节以时钟转动为主线，以学生一天的学习生活为学习的内容，对相关的句型、短语进行学习。）

Step 3 Practice

分组 PK

1.Listen and link.(Page 60)

2.Listen and choose.

3.Let's play a game.

Do the actions and guess them.

4.Make a dialogue.

（设计意图：用游戏等方式来巩固所学的知识，让学生带着浓厚的兴趣用所学的知识进行交流，这样能使教师在玩中教、乐中教，学生在玩中学、乐中学。学生在游戏中能很好地掌握所学的知识。）

Step 4 Homework

1.Read the text aloud.

2.Say the chant to your parents.

教学板书设计

```
                        Lesson 2
            It's time to get up.
            It's time for breakfast.
            It's time to have breakfast.
                lunch              have lunch
                go to bed          get up
```

教学评价设计

1.评价内容

教学评价的主要目的是激发学生的学习兴趣和积极性。评价形式具有多样性和可选择性。评价以形成性评价为主,以学生参与英语教学活动表现出的兴趣、态度和语言交流能力为主要依据。本课时的评价内容是:

(1)熟练运用"What's the time?"问时间,用"It's time to..."和"It's time for..."作答;学习短语 half past eight,get up,go to bed,go to school,go home;掌握新句型"It's time to...",并能运用新句型做简单的对话练习。

(2)对本课各项教学游戏、教学活动的参与度和专注程度。

2.评价方法

(1)教师多采用表扬和鼓励性语言口头对学生进行积极有效的评价:Good! Very good! Wonderful! Well done! Perfect! 奖品表扬可为盖小印章积分。

(2)结合课前学生自主发言评选本堂课最喜欢的部分或表现最佳的同学。

教学设计反思

《义务教育英语课程标准(2011年版)》强调小学英语的首要目的是要激发学生对英语的学习兴趣,帮助他们建立学习的自信心和成就感,使学生在学习进程中发展综合运用语言的能力。本节课的设计遵循了这个理念,在教学过程中让各种活动贯穿于整个英语课堂教学中,鼓励学生主动参与、主动思考和主动实践,让学生充分动起来,这带给学生愉悦的学习感受,使其轻松愉快地掌握了本节课的内容。

点评

《义务教育英语课程标准(2011 年版)》倡导建立以生为本、以提高语言综合运用能力为目标的课堂,因此该教学设计基于这个理念,展示出了很多亮点:

(1)目标的确立基于学生,基于教材。学生不同,地区不同,年级不同,教师们制定的目标也会不同。该教学设计是针对非主城的学生来做的,他们的语言基础相对薄弱,因此教师在目标设定上以立足课本为主,简单而扎实。

(2)在情境建构中,该教学设计没有使用复杂的、新颖的情境,而是利用一个简单的钟,直观清楚地呈现新知,练习新知,符合当地学生的认知能力。

(3)注重文本教学。教材其实是教师们可以利用的最好的资源,对于基础相对较差的学生来说,做扎实了课本才是最有效的方法。

(4)板书设计清楚明确,重点突出,能帮助学生有效归纳总结本课知识点。

但无论是怎样的学生,我们还是要尽量为学生们创设语用的平台,让他们在相对真实的语境中完成语言的综合输出展示,激发学生用英语的热情,提高用英语的能力。在本教学设计的最后一个阶段 make a dialogue 语言输出展示环节中,教师可以基于学生基础,帮助他们建立句套以及 word bank 等来降低语言输出难度,让学生能真正自信得体地交流。

课　　　题：Unit 3 Lesson 1（第一课时）
课　　　型：单词教学课
教　　　材：重大版《英语》
年　　　级：三年级下册
教学设计人：重庆市万州区百安移民小学　　孟仕美
教　　　龄：22 年

教学观念（理念）

新一轮课程改革倡导联系生活的教学策略，目的在于使学生拥有丰富的直接经验。《义务教育英语课程标准（2011 年版）》也进一步强调教学应紧密联系学生的生活实际，创设尽量真实的语言情境，组织具有交际意义的语言实践活动。在本课的单词教学中，考虑到学生们喜欢玩 QQ 游戏的特点，我将本课的动物单词以 QQ 农场的形式呈现并进行教学，指导学生如何在玩乐中学习英语，将学生自然地引入以生活体验为基础的学生情境之中。

教学分析

1.内容分析

本课学习的单词有：cow，horse，pig，hen，farm；句子有：Can you see a cow? Yes，I can./ No，I can't.单词都是单音节词，比较容易学，句型也比较简单。但是在教授新知识的同时，还应指导学生运用已学语言进行表达，比如对看见的动物进行简单的特点介绍。不能只是为教学而教学。

2.学生分析

学生已学了近一年英语,能描述物体的颜色,能表达自己的喜好。部分学生上课很积极,少部分学生兴趣不大,上课容易走神,我打算利用游戏让这部分学生集中注意力。

3.环境分析

教室里除了多媒体设备,就是普通的黑板,没有更多的教学设施。本课学习的动物通过课件向学生展示更直观。

教学目标

1.语言知识目标

(1)学习动物名称,掌握"四会"词语:cow,horse,pig,hen。

(2)理解"Can you see...?"及其答语"Yes,I can./No,I can't"。

2.语言技能目标

能读准单词发音,并能将单词与所指的物体建立对应关系。能正确使用"Can you see...?"并正确回答:"Yes,I can./No,I can't."用"I can see..."描述自己的所见。

3.学习策略目标

(1)建立字母与发音的概念,正确拼读新词。

(2)复习旧知探索新知。

(3)在语言交流中掌握词汇。

4.情感态度目标

通过评价机制,树立学生学习的信心。

5.文化意识目标

了解农场动物与动物园动物的不同。

教学重、难点

1.教学重点

(1)读准单词 cow,horse,pig,hen,farm,并正确指认。

(2)用"Can you see a...?"进行交流,并能用"Yes,I can./No,I can't"正确作答。

2.教学难点

(1)读准 can 和 can't,用所学句子描述看见的事物。

(2)运用"Can you see...? Yes,I can./ No,I can't"进行交流。

教学方法及策略

1.教学方法

情境教学法、活动教学法。

2.教学策略

通过已学单词与新单词词形的对比,学会拼读新词。通过情境创设和模仿动物叫声,激发学生学习新词的兴趣。

资源运用

教学具:多媒体设备、PPT、单词卡。

教学流程设计

Step 1　Warm up

多媒体放歌曲:*Old MacDonald had a farm.*

(设计意图:轻松愉快的音乐将学生的注意力集中到课堂上来,准备开始新的学习活动,活跃课堂气氛。)

Step 2　Revision

1.T:OK,now keep silence,listen carefully,what can you hear? (教师做听的动作,提醒学生注意。)

点击声音,学生听,引导学生回答:A bird,a frog,a cat,a dog(复习旧知,准备引出新的动物名称。)

T:Yes,but where can you see them?

2.出示农场图片1,并出示课题:On the Farm.

T:Yes,they live on the farm.教新词 farm,课题呈现。

Step 3　Presentation

1.T:On the farm,there are many animals,such as cats,dogs,birds.Listen, what animal is it?

播放声音,学生猜是什么动物,出示 cow 的幻灯片,在黑板上书写单词,点击单词发音,让学生听正确发音,然后叫学生读出发音。让学生回忆哪个单词和 cow 相似(how),帮助学生读准 cow 的发音。

(设计意图:用学过的单词 how 辅助学生读准 cow 不失为一条单词教学的

捷径。通过这种方法,学生容易掌握单词的读音。)

2.教师指着大屏幕问:"What is it?"引导学生读出:"Cow,cow,It's a cow."

然后出示单词卡片,继续问:"What can you see?"帮助学生回答:"I can see a cow."

3.继续呈现句子:"Can you see a cow?"将句子写在黑板上。教师拿着卡片在教室来回走动并点学生回答,开始时用 Yes 或 No,后用完整的句子"Yes,I can./No,I can't."和更多的学生进行问答。帮助他们读准 can 和 can't 的发音。

(设计意图:在英语学习的初始阶段,帮助学生读准单词的发音,形成良好的发音习惯,为以后学习英语奠基。)

4.教学 horse,pig,hen,按先出示叫声,后图片,然后单词的顺序呈现。最后在"Can you see a...?"句型中练习。

(设计意图:调动多种感官,更能集中学生的注意力。)

Step 4　Practice

1.Point and find.

教师点击图片,叫一名学生上台,找出相应单词卡片。

2.Guess,what is it?

将单词卡出示一半,让学生读出是什么单词。

3.Play and say.

一个学生扮动物叫声或样子,另一个学生说出动物名称。

4.Pair work.

出示农场图片 2,两人一组进行问答,如:

A:Can you see a cow?

B:Yes,I can.

A:Can you see a panda?

B:No,I can't.

(设计意图:练习设计由易到难,循序渐进。)

Step 5　Consolidation

Look at this farm,what can you see?

学生看农场图片 3,描述图片。引导学生用更多的句子来描述。如:I can see a cow.It's black and white.How lovely.I like cows.

点学生上台指着大屏幕选择自己喜欢的动物进行描述。

(设计意图:巩固新知识的同时复习了旧知识,学以致用。)

Step 6　Tips

出示 QQ 农场图片,教师引导学生,说:"Do you like playing QQ games?

Then what can you see? Yes, it's a QQ farm. When we play this game, we can also learn English."

(设计意图：教学生怎样在玩中学习英语。身边有很多学习的机会可以利用。)

Step 7　Homework

1. Read the new words.
2. Drawing. 画出今天学习的动物并用英文写出相应的名称。

(设计意图：布置适当的作业让学生养成课后巩固的习惯。)

教学板书设计

```
              On the farm
                 horse
         pen           hen
         how           cow
         big           pig
```

教学评价设计

1. 评价内容
(1) 单词发音是否准确，是否能将单词与物体联系起来。
(2) 句子是否运用得当，是否能进行简单的交流。

2. 评价方式
(1) 语言鼓励。
(2) 小组加星。

教学设计反思

对于城里的学生来说，今天学习的动物并不常见。但是学生对 QQ 农场是很熟悉的，而且他们也是很喜欢玩游戏的。通过设计 QQ 农场场景，让学生在熟悉的场景中去认识这些动物及其英语名称，能激发他们的求知欲。通过 QQ 农场中的软件帮助学生去了解其他动物名称，让兴趣得以持续延伸，让学生知道游戏不只是用来玩的，还可以从中获取知识。

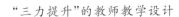
点评

本课既注重新旧知识的联系,又注重理论与实际的结合,是一堂有趣又比较实效强的随堂课。整节课的教学具有如下特点:

(1)教学创情境,激励促参与。新课导入从具体真实的动物原声进入,逼真而有趣,让大家乐于展现自己的英语习得,回忆所学旧知,并在教师的声音唤醒下很快进入新知的学习,有趣,有效果。

(2)注意衔接,善于质疑。课程开头就复习了已学过的相关动物,然后利用自然过渡到新单词新动物的学习,紧扣本节课的重点——On a farm,新旧知识衔接自然。教师利用多媒体不断质疑,学生边看图边回答,既学习了新知识,又巩固了旧知识。

(3)任务性强。《义务教育英语课程标准(2011年版)》指出,课程倡导任务型的教学模式,让学生在教师的指导下,通过感知、体验、实践、参与和合作等方式,实现任务的目标,感受成功。教师在组织学生练习句型"Can you see a...?"中设计了贴近学生实际的教学活动——"看一看,玩一玩,说一说",以吸引和组织他们积极参与。每一位学生积极参与,真正将所学西方语言知识运用到了生活中,拓展了学生的文化视野,最后设计采取了任务型教学模式,给学生以自由,让他们自己去学习知识。但也不是一放到底,请两组学生表演反馈,而且从过程来看,这堂课是一节不错的任务型教学的随堂课。

课　　　题：Unit 6 In a nature park（第四课时）
课　　　型：单词教学
教　　　材：人教版《英语》
年　　　级：五年级上册
教学设计人：重庆市万州区百安移民小学　　孟仕美
教　　　龄：22 年

教学观念（理念）

布鲁纳的教育理论强调学习是一个主动的过程，应该做出更多的努力使学生对学习产生兴趣，主动地参加到学习中去，并且从个人方面体验到有能力来对待他的外部世界。《义务教育英语课程标准（2011 年版）》指出，基础教育阶段英语课程的首要任务是，激发和培养学生学习英语的兴趣，使学生树立自信心，养成良好的学习习惯和形成有效的学习策略，发展自主学习的能力和合作精神。

教学分析

1.内容分析

本课时是人教版小学英语五年级上册第六单元 In a nature park 第四课时，内容主要由 Let's learn 和 write and say 组成。主要学习有关自然景物的四个单词 tree，house，building，bridge 和句型"Are there any..."。

2.学生分析

本节课的授课对象是重庆市城区优秀学校的五年级学生，学过自然拼读法，而且多数能轻松地拼读开音节和闭音节词音节词，对字母组合发音有一定的基

础。上一单元已学过"There is/are..."句型,本单元前三课时学过"Is there...?"句型,多数学生能正确运用以上两个句型进行简单的描述。

3.环境分析

该校属城区小学,教室配有多媒体教学设施,两块可推拉的组合式黑板,班上有 45 名学生。

教学目标

1.语言知识目标

学习本课四个四会单词:tree,bridge,building,house,补充学习 village 和 city。学习句型"Are there any...?"及其答语。

2.语言技能目标

能掌握本课四个新词的音、形、义,能用"There is/are..."正确描述所见。能用"Is/Are there...?"询问并作答。

3.学习策略目标

通过自然拼读法认读新词,掌握字母组合的发音;通过"There is..."及"Is there...?"探究"There are..."与"Are there...?"的联系。

4.情感态度目标

帮助学生建立学习自信,在学习中培养学生对自然界的欣赏能力。

5.文化意识目标

了解城市与农村景物的不同。

教学重、难点

1.教学重点

掌握 Let's learn 中的有关自然景物的单词 bridge,house,building,tree,在情境中理解单词的同时掌握句型"There is / are...""Is /Are there...?"并能恰当地用此句型简单交流。

2.教学难点

Any 在问句中的使用,"There are some..."转换成"Are there any..."的变化方法。Houses 的正确读音。

教学方法及策略

1.教学方法

采用情境教学法,图片、课件等直观的教学手段。

2.教学策略

情境激趣,小组合作,关注个体。

资源运用

教学具:图片、单词卡、录音机、录音带、PPT 等。

教学流程设计

Step 1　Warm up

1.说说唱唱。

教师播放学生用书第 68 页上 Let's chant 的录音,让学生跟录音说唱。

(设计意图:通过歌谣,达到收心、活跃气氛、激发兴趣的作用。)

2.Game.

(1)T:There is a blackboard in our classroom.What can you see? 引导学生用"There is /are..."来描述教室。(练习三人)

(2)教师想好一个词(如:trash bin),把该词开头的字母告诉学生:"I spy a word beginning with 't'."让学生猜教师想的词。注意:这个词必须是教室有的而且大家都可以看见的事物。根据时间,猜 3~4 个词。

(设计意图:激趣,复习"There is/are..."句型的结构和运用。)

3.Free talk.

T:Can you draw a park? What do you want to draw in the park? Is there a...in your park?

(设计意图:复习本单元前面三课时学习的自然景物名词和"There is/are...""Is there..."句型,为学习"Are there..."做铺垫。)

Step 2　Presentation

1.游戏导入。

(1)课件呈现著名的城市图片,如上海、香港、华盛顿,黑板上出示 city 单词,让学生试读,纠正发音,通过师生一起说 Shanghai city,Hongkong city,Washington city 让学生明白 city 的意思。出示重庆城市图片:一座美丽的城市,有高耸的楼群,疾驶的汽车,蓝蓝的天空,白白的云朵,园博园里绿绿的草地、鲜艳的

花朵、茂密的树木。

（2）T：What can you see in Chongqing city? 帮助学生说 Yuanboyuan park，blue sky，white clouds，green grass，colourful flowers．

（设计意图：创设情境，直观的图片让学生更容易理解 city 的意思，胜过繁琐的讲解。在欣赏美丽的城市景色的同时，复习与自然相关的单词，让新词的呈现更自然。）

（3）T：Yes，how beautiful Chongqing is! 教师指着高楼问：Look，it's so tall．What's this in English? Listen carefully．重复播放录音，学生听 building 的发音，叫声模仿说出听到的发音。板书 building 单词，让学生观察怎样读出这个词，为什么这样读。教给学生拆分单词 buil＋ding．再次用单词卡检查学生的发音。

T：Is there a building in our school? 学生回答：Yes．教师继续引导：How many buildings? There are some buildings in our school，and there are some buildings in the city．黑板上板书：There are some buildings in the city．将 some 用红色呈现。播放图片，让学生了解世界著名的高楼，如纽约的帝国大厦，芝加哥西尔斯大厦，迪拜哈利法塔等。

（设计意图：单词教学注意音、形、义的统一，听说领先，读写跟后，足够的输入才有更多的产出。"There are some…"为"Are there any…"的呈现做准备。著名高楼展示，对学生进行文化意识培养。）

（4）Are there any buildings in Yuanboyuan park? 板书此句，用升调连读三遍，让学生静听并观察，试着明白其意。第一遍，教师指着问号，让学生明白这是个问句。第二遍，指着城市里的 building，再指着园博园图片，示意学生观察。第三遍做出反应，用 yes 或 no 回答。板书完整答语"Yes，there are．/No，there aren't"教读句子，注意问句中的升调。抽学生读，检查语音语调。

比较句子：幻灯片出示一些句型"There is…""Is there…?""There are some…""Are there any…?"学生自读，教师问：你发现了什么? 去掉"Are there any…?"指导学生将"There are some…"改成"Are there any…?"的句子。

（设计意图：通过反复听音，观察，对比，分析，让学生主动去探究句子中的奥秘。）

（5）教师带领学生继续观看园博园图片，指着一所房子问：Is this a building? 或许学生会说 Yes．

T：No，It's not a building，building is tall，but it's so short．Listen，It's a…播放录音，学生静听，模仿。板书 house，学生拼读，检查学生发音。播放更多乡村 house 的图片："There are many houses in the village．"教读 village，再播放白

宫的图片,告诉学生美国总统的官邸和办公室叫 White House。问:"Are there any houses in our school/Chongqing city/Hong Kong? Where can you see houses?"教读 houses。提醒学生注意 house 变复数后 s 的发音发生了变化。让学生观赏各具民族特色的房屋图片。

(设计意图:反复练习听说"Are there any...?"句子,达到熟练的程度。)

(6)教师引导学生继续观看图片,指着一棵树说:"Look,There is a big tree in Yuanboyuan."板书 tree,抽学生拼读。播放录音纠正发音。指着一片树林,帮助学生说:"There are some trees in the forest."

(7)图片出示一座桥,播放录音,学生听 bridge 的发音,模仿读词。板书 bridge,告诉学生"br"的读音及"dge"的读音。播放著名的大桥图片如伦敦的 Tower Bridge,旧金山的 Golden Gate Bridge,英国的 Cambridge.杭州的 Hangzhou Bay Bridge。问:"Are there any bridges above Changjiang River?"

(设计意图:在欣赏世界桥梁的美观中学习单词,既渗透了文化意识,又让单词学习不至于枯燥。问题的设计让学生将英语学习与家乡地理相结合,达到学习与实际生活相结合的目的。)

Step 3　Practice

1.词语练习。

(1)教师出示单词卡片,让学生一起读单词,拼单词。读正确的奖一颗星。

(设计意图:整体感知本课单词。)

(2)辨口型说单词,大小声练习单词读音:教师大声读单词,学生小声重复;教师小声读单词,学生大声读单词。

(3)补全单词检查单词书写:tr ____,h ____ se,br ____ d ____ e,b ____ ld ____.给完全正确的学生加星。

(4)贴图片检验词义的理解:将单词卡片发给学生们,让学生自己将单词卡片贴在教室中景物图片下,正确的加星。

(设计意图:通过四个形式的练习活动,让学生加深对单词音、形、义的记忆。)

2.句型练习。

(1)你能用 There is,Is there,There are some 和 Are there any 填空吗?

①_____ a dog in the room.

②_____ birds in the forest? Yes,there are.

③_____ buildings on the mountain? No,there aren't.

④_____ a bridge above the river? Yes,there is.

⑤_____ trees and flowers in the park.

完全正确的加星。

（**设计意图**：机械操练，让学生加深肯定陈述句与一般疑问句的概念。）

（2）你能根据图片提出问题吗？与同学练习问答。

展示图片，学生观看并用"Is there…?"和"Are there any…?"提问，与同学交流，练习问答。抽学生展示他们的问答。能正确说出句子的得到星星。

（**设计意图**：进一步练习"There be"句型的一般疑问句形式及其回答，在与同伴交流中使用所学。）

Step 4　Consolidation

介绍你最熟悉、最喜欢的地方：让学生在学习小组内与同学分享，然后抽学生描述。对于能开口描述的学生，哪怕只有两三句话，都要给予积星奖励。

（**设计意图**：在掌握基本句型和词汇的基础上，练习描述熟悉的环境，体现学以致用的教学目标。）

Step 5　Reading and writing

（课本第 62 页）

1.Let's learn：播放录音两遍，生静听，再播放两遍，生跟读。

2.Write and say.

学生独立完成句子后，抽学生读完整的句子。

（**设计意图**：回归课本，达到巩固本课内容的目的。）

Step 6　Homework

1.画一幅你理想中的城市或乡村图画。

2.熟读本课单词。

教学板书设计

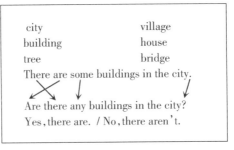

教学评价设计

（1）语言评价：如：Right！ Wonderful！ Super！ Excellent！

(2)小组积星。学生回答积极且正确,可以积一颗星。

教学设计反思

根据本单元话题,在教学方法的总体构思上,我使用情境教学法,采用图片、生动形象的教学课件等直观的教学手段展示内容,以激发学生学习英语的兴趣。通过学生已有的自然拼读法来进行单词教学,让学生轻松学习单词,并通过大量的相关图片,让学生将词语和文化相结合,增强文化意识。通过新旧知识的对比,启发学生主动探究新学知识。通过大量的操练达到熟练掌握,巩固记忆的目的。拓展环节则让学生将所学用于交际中,达到学以致用的教学目标。各环节目标明确,思路清晰。

点评

本课重难点突出,环环紧扣,层层递进,其中在教授 city 一词时,教师通过展示多个不同城市的图片帮助学生理解记忆 city,既加深了学生对新知识的印象,又拓展了学生的视野,渗透了各国文化教育,注重学生人文性的培养。

课　　　题:Unit 5 Part A Let's try& Let's talk(第一课时)
课　　　型:句型教学
教　　　材:PEP 小学英语五年级下册
年　　　级:五年级下册
教学设计人:重庆市巫山县南峰小学　谭红玲
教　　　龄:22 年

教学目标

1.知识目标

(1)能听懂并会说以下句型:What is she/he/it doing? She's/He's/It's...

(2)能够听懂 Let's try 部分录音并完成相应的练习。

2.能力目标

(1)能够根据教师提供的情境,综合运用所学的语言知识进行会话练习。

(2)能够按照教师的要求,和同学合作完成 Task time 中的任务并进行小组汇报。

3.情感态度、策略目标

(1)情感态度:培养学生热爱运动,坚持每天体育锻炼的习惯。

(2)学习策略:利用 Pair work 及 Task time,培养学生合作学习的意识。

教学重、难点

(1)能够正确认读以下句型:What is she/he/it doing? She's/ He's/It's...

（2）能够正确使用动词的现在分词形式。

（3）能够综合运用所学的语言知识完成 Task Time 的任务。

教学准备

（1）动物亲子运动会图片（如老虎、猴子、大象、熊猫家庭）。

（2）动词短语卡片及写有重点句型的磁条。

（3）教学课件。

教学步骤

Step 1　Greetings and free talk

T：Hello，boys and girls！

S：Hello.

Today，let's talk about sports！I like sports.I like running.How about you？

S：I like...（学生说自己喜欢的一项运动）

T：Can you...for us？（教师暗示学生做喜欢的运动）

T：What is he/she doing？

S：He/She is...

（**设计意图**：对于五年级的学生而言，已经具备了用英语进行简单交流的能力。于是，教师直接切入主题，和学生谈论喜欢的体育项目，一来拉近师生之间的距离，二来借机铺垫"What's she/he doing？She/He is..."句型，为后面的会话做好准备。）

Step 2　Lead-in and let's try

T：I know you like sports. Animals like sports，too. Look！There is an animal sports meeting.Let's go！

（课前将大象、猴子、老虎的头像贴于黑板上）

T：What do you see？

S：I see the（a/an）...

T：Me，too.But it's a mother.So I see the mother...What is the mother elephant doing？Can you guess？

S：It's...

T：Maybe.What about the...What is it doing？

Ss go on guessing.

...

T：What are they really doing? Open your books and turn to page 59.Let's try!（PPT）

1.First,you should know the words.（S read each word 2 times）

2.Take out your pencil,listen and match!

3.Let's check! What is the elephant/tiger/monkey doing?

S：It's...（学生反馈后,点击 PPT 呈现答案,贴出完整的动物图片）

4.Close your books.Now,can you read out the listening materials?（点击出现听力材料,学生齐读）

5."The elephant","the tiger" and "the monkey",we can change them to "it"（PPT）.So can you read this sentence?

（引导学生读出新句型 "What is it doing?"）

6.贴板书,教读新句型,画连读符号,拍手打节奏读（由慢到快）。

7.OK,let's make a chant!（边说边打节奏）

What is it doing? What is it doing?

It's...It's...

（设计意图：按照教材原来的设计,Let's try 是一个单独的部分。教师巧妙地将它融入动物运动会的情境中,学生通过动物头像先预设内容,再听音验证自己的判断,最后通过 PPT 呈现听力材料,即训练学生听和读的能力,又借机将几个动物单词转换成 it,引出新句型"What is it doing?",轻松突破本课时的难点。）

Step 3　Presentation and practice

1.Let's go back to the sports meeting. The mother elephant is running. Where are the father elephant and his baby? Look,they are coming.（出示大象爸爸和大象宝宝图片）

T：Who's he/it?

S：Father/Baby elephant!（贴在大象妈妈旁边）

T：Look at the elephant family.I see the mother elephant.What is she doing?

S：She's walking.

T：What about the father elephant? What is he doing?

S：He's jumping.

T：What about the baby elephant? What is it doing?

S：It's running.

（出示板书 "What is she/he doing? She's/He's..."学生齐读,粘贴）

2.T：Oh，look，who's coming?

S：Mother monkey.

T：I see the mother monkey.（指向猴子妈妈，引导学生提问）

S：What is she doing?

S：She's walking.

T：What about the baby monkey? Can you ask?

S：What is it doing?

S：It's jumping.

3.T：Now，there comes the father tiger.Let's talk about the tiger family be-
tween groups.

G1,2：I see the father tiger.

G3,4：What is he doing?

G1,2：He's playing football.

T：What about the baby tiger?

G3,4：What is it doing?

G1,2：It's running.

（设计意图：在新授操练环节，教师依然紧紧围绕动物运动会这一主题，一边
贴图，一边引导学生会话，从而建立完整的对话模板，再通过师生问答，大组间问
答，最后达到巩固操练的效果。）

Step 4　Text

Our friend Chen Jie and Amy are watching the sports meeting，too.

1.First，listen carefully.

Q：What do they see?

　　What is the mother elephant doing?

　　What about the baby elephant? What is it doing?

2.Listen and repeat.

3.Ss read in groups and help each other.

4.Ss read together.

（设计意图：由于教材中的文本比较简单，于是，教师旨在培养学生自主学习
的能力。在听音跟读后，让学生勾画出不会的单词或句子，同伴互助，这样一来，
也充分体现了合作学习的思想。）

Step 5　Pair work

The sports meeting is so exciting.There comes another three families.（依次

351

呈现 panda family，rabbit family，duck family 图片，贴于黑板上）Let's talk about the sports meeting!

1.T：I see the...

　S：What is she/he doing?

　T：She's/He's...

　S：What about the...? What is it doing?

　T：It's...

2.S talk in pairs.

3.Show time.

（设计意图：在处理完课文文本后，教师再补充几组动物家庭的图片，让学生自由地去谈论，作为对所学知识的反馈。同时，也应该鼓励学生大胆地创编对话，不要受板书的限制。）

Step 6　Task time

You did such a good job.There is another sports meeting.Let's watch!

Now there are three tasks for you.(PPT 呈现 3 个任务)Please discuss with your partners and choose one to finish.（小组合作完成其中的一个任务并汇报）

（设计意图：拓展环节，教师由动物运动会过渡到学生自己的运动会。这一设计，充分贴近学生的生活实际。当学生看到赛场内外亲切而熟悉的身影时，再次激发起他们交流谈论的欲望。同时，教师还可以借机拓展前后单元的现在分词短语。）

Step 7　Ending

The sports meeting is over.Sports are good for our health.I hope you play sports everyday! Goodbye!

板书设计

Unit 5 Look at the monkeys!

A Let's try! Let's talk

A：I see the...

B：What is she /he doing?

A：She's/He's...

B：What about the...? What is it doing?

A：It's...

附：   Task time

Task 1：Look and say！

选择几张运动会图片，和同伴一起用以下句型进行描述：

I see...He/She is...

I see...They are...

Task 2：Look and talk！ ★★

模仿课文文本，选择几张运动会图片和同伴创编对话。

A：I see...

B：What is he/she doing？

A：He's/She's...

B：What about...? What is he/she doing？

A：He's/She's...

...

Task 3：Write and read！

参照以下模板，四人小组讨论，完成小短文并朗读。

Our sports meeting

Welcome to our sports meeting.Look！ （   ）is （   ）.（   ）is （   ）.

Oh，I see（   ）.What is （   ）doing？ （   ）is （   ）.What about （   ）?

（   ）is （   ）.

Key words：the boy，the girl，he，she，walking，jumping，running，listening to music，reading a book，writing，drinking，throwing the ball，taking pictures.

Choose one to finish，please.

选择一项任务完成。

教学设计

1.在情境中学习，在情境中会话

众所周知，情境教学是现在小学英语课堂非常倡导的一种教学模式。教师应该将本堂课的知识技能目标全部融入一个情境之中。于是，针对教材中又有动物，又有动词ing形式的设计，我首先确立了动物运动会的主情境。此外，课文文本中又出现了大象妈妈的代词"she"，大象宝宝的代词"it"，于是，我又将情境定位为"亲子运动会"。这样一来，不仅可以自然地呈现"she"和"it"，同时还可以拓展"he"。接下来，教师的所有教学环节都在这个情境下——展开了。

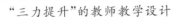

2.借助 Free talk 铺垫重点，借助 Let's try 突破难点

一节设计巧妙的课必定是环环相扣。前面的环节必定是为后面的环节做铺垫。开课后，我很自然地说道："I like sports. I like walking. I like jumping. How about you？"当一个学生说出自己喜欢打篮球后，我顺势问："Can you play basketball for us？"引导他（她）做打篮球的动作，同时抓住时机问全班："What is he/she doing？"学生也很自然地回答："He/She is…"这样一来，为"What's he/she doing？"这个重点句型做了充分的铺垫。又例如，在学生完成 Let's try 部分听力练习之后，我将听力材料用 PPT 展示出来，既是进一步订正答案，也是趁机巧妙地训练了学生的阅读能力。随后，在学生阅读的基础上，很自然地找到学生知识的增长点，将"What is the tiger /monkey/elephant doing？"中的 tiger，monkey 和 elephant 自然更换为"it"，有效地帮助学生理解本课的重难点句型"What is it doing？"最后用拍手诵读歌谣的方式帮助学生巩固，有效地突破了本节课的难点。

3.回归真实生活，发展学生思维

对于小学高段的学生而言，仅仅局限于教材文本的学习太过简单。那么，如何跳出教材，进行拓展呢？我就想到了学生们举行的田径运动会。让学生们谈论自己的运动会，他们一定会非常有兴趣。于是，针对不同层次的学生，我设计了 3 个任务。学生根据自己的英语水平，选择其中的一个任务完成。当他们大方地表演自己创编的对话，流利地朗读合作完成的短文时，我相信他们收获的不仅仅是几个英文句子，更有思维的发展，能力的提升！

点评

从"教学活动设计流程与学生的关系"来看，谭老师很好地运用了情境教学法，巧妙地将"What is he/she/it doing？ He/She/It is…"重点句型的讲授放入了学生们都很感兴趣的动物运动会的真实场景中。在热身环节里，教师有意设置了这么一个活动：T：Can you…for us？（教师暗示学生做喜欢的运动）T：What is he/she doing？ Ss：He/She is…教师在与学生的 Free talk 中，有意识地将话题引至本节课的重点，并让一个学生做动作，其他同学猜，结合肢体语言的语言输入往往更能加深学生的兴趣和好奇心，这样一来，学生们立刻就会明白"What is he doing？"是问"他正在做什么"，为后面新知识的呈现做了很好的预设和铺垫。又如在 Lead-in & Let's try 环节里，学生通过动物头像先预设内容，再听音验证自己的判断，最后通过 PPT 呈现听力材料。教师在开课之初就通过整体呈现文本让学生对所学内容有具体的感知，能很好地引导学生感知教学目标。在听的过

354

程中,教师也让学生带着问题听,这也是任务型教学在教学活动中的体现。听音、动笔勾画活动、跟读看似简单,但在无形中使学生动脑、动手、动口,手脑并用在有效集中学生注意力的同时也引出新句型"What is it doing?"轻松突破本课时的难点。

整个活动流程环环相扣、层层深入,学生们在每个活动环节都有不同的任务,在完成任务的过程中都能逐步掌握语言技能。在最后拓展的环节中,老师将学生们带到了自己的运动会,结合自身实际在小组合作中完成任务,有效地检验了学生所掌握的知识,实现了有效的语言输出。

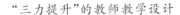

课　　　题：Unit 5 It's a lemon Lesson 2（第一课时）
课　　　型：新授课
教　　　材：重大版《英语》
年　　　级：三年级上册
教学设计人：重庆市巫山南峰小学　谭红玲
教　　　龄：22 年

教学观念（理念）

以发展学生语言能力，提高学生学习兴趣为指导思想，围绕学生感兴趣的话题和形式来进行教学环节设计。

教学分析

1.内容分析

本节课——《It's a lemon》，主要是培养学生英语听、说能力和应用语言能力的课。学习四会单词 watermelon，pear，strawberry，grape 和句型"Have a pear，please"。

2.学生分析

教师准备了精心制作的多媒体教学课件，为学生提供了比课本更生动、更真实、更丰富的资源，更容易引起学生的兴趣，因此，有助于培养学生观察、判断和推理事物的能力，也更容易激发与培养学生的想象力，使学生可以在生动活泼的氛围中培养创新思维并提升学生自主学习、自我创新的能力。

3.环境分析

根据《义务教育英语课程标准(2011年版)》,三年级要达到二级教学目标:对英语学习有持续的兴趣和爱好;能用简单的英语互致问候、能根据所学内容表演对话;在学习中乐于参与、积极合作、主动请教。

教学目标

1.语言知识目标

(1)能听懂、会读新单词 watermelon,pear,strawberry,grape。

(2)能听懂、会说并运用句型"Have a pear,please"。

2.语言技能目标

(1)能根据课堂的简单指令做事情,如听录音、小组讨论、角色表演等动作。

(2)能在适当的情境中,运用句型"Have a pear,please"。

(3)能提高英语的交际表达能力,进行简单的交流。

3.情感态度目标

通过这节课的学习,能培养学生学习英语的兴趣和学习英语的自信心。

教学重、难点

(1)能在日常生活中,运用句型"Have a pear,please""Thank you"进行对话。

(2)能掌握新单词的准确发音,如 grape,have,并学会大声朗读。

教学策略及方法

(1)Teaching aids:Multi-media,picture cards,fruits.

(2)Teaching procedures.

教学流程设计

Step 1 Warm up

1.Greeting:"Good morning,boys and girls."

2.Sing a song:*How old are you*.

Today,we will learn Unit 5 Lesson 2 Have a pear,please.First,let's sing a song:*How old are you*.Stand up.(After)Nice,sit down,please.

3.Review the words.

T:Look,a birthday party.So many gifts.What's this?

S:It's a... What do you prepare? Let me see.What's this?

S1/S2/S3:...

Step 2　Presentation (10 mins)

1.Wow,let's enjoy the party,but whose birthday? Let's see a flash.

T:Whose birthday?

S1:Du Xiaomao.

S2:Gao Wendi.

S3:Hao Tiao.

Gao Wendi is right. Gao Wendi's birthday, so we say: Happy birthday! Read it.Whose birthday is it in our class? Guess,please.Today is ××'s birthday.Happy birthday,××.

2.Look,×× prepares some fruits,what's this?

(1)Take out this book,look at Task 1 Look and match.Let's do it.1min. Finish? Let's check the answer.(After)Yes or no? Do you agree? So the answer is...

(2)Now,we will learn new words.Listen,don't read.

(3)(Show grapes)Can you read?

T:Grape,grape.You read./ei/,/ei/,grape.You two/this boy/this girl read it.Have a grape,please.(Show card:What's this?)

T:(Taste)I have a fruit.Taste,what's this? Guess,please.

S1:梨子。

T:Maybe.

T:Taste.What's this?

S2:Pear.

T:Maybe.

How to read? Pear,pear.Boys read,girls read.(Show card:What's this?)

T:Taste,what's this?

S1:草莓。　T:Maybe.

T:Taste.

S2:Strawberry.

T:Clever.Have a strawberry,please.Strawberry,strawberry.Straw,berry, strawberry.Now,I say strawberry,you say strawberry.(High and low)(Show card:What's this?)

T:××,come here.Touch.What's this?

Watermelon,watermelon,water,melon,watermelon. This group/ Your group read.(Show card:What's this?)(Correct pronunciation)

3.Let's read together.(watermelon,pear,strawberry,grape)

Step 3   Practice

1.Group work:小组内互读单词,并汇报。

Now,read the words in your group.1 min.Which group wants to try?

2.Game:考眼力。

T:What can you see?

S1:Watermelon.

T:Any more?

T:Maybe.Help him.

3.Teach new sentence.

(1)You did good job! Look at the screen,Gao Wendi says:Have a pear, please.What's the meaning? See the flash and discuss in your group.(After) Discuss it.1 min.

Who knows? Have a pear,please.(Do the action)

(2)You are clever! Look,I have a basket,what's this?

S:A grape.Have a grape,please.

S1:Thank you!

T:Have a candy,please.

S2:Thank you!

T:Have a strawberry,please.

S3:Thank you!

T:What's this?

S:It's a pear.

T:Have a pear,please.

S:Thank you!

Teach new sentence:—Have a pear,please.   (have)

　　　　　　　　　—Thank you!   (thank)

T:Have,have,a pear,a pear,please,please. Have a pear,please.

You read,have a pear,please.One two,go.

T:Thank you! Thank,look at my mouth,thank.Thank you!

Read together.

(3)Now, practice in your small group.(Do the action)You can choose one fruit.

T:Your group, stand up. You say:Have a pear, please. You says:Thank you! Then, you say:Have a watermelon, please. You say:Thank you! Clear? Begin! (After)Which group wants to try?

(4)Read the text follow the tape.

(5)Boys and girls, it's your show time. Act it out in your small group, then, show there.5 mins, begin.

(After)Which group wants to try?

Step 4 Consolidation

Today is ××'s birthday, ××, come here. Let's sing a song for him: Happy birthday to you!

Today, the best group is...

教学板书设计

```
Unit 5 Lesson 2
—Have a pear, please.
(1)Thank you!
```

教学评价设计

评价分为个人评价(对单个表现特别优秀的进行奖励、表扬、提醒)、小组评价。

教学设计反思

(1)多媒体的运用使课堂生动、活泼、有趣,提高学生的学习兴趣。

(2)教学目标与重难点基本能解决,但还有个别学生对 actor,actress,artist 这三个单词比较容易混淆。

(3)还应鼓励更多学生积极参与,让每一个学生都能克服畏怯的心理。放开胆子,用所学知识来表达自己要说的、要做的,不要怕犯错误,这样才能真正做到活学活用,而且得心应手。

点评

这位教师的设计思路符合现代课程改革的理念,充分体现学生学习的主动性,从学生的生活实际出发,把适合学生水平的语言点与 fruit 话题进行整合,创设较真实的情境,环节安排逻辑化,让学生通过猜、尝等方式,激发学生的各种感官参与,设计形式多样的任务,让学生在教师提供的语言支架帮助下,敢说、乐说。

课　　　题：Unit 5 Have a drink Lesson 1（第一课时）
课　　　型：单词教学课
教　　　材：重大版《英语》（三年级起点）
年　　　级：三年级下册
教学设计人：重庆市武隆县实验小学　　王凤
教　　　龄：15 年

教学观念（理念）

　　小学英语教学大纲明确指出，根据小学生的生理和心理特点以及发展需求，小学阶段英语课程的目的是激发学生的学习兴趣，培养他们对英语学习的积极态度，使他们建立初步学英语的自信心。所以，我的教学宗旨就是要利用生动有趣的语言、手势和多媒体的音像图片、动画效果，达到单词不断重复、句型融入情境的教学手段来进行单词、句型的呈现与拼读，我力求保持教学的新颖度，贴近学生的实际生活，抓住一切可以激发学生兴趣的练习来巩固本课知识点。

　　在整个教学过程中，先热身播放歌曲 *This is the way*，然后教师用真实的情境"渴（I'm thirsty）"并喝水引出这节课的新词"water"和句型"I like water"让学生在真实的情境中无意识地接收和使用语言，在呈现完本课所有单词后用一首自编 chant 来巩固新单词和新句型。接着根据学生的注意力容易分散的特点，播放一段李宇春非常富有节奏的视频画面和姚明、杜小毛头像后，让学生和李宇春、姚明、杜小毛打招呼并问："What do you like?"由"I like..."过渡到"He/She likes..."，让学生感受用第三人称叙述别人喜欢喝什么饮料。通过一系列猜猜说说、快速问答、击鼓传花等游戏的方式再次巩固新知识的同时最大限度地反复调动学生的积极性,让他们学在其中并乐在其中。在全部障碍扫清后走进课文,学生便能轻轻松松地听、读、演,最后回归 McDonlad's,信心满满地体验学习英语的成功与快乐。

教学分析

1.内容分析

本课是重大版英语三年级下册第五单元第一课的第一课时,教材内容围绕着用英语询问对方或他人喜欢喝什么饮料,在句型"What do you like?""I like..."的学习中掌握与饮料有关的单词 water,juice,milk,tea 的听、说、读、认、用。本课实用性较强,与学生的生活经验和认知水平紧密相连,学生对本课时的学习将会表现出浓厚的兴趣。但是在教学过程中应注意,任务的设置应有明确的目的并具有可操作性,这样才有利于提高实际语言的运用能力。

2.学生分析

三年级的学生已有大半年学习英语的经验,他们已习惯在唱、玩、听、说、做中习得语言;他们在英语学习上的主要表现是:喜欢表现自己,自信心较强;喜欢用英语做事情,小组合作能力强。内容的设计尽量面向全体学生,既要有适合基础差的学生的简单对话,也要有适合基础较好的学生的拔高操练。

3.环境分析

我校是一所城乡结合综合小学,总的说来学生基础差,水平参差不齐,部分学生非常害羞,不敢大胆表现自己。因此,在本节课的设计当中我更注重基础,内容的设计由浅入深,并不断地进行操练及强化,夯实基础的同时,进行适当的拔高。

教学目标

1.语言知识目标

(1)熟读本课的新单词:water,juice,milk,tea。

(2)渗透"What do you like?""I like..."句型的联系,初步掌握怎样去询问和回答喜欢喝什么饮料。

2.语言技能目标

(1)能听懂本节课的有关饮食用语,并做出反应。

(2)能运用所学在实际情境中运用。

3.学习策略目标

(1)培养学生积极动脑思考或向别人请教来解决问题。

(2)掌握科学的学习方法。

4.情感态度目标

(1)能积极与他人合作完成任务,培养与同伴交流及合作能力。

(2)培养积极向上的学习热情。

5.文化意识目标

初步了解中西文化差异,尊重差异。

教学重、难点

1.教学重点

(1)单词:water,juice,milk,tea。

(2)句型:"What do you like?""I like..."。

2.教学难点

(1)运用重点句型"What do you like?""I like..."进行口头问答,并能运用于真实情境和日常生活中。

(2)初步感受用"He/She likes..."去描述他人喜欢喝什么饮料。

教学方法及策略

1.教学方法

任务型教学法、交际性教学法、游戏教学法。

2.教学策略

从培养学习兴趣入手,将学习变成学生愿意去做的和令他们高兴的事,让学生做学习的主人。让学生在乐中学,学中用。

资源运用

卡片、实物(饮料、餐盘)、麦当劳标示、录音机、PPT 等。

教学流程设计

Step 1　Warm up

1.Greeting.

2.看大屏幕齐唱歌曲 *This is the way*。

3.听口令练习 Stand up! Sit down! Open your books,please...

(**设计意图**:师生问好有利于增进师生情谊,接着让学生齐唱英文歌曲和听口令做动作,既复习了前面所学知识,又能很快把学生从下课的环境转入英语的学习中,通过歌曲创设轻松、愉快的学习氛围,并吸引学生的注意力,增加英语学习的兴趣,听口令做动作则是为下一步要呈现教师累得口渴了想喝饮料的学习做铺垫。)

Step 2　Presentation

1.教师用真实的情境"渴(I'm thirsty.)"并喝水引出这节课的新词"water"和句型"I like water"。用我们课堂熟悉的chant"Water,water water water.I like water"来教授新单词water和句型"I like water"。看大屏幕练习后板书单词。

2.再创设情境"Are you thirsty?",并告诉学生,老师还带了些喝的,问他们想喝什么,引出本课重点句型:"What do you like?"。

3.依次教授本课新单词:juice,milk,tea。(并板书)

(设计意图:用真实的情境引出,让学生在真实的情境中无意识地接收和使用语言。根据学生的接受能力,逐一呈现新句型,让学生逐一学着说,使学生的学习有一个循序渐进的过程。)

Step 3　Practice

1.击鼓传花:全班分为四个大组,用四张单词卡片分别在四组传递,鼓声一停,接到卡片的同学就立马站起来接受全班同学的提问:"What do you like?"该学生回答:"I like..."。在学生问答完后,教师用刚上课用的实物饮料递给说"I like..."的学生并有意识地说:"Have a drink."

2.Chant:根据呈现单词时的节奏自编小诗,让学生看大屏幕一起chant。

3.Chant完后教师趁热打铁,板书"What do you like?""I like...",并用刚学的几个单词的图片打乱顺序飞入大屏幕进行练习。

T:"What do you like?"

S:"I like..."

(设计意图:通过自编小诗chant,以学生熟悉的节拍,反复练习重点句型"What do you like?""I like..."和本课新单词"water,juice,milk,tea"。接着根据学生学久了注意力容易分散的情况教师再通过一系列游戏,如击鼓传花后快速问答、猜猜说说的方式将前面所学融入句型进行操练,既活跃了课堂气氛又让学生掌握了本课重难点内容,也让学生们在学习和活动中发展了创造能力和培养了合作精神。)

Step 4　Expansion

1.播放一段李宇春非常富有节奏的视频和姚明、杜小毛头像后,让学生和李宇春、姚明、杜小毛打招呼并问:"Hello,Li Yuchun! What do you like?"这时点

录音让学生仔细听并回答,引导学生由"I like..."过渡到"He/She likes...",让学生初步感受用第三人称叙述别人喜欢喝什么饮料。

2.Guess and say.

请一位学生走上讲台随意指一张饮料图片被盖着的图,让台下的学生猜一猜他会喜欢哪一种饮料,教师再次引导和示范"He/She"的区别以及"He/She"后要用"likes"。

T:He likes...

T:She likes...

(设计意图)播放大家都熟悉并喜欢的明星李宇春的视频,通过向她打招呼并询问她喜欢喝什么饮料自然过渡到询问他人喜欢喝什么饮料,引导学生由"I like..."过渡到"He/She likes...",让学生初步感受用第三人称叙述别人喜欢喝什么饮料。接着通过大屏幕盖住的图片让学生猜他人喜欢喝的饮料,进一步巩固"He/She likes..."的用法。)

Step 5　Consolidation

1.Look and answer questions.

看大屏幕图片听音回答问题:What do they like?

如果学生不能回答教师可做引导:The boy likes water.The girl likes juice.

2.完成课文第二部分 Listen and link 练习并检查。

(设计意图:让学生翻开书听一听,把刚学的新词和句型运用到课文中去,巩固所学的同时检查学习效果。)

Step 6　Homework

1.Do the survey in groups.

鼓励学生以小组为单位做调查。

2.回家做调查,完成教师发的调查单:

My family

This is my family.

I like ＿＿＿＿＿＿＿＿＿＿＿＿＿＿＿＿.

My father likes ＿＿＿＿＿＿＿＿＿.

My mother likes ＿＿＿＿＿＿＿＿.

(设计意图:学生在实际的调查中运用语言,学以致用的同时又实现了在用中学的目的。同时,通过完成英语作业有助于培养学生和父母之间的感情。)

Step 7　Assessment

Have a brief concluding:You do a very good job.Come on!

（设计意图：让学生一起数他们苹果树上的苹果,通过这种方式对学生和小组进行奖励能让学生充分体验学习的成功与快乐,并能在很大程度上激发学生学习英语的兴趣。)

教学板书设计

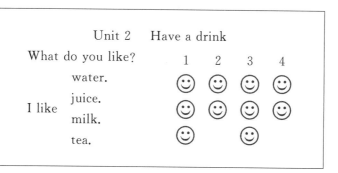

教学评价设计

1.评价内容

(1)评价课堂生成与预设的处理。

(2)评价课堂知识点的把握。

(3)评价学生在学习过程中的情感态度。

2.评价方法

(1)学生整体、小组、个别评价相结合。

(2)面向全体学生评价的同时,重个性化的评价,尊重个体差异。

(3)评价多变化:语言、眼神、肢体等。

(4)开展游戏竞赛等。

教学设计反思

本课时主要是用真实的情境"I'm thirsty",并用喝水这一动作引出这节课的新词"water"和句型"I like water",让学生在真实的情境中无意识地接收和使用语言。衣食住行中喝饮料应该是学生最感兴趣的话题之一,这与学生实际生活非常贴近,学生很容易理解和接受。于是本课通过"导入—理解—运用",开始于真实情境,结束于实际运用,最终让学生学会了询问和表达自己喜欢喝的饮料,使教学变得自然而然。

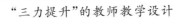
点评

重大版的英语教材以三年级为起点,三年级下期的学生们有了初步的英语语言意识,但掌握的单词和句子还非常有限。这节课中,教师用实物教学法教授新词 water,juice,milk,tea,并创设情境教授重点句子"What do you like?",通过击鼓传花、编唱歌谣等多种小组合作活动操练单词和句型,最后回归文本,听音跟读,完成练习。整个过程层次分明,联系紧密,对文本知识进行了扎实有效的学习和操练,活动的设计也环绕着教学目标展开,教学目标的达成度比较高。

值得注意的是,新知呈现部分的第二、三个环节:再创设情境"Are you thirsty?",告诉学生,老师还带了些喝的,并问问他们想喝什么,引出本课重点句型"What do you like?",依次教授本课新单词 juice,milk,tea,并板书。三个单词的教授都用了同一种方法,虽然能达到预设的目标,但给学生视觉、触觉、味觉等方面的印象也许不如选用不同方式呈现来得更强。比如,或许教师可以让学生也来尝一尝,或许教师可以用猜谜的方式让学生想一想教师在描述哪种饮品,或许教师可以让学生通过对比四种饮品的颜色来猜一猜是哪种饮品。三年级的学生形象思维很强,但他们的注意力集中时间短,所以教师在新知呈现的环节可以尽量创设能让他们思维活起来的活动,同时多样的活动形式更能吸引学生们的注意,使他们能更积极参与课堂活动。

课　　　题：Unit 5 Have a drink Lesson 1(第二课时)
课　　　型：会话
教　　　材：重大版义务教科书英语(三年级起点)
年　　　级：三年级下册
教学设计人：重庆市武隆县实验小学　　王凤
教　　　龄：15 年

教学观念(理念)

　　本节课主要依据教材内容及学生的知识水平,充分体现新课程标准倡导的"让学生在教师的指导下,通过感知、体验、实践、参与和合作的方式,实现任务目标,感受成功的理念",使学生在情境中感受、体验和运用新学语言。在教学时,用句型"It's time for rest.""I'm thirsty,I'd like..."让课堂教学自然过渡到教材所置的故事情境中。在呈现和操练新语言知识的过程中,遵循新课程标准提出的"教学应紧密联系学生生活实际"的教学理念,努力创设尽量真实的语言情境,组织具有交际意义的语言实践活动。用实物加所学句型复习饮料单词,将句型"What do you like?"及回答教学环节有机地结合,营造出一个完整的围绕各种饮料交谈的情境。在这样自然、和谐、近乎真实的英语氛围中,让学生学习和理解新知。分角色扮演所学对话,让学生对英语学习更有兴趣并能运用到实际情境中去。

教学分析

1.内容分析

本单元主要学习生活中常见的一些饮料(water,juice,milk,tea)和食物(pie,cake,egg,ice-cream)的单词。并学习使用"What do you like?""I'm thirsty.""I'm hungry.""I like..."等句型进行交流。

2.学生分析

本课教学对象是三年级学生,他们活泼好动,有较强的好奇心。通过第一册的学习,他们有了一定的英语基础。

教学目标

1.语言知识目标

(1)熟练掌握并使用简单的句型表达想要吃什么的愿望,并操练于日常情境对话中。

(2)感知课文内容,并能回答简单的问题。

2.语言技能目标

(1)能够听懂、会说本课会话,做到学以致用。

(2)通过创设情境,使学生感受并学会运用语言,进一步培养学生的口语表达能力。

3.学习策略目标

(1)对所学内容能主动复习和归纳。

(2)在用英语交流中遇到不懂的能积极动脑思考或向别人请教,解决问题。

4.情感态度目标

能积极与他人合作完成任务。

5.文化意识目标

能通过教师的讲解和图片的呈现了解中西饮食文化的异同。

教学重、难点

1.教学重点

(1)感知课文内容,能灵活运用句型,并操练于日常情境对话中。

(2)学生能灵活运用句型:What do you like? I like...

2.教学难点

(1)单词 drink 中"dr"的发音:齿龈后部破擦辅音。发音时舌身与/r/相似,舌尖贴齿龈后部,气流冲破阻碍发出短促的/d/后立即发/r/。

(2)灵活运用句型"What do you like? I like..."进行交流。

教学方法及策略

1.教学方法

任务型教学法、交际性教学法、游戏教学法。

2.教学策略

从培养学习兴趣入手,将学习变成学生喜欢做、愿意做的事,让学生做学习的主人。让学生在乐中学,学中用。

资源运用

卡片、实物(饮料、餐盘)、麦当劳标示、录音机、PPT 等。

教学流程设计

Step 1　Warm up

1.Greeting:教师走进教室,用"Hello,boys and girls!"问候全体学生。

T:Hello! Boys and girls.How are you today?

S:Hello! I'm fine,thanks.And you?

T:I am fine, too.

2.教师播放歌曲 *This is the way*,学生跟唱。

(**设计意图**:在热身环节,通过唱歌激发学生学习英语的兴趣,让学生初步感受英语的氛围。)

Step 2　Presentation

1.Lead-in.

T:It's time for rest,children.I'm thirsty.(教师变魔法似的拿出一瓶水,并假装要喝的样子。)

T:Let's have a drink.I like water.What do you like?

S1:I like juice.(教师拿出果汁,学生回答)

T:Here you are.

S2:I like milk.(教师拿出牛奶,学生回答)

371

T：Here you are.

S3：I like tea.(教师摇摇头，并回答)

T：Sorry.But what about Gao Wendi and Du Xiaomao? Now,look at the dialogue on page 42,practice this dialogue with in groups and answer my questions.(引导学生理解图片内容：Who is this boy? Who is this girl? What are they doing? Are they hungry or thirsty? What does this boy like? What does this girl like?

2.Look and listen.

(1)小组讨论后,回答教师问题。

(2)教师讲解重点句子"It's time for..."(该做……的时候了)(用动作表示,让学生跟教师一起边做动作边说)和单词 thirsty(口渴),thirty(三十),great(真棒)(用动作表示),grape(葡萄)……

(3)听课文录音,跟读。多跟读几次,直到学生熟悉为止。

(设计意图：复习旧知识,为学习新知识做铺垫。让英语学习回归课本,巩固操练,纠正发音。)

Step 3 Practice

1.四人小组练习课文对话,分角色朗读,并上台表演。

2.教师把全班学生分成四个组,分别扮演四个角色进行表演。

3.请四名学生上台表演对话内容。

4.全班齐读课文,检查学生听读的情况,巩固句型。

5.创编对话：根据 PPT 上的对话,小组创编自己的对话,并上台展示。对表现突出的小组给予奖励 A：I'm thirsty. B：What do you like? Have some milk? A：No,thanks.I like water. B：OK.Here you are.A：Thank you.

6.Listen and link.

(设计意图：在特定的情境中,让学生扮演不同角色,以提高学生的参与度和学习兴趣,学以致用。)

Step 4 Assessment

教师根据学生在课堂上的表现,对学生和小组进行奖励。教师总结本课重点知识,并评出本节课的优胜组,给予奖励。对学生进行爱的教育,不仅知道自己喜欢喝什么,也要了解身边的亲人、朋友喜欢什么,教育学生学会关爱身边的每一个人！ Love everyone around you!

(设计意图：小结本课内容,进行评价。)

Step 5　Homework

1.听录音,熟读课文。

2.用所学的知识,了解并回答父母喜欢喝什么,记录下来。My mother likes _____.My father likes _____.

(**设计意图**:复习所学知识并把它运用到日常生活中去。)

教学板书设计

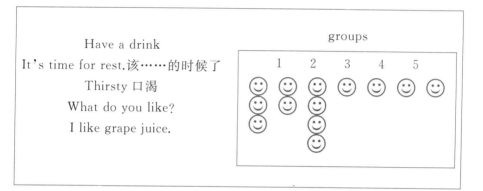

教学评价设计

1.评价内容

(1)能熟练掌握本课表示饮料的单词,并在日常交流中灵活运用。

(2)能熟练掌握并使用简单的句型表达想要喝什么,并操练于日常情境对话中。

2.评价方法

(1)课堂评价法:我们对学生课堂表现情况,包括学生的问答、对话、朗读、表演、比赛等活动,在教学过程中利用师评、生评、自评等方式当场评价。

(2)书面作业评价法和作业评价法,通过学生交作业的方式对学生进行评价。

教学设计反思

本课时主要是用课前准备的歌曲营造良好的英语氛围,以此激发学生兴趣,又以真实的情境"I'm thirsty"切入主题,使复习在不知不觉中进行,为下面的学习奠定基础。用并喝水引出这节课的新词"water"和句型"I like water"让学生在真实的情境中无意识地接收和使用语言,衣食住行中喝饮料应该是学生最感兴

趣的话题之一,这与学生实际生活非常贴近,学生很容易理解和接受。于是本课时通过"导入—理解—运用",开始于真实情境,结束于实际运用,并在整个设计过程中一直强调激励学生积极思维,带着学生运用于真实情境,真正达到学以致用的目的。

点评

(1)教师在呈现活动中善于引导学生的学习兴趣。通过运用各种手段和方法,展现本节课的词汇和句型。从利用歌曲创设氛围,抓住学生对新事物的新鲜感、好奇心,对新观念、新思想有探究的欲望,引导学生进入主动学习的境界,达到课前预期的效果。

(2)在操作活动中争先创优。利用教师和学生合作学习,练习"What do you like? I like..."改变了传统英语课堂中"教师讲学生听;教师问,学生答"这种单一、单向的刻板教学方式,使学生有了更多主动学习的机会。

(3)在交际活动中提高综合能力。这体现了新课程的思想,为学生创造一个玩的机会,让他们的天性得到最大的发展,培养他们的探究能力和勇往直前的精神。为学生的喜好、愿望创设一个好的说话环境,展现他们的表演才能,使活动有实际操作的意义,使课堂气氛轻松、愉快。

课　　　题：Unit 5 Lesson17（第一课时）
课　　　型：故事教学课
教　　　材：北京出版社版《英语》
年　　　级：二年级上册
教学设计人：重庆市南岸区南坪实验小学　　冯闵娇
教　　　龄：9 年

教学观念（理念）

单元整体下的文本再构。

教学分析

1.内容分析

使用"It has..."来描述动物外貌特征。

2.学生分析

一年级开始学习英语，与同年级其他地区相比英语表达能力较强。

3.环境分析

教学环境十分有利于英语课程开展。

教学目标

1.语言知识目标

会利用 big，small；long，short；colour 来形容五官。会用"It has..."来描述动

物的外形特征。

2.语言技能目标

使用"It has..."描述外形特征。

3.学习策略目标

精加工策略。

4.情感态度目标

爱护动物,与动物成为朋友。

5.文化意识目标

通过再构文本了解西方耳熟能详的传奇人物泰山。

教学重、难点

1.教学重点

会利用 big,small;long,short;colour 来形容五官。会用"It has..."来描述动物的外形特征。

2.教学难点

正确使用"It has..."描述动物外形特征。

教学方法及策略

1.教学方法

情境教学法。

2.教学策略

精加工策略。

资源运用

1.教学具

故事中任务图片以及头像,重点句式的句条。

2.PPT

教学流程设计

Step 1　Pre-reading

1.Greeting

向同学介绍自己并使用"How are you"问好。出示两张老师和重庆学生以及英国学生在一起的照片,让学生明白,老师是他们的朋友。

2.教师拿出一张绘本主人公 Tarzan 的画片,介绍:"Look,this boy is my friend.He's Tarzan."邀请同学们一起跟 Tarzan 问好。请同学们观察 Tarzan 的脸(He has no...)同学们观察后在教师的引导下说出:"He has no eyes, ears, nose and mouth."然后出示这些五官贴画,请同学 look and say,并把这些五官贴在相应的位置。

Step 2　While-reading

提出问题:"What animals do they meet?"并邀请学生带着这个问题第一次听,看绘本。

(**设计意图**:初步感知绘本,并从中抓出简单信息。)

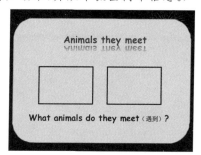

第二次看绘本并提出问题:"What does the elephant and rabbit look like?"通过听录音来完成横线上的空白。

1.听对话请同学说出横线上的空白处应填什么。每说出一个句子的时候,教师都邀请学生们尽量模仿语调然后表演出夸张的动作。

2.针对新词 grey,用学生已知颜色红黄蓝提出问题:"Is it grey?"以此引出课本上的句子:"No,it isn't."然后再提出问题:"What colour is it?"让学生思考最后说出"grey"。利用 green 来让学生体会"gr"的发音并同时区分 green 和 grey 的发音,然后利用一个小 chant 来练习 grey 这个新单词:grey grey grey；grey is a colour；grey grey grey;grey elephant。

3.学生完成 grey 的学习后出现了本课的重点句式"It has...",邀请学生听句子:"It has a long nose."请他们说出所听到的横线上应填的内容。

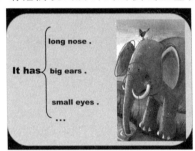

4.请学生在教师的帮助下说一说大象的显性特征:"It has..."在教师的限定出示之前邀请学生自己看图随意说,然后再根据教师在大象身上圈出来的部位来完成句子。

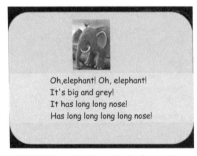

5.说完大象之后就和同学们一起唱一首大象之歌。

6.在学生完成描述之后,再一次回顾本小片段故事,在教师的带领帮助下邀请三个同学上前表演。

7.后面的 rabbit 运用相同的方法来训练"It has..."的描述,让"It has..."深入学生大脑。在这个片段结束的时候请三人小组自己分配角色排演,然后邀请一到两组上台表演。

8.出示一个学生刚刚表演的情境,但情境中没有新出现的动物,这个时候教师提出问题和图片提示:"Now look,what is it?"并在该动物下方出示相应的外形特征词汇,请学生以三人小组为单位自己从中选出一个动物来完成这个片段的设计,并请演绎出来。

Step 3 Post-reading

1.出示一个学生刚刚表演的情境,但情境中没有新出现的动物,这个时候教师提出问题和图片提示"Now look,what is it?"并在该动物下方出示相应的外形特征词汇,请学生以三人小组为单位,从中选出一个动物来完成这个片段的设计,并请演绎出来。

2.提出本绘本的中心思想:人与动物可以成为好朋友。并用一个小女孩和动物是好朋友的视频来佐证,最后提出:"Animals are our friends."

教学板书设计

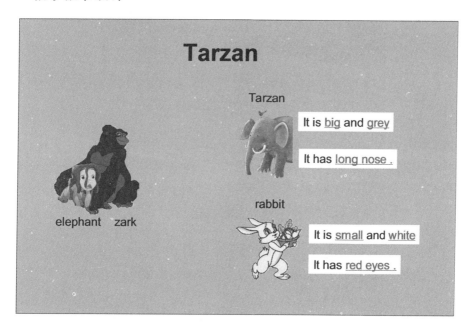

教学评价设计

形成性评价(在课堂中使用表扬的语句对学生以及小组活动即时地给予肯

定以及鼓励)。

教学设计反思

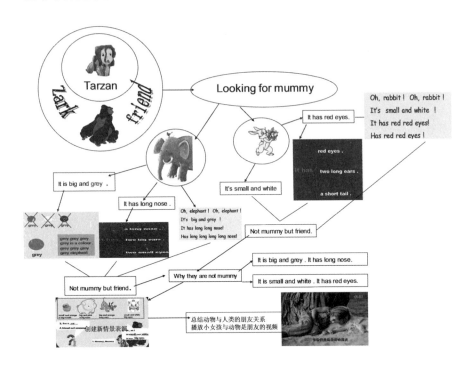

点评

北京版小学英语二年级上册 Unit 5 Lesson 17(第一课时),原本是一节基于一段对话的听说课,教师大胆跳出了文本,以本节课重点单词 big,small,long,short 和重点句型"It has..."为基础,创设了生动有趣的故事,主人公 Tarzan 在找寻妈妈的过程中遇到了各种动物,学生们跟随故事情节学习怎样根据动物的外貌特征运用目标词汇和句子来对它们进行描述。在这个过程中,教师还创编了与教学目标紧密联系的歌谣,学生在活泼有趣的氛围中习得、掌握、操练单词和句型,达到了很好的整体效果。真实、有趣的语段文本,不仅让枯燥的词汇、句型变得生动活泼,也启发了学生的思维,让学生在理解与情感中习得新知。

冯老师的文本再构不禁让人思考:在短短的四十分钟里,我们让学生学到了多少?是几个单词,几个句子,还是能让学生学会在生活中能使用的东西?这对我们教师也提出了更高的要求。例如:每一单元中,我们必须熟知单元目标、课时目标,如何更有效地整合课文,让学生学得简单、学得丰富。

课　　　题:Unit 6 Lesson 1(第一课时)
课　　　型:词汇课
教　　　材:人教版《英语》(三年级起点)
年　　　级:四年级上册
教学设计人:重庆市永川区萱花小学　袁婷
教　　　龄:3 年

教学观念(理念)

兴趣是最好的老师,根据低年级学生的心理特征,激发学生学习英语的兴趣和愿望是最重要的。《义务教育英语课程标准(2011 年版)》提出:保持积极的学习态度是成功的关键,教师应该在教学中不断激发并强化学生的学习兴趣。本着这样的认识,结合学生现有的知识水平和实际情况,遵循以学生为主导,教师为指导的思想,我充分利用课件和媒体资源来激发学生的学习兴趣,把情境教学法、游戏教学法和任务型教学法有机结合,让学生在真实的情境中感受语言,体验快乐。

教学分析

1.内容分析

Let's learn(A)部分呈现的是一幅农场图,图中引出了本课要求重点掌握的单词 sheep,hen,cow,horse,goat,lamb 以及句子"What are they? They are goats."目的是让学生通过看图问答巩固所学的动物名词,同时了解并掌握这些单词的复数形式。

2.学生分析

四年级的学生接触英语的时间不长,掌握的语言知识有限,但学生有爱说、爱动、模仿能力强的特点,因此应注重使用奖励的方式,增加其学习英语的兴趣。

教学目标

1.语言知识目标

要求学生听、说、认、读单词:sheep,hen,cow,horse,goat,lamb 及它们的复数形式。

要求学生能用句型:What are they? They are...

2.语言技能目标

培养听、说、读、写能力,使学生能熟练掌握单词:sheep,hen,cow,horse,goat,lamb 及它们的复数形式。

熟练运用句型:What are they? They are...

3.学习策略目标

小组合作学习。

4.情感态度目标

培养学生爱护动物、保护动物的意识。

教学重、难点

1.教学重点

(1)单词:sheep,hen,cow,horse,goat,lamb 及其复数形式的表达。

(2)句型:What are they? They are...

2.教学难点

Horse,sheep 的复数形式表达及其读音。

教学方法及策略

1.教学方法

情境教学法、任务教学法、TPR、多媒体教学法。

2.教学策略

小组学习,合作学习。

资源运用

(1)教学具:教学课件、图片、教学实物、农场道具。

(2)PPT,录音机,单词卡片。

教学流程设计

Step 1　Warm up

1.上课前放音乐 *Old MacDonald had a farm*,学生一起唱。

2.Free talk.

T:Good morning,boys and girls.

S:Good morning,Miss Yuan.

T:Nice to meet you.

S:Nice to meet you,too.

T:How are you?

S:Fine,thank you.

T:Welcome to our English class.Who is this?

We know *Old MacDonald had a farm*, and he is old MacDonald.He is a farmer,so where is he? Yes! He is at a farm! Let's take a look,what kind of animals are there?

Do you want to go there with me? Now,Let's get on the bus and have a look!(复习已学过的单词:cat,dog...)

(设计意图:日常的问候是拉近师生距离以及集中学生精神的快捷方式。歌曲则更好地把学生的心集中到课堂中来,活跃了课堂气氛,同时将今天上课的主题 At a farm 自然地引出,为已学的动物单词复习做了铺垫,激活了他们的思维。)

Step 2　Presentation

1.lamb.

教师直接给出 lamb 图片及单词,同时播放单词录音。学生跟读。出示单词卡,教读三遍单词,并让生拼读单词。T:Which one want to read to us?(选生读单词)

引入单词复数形式。T:Look! This is a lamb/They are two lambs/They are three lambs.教读 lamb 复数形式 lambs。(呈现 PPT) T:How many lambs? S:8 lambs.

（设计意图:直接通过图片呈现,让学生更好地理解本课学习主题及内容。利用各种形式操练单词。）

2.sheep.

听羊叫声,让生猜所学动物。出示图片与单词,同时播放单词录音。教师再次教读三遍单词,注意读音/iː/。Who can spell sheep?（生共同拼读）

T:Do you like sheep?

S:Yes,I do./No,I don't.（请 3 个学生回答）

T:Since you like the sheep so much.Look! There are so many sheep.Let's count!

师引导生共同数:one sheep /two sheep/...there are seven sheep.

T:Just we learned lamb.Look，two lambs/three lambs.And there are two sheep/three sheep.What can you find? What's the difference?（师点出 sheep 单复数同行）

3.goat.

图片挡住只露出山羊角。T:Guess,what is it?

Yes! it's a...（播放单词录音,呈现动物图片与单词）

师教读单词三遍,T:Who can spell goat?（生共同拼读,给予学生贴纸奖励）

T:Oh,look! There are so many goats.师教读 goats.Which team want to help us to count?（师举手示意小组举手)生小组数完单词。（师给予小组奖励）

4.复习已学单词:sheep,goats,lambs.Game:What's missing?（给予生奖励）

5.horse.

出示图片提示,举手示意生猜。

出示单词录音及图片。师教读三遍,抽生读,让生请生读(3 个)。

T:Do you like horse?

Yes,I do./No,I don't.（请 3 个学生回答）

T:Yes,Miss Yuan like horses，too.They are very pretty,their tails are long and their colours are brown.

Look,so many horses.师教读 horses（3 遍）。Which team can help us count?

（生数后给予奖励）

6.cow.

出示图片让生猜 cow,跟读录音,并出示图片。教读三遍,spell,给予奖励。

T:How many cows?

S:Seven cows.

教读 cows,给予生奖励。

7.what's coming?

复习 cows,horses.

8.hen.

T：—What's this? —Egg

T：—So what is it? —Hen.

出示单词卡,教读并 spell.

T：How many hens? —Seven hens.

教读 hens。

Step 3　Practice

1.复习所学单词。

2.做练习,说出相应单词(给予奖励)。

3.出示 Let's do,每一个教读生。(第一遍先读,第二遍加入动作,第三遍起立跟做)

Look！wow！Old MacDonald had so many animals. Let's discuss.

T：What are they?

They are...(第一遍师引导生说完句子)

反复问直至 sheep。

4.游戏:猜,操练"What are they?",给予奖励。

5.Pair work:小组之间互相问答。(师先与一名生示范)给予奖励。

6.Openning day on the farm！农场开放日。

师先把游戏规则与评分规则讲清楚。规则:两个小组选三个代表上来介绍。

7.Say goodbye to animals and old MacDonald and teachers.

教学板书设计

| hen | lamb | goat | cow | sheep | horse |

What are they?

They are...

教学评价设计

1.评价内容

小学英语教学评价的主要目的是激发学生的学习兴趣和积极性。评价形式具有多样性和可选择性。评价以形成性评价为主,以学生参与英语教学活动表现出的兴趣、态度和语言交流能力为主要依据。本课时的评价内容是:

(1)对本单元动物词组的熟练掌握和记忆。

(2)对本单元主要句型"What are they?"和"They are..."的熟练应用。

(3)能大方地参与小组讨论和表演。

2.评价方法

(1)口头表扬。如:Great! Good! Excellent! Well done! You did a good job!

(2)教师自己准备的小贴纸和小星星。

教学设计反思

本课时主要内容为学习动物,对于动物,学生都非常喜欢,也容易理解和接受。本教学内容非常贴合学生的日常生活实际,活动的参与度也较高。部分学困生在小组合作学习中语言输出度不够,没有达到预设的教学目标。

点评

结合学生实际情况设置教学目标,各环节活动设计紧扣目标展开,梯度较为明显,活动布局突出对教学重点和难点的处理,整合教学过程由浅入深,由易到难,能够体现学生由不会到会的过程,板书设计符合学生的认知特点。建议:整体创设情境,让学生在情境中,在语句文本中感知、操练词汇和句型,感知、区分单复数形式,板书体现单数和复数的区别。

> 课　　　题:Unit 6 Happy birthday(第一课时)
> 课　　　型:词汇课
> 教　　　材:人教版《英语》
> 年　　　级:三年级上册
> 教学设计人:重庆市永川区萱花小学　袁婷
> 教　　　龄:3 年

教学观念(理念)

《义务教育英语课程标准(2011 年版)》指出:英语课程的学习是学生通过体验、实践、参与、合作与交流的学习方式和任务型的教学途径,发展学生的综合语言运用能力,在注重学生知识能力形成的同时,关注学生的人格发展和思维开拓。本着这样的认识,结合学生现有的知识水平和实际情况,遵循以学生为主导,以教师为指导的思想,充分利用课件和媒体资源来激发学生的学习兴趣,把情境教学法、游戏教学法和任务型教学法有机结合,让学生在真实的情境中感受语言,体验快乐。

教学分析

1.内容分析

本课时为 PEP 教材三年级上册 Unit 6 Happy birthday 的 Let's learn,本部分主要学习数字 1~10 的英文单词和句型"Let's do"。本部分练习数字 1~10 的指令活动。

387

2.学生分析

三年级的学生对英语的接触时间不长,所掌握的词汇和句型都比较缺乏。因此,我采用了各种游戏来让学生参与其中,体会学习英语的乐趣,并创设真实的情境进行句型操练,尽可能地让所有的学生都得到表扬或小贴花和小星星。

教学目标

1.语言知识目标

单词 one,two,…,ten.

2.语言技能目标

让学生自己发出 Let's do 指令句。

3.情感态度目标

学生热爱学习英语,喜欢开口说英语。

教学重、难点

1.教学重点

单词 one,two,…,ten.

2.教学难点

three,five,six,seven 的读音。

教学方法及策略

1.教学方法

任务型教学法、情境教学法。

2.教学策略

小组合作。

资源运用

教学具:1～10 的数字卡片、录音机及磁带、PPT。

教学流程设计

Step 1　Warm up

教师播放 *Ten little candles dance*,学生听并轻轻拍手。

Step 2　Presentation

1.T：How many?（伸出手指来问）

S：How many?（学生也跟着教师问）

S：How many?（伸出手指来问）

T：One，one，one.教学数字单词 one 至 ten.(以学生问，教师回答的形式教学数字）

2.T：One，one.（出示数字卡片并贴在黑板上，教学 one 至 ten）

生出示手指（同卡片一样），只听不讲。

3.T：Show me one and two.（教学 Let's do）

生出示手指（同书本 Let's do 一样），只听不讲。

4.Listen to the tape，read and do.教师取下卡片，并画上四线格。

5.Write the words one time on their exercise books.（学写单词，给学生在作业本上起字头）

Step 3　Practice

1.教师：拍手并说 one/two…

Ss：One，one，one/Two，two，two…（不用拍手）

2.Students say the numbers and clap their hands.（拍手并说数字）

(1)one 到 ten（手型Ⅱ）；(2)ten 到 one（手型Ⅱ）；(3)手型变化进行拍ⅡⅤ（one 双手合，two 双手分开）；(4)手型变化进行拍Ⅶ（one 双手分开，two 双手合）。

3.Listen to the tape and read after it.

4.小老师来带着各组说和做 Let's do.（每组选一个英语讲得好的同学站在每组的前面边说边做动作，其他同学模仿，教师这时在黑板上写一组数进行下一步的活动）

5."See you!"游戏，谁会读就加分。

规则:(1)教师指着黑板上的数字，读三次。(2)教师擦掉此数时，同学招招手说："See you!"

先集体巩固一次，再抽同学单独读。（可以趁机教一教不会读的学生）

Step 4　Assessment

1.听教师读，选写出每组数字中教师读了的那个数字（三选一）。（可以让学生把所有的数字读一次再做）

(1)2　4　5　(2)1　7　6　(3)8　10　5　(4)3　9　7　6

2.活动手册本单元第 2 部分练习。

Step 5　Add-activities

1.书写 one 至 ten(一行)。

2.听录音,仿读单词和句子,并表演 Let's do 三次。

教学板书设计

Unit 6　Happy Birthday

one　two　three　four　five　　six　seven　eight　nine　ten

Show me 1 and 2.(　9　2　3　4　7　5　1　6　8　10)

教学评价设计

1.评价内容

小学英语教学评价的主要目的是激发学生的学习兴趣和积极性。评价形式具有多样性和可选择性。评价以形成性评价为主,以学生参与英语教学活动表现出的兴趣、态度和语言交流能力为主要依据。本课时的评价内容是:对本课时词汇的熟练掌握和记忆,对本课时英语活动的参与程度。

2.评价方法

口头表扬。如:Great! Good! Excellent! Well done! You did a good job! 教师自己准备的小贴纸和小星星。

教学设计反思

(1)我刚开始设计了教师读数字,学生听并出示手指的活动,发现这样压抑了学生们爱讲和好问的天性,于是我改为学生伸手出来问"How many?",教师来回答并展现新课的方式,效果不错。

(2)在趣味操练时,我一开始设计读到奇数拍手,偶数不拍手,谁知三年级的学生问教师什么叫奇数,什么叫偶数,既浪费时间又显得教师的教学语言累赘,所以用示范的方法,学生的模仿能力强,反而使课堂提高了效率。

(3)在进行"See you!"游戏时,我给了几个多位数,致使很多学生感到惧怕,反而使课堂气氛很沉闷。我改为一位数,循序渐进地训练,许多同学都争着参与这个游戏。我刚开始忽略了学生是第一次正式学习数字的情况,不论是游戏还是听力练习都设计得太难。现在,我认为教学设计应以培养学生爱学、好学为先,再进一步进行难度大的训练。

点评

本课教学围绕着学生能够听、说、认、读、写数字 1～10 的英语单词来设计。从教学第一个环节入手,教师就注重通过听音、观察、模仿以及 TPR 等方式组织学生学习,让学生反复感知和理解十个数字单词的音、形、义。教师也根据学生的年龄特点设计了较有趣的操练活动,使学生能够在玩中学,在玩中用,不断练习数字单词的听、说、认、读以及数字单词的书写。快节奏、高频率的练习可以使学生对十个数字单词的音、形、义越来越熟悉,从而实现本课教学目标。

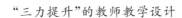

课　　　题：Unit 2　　Lesson 1（第一课时）
课　　　型：词汇课
教　　　材：人教版《英语》
年　　　级：四年级上册
教学设计人：重庆市忠县白公路小学　　张晓周
教　　　龄：15 年

教学观念（理念）

英语是一门语言,英语教学过程是一个交际过程,要从教学活动入手,使英语课堂实践化,才能培养学生运用英语进行交际的能力。《义务教育英语课程标准(2011 年版)》也指出,外国语是学习文化科学知识、获取世界各方面信息和进行国际交往的重要工具,发展听说读写的基本技能,提高初步运用英语进行交际的能力很重要。

教学分析

1.内容分析

本节课内容是在学生已经学习了"Where is the ruler?"的基础上再次学习本单元有关学习用品的话题。本课是四年级上册第二单元中的第一课时,学好本课为更好地学习本单元有关学习用品的话题奠定了基础,也为下册第一单元的学习做好了铺垫。

2.学生分析

学生都经过了一年的英语学习,对英语有着较浓厚的学习兴趣。大部分学生已经具备听、说、认、读等能力。但部分学生由于遇到困难,学习兴趣相对较弱,而且对三年级教材的掌握还不是很牢。

3.环境分析

我校教室里都安装了一体机,课程可以在各班教室里完成。教室中,学生实行小组围坐的方式学习,有利于学生小组合作。

教学目标

1.语言知识目标

能够听、说、认、读:English book,math book,Chinese book,story-book,notebook,schoolbag。能听懂 Let's do 口令并做出相应的动作。

2.语言技能目标

能够说出书包中的物品名称,主要指书及文具用品。能够听懂一些指令,然后把物品放到相应的位置上。

3.学习策略目标

提高学生的认知和交际能力。

4.情感态度目标

注重合作学习,让学生在小组中进行单词的操练。

5.文化意识目标

在学习教科书的名称时要让学生了解课本的重要性,要求学生爱护课本。

教学重、难点

1.教学重点

词汇 Chinese book,English book,math book,notebook,story-book,school-bag 的学习。

2.教学难点

Math book,story-book,schoolbag 的发音。区别书写形式:notebook,story-book 与 Chinese book,English book,math book。方位词的学习。

教学方法及策略

1.教学方法

任务型教学法,TPR 教学法,练习法。

2.教学策略

针对本单元的教学重点和难点,教学当中教师采用以旧带新的方法对所学的知识进行操练,让学生通过复习旧知来感受新知,减轻教与学的难度。教材的设计遵循小学生的学习和记忆规律。按照词汇、运用和练习的设置,将学和做、玩和学有效结合在一起,符合小学生的学习习惯。

资源运用

教学具:PPT、实物、图片。

教学流程设计

Step 1　Warm up

复习第一单元 My classroom 所学内容。

看图问答:教师出示一幅画有教室的图片,学生之间根据图片内容做问答练习。师问:This is our classroom.What can you see in it?

(设计意图:通过看图片,结合教室的实际布置,复习旧知识,并在此基础上自然导入新知。)

Step 2　Presentation

1.教师手拿一个书包,提问:What can you see in my hand?

学生回答:I can see...

教师出示单词卡片,教读 schoolbag 并让学生指一指自己的 schoolbag。(把单词写到黑板上)

2.在游戏中识记 schoolbag.

3.教师边说"This is my schoolbag.My schoolbag is heavy.What's in it?"边从书包里面一本本地拿出书,然后同学回答"语文书,数学书,英语书,故事书,笔记本"。学生在教师的帮助下学习这些单词。(提示:学生发现这些单词都跟书有关,都有相同部分,只需记住前面表示科目的单词即可)

4.播放幻灯片让学生认读这些单词,跟着录音读,注意每个单词的发音,尤其是 math book。教师要注意提醒学生发"th"的音时要咬舌尖。

5.教师出示单词图片,让学生认读单词。

6.学生再次看视频跟读、模仿。

(设计意图:教师通过图片、实物等学习新知,通过观察单词结构掌握此类单词的构成,更利于学生识记新单词。)

Step 3　Practice

在学习新单词的过程中通过游戏来加强学生对单词的理解和记忆。

游戏 1：Loudly and Lightly.

游戏 2：English and Chinese.

1.句型操练。

T：I have six books in my schoolbag.How many books do you have?

S：I have...（引导学生用数字回答句型"How many...do you have?"先个别操练，再分组操练，后全班操练）

2.Let's sing.

游戏 3：Listen and do.

学生要根据指令做出相应的动作。由教师发布命令，其他学生听懂之后要完成这一动作。看谁做得又对又快。指令为：

Put your note book in your bag.

Put your pencil-case on your chair.

Put your pencil in your desk.

（**设计意图**：学唱歌曲 *Books and pencils*，要求学生边听音乐边配以恰当的动作，边唱边做。）

边说边做，边引导边感知，让学生更轻松地理解。

Step 4　Homework

教学板书设计

Unit 2 My Schoolbag

schoolbag　Chinese book　English book　math book　story-book
notebook

教学评价设计

1.评价内容

在本节课中，我从激发学生的兴趣入手，采用儿歌、游戏、竞赛等活动形式，让学生在有节奏的歌谣中体验语言，在活泼优美的旋律中感知语言，在轻松愉快的语言活动中输入语言。我还注重对学生能力的训练，采用小组合作、个人展示相结合的教学形式，既培养学生的个性，也培养他们在小组活动中相互合作、相

互沟通和交流的能力。

2.评价方法

多表扬、勤鼓励。

教学设计反思

本堂课我首先借助于教室里的物品,引出"How many..."句型,根据实际情境复习单词和句子,并将本课中要用到的已学单词重新梳理一遍。通过讨论书包的颜色,调动学生的积极性。这一部分的设计让学生很感兴趣,既复习了旧知又引入了新知。操练过程中,采用两个游戏,第一个训练学生对本课新授单词的听说,第二个训练对本课句型"How many...do you have?"的听说。

点评

根据教学目标设计教学活动,利用身边现成资源设计教学,活动内容和形式与学生生活联系较为紧密,注重活动的趣味性和多样性,部分活动学生参与面广,参与度高。建议:分析教学难点时,在教学流程中具体体现如何引导学生区别书写形式,体现方位词的学习;完善步骤三趣味操练环节各活动操作方法。

课　　　　题：Unit 6 Lesson 2（第二课时）
课　　　　型：对话课
教　　　　材：人教版《英语》
年　　　　级：三年级上册
教学设计人：重庆市忠县白公路小学　　张晓周
教　　　　龄：15 年

教学观念（理念）

拓展学生对数字的应用，感受数字在生活中存在的广泛性与重要性；通过一系列的任务活动，培养学生主动思考、用英语思考以及解决某些问题的能力；结合实际生活，创设真实情境，引导学生关注生活，激发他们的学习兴趣和热情，提高学习的积极性和主动性。

教学分析

1.内容分析

在前几节课的基础上，让学生掌握对话"How many..."" Here you are"，并能灵活运用句型。设计一些游戏与活动，主要采取师生、生生互相合作，学生在愉快的学习氛围中习得和学得。

2.学生分析

学生在上一节英语课中兴致勃勃地融入生日派对的气氛中，学习都很积极，学习热情也比较高，并学习了一些经常性动作，套用上几个简单的句型，在此基础上，再学习部分简单的句型来锻炼学生的实际运用能力。

3.环境分析

我校教室里都安装了一体机,课程可以在各班教室里完成。教室实行小组围坐,有利于学生小组合作。

教学目标

1.语言知识目标

能够熟练运用 Let's talk 中的重点句子进行询问,同时能够读下来。

2.语言技能目标

能够运用"How many...?"简单地询问物体的数量;能在生日的场景中说一些简单的祝福语,例如"Happy birthday! Happy birthday to you",以及能做出恰当的回应。

3.学习策略目标

培养学生积极地运用英语进行交流,学会和别人合作。

4.情感态度目标

学会分享别人的快乐,感恩父母。

5.文化意识目标

了解有关数字的文化知识。

教学重、难点

1.教学重点

"How many...?"在真实环境中的应用。

2.教学难点

"How many...?"的灵活运用。

教学方法及策略

1.教学方法

跟读法、情境法、对话法、练习法。

2.教学策略

教材的设计遵循小学生的学习和记忆规律。按照词汇、运用和练习的设置,将学和做、玩和学有效结合在一起,符合小学生的学习习惯。

资源运用

教学具:录音机、磁带、PPT 等。

教学流程设计

Step 1   Warm up

1.Sing an English song:*Happy birthday*.

2.Dialogue.

T:Good morning,boys and girls.

S:Good morning,Miss Zhang.

T:Hello!

S:Hello!

T:Hi!

S:Hi!

T:Good afternoon.

S:Good afternoon.

T:How are you?

(**设计意图**:积极引导学生用英语表达,使学生能熟练朗读所学单词。)

Step 2   Presentation

1.出示一张画有一个气球的图片,问学生。

T:Look,what's this?

S:A balloon.

T:Yes,I have a balloon.

出示一张画有许多气球的图片。

T:Look,I have many balloons.How many balloons?

S:One,two,three,four...

(**设计意图**:创设情境,让英语生活化、情境化。)

2.出示其他图片让学生以同样方式用"How many..."进行询问。

(**设计意图**:通过学一学,做一做,感受习得语言。)

3.出示一张图片,说:I like cakes.

然后问一位学生:Do you like cakes?

得到学生肯定回答后,说:Here you are.并领读。

(**设计意图**:通过不同形式的活动,提高知识的趣味性。)

Step 3　Practice

1.两人一组,表演对话.

S1:How many plates?

S2:Four.

2.两人一组,用其他物品或图片继续练习.

S1:How many gifts…?

S2:Four.

3.让学生戴上头饰,表演 Let's talk部分的对话。

4.游戏:谁有一个好记性?

教师将准备好的动物玩具和文具放在托盘上,如:three toy rabbits,two toy pigs,four rulers。让学生看一分钟,要求他们记住各个物品的数量。然后,用布盖住物品,让学生猜物品的数量。教师先用"How many…?"来做示范,然后轮到学生来提问题。答对的同学可获得奖励。

5.游戏:进行两人一组划拳,其中一人用两只手出拳,至少有一只手要出手指,出拳的同学问:How many fingers? 另一人回答,动作要越来越快,谁跟不上,谁就输了,再进行交换问答。

(设计意图:充分利用实际情境组织活动,激励学生灵活拓展所学知识。)

Step 4　Homework

Let the students to remember the words and sentences that they've learned in this unit.

Sing the songs that they've learned.

教学板书设计

Unit 6
How many…
Here you are.

教学评价设计

在本节课中,让学生在歌声中体验语言,在活泼优美的旋律中感知语言,在轻松愉快的语言活动中输入语言。我还注重学生能力的训练,采用小组合作、个人展示相结合的教学形式,既培养学生的个性,也培养他们在小组活动中相互合作、相互沟通和交流的能力。

教学设计反思

借用气球图片引入"How many"句型,又用蛋糕图片引出教师问话"Here you are"句型。划拳游戏应该是学生很感兴趣的。

点评

本课教学设计紧扣学生要学习的目标句型和词汇,采用了形式多样的游戏活动,调动学生的学习兴趣。游戏活动趣味性、可操作性较强,学生在游戏活动中运用目标语言进行互动参与,在玩中学,在学中用,在有信息差的活动中用语言进行简单交际。部分活动的参与面较广,参与度较高,使不同层次的学生在学习过程中均能有所收获。

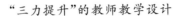

课　　　题：Unit 4 What are you doing？A（第一课时）
课　　　型：词汇课
教　　　材：人教版《英语》
年　　　级：五年级下册
教学设计人：重庆市忠县东溪小学　邓洪林
教　　　龄：16 年

教学观念（理念）

《义务教育英语课程标准（2011 年版）》指出基础教育阶段英语课程的总体目标是培养学生综合语言运用能力。结合新大纲的要求，以交际为目的的原则，运用情境教学法，使学生体会英语与现实世界的紧密联系，注重学生的实践活动，鼓励学生通过自主、合作、探究学习，增强英语运用能力。

教学分析

1.内容分析

教学内容为五年级下册第四单元"What are you doing?"第一课时 A 部分 Let's learn。本册书的第四、五、六单元的主要内容就是现在进行时，而在本节课出现的五个动词短语中，do the dishes 是五（上）Unit 4 要求"四会"的词组；read a book，cook dinner 在五（上）中学过意思相同的两个短语 read books 和 cook the meals，并且属于"四会"内容；draw pictures，answer the phone 在前几册书中也出现过。因此我采用由易到难、由旧知识引入新句型的教学策略，以此来降低学生理解及表达的难度。

2.学生分析

五年级学生已经掌握了一定的英语词汇及简单句型,能使用英语对熟悉的事物进行简单描述。学生模仿力强,好奇心强,喜欢表现自己。

3.环境分析

教师有高度的责任心,对学生热情、真诚,能激励学生的学习动机,努力提高教学水平和改进教学方法。教学方法适应这阶段学生的心理特点,采用直观教具,配合听说训练。教学环节安排紧凑而有节奏,采用对话、看图说话、表演等方式让学生有充分的机会表现自己。

教学目标

1.语言知识目标

(1)能听、说、读、写动词短语及其 ing 形式:drawing pictures,doing the dishes,cooking dinner,reading a book,answering the phone。

(2)能听、说、认、读句型 "What are you doing?"及其回答 "I'm doing the dishes."

2.语言技能目标

(1)能简单表述自己正在干什么,如:"I am cooking dinner."

(2)能用"What are you doing?"询问别人正在干什么。

3.学习策略目标

(1)指导学生掌握科学的学习模式,发挥主观能动性,积极思考。

(2)在指导学生进行听、说、读、写中掌握一些最佳学习策略。在愉快的学习中加强朗读,多听多说,重视英语语感策略。

4.情感态度目标

使学生养成热爱学习的好习惯,热爱生活的美好情感。

5.文化意识目标

能够恰当使用英语中动词的"-ing"形式表达动作正在进行的状态,并能简单运用于实际交际中。

教学重、难点

1.教学重点

掌握五个动词短语的"-ing"形式,理解下一节课的主要句型"What are you

doing?"并能用"I am..."作答。

2.教学难点

(1)如何引导学生感知、理解现在进行时所表达的含义。

(2)动词"-ing"形式的读音,特别是加"-ing"之后的连读。

教学方法及策略

1.教学方法

谈话法、演示法、练习法。

2.教学策略

替代式教学策略。

资源运用

本课的PPT、五个"-ing"形式的动词短语的卡片、五个短语的相关实物。

教学流程设计

Step1　Warm up

1.Greeting and sing a song:本单元歌曲 *What Are You Doing*。投影出示歌词,教师做动作示范,师生一同演唱。

(设计意图:以歌曲热身,边唱边做动作,进一步复习有关家务劳动的短语,既提高学生的兴趣,活跃课堂气氛,也让学生迅速进入英语学习的状态。)

2.Game:Act and guess.边做动作边找学生猜。

如:read/ write/ draw/ jump/ run/ swim/ fly。(T:Wonderful! Let's go on.)

Sweep the floor/ wash the clothes/do the dishes/cook the meals.

(设计意图:通过做游戏回顾所学的动词,以旧带新,同时也为后面的新授、拓展做简单的铺垫。)

Step 2　Presentation and practice

Let's learn.

1.教师展示着动词卡片说:"I can draw a tree.Now,I am drawing a tree."边说边在黑板上画一棵树,并强调"I am drawing a tree now"。用彩色粉笔强调"ing"。鼓励学生做画画的动作,边做边说:"I am drawing a tree /an apple..."同时教师播放课件。内容为本课时动词图片和短语拼写,每次出一幅图和其相配的短语的英文拼写及短语的发音。

（设计意图：通过教师的动作示范，引出新单词的学习，并且重点要求学生仔细观察单词，注意它们的发音。）

2.教师出示洗碗的动作卡片，学生听发音后，教师说："I am doing the dishes."此时可作为扩展知识，告诉学生洗碗有两种表达方法，即"I am doing the dishes"或"I am washing dishes"。

继续播放课件。用相同的方法让学生理解、认读：drawing pictures, cooking dinner, reading a book, answering the phone。教师注意学生动词 ing 形式的读音，必要时多练习几遍，并纠正学生的发音。

3.T：Boys and girls. Here's a color pen（出示实物）. Do you like drawing picture?（做动作）Please look at me. What am I doing now?（边托球边解释：现在，我正在干什么？）You can ask me：What are you doing?（拿词卡边领读边板书）

教师回放课件内容，学生再次跟读。同时教师询问：What are you doing? 鼓励学生说完整句，如：I am doing the dishes. I am reading a book. I am cooking dinner...

教师播放 Let's learn 部分的录音，学生边听边指边读，力争做到"眼到、手到、口到、心到"。

（设计意图：这一环节既是课题的导入也是现在进行时用法的感知，针对本节课的难点，即如何引导学生感知、理解现在进行时所表达的含义。通过 drawing picture 这一正在进行的动作，鼓励学生用"What are you doing?"来问教师，借此教师教学并板书课题，且初步熟悉其陈述句的表达法 I am ____ ing.）

Step 3　Practice

1.Play a guessing words game.

一名学生从词卡中挑出一张出示给全班同学，另一名学生背对这位同学，猜一猜自己正在干什么，全班同问：What are you doing? 猜的同学边做动作边用"I'm＋V-ing"的形式来回答。

（设计意图：猜单词游戏的设计，是一个常规性的游戏，无多少技巧隐含其中，这是机动处理的部分，同时也是让学生在玩中生智。）

2.Guess game：What is she/he doing? 看课件中的由模糊到清晰的图片，并让学生假想成自己。T：What are you doing? 让学生猜并回答：I am drawing.（遇到不会答时，可播放课件中相应的录音）

（设计意图：听录音之后看板书领读"I am drawing"。听录音之后看板书领读，领读过程中，通过动词原形与现在分词的对比，使学生进一步理解现在分词的构成。紧接着看课件，进一步练习句型，同时也扩展了学生的思路。）

Step 4　Consolidation and extension

1.写出动词短语的"ing"形式,指导书写及拼读。

2.看课件中的图片造词或造句。

3.Sing a song:*What are you doing*?

要求:用古典、民族、现代、摇滚、流行等不同的音乐方式演唱歌曲 *What are you doing*?

（设计意图:让学生自主思考,自编自演,体验发现的快乐。不仅复习了本节课所学重点,而且还提高了学生的学习兴趣,同时也活跃了课堂气氛。）

Step 5　Homework

做自己力所能及的家务活动或课外运动,边做边用动词"-ing"的形式来说。

教学板书设计

Unit 4 What Are You Doing?

reading a book.

answering the phone.

What are you doing? I am drawing pictures.

cooking dinner.

doing the dishes.

教学评价设计

多元化评价:从学生参与积极性、学习态度、学生的进步等方面进行评价。

教学设计反思

本课时设计让全体学生参与,不同层次的学生均有所获。任务的难易系数可以调控,任务设置时注意不同角色的设定,能做到有针对性,引导学生大胆地用英语表达,解决生活中简单交流问题。活化了教材,精细加工,将给定的教材适度挖掘拓展,服务于教学。

点评

教学目标明确,各环节活动设计意图鲜明,方法可行,注重通过多种形式让学生理解目标语言,注重通过快节奏的操练让学生实现对目标词汇和句型的熟练上口。教学流程循序渐进,比较符合学生的认知规律。建议:结合教学内容,创设真实的活动情境,以问题驱动教学,激发学生思考,在整体情境中感知、理解现在进行时;在最后一个部分创设简单语用活动,让学生用本课所学完成相关任务,突出语用。

课　　　　题：Unit 4 We love animals（第二课时）
课　　　　型：对话课
教　　　　材：人教版《英语》
年　　　　级：三年级上册
教学设计人：重庆市忠县东溪小学　　邓洪林
教　　　　龄：16 年

教学观念（理念）

《义务教育英语课程标准（2011 年版）》指出基础教育阶段英语课程的总体目标是培养学生综合语言运用能力。结合新大纲的要求，以交际为目的的原则，运用情境教学法，使学生体会英语与现实世界的紧密联系，注重学生的实践活动，鼓励学生通过自主、合作、探究学习，增强英语运用能力。

教学分析

1.内容分析

本单元学习一些动物的名称。我用相关句型展开对话，围绕"我们爱动物"的主题展开，让学生在英语的学习中学会热爱动物，热爱生命。本课 Let's talk 部分主要提供让学生做手影，出示不同的动物，学会用"What's this"来询问这是什么，以及回答"It's..."。Let's play 部分是为了巩固 Let's talk 部分的内容，并激发学生学习英语的兴趣而设计的。学生可以在此项活动中尽情发挥表演才能，看谁模仿的动物叫声及形体特征最逼真。

2.学生分析

三年级学生,模仿力强,好奇心强,喜欢表现自己。手影是学生喜闻乐见的,在教师的简单的指示语下,学生能模仿动物做出相应的动作,学生很可能进行创造性的发挥和创造性的学习。

3.环境分析

教师有一定的表现力,对学生热情,能通过手影的表演激起学生自主学习的欲望;教师能采用灵活的教学方法去适应此阶段学生的心理特点;教学环节安排紧凑而有节奏,采用对话、表演等方式让学生有充分的机会表现自己。

教学目标

(1)能听懂、会说并理解句子"What't this? It's a..."。

(2)在创设的情境中,能用"What't this? It's a..."表达看到的动物,句子要求模仿正确,语调自然。

(3)能听懂、会说单词 duck,dog,bear。

(4)学生初步感受英语文化,愿意进行英语活动。

教学重、难点

1.教学重点

学会用句型"What't this? It's a..."表达常见的动物 duck,cat,dog,bear。

2.教学难点

能运用句型"What't this? It's a..."在生活中真实地表达交流自己的情感。

教学方法及策略

1.教学方法

谈话法、演示法、练习法。

2.教学策略

独立学习与小组学习策略。

资源运用

教学具:PPT、相关动物手影的图片卡、有关文具的实物。

教学流程设计

Step 1　Warm up

1.师生互致问候。用"开火车"的方式进行学生之间的日常会话练习。

2.教师播放 *How are you* 的歌曲录音,师生对唱。

3.播放字母歌曲,和学生一起跳字母舞蹈进行热身活动,并随意拿出几张字母卡片,手指着其中一张问道:What's this? 引导学生用"It's a..."回答。

(设计意图:复习旧知,巩固记忆,滚动式的复习让学生温故知新。用歌曲来激发学生兴趣,让学生在潜移默化中学习知识。)

Step 2　Presentation

拿出木偶小人,以它的语气表达,有小朋友邀请它表演一场皮影戏,邀请大家和它一起到后台准备道具,排练。

1.播放第一单元 Let's chant 的录音,学生拿出文具跟读并表演。

2.请学生用"Look! I have a..."复习所学的文具。

3.教师出示有关动物的新单词:pig,bear,dog,cat,duck。本课时只要求学生会听、会说这些单词,认、读放在第二课时完成。

4.教师利用光线的作用,用手势做出鸭子的手影,问学生:What's this? 引导学生回答:It's a...教师继续做出小狗的手影,引导学生询问:What's this?

5.听录音来展示 Let's talk 部分的教学内容。学生跟读、模仿,教师要求学生注意语音语调。

(设计意图:创设情境,让英语生活化、情境化,提高知识的趣味性。通过学一学,做一做等活动让学生从中习得语言。)

Step 3　Practice

1.教师出示几张动物手影的图片,教学生做手影,学生学会后上讲台表演,尽量让学生利用"What's this?"来询问。其他同学来回答。

What's this? It's a dog.It's a dog.It's a dog.

What's this? It's a dog.It's a dog.It's a dog.

2.对 Let's play 部分的操练.

(1)按照课本中所呈现的方式,请学生们扮演这些小动物,模仿它们的动作及声音。

(2)教师让学生手拿自己的玩具,两人一组练习说:What't this? It's a...最后找同学上台表演此部分内容。在同桌一组练习之后,再进行前、后两人一组练习。

（**设计意图**：主要采取师生、生生互相合作，学生在愉快的学习氛围中习得和学得。目的是再次强调练习 Let's talk 部分的内容。练习时训练学生彼此倾听发音，纠正发音，从而感悟英语的语音、语调。）

Step 4　Assessment

做活动手册第四单元第1部分的练习。

（**设计意图**：采用竞争的方式让学生练习，激发学生的积极性，培养学生集体团结合作的精神，让他们在轻松的环境中学习。）

Step 5　Add-activities

1.听录音，仿读会话，并在实际情境中运用所学内容。

2.模仿学过的动物，将它们的名称及表示它们叫声的词说给朋友和家长听。

（**设计意图**：培养学生在课后练习英语，用英语说话的习惯。让学生在兴趣中把英语作为日常生活中交流的工具。）

教学板书设计

```
             Unit 4 We love animals
                    dog?
  What's this /that?      It's a duck.
                   bear?
                    ...
```

教学评价设计

多元化评价：从学生参与积极性、学习态度、学生的进步等方面进行评价。

教学设计反思

本课时设计让全体学生能在情境中快乐地学习语言，表达自己的想法，解决生活中的问题。教学设计适应学生心理发展和认知的发展，以学生的发展需求为出发点。

点评

动物一直是学生很喜欢的话题。而本设计却跳出了传统的"一见动物，就到动物园"的设计模式，而是用学生亲身体验手影活动的形式呈现动物，并在此情

境中感知、学习和运用句型"What's this?"。此情境创设有以下亮点：

（1）手影活动更能激发学生的学习热情。比起动物园来说，学生更好奇手影活动，因为在日常生活中，学生经常玩手影游戏，而且乐此不疲。教师将此活动由生活引入课堂中，让学生觉得上课就如平时的游戏一样，自然有兴趣参与到活动中，亲身的体验不仅让学生记忆深刻，也让学生做到"手到，眼到，心到"，在游戏过程中学习不同的动物，真正体现了"玩中学，学中玩"的教学理念。

（2）手影活动的情境创设真实有效。学生做出手影的时候，教师或其他学生不知道是什么的时候自然就问：What's this? 此情境真实有效。学生在真实的情境中感知，学习到最后的运用语言，实现了语言的交际功能。

课　　　题:Unit 5 Those are pandas Lesson 1(第一课时)
课　　　型:词汇教学课
教　　　材:重大版《英语》
年　　　级:四年级上册
教学设计人:重庆市涪陵区浙涪友谊学校　蒋小丽
教　　　龄:13 年

教学观念(理念)

(1)设计的指导思想:《义务教育英语课程标准(2011 年版)》中明确指出,基础教育阶段英语课程的任务之一是:激发和培养学生学习英语的兴趣,使学生树立自信心,养成良好的学习习惯和形成有效的学习方法,发挥自主学习的能力和合作精神,使学生掌握一定的语言综合运用能力,倡导体验、实践、参与、合作与交流的学习方式和任务型的教学途径,培养学生跨文化交际意识。

(2)设计的教育教学理念:本课时是根据本年段学生学习语言的认知规律和《义务教育英语课程标准(2011 年版)》提出的学习目标来设计的,注重直观、形象,激发学生的好奇心和兴趣,以学生熟悉的生活情境和经验为基础,通过看看说说、听听唱唱、问问答答等活动让学生在"做中学,用中学"的过程中学习语言,运用语言。

教学分析

1.内容分析

本课时是四年级上册第五单元第一课的第一课时,教学内容包括单词 zoo,

tiger,elephant,giraffe,lion。

2.学生分析

学生是四年级的学生,有了一年的英语学习基础,对英语学习有一定的了解,而且经过三年字母的认读与书写练习,有一定的书写基础。

3.环境分析

学生有一定的英语学习氛围,教室教学设备齐全,包括电视、电脑、视频展示台。

教学目标

1.语言知识目标

能听、说、读、写五个单词:zoo,tiger,elephant,giraffe,lion。能熟练掌握并使用句型:What are they? They are...

2.语言技能目标

能够在情境中对"他们(它们)是什么"进行问答:What are they? They are...

3.学习策略目标

培养学生学会倾听、积极思考的能力,提高学习效率,增强学习效果。

4.情感态度目标

通过本节课对动物的认识,培养学生爱护动物、保护动物的意识。

5.文化意识目标

体会学习英语的乐趣,乐于张口说英语,用英语进行交流。

教学重、难点

1.教学重点

能正确听、说、读、写本课所学 5 个单词。能大胆、灵活运用句型:What are they? They are...

2.教学难点

单词的复数形式以及句型的运用。

教学方法及策略

1.教学方法

利用直接导入法导入有关动物的话题;利用游戏教学法,用游戏形式练习新单词、句型,使学生寓学于乐,在活泼、轻松、愉快的气氛中自然而然地获得英语知识与技能;利用情境教学法,创设动物园的场景,便于学生将所学语言材料进行综合,创造性地进行表达交流。

2.教学策略

通过复习学过的动物单词,对新课学习进行铺垫;通过观看动物世界的视频,自然导入新课;通过听听、猜猜、说说的活动,将新旧知识联系,达到灵活运用知识的目的。

资源运用

教学具:动物图片、单词卡、评价工具、词条、PPT、视频展示台。

教学流程设计

Step 1　Warm up

1.Greeting.

Hello,boys and girls,I'm Miss Jiang,nice to meet you.

(**设计意图**:组织课堂教学,融洽师生关系。)

2.Free talk.

Hello,boy/ girl.What's your name? Nice to meet you.

3.Let's sing:*Old MacDonald had a farm*.

(**设计意图**:热身活动,营造英语课堂学习氛围。)

4.Review:呈现猴子、小狗、小猫、熊猫、兔子的图片,复习以前所学的动物的单词 monkey,dog,cat,panda, rabbit。

(**设计意图**:复习旧知,为新知学习做铺垫。)

5.将全班同学分组,制订本节课的评价方式。

(**设计意图**:给学生以学习达成目标,激励学生学习。)

Step 2　Presentation

1.导入:利用动物世界的视频让学生说出看到哪些动物,然后导入动物园的单词 zoo 进行教学,让学生拼出单词并帮助老师写在黑板上的四线格里。

(**设计意图**:通过视频,直接导入新课相关知识。)

2.利用听声音、听老师描述动物的特点、遮住部分图片让学生猜是什么动物来依次呈现 tiger,elephant,giraffe,lion,对单词进行教学,同时呈现单词的单复数形式进行教学,在教学过程中,通过呈现一定数量的动物对句型"What are they? They are..."进行操练。

（**设计意图**：通过听听、猜猜，引起学生的好奇心，激发学生的学习兴趣。）

Step 3　Practice

1.Look and say：让学生看图片，说单词。

（**设计意图**：机械操练单词，让学生熟悉新单词。）

2.单词闪现：教师迅速地闪现动物的图片，学生以最快的速度说出单词。

（**设计意图**：进一步巩固所学单词。）

3.Good memory：教师呈现四个动物的图片，学生迅速记住四个动物的顺序，然后遮住图片，学生按照正确的顺序说出单词。可以小组集体参与。

（**设计意图**：通过记忆游戏，以比赛的方式，激发学生的学习兴趣和竞争意识。）

4.Act and guess：请一些学生上台，根据教师给出的动物进行模仿，让其他的学生猜是什么动物。运用句型：What are they? They are...

（**设计意图**：通过游戏，进一步巩固单词，对句型进行操练。）

Step 4　Consolidation

呈现关于宣传保护动物的视频，激发学生保护动物的情感，对学生进行爱护动物的情感教育。

（**设计意图**：通过观看视频，提高学生保护动物的意识，对学生进行相应的情感教育。）

Step 5　Assessment

对本堂课进行小结，对学生的表现以小组形式予以总结评价。

（**设计意图**：对学生在本堂课的学习进行总结评价，让学生有学习成就感。）

Step 6　Homework

画一画你喜欢的动物，并用英语简单地向你的家人或朋友做介绍。

（**设计意图**：巩固本节课所学知识的同时，为后面的教学做准备。）

教学板书设计

Unit 5　Those Are Pandas

Assessment	What are they?	四线格单词板书
	They are...	

教学评价设计

1.评价内容

学生的课堂表现,学生的小组活动参与情况,对知识的掌握和运用。

2.评价方法

全班分成四个大组,每个动物代表一组,以小动物比赛爬竹竿的方式进行竞赛制评价。

教学设计反思

本课时是本单元的第一课时,是关于动物的词汇教学课。本课在设计时,由已学过的动物词汇作为复习铺垫,自然地将旧知和新知相联系。在导入板块,用观看动物世界的视频,让学生说出看到了哪些动物,而视频里面出现的恰恰就是本课时需要学习的动物词汇,这就很自然地对新课知识进行了有效的导入。在单词呈现环节,我采用听声音猜动物、看身体部位猜动物的方式进行,这种方式比较符合学生的学习心理和特点,容易引起学生的好奇心,能较大地提高学生的学习兴趣。在操练环节,我运用了机械操练和游戏的方式对单词和句型进行了操练。特别是"Good memory"这个环节,通过记忆动物的出场顺序,全班学生参与的机会更大,小组竞争意识更浓。本设计紧紧围绕本课的知识点,活动设计适合学生的学习特点和年龄特点。

点评

本课属于词汇课,通过教学设计可以看出本课教学理念使用得当:使学生在做中学,学中做。这既符合教学对象的学习特点,也能很好地服务于教学目标。

（1）就教学流程来看,该教师运用五个板块完成教学任务,分别为:

①Warm up;

②Presentation;

③Practice;

④Consolidation;

⑤Assessment。

五个板块的设计都紧紧围绕教学目标,且具有一定的层次性与梯度性,学生在学习的过程中能够体现出由易到难的认知规律。但在 practice 环节教师为了更好地练习单词,为五个单词的操练共设计四个小板块,但其中三个板块均为机械操练,缺乏对单词的意义操练。

（2）另教师在教学方法与策略中以情境教学法为主线，但只在热身环节出现过这一主线，其余四个板块里均无这一主情境的任何体现。

（3）教学目标。

教师的教学目标设定得太大，在具体的教学目标上教师并无更为详细的描写。

课　　　　题：Unit 1 Days of a week（第二课时）
课　　　　型：对话课
教　　　　材：重大版《英语》
年　　　　级：五年级上册
教学设计人：重庆市涪陵区浙涪友谊学校　蒋小丽
教　　　　龄：13 年

教学观念（理念）

（1）教学的指导思想：以素质教育为指挥棒的教学宗旨，激发学生学习英语的兴趣，培养他们学习英语的积极态度，使他们建立初步的学习英语的自信心；培养学生一定的语感和良好的语音、语调基础，使他们形成初步运用英语进行简单日常交流和书写的意识和能力，为进一步学习打下基础。

（2）设计的教育教学理念：本课时是在第一课时知识学习的基础上进行整体设计的，以学生的学习年龄特点，利用学生熟悉的事物，通过看、听、答、说等活动让学生在轻松、愉快的氛围中学习语言，运用语言。

教学分析

1.内容分析

本课是本单元第一课的第二课时，在第一课时学习的基础上，对课文对话进行的学习。

2.学生分析

学生通过第一课时的词汇学习，已经掌握了表示一周七天的 7 个单词，并能

够用句型对"今天星期几"进行问答。

3.环境分析

教室教学设备齐全,包括电视、电脑、视频展示台。

教学目标

1.语言知识目标

看图、听录音,正确理解对话内容。要求模仿正确的语音、语调。

2.语言技能目标

能用句子"What day is it today? It's...What do we have today? We have... Do we have... everyday? When do we have...?"进行简单的交流。

3.学习策略目标

培养学生的合作意识,遇到问题主动向老师或同学请教。

4.情感态度目标

大胆张口说英语,善于用已学的英语知识和别人进行交流。

5.文化意识目标

了解英语的语言表达,体会不同语言的魅力,促进心智发展。

教学重、难点

1.教学重点

能正确认读本课课文对话,在认读过程中注意语音语调。

2.教学难点

能根据课程表信息进行对话替换练习,达到交流的目的。

教学方法及策略

1.教学方法

用直接导入法呈现班级的课表,让学生根据课表回答教师的问题;用悬念法让学生带着问题初步感知对话,理解课文;用交际法让学生能熟练运用语言;用情境教学法为学生创设情境,让学生在场景中运用知识。

2.教学策略

利用课表进行问答,让学生在巩固上节课句型的同时,为本课学习做准备;通过看图、听课文录音、回答问题的方式让学生初步感知课文对话,帮助学生理解对话内容;利用课表,让学生选择某天的课程进行交际,达到运用知识的目的。

资源运用

教学具:录音机、挂图、课程表、词条、PPT、视频展示台。

教学流程设计

Step 1 Warm up

1.Greeting.

T:Good morning,boys and girls. Nice to see you again.

S:Good morning,Miss Jiang.Nice to see you again.

T:How's the weather like today?

S:It's sunny(cloudy,windy…).

T:What day is it today?

S:It's…

2.Let's review.

跟着视频演唱歌曲《星期之歌》,以复习所学有关星期的单词。

(**设计意图**:开课热身,营造英语学习氛围,通过歌曲复习旧知。)

Step 2 Presentation

1.呈现课程表,教师先问:What day is it today? 学生回答:It's…接着教师继续问:What do you have today? 学生根据课表进行回答:We have…教师接着问:Do you have English class every day?解释并教读词组 every day,然后引导学生回答:No,we don't.T:When do you have it? 引导学生根据课表回答:On…

(**设计意图**:利用学生熟悉的课表进行星期几、今天都有哪些课的问答活动,为对话学习做准备,并且课表是学生所熟悉的东西,学生会更有兴趣。)

2.用其他科目进行替换练习,如 PE,music…

(**设计意图**:让学生进行科目的替换,是让学生在理解的基础上灵活运用语言。)

3.利用挂图呈现课文对话内容,播放对话录音,学生听后回答以下问题:

(1)What do they have every day?

(2)When do they have it?

(3)Do they like English class?

(**设计意图**:带着问题听对话,会让学生的学习更有目的性。)

Step 3 Practice

1.再次播放课文对话录音,学生跟读,注意语音语调。

（设计意图：给学生原始的听力材料，帮助学生提高语音语调的准确性。）

2.人机对话，巩固课文对话。

（设计意图：通过这种方式进行机械操练，会让操练不那么枯燥。）

Step 4　Consolidation

Pair work：课本 P3 Let's practice，根据课表进行对话练习。

A：What day is it today?

B：It's _____.

A：What do we have today?

B：Mm... we have _____.

A：When do we have _____?（可以问当天没有的课程）

B：On _____.

（设计意图：利用书本上的课表，让学生选择不同课程进行对话练习，达到灵活运用知识的目的。）

Step 5　Assessment

在学生学习的过程中适时地用语言进行鼓励性评价，在课堂结束之前进行总结性评价，给学生以鼓励。

（设计意图：给学生表扬和鼓励，增加学生学习的自信心。）

Step 6　Homework

利用制作好的班级的英语版课表，和小组同学进行对话练习。

（设计意图：将课本知识还原到实际生活中来，与实际生活相联系。）

教学板书设计

```
            Unit 1 Days of a Week
            What day is it today?
                   It's...
            What do you have today?
                  We have...
```

教学评价设计

1.评价内容

学生课堂表现、参与活动的情况、对话展示的情况。

2.评价方法

老师的语言评价、发贴纸评价。

教学设计反思

本课时是本单元第一课的第二课时,是一节对话教学课。本课的对话内容主要是针对今天星期几,今天都有哪些课来进行学习的。由于第一课时已经对一周七天的名称以及对进行星期几的问答的句子进行了学习,在这个基础上再进行本课时的对话学习,难度已经降低,学生学习起来比较容易。所以,我今天在呈现环节就先用班上的课表进行句子操练,而这个操练包含了课文对话的内容,为后面的对话学习进行了铺垫,帮助学生理解接下来的对话和课文。在最后拓展部分,我利用课表让学生选择某天进行对话练习,通过练习达到进一步理解知识和灵活运用知识的目的。本课的设计紧紧围绕教学目标,旨在使学生在学习了知识过后能在实际生活中进行运用。

点评

本教学设计从学生的日常生活出发,创设真实语境,围绕班级课表进行语言的感知和运用,充分调动学生已有的知识进行学习,让学生易于理解,有话可说,有助于学生真实地进行语言表达和运用。在教学环节的安排上,注重听、说、读、写能力的培养,循序渐进,层层递进,为每一步学习目标的达成搭好支架,降低学生学习的难度,让学生感受学习的信心和成就感,有利于学生学习兴趣的保持。

课　　　题：Unit 4 Where is Lucy from? Story corner
课　　　型：故事课
教　　　材：重大版《英语》
年　　　级：四年级上册
教学设计人：重庆市江津区西城小学　　况姗姗
教　　　龄：10 年

教学观念（理念）

《义务教育英语课程标准（2011 年版）》中对小学阶段语篇教学提出的要求可以概括为：提高学生的阅读技巧，培养学生听、说、读、写的能力；获取更多的信息，拓宽视野，培养学生运用知识的能力和创造能力；了解中西方语言文化差异，掌握一定的语言技能。重大版小学英语每个单元后的 Story corner 通过生动的故事，帮助学生复习本单元的英语语言知识，发展基本的英语听、说、读、写技能，初步形成用英语与他人交流的能力，促进思维能力的发展，同时提高学生的综合人文素养。

教学分析

1.内容分析

本节课教学内容为重大版小学英语四年级上册第四单元后的 Story corner。本节课的教学内容可分为三部分：

（1）复习描述外貌特征的句型：He has...。复习本单元重点句型：Where is he from? He is from...Where is he? He is...

（2）认读新词、短语：strong，lake，take，look down，no way。

（3）通过图片和对话感知故事情节，朗读、表演对话。

这个故事以对话为基础，其中穿插了六幅插图，每个插图配有两句对话。故事生动有趣、富有感染力，学生通过观察插图就能获知故事大意。本篇故事中生词和新句型较少，对学生的篇章理解没有太大的影响；但对话较多，基础稍差的学生在朗读、表演方面存在一定的困难。

2.学生情况分析

本教学内容针对的是四年级上学期的学生，学生们在之前已经学了一年的英语，掌握了一些最基本的单词和句型。学生在这一单元重点学习了表示国家名称的单词 USA，UK，China，Canada，Australia，以及句型"Where is he/she from? He/She is from...Where are you from? I'm from...Can you/he...?"。Yes/No,I/he...在本册教材第二单元，学生已经学习过表示身体部位的单词和用于简单描述的形容词 big，small，long，short，以及句型"Can you talk about...? He/She has..."。

3.环境分析

由于大环境下学习英语的氛围还正在形成，部分学生欠缺英语学习的兴趣和热情，两极分化已经出现，英语基础较好的学生在班级中所占比例不大。

教学目标

1.语言知识目标

能够初步综合运用表示国家名称的单词 USA，UK，China，Australia，Canada 和句型"Where is he from? He is from..."进行相互交流；能够体会并使用句型"Where is he? He is in the lake"；能够借助图片读懂故事，分角色朗读故事；能够在教师带领下在故事中搜索有用信息，根据图片和重要词汇的提示对故事进行表演、复述。

2.学习策略目标

能够借助图片猜测故事大意，借助教师的肢体语言和语气语调推测故事中一些短语的含义，如：Look down! No way!

3.情感态度目标

能够通过对故事中的角色（如老虎）的分析，体会到在做每一件事情之前我们都要先思考，不能过于骄傲。

教学重、难点

1.教学重点

引导学生整体感知课文,体会阅读的乐趣。

2.教学难点

根据图片和重要词汇的提示对故事进行表演、复述。

教学方法及策略

1.教学方法

直观教学法、情境教学法、活动教学法。

2.教学策略

巧用教具,辅助教学;运用肢体语言,优化教学;巧设游戏,巩固教学。

资源运用

教学具:PPT、动物头饰、单词卡。

教学过程设计

Step 1　Warm up

Greetings.

T:Hello,boys and girls! How are you today?

S:…

T:Wow,there are so many story books.Do you like story?

S:…

T:What story do you like best?

S:…

T:Wow, you are so amazing! Today I'll share a very interesting story with you…

(设计意图:教师通过这一环节进行 free talk,通过讨论故事这一话题自然过渡到本节课的教学内容。)

Step 2　Pre-reading

1.教师用课件呈现一张老虎的图片。

T:What's this?

S：Tiger.

T：Yes，he is Mr.Tiger.Let's say "Hello" to Mr.Tiger!

S：Hello，Mr.Tiger!

T：Can you talk about Mr.Tiger?

S1：He has two big eyes.

S2：He has small ears.

…

T：Yes，you are so great.Now，look at me…

教师用夸张的动作和语调引导学生体会单词 strong。用单词卡呈现单词，教读。然后将单词引入句子"I'm big and strong"，带领学生边做动作边练习句子。

2.T：Boys and girls，Mr.Tiger is so big and strong，where is he from？（PPT 上出现 China，USA，UK，Canada，Australia 五国国旗，将老虎的图片置于中国国旗下方）教师带领学生复习句型：Where is he from？ He is from China.然后用动画的形式呈现不同的动物，让学生们用其余四个国家名称的单词操练此句型。

3.再呈现一张狐狸的图片，用"He has…"谈论狐狸。

（设计意图：此环节旨在通过 PPT 的形式让学生直观感受故事的两个主角，通过对两个主角的介绍来复习之前学过的重点单词及句型，而这些单词和句型在故事中也有呈现；其中穿插了生词 strong，lake，降低了阅读难度，增强学生阅读的信心，使他们能更大可能地获得阅读的乐趣。）

Step 3　While-reading

1.教师将打乱顺序的六张故事图片呈现在 PPT 上，鼓励学生通过观察图片，根据自己对故事的了解将图片以正确的顺序排列起来。

2.播放录音，带领学生听录音看对话。学生在规定时间内自主阅读故事（根据插图和对话简要了解故事大意）回答问题：

（1）How many animals are there in the story？

（2）Is there another tiger in the lake？

（3）Who is in the lake？

3.学生听录音、跟读对话，教师提醒学生注意用比较夸张的语调并配以肢体动作。每组对话教读完之后，用师生读、生生读、横排读、分角色读等方式进行操练。

4.呈现六张图片，每张图片上给出关键词，鼓励学生在教师引导下通过小组合作的形式编对话、表演对话。

（设计意图：阅读环节是本节课最重要的环节，在设计这一环节教学活动时，

要充分考虑到学生的学情。第一部分对图片的排列顺序重新组合,考察了学生对整个语篇的理解,这个活动参与性较强,能够吸引学生的注意;第二部分带着问题听、看故事,三个问题的设置由易到难,培养学生通过图片推测故事大意的能力;第三部分为听音、跟读,配合大量的肢体动作和夸张的语音语调能够使这个环节的操练生动有趣;第四部分根据图片和关键词表演对话稍有难度,通过小组合作的方式可以降低难度,英语基础较差的学生可以参与进来,而英语基础较好的学生可以有表现的机会。)

Step 4 Post-reading

T: You are so amazing! All of you did a very good job! Boys and girls, Mr. Tiger jumped into the water, he must be in great disgrace. Could you give him some advice?

教师引导学生进行讨论:落水的老虎狼狈极了,小朋友们,你们能否给他一些建议,让他以后不要再犯同样的错误吗?

教师最后根据学生的讨论总结出两点:(1)Look before you leap;(2)Don't be too proud.

(**设计意图**:这个拓展环节旨在引导学生跳出文本,启发学生思维。)

Step 5 Homework

1.听录音,大声朗读故事。

2.Pair-work.为本篇故事拟一个适合的标题。

(**设计意图**:为故事拟标题,考查的是学生对语篇的理解以及归纳概括的能力。)

教学板书设计

Unit 4 Where is Lucy from?
Story Corner

big

strong

king

small

thin

short

I'm ___ and ___,I'm the ___.

____ is he from?

Where is he now?

Take me to the____.

Who are you ,big fellow?

Oh,no,no way!

Look before you leap !
三思而后行！

Don't be too proud !
不要太骄傲哦！

But there is another ____.

He is from ____.

He's _____.

Yes,sir.

Look down! He's ____.

He's the ____,too.

教学评价设计

本节课教学评价以师生评价、生生评价相结合的方式进行。将全班分为四组,每个组的桌上放一棵用卡纸做的苹果树,积极参与课堂活动的学生将会得到1～2个小苹果粘贴在苹果树上。由学生和教师一起统计哪个组的苹果树上的苹果最多。

教学设计反思

本节课是四单元的最后一课,通过一个故事来复习本单元重点句型及培养学生阅读的兴趣。考虑到学生英语基础较差的情况,我在 pre-reading 环节设置了较多的引入和复习的活动,并将文本中将出现的新词也呈现在了这个环节,在一定程度上削弱了 while-reading 的难度。但考虑到学生的实际情况,为了让学生在 while-reading 中更顺利地进行阅读,我觉得这个过程是有必要的。

While-reading 中,教师先让学生们为插图排序,培养学生们的观察能力和预测故事的能力;然后让他们带着问题听看故事,找出关键信息(其中的问题设置也体现了层次性,是为了照顾所有学生的需求);听音跟读,教师用丰富的肢体动作教读,学生一边读一边做相应动作,活跃氛围也提升了兴趣。问题在于文本句

子较长,一部分学生在教师帮助下才能读出句子,一部分基础较好的学生也只能看着文本才说得出句子,影响了之后分角色表演的效果。

拓展环节的活动旨在让学生们跳出文本。学生们有自己的答案,但无法用英语进行表述。教师则应尽量用简单的英语引导学生说,培养学生用英语思考问题,用英语表达想法的习惯。

点评

教师在设计时,教学理念科学,教学目标清晰,活动设计得当,符合先输入再输出这一原则。听说这种方式循序渐进地让学生一步步读懂故事并启迪其思维。故事教学的落脚点真正地落在了在让学生感知整体语境的基础上形成英语综合能力这一点上。

课　　　题：Unit 5 Lesson 1(第一课时)
课　　　型：听说课
教　　　材："All For Us"系列教材
年　　　级：四年级上册
教学设计人：重庆市江津区西城小学　　况姗姗
教　　　龄：10 年

教学观念(理念)

教会学生用英语思考,用英语做事。

教材分析

1.内容分析

"All For US"是一套引进版教材,难度较大。本节课是四年级上期 Unit 5 Lesson 1 第一课时,单元主题是"Responsibility",学生在本课通过学习短语 water the plant,feed the fish,take the garbage out,clean up the living room/bedroom,collect the books 及句型"I have to..."感知到作为家庭一分子在家中应当做一些力所能及的家务,承担自己的一份责任。

2.学生分析

借班上课的学生为南坪实验小学四海校区四年级英语实验班的学生,学生英语基础相对较好,部分学生已经能用英语进行简单的交流,且学习英语的积极性也比较高。翻看以前的教材得知学生们之前已经学习过一些关于家务的短语,本节课的语言知识目标对他们而言应该可以达成。

3.环境分析

南坪实验小学是一所双语学校,学校的英语学习氛围非常浓,学生、教师和家长对英语学科也十分重视。

教学目标

基于《义务教育英语课程标准(2011 年版)》的相关要求确定教学目标。

1.语言知识目标

能理解、运用"I have to..."。

2.语言技能目标

能听、说、认、读短语 water the plant,feed the fish,take the garbage out,clean up the living room/bedroom,collect the books;能结合上述短语灵活运用句型"I have to..."。

3.学习策略目标

能积极地与他人合作,共同完成学习任务;能在课堂交流中注意倾听,积极思考;能积极运用所学英语进行表达和交流。

4.情感态度目标

乐于感知并积极使用英语;能积极参与课堂学习活动;能感知作为家庭成员一分子,应承担自己力所能及的家务。

教学重、难点

1.教学重点

听、说、认、读短语 water the plant,feed the fish,take the garbage out,clean up the living room/bedroom,collect the books;能结合上述短语灵活运用句型"I have to..."。

2.教学难点

在常见的家务范围内,根据学生需求和课堂教学环节的需要对教材内容的进行有意义的拓展延伸。

教学方法及策略

1.教学方法

情境教学法、直观教学法、模仿练习法。

2.教学策略

知识迁移教学策略、情境创设教学策略、活动激趣教学策略。

资源运用

教学具：PPT、电子白板。

教学流程设计

Step 1　Warm up

1.Greeting and free talk about chores.

2.Sing a song"Let's clean up".

（设计意图：Free talk 能很快拉近教师与学生的距离，使学生进入英语学习的状态；而与本节课相关的英语歌曲既能活跃气氛，又能很自然为引入新课作准备。）

Step 2　Presentation and practice

1.T：OK.Boys and girls，show me your hands，show me your fingers.Do you usually clean up at home?

S：...

T：What chores do you do at home?　教师板书"chores"，用简单的英语进行解释，教读。

S：...

2.T：Wow，most of you are so helpful.Now，I'll introduce a new friend to you，he's name is Bobi.Let's see what chores Bobi does at home.

教师播放一段视频，10 岁小男孩 Bobi 平日里不爱做家务，直到有一天妈妈生病了，家里变得一团糟，Bobi 不得不拿起了扫帚……

（录音原稿：I'm Bobi，I'm 10 years old. There are three people in my family.My dad is busy with his work and my mum always has so many things to do around the house.Now my mum is ill.The house is in a mess.What should I do? I have to water the plants and feed the fish，I have to clean up my bedroom，collect the books and take the garbage out.You see，the house is tidy and shinning again.I'm a little tired，but I'm very happy.

T：What does Bobi have to do when his mum is ill?

S：...

教师带领学生一起回忆并尝试说出 Bobi 所做的家务，用图片展示动词短

语：water the plants, feed the fish, clean up the bedroom, collect the books, take the garbage out。教师结合肢体动作教读短语，注意 plant, collect, garbage 的发音。提醒学生在回答问题时尽量用"He has to..."完整的句子回答。

T：Bobi has to do so many chores, he is a little tired. But he is very happy, why?

S：...

3. T：If you were Bobi, what other chores do you have to do?

教师用图片展示其他的家务，带领学生一边做动作一边说句子：I have to...

（拓展的短语有：mop the floor, clean the windows, feed the dog, make the bed, set the table, put the dishes away, do the dishes, do the laundry）

（设计意图：教师根据文本内容播放了一段有情节的视频，利用主人公 Bobi 的独白引出本节课的目标短语和句子，让学生带着问题听、看视频，并引导学生用完整的句子来回答预设的问题。相比单纯的机械操练，在有情节的语境中学习单词和句子会提高学生学习的兴趣和效率，也更能体现"在用中学，在学中用"的学习策略。教师之后的提问"Why is Bobi so happy?"则进一步唤起了学生作为家庭成员之一应当承担力所能及的家务的责任感。第三环节的词汇拓展复习了学生们以前学过的知识，也补充了一些新的词汇，使得这个环节内容更充实，同时也满足了班里基础较好的一部分学生的需求。）

Step 3　Consolidation

播放教材第一部分音频，学生听，完成作业。

Who	What	When
_____	take out the garbage	on Sundays
Danny	_____	on Mondays
Vickey	collect the books	_____
George	_____	on Wednesdays
	set the table	on Thursdays
Julie	_____	on Fridays
_____	clean up the _____	on Saturdays

用展示台展示部分学生作业,教师在评讲过程中注意纠正文本中几个人物名字的发音。

(设计意图:回归文本,进行听、说、写练习。教师对教材上原来的题型做了修改,将原有的文本内容用表格呈现,简化的形式让学生一目了然,填空的设计也顾及了基础相对较薄弱的学生的需求。)

Step 4　Extension

Teamwork:小组合作完成 Daily chores list,要求学生用完整的句子来描述 list 上的内容。教师可提供相应的句子模板供学生模仿。

This is my chores list.I have to ＿＿ on Sundays,I have to ＿＿ on Mondays...

(设计意图:拓展部分的活动加大了难度,也拓宽了学生的思维。Daily Chores List 在西方家庭很普遍,但我们的学生承担这方面的责任却很少。通过这一环节,一方面巩固拓展了本课的重点内容,更重要的是让学生们意识到了自己的 responsibility,同时也点明了主旨。)

Step 5　Homework

1.回家后向爸爸妈妈介绍自己制作的 Daily chores list,并将它粘贴在墙上,严格按照上面的安排做家务。

2.想一想:在学校里,我们通常都有哪些 classroom chores?

教学评价设计

课堂上,除了口头评价之外,教师还沿用了班里一直使用的小组评价方式:全班分为四组,每个学生都有为本组争得星星的机会,每组获得的星星数量由负责的学生记录在案。

教学板书设计

Unit 5　Lesson1

sweep the floor

empty the trash bin　take the garbage out

water the plants

put the pens away

collect the books

I have to chores He has to

feed the dog

clear the desk

feed the fish

walk the dog

clean up the bedroom

clean the windows

make the bed

mop the floor

 Try to be *helpful*, it's your **responsibility**!

教学设计反思

对于这节课而言,我在设计的时候考虑到了学生英语程度较好的实际情况,在第二步的新知呈现环节重构了文本,将几个重点的短语和句子放到了一个学生的独白中,让学生们在有情节的语境中感知、学习新知;操练环节也注意了带领学生边做动作边说句子,以此增强记忆;最后一个问题的设置旨在让学生在潜意识中认识到作为家庭一分子应该承担的责任。第三步的巩固环节,我带领学生回归教材文本,为避免简单的机械重复,我将学生的练习用表格的形式呈现,在一定程度上减轻了难度,同时也顾及了班里基础相对较薄弱的学生的需求。第四步的拓展环节,旨在激活学生思维,板书设计的意图也在于此。

由于是借班上课,对学生和教材的了解远远不够,更大程度上只是根据课文本身和对学生的估计设置了教学目标和教学环节,可能会与实际情况有所出入,课堂中也会出现没有预设到的生成性内容。

点评

本课教学设计针对本市外语特色学校的四年级学生,教师利用思维导图将本课教学主题和主体知识呈现出来,依托教材进行了文本再构,创设情境,将重点的短语和句子集中整合,让学生们在有情节的语境中感知、学习新知。

　　本课教学设计中体现了小组合作学习,这是目前被普遍采用的一种教学策略。"小组合作学习就是以合作学习小组为基本形式,系统利用教学中动态因素之间的互动,促进学生的学习,以团体的成绩为评价标准,共同达成教学目标的教学活动。"教师通过指导小组成员展开合作,发挥群体的积极功能,提高个体的学习动力和能力,达到完成特定的教学任务的目的,改变了教师垄断整体课堂的信息源而学生处于被动地位的局面,从而激发了学生的主动性、创造性。由于教师未在教学设计中体现小组合作学习的规则,因此,笔者建议如下:

　　建立小组合作学习规则。(1)看小组示范。任何教学活动的开展都不能保证每个学生都能及时领会教师的设计意图,因此,小组示范是必要的。为了更快捷地让学生了解小组学习的任务和重点,教师可提前在其他班级进行该项教学活动时做视频记录作为本班的小组示范。当学生们看到熟悉的同年级同学,就会被吸引,接下来示范的目的就能轻松达成。本教学设计为借班上课,因此,教师只能通过课件或讲解进行示范。(2)读活动要求。看完了"做什么"之后,还必须让学生们了解"怎么做"。教师可以在课件中展示"任务要求",把即将进行的小组合作学习任务的要求按 1,2,3,4 的顺序用中英文进行说明,学生阅读后有疑问,再单独回答。在小组合作学习任务开展的整个过程中,教师可将活动要求的页面用投影展示,以便小组成员随时查看。(3)定活动时间。小组活动如果不给出预定时间,学生很有可能把整堂课的时间全部占用完,容易造成学习效率低下的后果。因此,除了读"任务要求"时教师应注明活动时间以外,还应该在预定时间结束前三分钟和一分钟时做出提醒。时间一到,就立刻停止小组活动。倒计时提醒非常可行,能切实地提高各小组的活动执行效率。(4)评活动成果。评价小组合作学习活动,分为当堂评价和远期评价。当堂评价一般是就当次小组合作学习任务对小组内和小组间的表现进行评价。建议用自评、组评和师评相结合的方式。远期评价指的是以学月或学期为长度的评价,属于生成性评价。

课　　　　题：Unit 5 A visit to a greenhouse(第三课时)

课　　　　型：故事课

教　　　　材：重大版《英语》

年　　　　级：五年级上册

教学设计人：重庆市江津区享堂小学　马兰

教　　　　龄：10 年

教学观念(理念)

《义务教育英语课程标准(2011 年版)》(以下简称《课标》)指出：现代外语教育注重语言学习过程,强调语言学习的实践性,主张学生在语境中接触、体验和理解真实语言,并在此基础上学习和运用语言;教师要尽可能地为学生创造在真实语境中用语言的机会,鼓励学生在教师的指导下,通过体验、实践、参与、探究和合作等方式学习语言。在本节课中关注学生的兴趣和要求,处理好学生对故事阅读的兴趣和阅读技能的关系,突出故事阅读教学对学生思维能力的培养。

教学分析

1.内容分析

本课是重大版教材五年级上册第五单元第三课,属于故事教学。本课学习的内容为：cucumber,walk along the river,hot,take a bath,jump into the river,while,stay on the bank,wait,take off,one after another,come down,have to,feel cold,get gooseflesh。

2.学生分析

针对学生活泼、爱表现的心理及生理特点,创设故事活动情境,使学生在看、听、读、说、演中理解和体会新知。

3.环境分析

由于在本故事中新词较多,造成学生理解上有一定困难。特别是在一个英语学科不是很受重视的环境下,教师应帮助学生有效地进行学习,通过理解故事内容,让学生感兴趣,尽可能地培养学生的阅读能力。

教学目标

1.语言知识目标

(1)Key words and phrases:cucumber(黄瓜),walk along the river(沿着河流散步),hot(炎热),take a bath(洗澡),jump into the river(跳进河里),while(当……时候),stay on the bank(停留在岸上),wait(等待),take off(脱掉),one after another(一件又一件),come down(下来),have to(不得不),feel cold(感觉冷),get gooseflesh(起鸡皮疙瘩)。

(2)Enable students to understand the story and make a short play.

(3)Enable students to describe the story with the help of the teacher.

2.语言技能目标

(1)To develop students' abilities of listening,speaking and reading.

(2)To train students' abilities of working in groups.

(3)To foster students' abilities of communication and their innovation.

3.情感态度目标

(1)To foster students' consciousness of good-cooperation.

(2)To educate students not to take a bath in the river.

(3)To tell students to be a man who keeps time.

(4)Be flexible when you are in different situations.

教学重、难点

1.教学重点

(1)Learn to say the new phrases fluently.

(2)Learn to say the dialogue "Why...? Because..."

2.教学难点

(1)The understanding of the story.

(2)The V.phrases in the story.

教学方法及策略

教学方法:自然拼读法、情境教学法、交际教学法。

资源运用

教具:CAI、新单词卡、卷心菜实物、黄瓜实物等。

教学流程设计

Step 1 Warm up

1.Introduction and greetings.

2.Warm up and free talk.

3.Revision.

Review some food :tomato,potato,noodles,peas,fish,cabbage...

Goal:(1)Introductions can make students know about me and the greetings with them kindly can make me closer to them.(2)Singing a song with actions at the beginning of the class can stimulate students' interest.(3)The revision of the food is able to remind the students of the words which they have learnt before,and also,this step is necessary to lead in the new lesson.

Step 2 Lead-in and presentation

1.Lead-in.

Show a cabbage and a cucumber to teach the words of cabbage and cucumber.Ask students to touch the cucumber and feel the gooseflesh of cucumber. Next point to the picture of cucumber's gooseflesh on the screen to make sure that all the students know what "gooseflesh" is. Then drill the word "gooseflesh" in groups.And then ask students a question about why cucumber has so much gooseflesh.

2.Presentation.

(1)Watch a short movie.

(2)After that,ask students to answer the question which is mentioned.If nobody knows,tell students that is OK and go to the pictures to learn the story part by part according to the pictures on the blackboard.

(3) Teach the new phrases and sentences using actions and pictures. Make sure students can read the phrases fluently and understand the meaning of the pictures. When I teach the small dialogue "Why don't you come down? Because I have to take off my clothes first." I will ask students to act it out with different tone of voice. And when teaching "taking off", I will show a cabbage to students and let them help the cabbage to take off her clothes... Finally, try to retell the story with the help of the teacher.

(Goal: In this step, students try to imitate the pronunciation and intonation according to the multimedia, the audio and video program are able to stimulate their interest of learning English, and also promote their effective learning in English. Their listening and speaking ability could be enhanced. Actions widely used here can help students to master the new phrases by heart. Big pictures with small pictures here help students to understand the story much more easily.)

Step 3   Practice

1. Listen to the story again and ask students to give a title to the story.

Put down some important word cards from the black board, ask students to read them and ask some volunteers to put them back on the right place. (On condition that students are able to do it well) Then ask students to give a name to the story.

2. Ask students to discuss it in groups of 6 or 8 min (if the time is enough). Let some students talk about their opinions and choose a best title to write down on the black board.

3. Complete a short play and act it out in pairs.

(1) Check the answers first.

(2) Encourage some volunteers to perform the short play.

(Goal: It is useful to encourage students to communicate with each other, and it is also very important for teaching and the improvement of students as an individual. Task-based teaching method is used here. That is to say, students can learn and practice English in real situation. Teacher can know if they have mastered the knowledge from what they did, and what they said. The open question used here can develop their imagination.)

Step 4   Expansion

1. Ask students whether they get something from the story?

2.Draw with

(1)Should we take a bath alone in the river? 我们可以去河里游泳吗？
                                                    (   )
(2)Don't keep your friends waiting so long.别让你的朋友等你太久。
                                                    (   )
(3)Do things quickly.做事要迅速。   (   )
(4)Be flexible when we are in different situations.灵活处理不同的事情。
                                                    (   )

(Goal：This step is designed to help students form the good habits from the minor in daily life.)

Step 5 Homework

1.Tell the story to their good friends.
2.Read another story such as Snow White and tell the classmates next time.

教学板书设计

Unit 5 A visit to a greenhouse

 hot；take a bath

 wants a bath

 jumps into the water

 waits and waits

 taking off

 feels cold；gets gooseflesh

教学评价设计

为提高学生们在本节课中的积极性,让学生更好地完成教学任务,我设计了以下多元化的评价,包括自评、他评,目的在于适时组织和引导学生参与自主与合作的评价,帮助学生积极参与教学活动。学生可将教师奖励的星星贴到教学评价表上,也可以自己画上去。小组评价以贴笑脸的方式进行,让小组长把教师奖励给每组的笑脸贴在每组的分组牌上。

教学评价表

	自己评	同学评	老师评	家长评
我的课堂表现				
我能听懂有关指令,并做故事中的动作				
我能认读本节课的重点单词及句型				
我能在图片帮助下听懂小故事				
我能与同伴一起用英语表演				

教学设计反思

(1)利用歌谣充分输入语言,在教学开始巧用与学习内容相关的歌曲,让学生在听觉和视觉上反复感知语言。只有大量地输入,才能让学生更好地输出。

(2)整体输入单词及短语,在以往的教学中,我都是先让学生学习新词再讲授课文,这次则是先让学生反复听了句子原声,让学生听音模仿整句,对难的单词或短语,边说单词边用肢体语言帮助学生理解句意,这样大大地缩短了学生学词的时间。

(3)分角色表演对话,结合学生爱表现的特点让学生在情境中更好地体会其故事内容。

新课堂、新学生、新教学课型,在师生的共同努力下,完成了教学任务,但在故事教学中,如何让学生主动地去学习,这是我于课前、课中和课后一直存在的疑惑。希望大家多多指正!

点评

教师运用了科学的教育理念与教学方法,且设定了良好的、多样化的评价机制。但教师教学目标设定过多。本课属于故事教学,故事文本中一定会出现许多学生并没有掌握的词与句,在具体制订教学目标时,教师应按《课标》要求,明确哪些单词、句型为学生应该掌握的,哪些又为不需掌握的。另外,过大过多的教学目标也导致了过多的教学内容出现。

课　　题:Unit 5 A visit to a greenhouse(第一课时)
课　　型:单词课
教　　材:重大版《英语》
年　　级:五年级上册
教学设计人:重庆市江津区享堂小学学员名　马兰
教　　龄:10 年

教学观念(理念)

以《义务教育英语课程标准(2011 年版)》为指导,要求学生掌握"四会"词语,并能够让学生在真实的语言环境中运用语言。

教学分析

1.内容分析

本课时是重大版《英语》五年级上册第五单元的第一课时,属于词汇教学。本课学习的六个新词是:eggplant,onion,cucumber,chilli,pumpkin,bean。 表达句型是:What are you going to buy? I'm going to buy...

2.学生分析

由于五年级的学生已经有了一定的英语基础知识,而且学生也有一定的拼读单词的能力,所以在教师的示范及帮助下不难学会新词和句子。

3.环境分析

我们的学生大多数是留守儿童,只有在学校才有说英语的机会,所以,学生们开口大声说英语的习惯还没有养成。

教学目标

1.Language aims

Words：eggplant，onion，cucumber，chilli，pumpkin，bean.

Sentences：What are you going to buy?

Some（eggplant）s and（onion）s.

2.Skill aims

（1）Children will be able to read the new words and sentences.

（2）Children will be able to use new language to buy vegetables.

（3）Children will be able to read easy words according to the combination of letters.

（4）Children will be able to write easy words in the class.

3.Emotional aims

Children will find English is useful by talking with new language.

Children will find English is interesting by making dialogues.

教学重、难点

1.教学重点

The new words and sentences above.The future tense.

2.教学难点

The pronunciation of eggplant（s），onion and pumpkin cucumber.The "s" after vegetable names.

教学方法及策略

1.教学方法

自然拼读法、游戏法。

2.教学策略

竞争与小组合作学习策略。

资源运用

教学具：蔬菜图片、PPT等。

教学流程设计

Step 1   Warm up

1.Clap hands.To relax students and to catch their attention.

2.TPR:Students listen and do *Old Macdonald Had a Farm*.

3.Name four groups.To review animals and tell their assessment.

Cheer up.To give their confidence to get today's champion.

（设计意图：想让学生学习一门语言，首先是让他们喜欢这门语言。通过听儿歌、做动作的方式引入，既活跃了课堂气氛，又揭示了本课主题，同时还向学生传递了学习英语很有趣的概念，激发了学生学习英语的兴趣，营造出良好的开课氛围。）

Step 2   Lead-in

1.Reveal the title of this Unit.

T:（Sing）Old MacDonald had a greenhouse E-I-E-I-O.Old MacDonald had a greenhouse.Do you want to visit his greenhouse? Let's go!（借助 greenhouse 引入今天的新课）

2.Get into the greenhouse.

T:It's a greenhouse.

Review words of vegetable that they learned before.

T:Look! They are all kinds of vegetables.What are they?

Ss:They are...（cabbages,carrots...）

（设计意图：呈现学生以前学过的蔬菜图片，让学生说出这些蔬菜的名称，树立学生学习英语的信心。借助师生之间、学生与文本之间的信息差，激发学生的求知欲和好奇心。通过以旧带新的方法，最大限度实现新旧语言滚雪球式的融合。）

T:Show students the pictures of new words to teach the new words today.

（设计意图：通过 PPT、简笔画，让学生充分感知学习内容。）

Step 3   Presentation

1.Teach "eggplant onion".

T:Look! What's this? Let's listen.Students read after the video.

（1）Teach the word by syllable.

egg-plant-eggplant.

o-nion-onion.

(2)Drill.

A.Read the words from low to high.(4 times)

B.Whole class—groups—two by two.(group one)

Teach the answer.

T：Now，children，we are in the supermarket.What are you going to buy?

T leads students to answer "some eggplants."

2.Teach "cucumber chilli".

T：Look！What's this? Let's listen to the video. Students read after the video.

(1)Teach the word by phonics.

cu-cum-er-ber-cucumber

chi-lli-chilli

(2)Drill.

A."High-low" voice.

B.Whole class—boys and girls—two by two.(group two)

3.Teach the question.

T：What're you going to buy? Some cucumbers and chillies.(Write down the sentence on the blackboard and teach the sentence word by word)

Drill the sentence.Ask and answer.T-S?

4.Teach "pumpkin bean".

T：Look！What's this? Let's listen to the video. Students read after the video.

(1)Teach·the words by syllable.

pump-kin-pumpkin.

b-ea-bean.

(2)Drill.

"Read by clapping hands".

Whole class—row by row—two by two—single.

(3)Practice.

T：What're you going to buy?

Some pumpkins and beans.I'm going to buy some pumpkins and beans.

(The teacher points to the blackboard and let the students read the sentence time and time again.)

（**设计意图**：尽量让学生模仿原声英语录音，这是新课程的要求，同时也是我

一贯坚持的原则:让学生学习纯正的英语语音。在教学单词时,我在用自然拼读法搭建辅音框架的基础上为学生提示元音字母的拼读方式,将句型教学融入单词教学,以丰富学生语言。)

Step 4　Practice

1.Students read after the video(words and sentences).

2.Game.

Turn six new word cards with the question.When the cards stop,children will chant the answer according to the card.

T:What are you going to buy? (Turn the cards.If the card stops at "bean")

S:Bean,bean.I'm going to buy bean.

T－S

3."Bomb"game.(在游戏中复习巩固单词,寓教于乐)

T:There is a bomb in the words.(Teacher draw a bomb beside a word)I will teach you read the words.When I read the"bomb" word,you can't read after me.

4.Let's guess.

温故知新。将以前学过的颜色、形状单词用在新知识中,实现新旧知识的融合。树立学生学习英语的信心。

5.Which letters are missing?

说出卡片中所缺的字母,让学生在课堂中就能掌握一些简单的英语单词,提高教学效率。

(设计意图:激发和培养学生学习英语是基础教育阶段英语课程的主要任务。通过不同形式的游戏激发学生学习英语,让学生在游戏中学习,寓教于乐,实现快乐学习。)

6.Practice sentences.

Now children,we are in the supermarket.I'm the saleswoman.(Teacher puts on a cap and an apron)Hello,...Teacher practice new sentences with students.

T－S

7.Chain game.

教师问第一组的同学:What are you going to buy? 第一组再问第二组,第二组问第三组……小组之间进行竞赛,最先说完的一组获胜。

S－S

(设计意图:对本课句型进行模仿操练,为下面情境对话做铺垫。)

Step 5　Task

1.Lead-in.

T:Children, today is June 1ˢᵗ, mother will cook for you. Let's go to the supermarket and buy some vegetables,OK?

2.Make the dialogue.

T:Here's the supermarket. I'm the saleswoman. (Teacher dress up and asks a student to stand up and make a dialogue with him)

T－S

S－S

Two or three in a group. Two minutes for you. First discuss. Then make your own dialogue.OK?

3.Act out.

Teacher makes a supermarket situation for students to act out. (two or three groups)

（设计意图:采用活动途径,倡导体验参与。情境的导入,渗透为父母做些力所能及的家务事的情感教育。通过模拟真实的买东西的情境,学生在教师的带领下参与其中,教师再放手让学生将所学东西运用其中,实现学以致用,活跃思维,展现个性,发展心智,拓展视野,情感升华的目标。最后,学生小组表演进行反馈,让学生体会到英语好玩,英语有用。)

Step 6　Conclusion and homework

1.Homework.

Finish No.1, you can get one star. Finish No.2, you can get three stars. Finish No.3,you can get five stars.

(1)Listen and read part3 on page 54.

(2)Go to the supermarket and read the vegetables loudly.

(3)Draw a supermarket or a farm and write down the names of vegetable. Discuss the vegetables with your partner.

2.Today's winner is the... group.Congratulations! That's all! Goodbye.

（设计意图:分层作业的设计,可满足不同层次学生发展的需要,发展学生的多元智能,同时将课内学习有效地向课外延伸。)

教学板书设计

Unit 5 A Visit to a Greenhouse
eggplant   onion   cucumber   chilli   pumpkin   bean
What are you going to buy?...
I'm going to buy...

教学评价设计

教学评价表

教学活动	评价内容	评价方式
大小声读新单词	学生能够在新授后快速地会读 6 个蔬菜的单词	师评
丢炸弹游戏	复习巩固 6 个蔬菜单词	师评
猜一猜游戏	让学生从形状上感知每一个单词的中文意思	师评、学生评
丢失字母游戏	巩固学生对单词的正确书写	师评、学生评
创编对话游戏	培养学生运用所学单词和句式进行情境交流	师评、学生评、自评

教学设计反思

在教学中,根据陈晓堂专家的整体感知理论,让学生听音模仿 6 个新词,逐个学习,针对较难的发音单词再重点让学生多听几遍,整体输入单词,这样做既没有把单词打散,又不会出现学生因为学习单词时间过长而忘了后面的单词怎么发音的现象。

创设情境,让每一位学生都参与超市购物,让学生结合语境运用所学新旧知识进行真实的交流。

当然,自己的教学还有不足之处,希望大家见谅。

点评

本节课的主题是"Unit 5 A Visit to a Greenhouse",主要学习蔬菜词汇和如何购物。整节课教师很好地贯彻了英语教学提倡的交际性原则,并且运用了多种教学手段及方法以达到教学目标,也能很好地调动学生的学习积极性与学习兴趣。本课时教学活动设计丰富多彩,有效训练方式多样,有全班活动、师生互动、小组活动、双人活动、个人活动等,在活动中突破难点,在活动中发展能力。

课　　　题：Unit 3 Is this your skirt? A Let's learn(第一课时)
课　　　型：词汇课
教　　　材：义务教育课程标准实验教科书英语(PEP)
年　　　级：四年级下册
教学设计人：重庆市南岸区大佛段小学　王佳
教　　　龄：12 年

教学观念(理念)

通过让学生体验、实践、参与、合作与交流的学习方式和任务型学习模式,让学生在做中学、学中用,学会用英语做事,发展学生语言运用的综合能力,在注重学生知识能力形成的同时,关注学生思维发展。

教学分析

1.内容分析

本册书共包括 6 个新授单元和 2 个复习单元,本课是人教版小学英语四年级下册 Unit 3 第一课时,主要是教学服装类单词 shirt,T-shirt,jacket,dress,skirt,sweater。这是本课的重点,同时也是本单元的教学重点。服装与颜色的相关性很强,因此把学生学过的有关颜色的形容词融合在服装的单词教学中,以旧知带新知,能让学生更容易掌握。本节课教授的单词多是上装,能用于搭配的下装只有 skirt 一个,我增加了 B Let's learn 中的单词 jeans,pants。这样,可让学生在实际生活中使用,从而达到学以致用的目的,实现语言教学的真正目的。

2.学生分析

（1）心理特点：四年级学生的一般年龄是 10～11 岁，处在儿童期的中后期阶段。在小学教育中正好处在从低年级向高年级的过渡期，学生生理和心理特点变化明显，是培养学习能力、情绪能力、意志能力和学习习惯的最佳时期。此阶段学生往往对新颖刺激的新授课感兴趣，对不同形式的游戏活动表现出较高的热情。

（2）认知特点：四年级的学生已经处在小学的中段，经过一年半的英语学习，在听、说、读、写方面均有一定的基础，并且有了一定的词汇量。学生能够通过指认实物或图片认读所学单词，并能够在课堂中与同伴或小组进行合作。但学生的逻辑思维能力还有待进一步提高，需在教师的引领下突破这一难点。

3.环境分析

（1）家庭环境：授课班级为我校四年级学生。经过一年半的英语学习，学生已经有了一定的英语基础。由于我校处于重庆南岸区城乡接合部，学生中绝大部分为外来务工人员子女，他们单纯、纯朴，很珍惜学习机会，在课堂上能够积极参与教学活动。但其课后自主学习的条件有限，绝大部分没有参加过英语课外班的学习经验，所以英语基础较为薄弱。

（2）教学环境：教室里有多媒体、投影仪、录音机、黑板等硬件设施。

教学目标

根据《义务教育英语课程标准（2011 年版）》的要求，结合本课的课型特点，以及对教材和学生的分析，我制订了以下教学目标。

1.语言知识目标

能听、说、认、读本课时的主要词组 green shirt，yellow T-shirt，brown jacket，blue dress，red skirt，white sweater。用"I like…"和"I like…with…"句型结合颜色来表达自己喜爱的服装及搭配。

2.语言技能目标

能简单描述喜欢的衣物，如：I like the blue dress。能听懂并发出与穿衣相关的一些指令，如"Put on your T-shirt"等。

3.学习策略目标

培养学生在课堂交流中注意倾听；积极与他人合作，共同完成学习任务；积极运用所学英语进行表达和交流。

4.情感态度目标

培养学生审美情趣，穿衣得体。

5.文化意识目标

了解不同国家的服饰常识以及一些常见外来语的由来。

教学重、难点

1.教学重点

能听、说、认、读有关服装的 8 个单词。能用"I like..."谈论喜欢的服装。

2.教学难点

表示服装的名词和表示颜色的形容词的连用及其读法。用"I like...with..."句型表达自己喜爱的服装及搭配。学生能参与设计并简单制作自己喜欢的服装,在服装秀中大胆展示,部分学生能用英语进行简单介绍。

教学方法及策略

1.教学方法

交际法、情境教学法、游戏教学法、歌曲教学法、TPR、合作学习法。

2.教学策略

运用歌谣复习新知,巧用游戏激发兴趣。

资源运用

1.教具

PPT、教学卡片、彩纸、双面胶、剪刀。

2.学具

彩纸、双面胶、剪刀、水彩笔。

教学流程设计

Step 1　Preparation

1.唱歌曲 *Colour Song.*

2.复习颜色。

(1)课件展示彩虹让学生说颜色。

T:What colour is it?

S:It's...

(2)鼓励学生说出自己喜欢的颜色。

T:What colour do you like?

S：I like...

（3）鼓励学生寻找教室里的颜色。

（**设计意图**：让学生演唱颜色歌，既可创设轻松的英语氛围，又能帮助学生复习颜色，为后面的学习做铺垫。）

Step 2　Presentation

1.Lead-in.（引入）

T：Today is May 20th.Next month is June.June 1st is our festival.June 1st is Children's Day.Happy Children's Day! Let's perform to celebrate our festival.OK?（快到儿童节了,让我们举行一场服装秀来庆祝自己的节日好吗?）

S：OK!

（**设计意图**：小学生对新事物总是充满着好奇,很难保持他们长时间的注意和高涨的情绪,衣服对于他们来说再熟悉不过,所以我设计了以开展服装表演来庆祝六一儿童节这一话题:快到六一儿童节了,我们举办一场服装秀庆祝自己的节日吧。这一情境贴近现实生活,让学生容易接受。）

T：Let's have a fashion show.First,let's go shopping.（首先带领学生去购物）

（1）T：Look at the clothes in the window.What cloth do you like?

S1：I like the yellow one.（来到商店的橱窗前,让学生大胆地说出自己喜欢的服装）

T：It's a yellow T-shirt.（当学生回答喜欢黄色的衣服时,教师顺势教新单词T-shirt）

（2）Show some T-shirts.Encourage students say：red T-shirt,blue T-shirt.

（3）T：What cloth do you like?

S：I like the... T-shirt.鼓励学生说出喜欢哪种颜色的 T 恤。

（**设计意图**：首先带领学生去商场购物。引导学生说出自己喜欢的服装。变以前传统的教师教什么学生就学什么为学生自主选择。他们喜欢什么,教师就教什么。灵活的呈现方式调动了他们的积极性。）

用相似的方法教新单词：shirt,jacket,dress,skirt,sweater.

歌曲：*Who is Wearing T-Shirt Today*?

$1=\text{F}\ \dfrac{6}{8}$

1 1 1   3 | 5 5 3 1. | 2 2 2 2. | 7 7 6 5. |

who is wearing   T-shirt to-day?   T-shirt to-day?   T-shirt to-day?

1 1 1 3 | 5 5 3 1 1 | 2 2 5 6 7 | 1. 1 0 ‖

Who is wearing   T-shirt to-day? Who's wearing T-shirt to- day?

（设计意图：生词呈现之后，通过演唱改编三年级上册的歌曲 *Who is Wearing Yellow Today?* 及时帮助学生进行巩固记忆，而非单调的模仿跟读。这样更有利于学生记忆和运用。）

2.教授新词 pants,jeans。

T：I like the white sweater with the green skirt. I like the white sweater with the...我喜欢白毛衣搭配绿短裙,我还喜欢白毛衣配......

Teach：pants jeans.（教授新词）

Show a picture encourage students say.

S：blue jeans,white pants...

（设计意图：本课让学生表达喜欢的衣服及搭配。本节课所学单词多是上装,能用于搭配的下装只有 skirt 一个,因此我增加了 B Let's learn 中的单词 jeans,pants,让学生在实际生活中使用,从而达到学以致用的目的,以此达到语言教学的真正目的。）

Step 3   Practice

1.Let's sing.

歌曲：*Who is Wearing T-Shirt Today?*

Who is wearing T-shirt today?

Who is wearing jacket today?

Who is wearing sweater today?

T：I am wearing the... 我今天穿了……引导学生说出今天穿的衣服。

Have students talk about the clothes they are wearing today.

S：I'm wearing the...

Encourage students introduce their friend's clothes.（鼓励学生说说自己朋友今天穿的衣服）

S：She is wearing the...

S：He is wearing the...

（**设计意图**：让学生说说自己和朋友今天的穿着，使学生在真实生活中运用所学的语言，让他们在实际语言运用中对新知进行消化和理解，从而获得深刻记忆。）

2.Let's listen.（听力练习）

（1）Encourage students guess the cloth that she/he wearing.我们的时装秀邀请了很多明星参加，让学生猜猜明星穿了什么衣服。

T：We have a fashion show today. We invite some film stars.Look！

This is… What is she wearing? Guess！

S：She is wearing the red dress.

（2）听音选择。

（**设计意图**：请学生用"He/She's wearing the…"的句型猜明星今天穿的服装。现在很多学生都是"追星族"，让他们猜自己喜欢的明星的服装能把他们对明星的喜爱迁移到英语学习中，并以旧知带新知，在句子中使用新单词。学生对这一活动参与度广、积极性高，以此保持了他们学习单词的兴趣。）

Step 4　Production

1.T：I like the white sweater with the green skirt.

Show some pictures encourage students say.（出示一些图片，鼓励学生说说自己喜欢的衣服及搭配）

e.g.：I like the black pants with the white T-shirt.

Encourage students talk about the clothes they like.

I like the… with the…

2.Read and write.Encourage students write a short passage with their imagination.（鼓励学生运用想象写一段短文）We have a fashion show now.Chen Jie is wearing the white sweater with the green skirt.＿＿＿＿＿＿＿is wearing the ＿＿＿＿＿＿ with the ＿＿＿＿＿＿.

I'm wearing the ＿＿＿＿＿＿ with the ＿＿＿＿＿＿.We are happy.

（**设计意图**：请学生想象时装秀的场景，以及好朋友的服装和自己的服装。让学生充分展开想象，培养学生的想象力。）

Step 5　Progress

1.Design the clothes they like.鼓励学生分小组设计自己喜欢的服装。

2.Fashion show.(时装秀)

(设计意图:让学生设计自己喜欢的衣服来参加今天的服装秀,学生动脑、动手,全方位地学习。鼓励学生在全班展示,充分搭建了展示自我的舞台。将学习内容和实际生活相结合,使学生置身于英语世界,在轻松、愉快的语境中积极地学习,极大地激发了学生的兴趣,培养学生合作学习的能力和创新意识。而且促进了语言内化的过程,做到了学以致用。)

教学板书设计

```
Unit 3 Is this your skirt?
A Let's learn
I like the...   white yellow
with the... green   blue
```

教学评价设计

1.评价内容

根据学生课堂学习活动和学习态度,即单词朗读、课堂参与、活动参与、作业情况等,及时给予适当评价。

2.评价方法

以爬楼梯的形式分小组竞赛,在课堂回答问题上,将难度较低的问题交给学得慢一点的学生,例如读单词、复述简单句子等,尽量宽容他们的错误,帮助他们克服学习障碍,表扬他们每一次的表现和进步,只要他们的回答达到了他们的能力所能达到的范围,我就及时进行鼓励。对于学得快的学生,我会将难度较大的问题留给他们,同样给予他们奖励。这样就培养了这部分学生的语言综合运用能力,让他们在课堂上有展示自己的机会。

教学设计反思

本课教学设计始终遵循"语言学习的实践性、运用性"的原则。快到"六一"儿童节了,让学生举办一场服装秀庆祝自己的节日。这一情境贴近现实生活,让学生容易接受。学生在真实的语境中感受语言,运用语言。教师为学生设计了购物买衣服,歌曲巩固,猜"明星红毯秀",说说自己喜欢的衣服,为儿童节服装秀

设计服装和"T台秀"等教学活动,让不同层次的学生都能够在活动中实现体验英语,操练语言的目标;在小组合作的过程中也为学生提供了学习空间。T台服装秀活动中学生动脑、动手全方位地学习。鼓励学生在全班展示,充分搭建了展示自我的舞台。将学习内容和实际生活相结合,使学生置身于英语世界,在轻松、愉快的语境中积极地学习,极大地激发了学生的兴趣,培养学生合作学习的能力,促进了并加深了语言内化的过程,可谓"学以致用"。

点评

创设真实有趣的情境,激发学生学习动力。《义务教育英语课程标准(2011年版)》提倡"任务型"教学模式,要求学生在特定的情境中完成一些具体任务从而学习语言新知,掌握语言技能,即"Learning by doing"。本教学设计充分结合了学生的心理特点和认知水平,创设儿童节时装秀这一真实有趣的任务情境,变单一服装的学习为积极地为服装秀做准备,充分调动学生的兴趣和主观能动性,让他们乐于参与、主动学习、积极交流、善于表达,从而促进学生学习目标的达成。

充分肯定学生,引导生生互评。在评价上,教师从多维度进行,全面关注了学生的学习情况和态度。除了师生间的一对一评价外,还采取了小组相互竞争的形式,促进学生间的相互评价和鼓励。

针对本课的情感态度目标:"培养学生审美情趣,能得体穿衣。"在教学过程中,教师关注了学生的真实喜好和感受,推进了学生正确审美观的树立。建议引导同学对他人的选择进行点评和建议,加强同学间的互动交流,引导学生敢于建议和尊重他人。

课　　　题：Module 4 Unit 1 In the sky(第三课时)
课　　　型：字母教学课
教　　　材：牛津上海版《英语》
年　　　级：二年级上册
教学设计人：重庆市南岸区大佛段小学　　王佳
教　　　龄：12 年

教学观念(理念)

通过体验、实践、参与、合作与交流的学习方式,让学生初步感知自然拼读法,让学生在听中学(感知)、听中做(输入)、学中做(解码)、学中拼音(展示输出)。通过自然拼读法教学让学生了解字母与发音的联系,帮助学生养成拼读习惯,建立他们学习英语的自信心和成就感。

教学思路是以著名自然拼读英语教学专家 Craig Wright 的 5 个 E 的学习方法——Effective(有效率),Efficient(有效果),Educational(有教育功能),Entertaining(有娱乐)——这一理念为指导,进而设计了本节课的教学。

教学分析

1.内容分析

本册书共包括四个新授模块,每个模块有三个单元,本课是牛津上海版小学英语二年级上册第四模块 The natual world,Unit 1 In the sky 中的第三课时,主要是教学字母 S,T 以及以这两个字母为首字母的单词 soup,table 和含有 S,T 的小诗。

2.学生分析

(1)心理特点:二年级学生的一般年龄是 8～9 岁。在小学教育中处在低年级,生理和心理都不够成熟,是培养学习能力、情绪能力、意志能力和学习习惯的最佳时期。此阶段学生对新颖刺激的新授课感兴趣,对不同形式的游戏活动表现出较高的热情。

(2)认知特点:二年级的学生处在小学的低段,经过一年的英语学习在听、说、读方面均有一定的基础,并且有了一定的词汇量。学生能够通过指认实物或图片认读所学单词,并能够在课堂中与同伴或小组进行合作。但学生的逻辑思维能力还有待进一步提高,需在教师的引领下突破这一难点。

3.环境分析

(1)家庭环境:授课学生为南坪实验小学二年级学生。经过一年的英语学习,学生已经有了一定的英语基础。学生来自城市实验学校,在课堂上能够积极参与教学活动。其家长能指导英语学习,部分学生有参加英语课外班的学习经验,所以英语基础较好。

(2)教学环境:教室里有多媒体,投影仪、录音机、黑板等硬件设施。

教学目标

根据《义务教育英语课程标准(2011 年)》的要求和本课的课型特点,以及对教材和学生的分析,我制订了以下教学目标。

1.语言知识目标

能听、说、读、写字母 S,T。能初步建立字母名与发音的联系。能听、说、认、读以 S 为首字母的单词 soup,seven,seesaw;以 T 为首字母的单词 table,ten,Tom。能吟诵本课的 chant。

2.语言技能目标

能初步了解字母名与发音的联系。能初步拼读以 S,T 为首字母的规则单词。

3.学习策略目标

培养学生在课堂交流中注意倾听;积极与他人合作,共同完成学习任务;积极运用所学英语进行表达和交流。

4.情感态度目标

激发学生学习英语的兴趣,建立学习的自信心。

教学重、难点

1.教学重点

能听、说、读写字母 S,T。

2.教学难点

初步建立字母与发音的联系。区分字母"S"与汉语拼音"sh",能有节奏地吟诵本课的 chant。

教学方法及策略

1.教学方法

情境教学法、游戏教学法、歌曲教学法、TPR、合作学习法。

2.教学策略

运用歌谣复习新知,运用歌曲歌谣巩固所学知识,巧用游戏激发兴趣。

资源运用

教学用具:PPT、字母卡片、磁带、录音机、多媒体、自制乐器。

教学流程设计

Step 1　Preparation

1.自我介绍.

T:Hello,I'm Wang Jia.My English name is Ada.I'm your new teacher. I like soup.

2.唱歌曲 *The Alphabet Song*.

引入课题:Today let's learn the letters.

(设计意图:让学生演唱字母歌,既可创设轻松的英语氛围又能帮助学生复习字母,为后面的学习做铺垫。)

Step 2　Presentation

Lead-in.(教授字母)

1.故事引入.

Before tell the story ask students a question:What's the boy's name?

2.Letter "S".

T:Tom has a rabbit friend and he has two letter friends.Let's have a look.

(1)Let students listen.PPT 展示 S 的发音。

Let students say :"Hello to S."

T demonstrates to write the letter T.(Ask students write in the air)

T:The letter T has a friend,too.It's yummy.Do you want to see?

T:You must open a door.This is a door.Oh,the door is locked.We need a key to open the door.Now you have a key on your body.Let me show you.1,2,3,4,5，Haha.Here is the key.Let me show you how to use it.Let's do it together.

T:Put your hands up.(Whistle)

Put your hands in your porket.(Whistle)

Take out your key.

Put it in the door.(Body language)Turn the key and say/ s /

Teach:soup T:Is the soup yummy? Do you like soup?

T:The letter S says "s"

"s"——soup,"S"——soup (Turn the card and let students say continously)

(2)Seesaw seven.

T:S has two more friends.Can you read?

(3)Chant Ⅰ.

S.S.S. S says "s"

"s" soup,"s" seven

Seven,soup,seesaw.

(Ss can chant with their instruments.)

(设计意图:小学生对新事物总是充满着好奇,创设开门找朋友的情境帮助学生自然建立字母和发音的联系,让学生在玩玩做做中学习。学生利用演一演,做一做,说一说的多元学习模式,在参与式体验中学习,其对学到的内容印象更深刻。)

(4)Chant Ⅱ.

Seven soup,seven soup.

What do you say?

S says "s" "s".

Seven seven soup.

(5)S' friend.

T:Who is S' friend?

S：Say，six...

(6)Find S' friend in the story and circle.

Smooth，soft，sits，soup

Guide students spell the words with phonics.

e.g.S "S"——"i"——"t"

3.Letter "T".

Story.

T：Who is my friend?

S：Tom.

T：Tom has a ＿＿＿＿＿＿（body language）

S：Rabbit.

T shows the story book.

T：How is Tom's rabbit?

Guide students say：Tom's rabbit is smooth and soft.

Tell the story：Tom's rabbit jumps and jumps.Where is it?

S：...

T turns to the next page and say：Tom's rabbit sits on the Table.

Teach：table.

Elicite more information by asking question.

T：What's the colour of the table? Is it red?

T：It's purple.It's a purple table.

T：The letter ＿＿＿＿＿＿ says"t".The letter T says"t".

(1)Write letter T on the board.

(2)Chant：T.T.T.　T says "t".

(3)Lead-in the words：ten，Tom.

(4)Let's sing.

$1=C$ $\frac{4}{4}$

5.	6 5 4	3 4 5	2 3 4	3 4 5	
T	T	T T	T says "t"	T says "t"	

5.	6 5 4	3 4 5	2 5	3 1.	
T	T	T T	Tom ten	table.	

(5)Who is T's friend,do you know?

（设计意图：用学生熟悉的歌曲《两只老虎》旧曲填新词,让学生在唱唱跳跳中巩固所学新知。）

(6)Let's try.

Show some phrases by PPT.Ask students try to spell and read.

Tall Tom,swim snake,smooth and soft...

(7)Read the story

Guide students read the story.

Post-story：Tom's rabbit sits on the table.And eats Tom's soup.

Questions：Is Tom happy? Why?

T：Tom is angry.What can Tom say?

S：...

Tom：No! Don't eat my soup!

T：How about the rabbit? What can it say?

S：Un.Sorry/ OK/ All right.

Let students open the books and read the story.

（设计意图：用讲故事的方式穿插字母单词的学习,学生有兴趣就学得更快。用学到的自然拼读法读故事降低了学习难度,增强了学生的学习兴趣和信心。）

Step 3　Practice

T：Hey,Tom.Don't be angry.Let's play.

Listen and trace.

Step 4　Production

Find your friend.

Demonstration：S——s——soup——seven.

Give each S a card,let them find their friends.There are four friends in a group.

Come to the stage and share their friends.

Chant：

S.S.S.S says "s".

Seven　soup　seesaw.

T　T　　T.T says "t".

Tom　ten　table.

教学板书设计

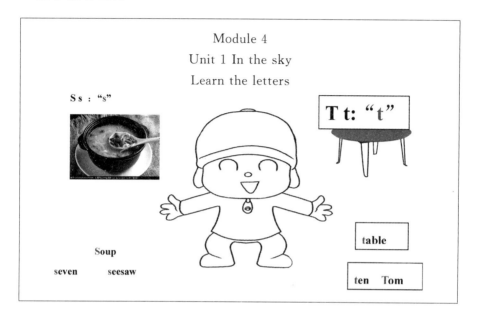

教学评价设计

评价内容:根据学生课堂活动的表现和学习态度,及时给予适当评价,即单词朗读、课堂参与、活动参与、作业情况等。

评价方法:用给花朵加花瓣的方式分小组竞赛,在课堂回答问题上,将难度较低的问题交给学得慢一点的学生,例如读单词、复述简单句子等,尽量宽容他们的错误,帮助他们克服学习障碍,表扬他们的每一次表现和进步,只要他们的回答达到了他们的能力所能达到的范围,我就及时进行鼓励。对于学得快的学生,我会将难度较大的问题留给他们,同样给予他们奖励。这样就培养了学生的语言的综合运用能力,让他们在课堂上有展示自己的机会。

教学设计反思

学生不喜欢课外阅读英文读物,究其原因是看到教师没有教的单词不会读,学生没有建立字母和发音的联系,一遇到生词就卡在那里,从而失去了学习英语、阅读英语的兴趣与信心。本课教学设计始终遵循"语言学习的实践性、运用性"的原则,运用自然拼读的方法,鼓励学生尝试拼读单词,创设开门找朋友的情境,帮助学生自然建立字母和发音的联系,让学生在玩玩做做中学习,学生利用演一演,做一做,说一说的多元学习模式,在参与式体验中学习,通过故事引入本

课的字母教学,以歌谣歌曲巩固新知。最后鼓励学生用这节课学习的拼读方法读故事,让学生在轻松、愉快的语境中积极地学习,极大地激发学生的兴趣和信心,以实现学以致用。

点评

语音教学一直是小学英语教学的难点,很多教师对语音课采取不上或者用教音标的方式来上。而《义务教育英语课程标准(2011 年版)》(以下简称《课标》)对语音教学明确地提出了要求:能掌握 26 个字母的读音,能对简单的单词进行拼读。我们的教材也有自己用自然拼读来做的语音板块。而该教学设计在这一块的教学上展示了很多的亮点。

(1)本教学设计结合《课标》,结合教材,结合二年级学生的认知能力,确定了掌握两个字母的名和音,以及拼读带有该字母的一些简单的单词的教学策略。这样的目标定位是明确的、科学的、可行的,也是层层递进的,体现了语音教学的总体目标。

(2)对于低年级的学生来说,要分清字母和发音是一件很难的事。但该教学设计利用学生爱听故事的特点入手,很有技巧地通过故事来帮助学生练习和理解"letter name and letter sound"。

(3)在拼读这一任务上,巧设找朋友的游戏,调动了学生的学习热情,让整节课达到了输出的高潮,学生不仅想找读,而且想读得更多。

本教学设计非常用心,但其实我们还可以更深层次地利用已经建构好的找朋友的平台,进行自然生成的情感渗透。现在的学生多是独生子女,特别渴望交朋友,教师们可以告诉小朋友,你的朋友交得越多,那么你所能做的事就越多。最后我们还可以在这一思路下创编含有这些单词的图画,因为自然拼读的最终目的是帮助学生阅读。

课　　　　题：Unit 1 Hello!（第一课时）
课　　　　型：会话教学
教　　　　材：人教版《英语》
年　　　　级：三年级上册
教学设计人：重庆市石柱县西沱镇小学　　王小丽
教　　　　龄：19 年

教学观念（理念）

本节课是人民教育出版社小学英语三年级上册第一单元"Hello!"第一课时,本单元主要围绕有关生活中打招呼的一些英语知识展开,这些情境是学生们所熟知的,和学生们的日常生活息息相关,所以学生乐于学习,并易于在生活中进行运用。本节课是小学生初次接触英语,他们对这门课程充满了好奇心,怎样让学生们由开始的好奇心发展为对英语长期学习的积极兴趣是我教学的侧重点,由于我校是乡镇小学,班上学生大多是父母都已外出打工的留守儿童,培养其持久的学习兴趣有一定难度。在教学过程中,我结合教材和本校学生的实际情况,依据英语新课程标准的精神,从激发学生的学习兴趣、培养良好的学习习惯出发,科学安排学习内容,合理设计教学任务,开展形式多样的教学活动,让学生亲身体验,大胆实践,积极参与,共同合作交流。本节课主要运用任务型教学法及情境交际法,并采用多媒体课件进行教学,帮助学生在任务型的教学途径下发展综合语言运用能力,使语言学习的过程成为学生形成积极的情感态度、主动思维和大胆实践的过程,使学生形成自主学习的能力。

教学分析

1.内容分析

Let's talk 部分主要是会话学习。通过见面打招呼、自我介绍以及道别等情境,让学生在模仿、学习、表演的基础上逐步达到自然交流与真实运用的目的。Let's play 部分让学生在游戏活动中熟练运用所学问候语及自我介绍用语。

2.学生分析

在学习本课时前,学生基本没有正式接触过英语,但他们对这门新的课程非常好奇,有强烈的兴趣。他们已经有了两年的小学学习生活经验,有了起码的课堂观念,有了一些倾听和思考的能力,小组之间能很好地进行合作。

教学目标

1.语言知识目标

能听懂、会说:Hello/Hi. I'm...

2.语言技能目标

通过创设见面打招呼、自我介绍等情境,让学生学会见面打招呼、自我介绍等日常用语。

3.学习策略目标

积极与他人合作,共同完成学习任务。在学习中集中注意力。

4.情感态度目标

培养学生乐于开口、敢于开口讲英语的习惯。激发学生想学、乐学英语的兴趣和愿望。

5.文化意识目标

知道英语中最简单的称谓、问候语。了解中西方名字的不同。

教学重、难点

1.教学重点

Hello/Hi.I'm...

2.教学难点

"I'm"的发音不到位,学习起来较难。

教学方法及策略

教学方法

情境教学法、任务型教学法。

资源运用

教学用具：录音机、PPT、两朵小花、头饰、单词卡片。

教学流程设计

Step 1　Warm up

1.Let's sing：*Hello*

录音机播放歌曲,师生齐唱第一册第 10 页的歌曲 *Hello*。

2.创设情境引入课题。

播放卡通片,了解所学语言运用的环境,内容为"迪斯尼英语"中第一课的片断,让学生在他们喜欢的卡通节目中了解打招呼用语 Hello 或 Hi。

3.分组比赛集中注意力。

把全班分为两组,分别为 Hello Group,Hi Group。

（**设计意图**：通过分组比赛培养学生的竞争意识和合作意识,在给小组命名的过程中,巧妙运用本节课的两个招呼用语 Hello 或 Hi。）

Step 2　Presentation

1.话题交流,导入新课。

T：Good morning/afternoon! Boys and girls.

S：Good morning/afternoon!

T：I'm...

2.情境创设,理解语意。

教师创设刚开学同学们互相打招呼的情境：

T：Hello! We are the first time to see.Let's say hello to others,OK?

S：Hello/Hi...

T：I'm your new English teacher,please introduce yourself to me.

S：Hello! I'm...

...

3.交际练习,板书呈现。

(1)课件呈现卡通人物"喜羊羊"进入课堂找朋友的画面,利用师生问答、生

生问答等基本操练形式进行简单有效的交际训练。

T：Hello! I'm...

S1：Hi! I'm...

S2：Hello! I'm...

...

(2)通过板书呈现重点句型。

Hello! /Hi!

I'm...

4.问题视听，整体感知

(1)观看视频整体感知对话，回答问题：Who is the boy?

(2)再次观看视频理解对话大意。

（设计意图：在情境中呈现语言、运用语言，遵循学生的认知规律和年龄特点。）

Step 3 Practice

1.跟读模仿，歌谣强化。

(1)听录音模仿对话。

(2)配音练习。注意语音语调及表情、动作。

(3)分角色朗读对话。

(4)教唱歌谣，分组说唱。

2.游戏巩固，表演生成。

(1)击鼓传花。

将全班学生分为两大组。音乐响起时，两组学生同时开始传花，当音乐停止时，两组各有一名学生拿到花，这时，拿到花的学生就说：Hello, I'm.../Hi, I'm...（在此环节中，教师应适时注意"I'm..."的正音）

(2)小组表演对话。学生戴上本节课人物头饰进行表演。

（设计意图：在歌谣、游戏中巩固、操练语言，使学生愉快地习得语言。）

Step 4 Extension

1.活动运用，任务落实。

(1)交友活动。

学生拿出准备好的名片，名片上写有姓名、年龄、性别、籍贯等。学生们互赠名片，用"Hello! /Hi! I'm..."介绍自己并互相交换名片。

(2)任务落实，随堂检测。

(3)总结赏析，情感升华。

Hello and hi, we are good friends.

2.作业分层,自主拓展。

(1)听录音跟读、模仿对话。

(2)创编新对话。

(3)用英语将自己介绍给家长听,请家长打分。

(设计意图:在学生掌握新知识的同时,进一步巩固所学知识,以达到"学以致用"的目的,并让学生根据自己对知识的掌握情况自主选择作业,充分激发学生的学习积极性。)

教学板书设计

```
        Unit 1    Hello!
        Hello!  / Hi!
        I'm...
```

教学评价设计

1.评价内容

在教学过程中,评价贯穿始终,我针对学生的课堂表现,从学生参与课堂活动的兴趣、态度、成果和合作能力等方面对学生进行恰当的评价。当学生在导入部分积极跟着动画模仿"Hello""Hi"时,我便及时进行言语激励。在 Practice 环节上,我设计了六个小活动,每个活动结束后都有评价性的话语。我恰当运用生动的手势、鼓励的语言、信任的眼神加强师生间的情感交流。在轻松愉悦、民主和谐的环境气氛中,让学生积极主动参与,使学生产生了强烈的求知欲望。教学过程中注重环节与环节之间的有机联系,精心设计,努力导入自然,做到环环相扣。

2.评价方法

言语激励与物质激励相结合,过程评价与总结性评价相结合。

教学设计反思

本课时主要是学习日常生活中常用的见面语以及怎样介绍自己的名字,这些都是我们日常生活中最基本的常用语,学生接受起来比较容易。在 Warm-up 环节,我创设了一个同学见面打招呼的情境,既让学生熟悉了本课时要掌握的两个见面语,又在不知不觉间让学生懂得了一些基本礼仪。在后面第四个环节我

设计了互赠名片的活动,让学生在进一步巩固所学知识的同时,也习得了一定的社会交际知识。

点评

《义务教育英语课程标准(2011年版)》指出小学阶段英语课程的目的是激发学生学习英语的兴趣。在本课的设计中,教师注重良好的师生关系的建立和轻松课堂氛围的创设,让学生乐于参与到英语课的学习中来。在教学中,充分使用学生喜欢的教学方式和教学资源,运用卡通片和动画人物为课堂加入了童话色彩,让学生充满好奇;运用歌谣、游戏等教学活动让课堂变得生动有趣,让学生喜欢参与;运用丰富的肢体语言和激励机制为课堂增添亲切感,让学生融入其中。

教学设计体现教师全面关注不同学生的需求,在作业设计时,采用了分层作业,自主拓展。第一个作业是听读、模仿,适合所有学生,特别是对语言掌握不够好的学生和比较内向的学生。第二个作业是创编对话。第三个作业是向家长介绍自己,适合对语言掌握较好又好表现的学生。这样的设计,能让学生根据自己的特点和对知识的掌握情况,自主选择,从而更加主动地学习和使用英语。

课　　　题：Unit 5　　My clothes(第二课时)
课　　　型：情境句型教学
教　　　材：人教版《英语》
年　　　级：四年级下册
教学设计人：重庆市潼南县实验小学　　谭卫红
教　　　龄：24 年

教学观念(理念)

本单元重点学习服饰词汇及其单复数的使用习惯,重点句型分布在 Part A 和 Part B 两部分。为了在对话中学习句型,在句型中学习词汇,于是将两部分句型进行整合,以体现语言活动的层次性和渐进性,利于整体教学和学生整体感知,保证课堂活动的有效开展和实施到位。

教学分析

1.内容分析

My clothes 是人教版四年级下册第五单元的内容。单元内容以 clothes 为话题,以"Is this John's? Are these yours? Whose pants are those?"及与衣服相关的单词为重点。在第一课时的教学中学生学习了有关服饰的词汇,本节课为第二课时,以重点句型"Are these /those...? Yes,they are./No,they aren't." "Whose...are these/those? They are..."等为教学内容,配以情境对话,让学生在真实的语境中学习句型,提升运用句型及语言的能力。

学生在四年级上册学过"Is this/that...? Yes,it is./No,it isn't"和"What is

this/that？It's a/an...""等单数句型。本单元再次出现了此句型,重在重复、运用和过渡,学生已能运用单数句型进行询问和交流。因此在本课时,我将其与单元重点复数句型进行整合,注重在一定情境下操练和使用语言,更注重将所学语言在实际生活中使用。

2.学生分析

服饰单词、颜色单词、名词所有格、单数句型等学生已经学过。我将让学生运用已学过的单数句型"What is this/that？Is this/that...?"等结合新的复数句型进行学习交流。

3.环境分析

电脑、图书室、专业英语教师。

教学目标

1.语言知识目标

理解、运用句型"Are these/those...? Yes,they are./No,they aren't.""What are these/those? They are...""Whose...is/are this/that/these/those?"于实际情境中。

2.语言技能目标

能够在生活实际中使用所学复数句型进行对话交流。

3.学习策略目标

通过自主、小组探究等学习方式,掌握"Are these/those...?""What are these/those?""Whose...are these/those?"等核心句型,达到认知、交际的策略目标。

4.情感态度目标

爱美是人之天性,漂亮的服饰更是一部分学生很喜欢的。我在介绍古今中外经典服饰时,注重了对学生审美方面的教育,并指导学生在各种场合中要穿着恰当,鼓励学生在闲暇之余自我设计服装搭配。

5.文化意识目标

通过视频和图片,介绍唐装和巴黎时装节。

教学重、难点

1.教学重点

(1)Are these/those...? Yes,they are./No,they aren't.

(2)What are these/those? They are...

(3)Whose...are these/those? They are＋名词性物主代词/名词所有格。

2.教学难点

(1)名词性物主代词。

(2)名词所有格。

教学方法及策略

1.教学方法

情境教学法、小组合作学习。

2.教学策略

游戏、歌谣、Chant。

资源运用

教学用具:单词卡片、PPT、挂图、录音机。

教学流程设计

Step 1　Warm up

1.Memory Game.

学生观看视频,复习本课所学关于服饰的词汇。

T:Hello,boys and girls.What is that?

S1:It's a hat.

T:Is that a coat?

S2:No,it isn't.

S3:It's a blouse.

T:What colour is it?

S4:White.

(设计意图:通过播放视频,迅速调动学生的学习积极性,使学生在游戏中复习所学的关于服饰的单词。)

2.Guessing Game.

T:One of them is my favorite clothes.Can you guess what it is?

S1:What colour is it?

T:Green.

S1:Is it a coat?

T：No.

S1：I know.It's a blouse.

T：You're right.(Congratulations!)I like the blouse a lot.

T：Are those pants?

S2：Yes,they are.

T：Whose pants are those?

S3：They're Mike's.

（设计意图：通过 Guess,真实地引出核心句型:"Are those…? Whose pants are these/those?"并和学生互动,结合问题,创设情境,引导学生用英语表达,关注本课的重点句型,为后面的对话学习做好铺垫。）

Step 2 Presentation

1.Let's talk.

On the playground.

T：OK.It's four o'clock.It's time to go home.Zhang Ming,Is this yours?

Z：What?

T：The hat?

Z：No,it isn't.My hat is blue.I think it is Zhao Jun's.

T：Zhao Jun,is this yours?

Z：Yes,it is.

T：Whose coat is that,Zhao Jun?

Z：What colour is it?

T：Orange.

Z：Oh,it's mine too.

At home.（视频）

M：Xiaoxiao,can you help me,please?

X：OK.

M：Whose shoes are these?

X：They're mine.

M：And those? Whose pants are those?

X：They're my dad's.

M：Oh,you're clever.

2.Practice.

运用复数句型,两人一组,使用准备好的服饰图片进行操练。

A：Is this yours?

B：No，it isn't．It's hers.

A：Are these his，Li Mao？

B：Yes，they are.

A：Whose jacket is this？

B：What colour？

A：Red.

B：Mmm，it's Tan Lin's.

A：Hi，Honghong，whose socks are those？

B：Where？ In the shoes？

A：Yes.

B：They're mine.

A：And are these shorts yours？

B：No，they're Wang Qian's.

A：Thanks.

B：You're welcome.

3.Free-talk.

六人一组，使用颜色、服饰、名词性物主代词等和本课重点句型，围绕一名同学今天的穿着展开对话练习。例如：

A：Hi，LuLu，how are you？

B：Fine，thank you.

A：Which colour do you like best？

B：Purple.

C：（point to the desk）Is this yours？

B：Yes.

D：Are the shorts yours？

B：Yes.

D：Whose shoes are those？

B：They're my sister's.

E：Your hat is very nice！

B：Thanks.

5 分钟后，选两组在班上进行"PK"，学生评议，教师总结。

4.Consolidation.

Let's find out：Are these Mike's or Sarah's？

（看 PPT，仔细观察，小组学习）

(1)A：Whose hat is this?

B：It's _____.

(2)A：Whose _____ are these?

B：_____ _____ is it?

A：Green.

B：_____ they on the bed?

A：Yes.

B：Oh,they are _____.

(**设计意图**：创设情境,师生对话,利用衣服单词复习单数句型"What is it? Is this/that...?""Whose coat is this/that?"然后通过观看一段视频,自然过渡到本节课的核心句型"Whose... are these/those?""They're＋名词性物主代词/名词所有格"。

通过对话练习,使学生能在相对真实的情境中使用本课所学的词汇和功能句型。

自主学习,小组合作,层次渐进,巩固新知,激发兴趣,活跃气氛。听力训练,注重核心词汇,检验新知熟悉程度。)

Step 3　Assessment

1.Guide them to complete the task.

Read and circle：

Oh,it's time to pack my clothes.

This is my red T-shirt.

These are my blue pants.

And those are my shoes.

Wait! Is this my hat?

No,this is Amy's.

Amy! Is this yours?

(1)Are these Sarah's blue pants?

　　A.Yes.　　　　　　B.No.

(2)Is this Amy's red T-shirt?

　　A.Yes.　　　　　　B.No.

(3)Whose shoes are these?

　　A.Amy's.　　　　　B.Sarah's.

(4)Whose hat is these?

　　A.Amy's.　　　　　B.Sarah's.

2.Read freely.

（设计意图：阅读理解,检验学生对重点句型的理解程度。培养阅读策略,简要介绍名词性物主代词和名词所有格,进行着装的审美教育。）

教学板书设计

> ### Unit 5　My clothes
>
> (1)Are these/those...? Yes,they are./No,they aren't.
> (2)What are these/those? They are...
> (3)Whose...are these/those? They are ＋名词性物主代词/名词所有格。

教学评价设计

1.评价内容

本课时学习关于服饰的复数句型,通过营造真实的对话情境,让学生在体验中自主学习,并用小组合作学习核心句型"Are these/those pants? Yes,they are./No,they aren't." "Whose... are these/those? They are mine/mike's." "What are these/those? They are..."要求能够熟练运用于实际情境中。

2.评价方法

采取形成性评价,对学习过程跟踪分析,主要采用了课堂观察、课堂提问、小组讨论、阅读测试、自评、互评等多种方式了解学生的学习情况,有利于今后不断改进。

教学设计反思

服装是每个人生活中必不可少的一部分,学生对漂亮的服装尤其喜爱。在教学时,素材随手可拾。学习句型时,通过情境对话整体呈现新知,让学生像读故事一样兴趣盎然地感受语言。在跟读、分角色练习等操练后,让学生模拟情境表演对话,并要求回家就自己的衣服与父母表演对话,真实地运用语言。学生通过自编自演的对话,运用语言的能力得到提高,达到学以致用的目的。

点评

　　《义务教育英语课程标准(2011年版)》提倡"任务型"教学模式,要求学生在特定的情境完成一些具体任务中学习语言新知,掌握语言技能,即"Learning by doing"。本课设计注重情境的创设,通过"猜一猜"的游戏,让学生在几件衣物中,猜到教师最喜欢的衣服,在这个环节中,学生通过猜测,理解本课的重点句型。然后教师用充分联系生活实际创设的两个场景的对话视频呈现新课,一段对话发生在放学后,让一件被遗失物品找到失主。另一段对话发生在家里,内容是帮助妈妈收拾衣物,整理归类。在操练阶段教师让学生在前面活动的准备基础上,根据服饰图片谈论和小组间服饰的谈论,进行语言的输出。然后,创设"let's find out"判断物品的主人,学生通过观察和判断,理解和交流,完成任务。最后创设收拾行李的场景,通过阅读一篇短文,让学生在阅读中理解运用。这堂课创设的各种场景是我们生活中常见的,也是能充分呈现本课重点语言运用的。让学生在理解、模仿、内化的过程中,能真实地感受语言的内容和意境。建议:如果整堂课结合已有的各种情境,能以一条主线来呈现,有利于学生形成清晰的思路和保持高昂的学习兴趣。另外,拓展输出阶段,设置更加符合学生语言输出需要的活动和任务,如帮助学校大队部设计"失物招领",有利于学生在真实任务中运用语言,同时培养服务他人的意识和良好的管理物品的习惯。

课　　　题：Module 4 The natural world Lesson 1
课　　　型：情境会话课
教　　　材：牛津上海版《英语》
年　　　级：二年级上册
教学设计人：重庆市潼南县实验小学　　谭卫红
教　　　龄：24 年

教学观念(理念)

(1)以学生为主体,面向全体学生,关注学困生。
(2)以语言习得为本,强化语言的交际性功能。
(3)以激发兴趣为目的,培养思维的多样性。

教学分析

1.内容分析

本单元主要教学单词 sun,moon,star,句型"Look at...Can you see...? Yes,I can./No.I can't.How many...?"通过词与句的整合,让学生运用所学英语来描述自己在自然界看到的事物。学生之前已学的单词有 big,small,night,evening, morning,afternoon,sunny,cloudy 等。句型有:Look at,Can you...? How many...? 本单元在对这些内容稍作复习的基础上,引出单词、句型的教学,并通过新旧句型的整合,编成简短的对话作为语言训练的重点。为了培养学生连续说话的能力,可整合旧句型"This is... What's this/that? What colour is it? What can you see?"进行语言训练,鼓励学生用多个句子来描述所见。

2.学生分析

由于我是借班教学,通过两周观察,发觉该班学生课堂中大部分能积极举手,表现欲较强,班级学习英语气氛较热烈。但也有一部分学生胆子小,发言声音小。因此,在课堂上创设轻松愉快的教学氛围,用多种方法鼓励这部分学生大胆开口,及时表扬积极发言的学生很重要。通过儿歌、对话表演等教学形式,营造整个班级乐于学习英语的氛围,提升学生对英语学习的兴趣。经过原班教师这半学期的教学,班级学生各方面都有了进步,学生课上注意力集中了,积极举手发言的人数更多了,声音有了明显提高,良好的英语学习习惯正在逐渐培养中。在学生学习能力方面,26个字母能较好认读,但个别字母书写规范上还需加强。大部分学生单词的认读能力较强,拼读能力较好。但有一部分学生还需努力,句子的认读能力也较弱。班级学生在语音语调和连续说话上,还需进一步系统地训练。

3.环境分析

(1)教室位于二楼,非常幽静。

(2)教室较小,学生较多,略微有点拥挤。

(3)教室里的多媒体好,操作简单。

(4)黑板清晰,利于板书。

教学目标

1.语言知识目标

能理解、记忆单词:sun,moon,star。能正确听读并表达句型:Look at...Can you see...? Yes,I can./No,I can't. How many...? 能表演对话,并掌握句型 Look at...Can you see...? Yes,I can./No,I can't.How many...? 能诵唱歌曲,理解句意,注意语音语调。

2.语言技能目标

通过教师的引导,能自编简单的儿歌来学习运用新单词。通过同桌对话、小组表演等形式培养学生英语表达交流能力。通过让学生做小调查,培养学生用英语交际的能力。

3.学习策略目标

(1)认知策略:认知新词汇 sun,moon,star。

(2)交际策略:运用新句型"Can you see...? Yes,I can./ No,I can't. Look at..."进行交际。

(3)资源策略:运用一定资源创编对话。

4.情感态度目标

关注学生情感,努力营造宽松和谐的教学氛围,激发学生学习英语的兴趣,在合作活动中互助共进。培养学生大胆运用英语描述自己所见的能力。培养学生热爱大自然的感情。

5.文化意识目标

了解简单的天文学知识和一点自然界常识。培养大自然是人类朋友的意识和爱惜大自然的感情。

教学重、难点

1.教学重点

词汇:sun,moon,star。句型:Look at...? Can you see...? Yes,I can./ No,I can't.How many...?

2.教学难点

Star 的正确拼读。定冠词 the 的使用。

教学方法及策略

1.教学方法

采取情境对话教学法,创设情境,在真实语境中学习词汇、句型,并运用习得语言新知进行会话交际和创编简单的对话交际故事。

2.教学策略

循序渐进,由易到难,逐步推进,增加所学知识的再现率。面向全体学生,切合学生的现状,力求满足不同类型和不同层次学生的需求,使每个学生获得不同程度的发展。加强对学生学习方法的指导,体现以学生发展为本的教学理念,关注学生语言学习的整个过程,将新旧知识整合,单词教学和句型教学整合,鼓励学生多说句子,培养学生连续说话的能力。采用 TPR 全身反应法,调动学生多种感官,唱一唱,听一听,说一说,画一画,小组之间做做小调查,激发学生的参与性与主动性。

资源运用

1.教学用具

词条、单词卡片、单词图片、磁条、胶布、自制五角星和花朵。

483

2.课件 PPT

教学流程设计

Step 1　Pre-task preparation

1.Sing a song.

2.Greeting.

T(Ask)：What can you see? What colour is it?

Answer：

I can see...It's...

It's time to get up.

Let's go to the children's garden.

（**设计意图**：复习巩固，为新授课做准备。）

Step 2　While-task procedure

1. To learn：sun.

(1)Show the picture of morning,say：

How is the weather?

It's sunny.Look at the sky,we can see the sun.Elicit：sun follow the teacher.

（**设计意图**：用所学的句型引出新授的内容。）

(2)Look at the sun.

The sun is shining.

How is the sun?

It's a sunny day.

（**设计意图**：运用 chant 来巩固操练。）

(3)Read the chant.

(4)Ask and answer:Look at the sky.What can you see? What colour is it?

(5)Ask and answer.

（**设计意图**：整体感知，教师设置语境,灵活运用语言,做到听、说、认、读。）

2.To learn：moon.

(1)Show the picture of night.

Guess：What can you see in the sky? Elicit：moon,the moon.

(2)Read the word.

(3)Show the flash.

Look at the moon.

The moon is moving.

(4)How is the moon? Bright.

(**设计意图**:通过所学的句型进行适当的操练。)

3.To learn:star.

Can you see the moon? Yes,I can.

Can you see the sun? No,I can't./I can see the stars.

How many stars can you see?

(**设计意图**:教学设计从生活体验转入语言训练,有助于学生巩固所学知识,提高会话水平。)

(1)Listen to a song:*The Star*.

Read twinkling.

(2)How are the stars?

(3)Read the chant:

Read,use different voices.

(4)Pair work.

Step 3　Post-task activity

1.Listen and read.

Open the books:Listen and repeat.

2.Make a new rhyme.

Work in pairs.

Say the rhyme.

(**设计意图**:自编儿歌,培养学生的创新意识和说话能力。)

Step 4　Assignment

1.Read and copy the new words.

2.Listen and read the text page 38.

3.Draw a picture and talk about it.

(Use:sun,moon,stars...)

教学板书设计

Unit 1
Look at the sky,can you see the ...?
Yes,I can see...
How many...?
...

教学设计反思

基于以"学生为本"的教学理念,以工具性与人文性为目标,设计教学时,本着认知、交际等策略,着意培养跨文化的宗旨,在教学中寓词汇、句型于情境交际中,让学生在具象化、情象化中感知语言的习得与实践。初步了解自然界的简单知识与规律,培养了解大自然、认识大自然的情怀。但在新知的习得中,在面对学情、面对习得的具体认知的情况下,过渡性、铺垫性、渐进性、层次性等环节的衔接不够流畅。对于小学二年级的学生的课堂情绪的把控还不到位,对于游戏的介入时机,仍未达到具象环节,对学生的学情和已有认知情况仍不了解和不熟悉,于是直接导致课堂教学的各个关节点的控制难度增大。教学目标的预设与达成、课堂氛围的调控与把握、学生的兴趣性与积极性的增减参数的变化,难度增大。由于是借班教学,借不同版本的教材教学,借差异较大的教学环境教学,于是整堂课的设计,宽严程度、关注学生程度、评价范围与方式,不易掌控。希望进一步改进,以促进教学更上一层楼。

点评

该教学设计中教学知识目标明确,教学步骤循序渐进,直指目标达成。针对二年级学生活泼好动的年龄特征,教学活动的设计稍显单调,建议多加入直观、形象且形式丰富的呈现和操练活动,让学生在各种有趣的活动中习得语言知识。板书呈现建议加入更吸引学生的图片等,帮助目标达成。

课　　　题:Unit 4　Lesson 1(第一课时)
课　　　型:阅读课
教　　　材:重大版《英语》
年　　　级:四年级下册
教学设计人:重庆市酉阳县李溪小学　郝俊
教　　　龄:2 年

教学观念(理念)

《义务教育英语课程标准(2011 年版)》指出:义务教育阶段英语课程的总目标是通过英语学习使学生形成初步的综合语言运用能力,促进心智发展,提高综合人文素质。由此,本课时教学设计主要是通过各种工具,小组合作和各类游戏等,不断进行口语练习,改变学生不敢开口讲英语的情况。

首先,根据记忆规律,开始上课前应回顾近期所学内容,不断复习巩固。再根据小学生形象记忆的特点,运用图片、实物,吸引学生注意力,导入新内容,让学生学得更轻松。

其次,在游戏中学习课文内容,通过小组活动练习重点句型,在句型练习的基础上,让学生潜移默化地感受英语交流的方式和习惯,坚定学习英语的信心,并获得成就感,为下一阶段的英语学习打下坚实基础。

最后,完成一节课后,对学生的表现给予评价,特别是正面评价,这种强化作用能让学生找到教师给予的目标,且向着目标做出努力。

教学分析

1.内容分析

这节课是重大出版社小学英语四年级下册第四单元的 Lesson 1,基本需要

2个课时完成教学内容,本堂课是第二课时。Lesson 1 主要涉及的知识有以复数形式出现的衣物名词、名词所有格和询问衣物的主人的重点句型。

2.学生分析

学生已学习过衬衫、裙子和帽子等衣物名词,没接触过以复数形式出现的衣物名词。

能用简单的英语句型进行交流。

教学目标

(1)能认、读、听本课重点词汇。

(2)学生英语学习氛围良好。

(3)能认、听、读、写本课的重点单词。

(4)能理解并运用事物的单数和复数。

(5)能掌握名词所有格的用法。

(6)能熟练运用询问衣物的主人的句型"Whose … is it?"或"Whose … are they?"及回答"It is …/They are …"。

(7)能用所学英语句型进行简单对话。

教学重、难点

1.教学重点

掌握名词所有格。掌握本单元询问衣物的主人的重点句型"Whose cap is it?"及回答。

2.教学难点

描述事物的单数和复数。理解并运用名词所有格。

教学方法及策略

1.教学方法

本课主要采取的是演示法、课堂讨论法,通过 PPT 教学,并进行作业检测。

2.教学策略

鼓励学生自主形成教学目标,教师对其引导、迁移和强化。

资源运用

教学具:卡片、点读机、投影仪、PPT。

教学流程设计

Step 1　Warm up

1.教师问候学生。

2.出示多媒体图片,复习上节课所学单词。

3.拼单词游戏:小组合作找到字母卡,各小组竞争拼出裤子、鞋子等单词。

(设计意图:先用图片唤醒学生的记忆,用小游戏来激发学生投入上课的热情。)

Step 2　Presentation

1.教师拿出直尺,并说:"Lu Hua's ruler.Lu Hua's pencil."通过肢体语言让学生明白名词所有格的意识。

2.教师拿出一把直尺,边展示边说:"It is a ruler.Whose ruler is it?"并做回答:"It's Lu Hua's."然后继续用一支铅笔举例:"It's a pencil.Whose pencil is it?"引导学生回答:"It's Lu Hua's."

3.利用多媒体展示一个铅笔盒、一个书包、一顶帽子和一个苹果的图片,要求学生小组内对话,练习句型及回答。教师穿梭于各组之间进行指导。

4.让几位学生上台表演对话。

5.教师展示裤子、鞋子、袜子等图片,向学生说:"They are shoes.Whose shoes are they?"引导学生回答:"They are Lu Hua's."不断举例练习该句型。

6.先让几位学生和教师对话做出示范,再让小组对话练习。

7.播放 Part 1,讲解,教读并让学生跟读。

(设计意图:通过事物和图片展示配合小组活动,滚动练习本课的重点句型,学习课文内容。)

Step 3　Practice

1.教师出示几组衣物图片,并准备相应的单词卡,让学生看图连线。

2.播放 Part 3,并让学生表演对话。

3."找主人"游戏:准备裤子、袜子、帽子等衣物图和穿这些衣物的动物卡通图片,通过卡通图片,学生帮忙找到衣物的主人。练习句型,如:Whose socks are they? They are Mr.Panda's.

4.完成 Part 5 并朗读,请小老师上台教大家。

(设计意图:通过游戏,营造轻松的学习气氛,鼓励学生开口练习,在玩中学,玩中练,玩中记。培养学生学习英语的兴趣。)

Step 4　Consolidation

1.播放,让学生跟读。

2.教唱 Part 4 歌曲 *I Have Red Shoes*.

(**设计意图**:巩固本课时所学内容,带动学生愉悦情绪,让学生保持轻松愉快的心情结束课程,并期待下一次英语课的到来。)

Step 5　Extension

1.让小组同学自己画图制作单词卡,看哪组做得又快又准确。

2.根据每个小组的表现,发放表演奖、朗读奖、歌唱奖、制作奖、帮助友谊奖等,看看每组得了多少小红花,并点评。尽量保证每位学生都能得到一枚小红花。

(**设计意图**:每个学生在学习上都应得到教师及同学的肯定与支持,有助于保持学习的热情和憧憬,并在原有的学习基础上,做出不断的努力。)

教学评价设计

1.评价内容

(1)回答问题是否积极。

(2)勇于上台表演对话。

(3)认真听讲、开口练习的学生。

(4)小组配合流畅协调,顺利完成制作任务。

(5)小组内部帮助组员的组员,帮助其他小组完成任务的小组。

(6)热情歌唱英语歌曲。

2.评价方法

(1)教师做出点评,依据上述评价内容发放小红花。

(2)各小组推选表现出色的组员,发放小红花。

(3)全体学生选出本节课最佳表现的小组,该小组成员都获得一枚小红花。

教学设计反思

本课的教学设计教学理念还不够充分,在活动环节设计中应该注重多样化、创新性,此外,板书模块是薄弱环节,需加强。

点评

教学目标是一堂课的灵魂,教学目标的设计就是为课堂赋予灵魂的过程。目标涉及语言知识、语言技能、情感态度、学习策略、文化意识以及综合语言运用能力等方面。就本课而言，设计者追求全面性，提到了语言知识、语言技能及综合语用的能力目标，却出现了有目标、无层次，有语言、无语用的现象。第4,7个目标的语言描述过于概括，不具体。因此，在确定教学目标时，教师除了要确定重点词汇、重点句型等关键语言点之外，还需要设定符合一定语境的语用功能。从教学流程设计来看，建议按照"5P教学法"进行设计，将已有的教学活动按照"preparation, presentation, practice, production and progress"进行设计，让教学环节反映出语言学习和语言教学规律，看不出教师是如何帮助学生完成相关知识建构、发展语言技能、实现教学目标的。

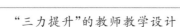

> 课　　　题：Module 8 Unit 1（第一课时）
> 课　　　型：阅读课
> 教　　　材：外研版新标准《英语》
> 年　　　级：五年级上册
> 教学设计人：重庆市酉阳县李溪区中心小学　　郝俊
> 教　　　龄：2 年

教学观念（理念）

（1）面向全体学生。
（2）紧紧围绕教学目标展开教学。
（3）依托课文情境教学。
（4）充分进行文化渗透。
（5）培养学生自主学习能力。

教学分析

　　所教年级的学生是从一年级开始学习英语的五年级学生，他们对英语学习有一定的兴趣，学生的英语口语能力和语言组织能力较强，已经有了一定的英语思维能力，他们对自己的日常学习和生活有自己的理解和喜恶，因此他们在谈论学校和日常生活时有话可说，有感而发，而且学生在学习本节课之前已掌握了一些相关的单词和词组。本节课的主要任务是让学生学会运用已具备的技能，将已知和新知在真实或接近真实的语境环境中进行运用。

教学目标

1.语言知识目标

学习信中的新短语：sit around tables，sit in lines，do morning exercises，start at，finish at。

2.语言技能目标

能读懂课文大意，能找出课文中中、英两国校园生活的不同，体会中西日常生活及中西文化的不同。

3.情感态度目标

关注学生学习过程中的情感体验，通过合作、自主探讨，培养学生自信、乐观的个性和积极的学习态度。

4.文化意识目标

了解中西文化差异，拓展视野，教育学生尊重他国文化，热爱本国文化。

教学重、难点

1.教学重点

中西校园生活的对比，理解课文大意。

2.教学难点

英语书信的格式了解，用本文所学短语介绍自己的校园生活。

教学方法及策略

1.教学方法

本课主要采取的是演示法、课堂讨论法，通过 PPT 教学，并进行作业检测。

2.教学策略

鼓励学生自主形成教学目标，教师对其引导、迁移和强化。

资源运用

教学具：PPT、卡片。

教学流程设计

Step 1　Warm up

1.Greeting.

(1)Free talk.

(Nice to meet you,What day is today,what's the weather like today,Do you like...)

Do you feel a little bit cold? Let's do morning exercises.

Jump　jump　jump

Run　run　run

Laugh　laugh　laugh

stand in line

do morning exercise

sit on the floor...say hello...shake your body

(设计意图:因为教师与学生之间不熟悉,因此通过日常问候了解学生,彼此互动。课前热身,活跃课堂氛围;在做这些动作的同时也复习了之前所学单词及短语,这些短语中涉及了今天课文中的个别内容,引导学生慢慢融入课文中。)

(2)Introduce myself.

(3)T:Can you guess where am I from? I'm from Youyang central primary school.My school is small,but it's beautiful. There are two thousand students. I love my school.

2.Lead-in.

(1)出示我校图片。(我校校园文化、建筑等)

T:Look,this is my school.

(2)学生集体照片。(学生做操、学生坐在教室上课、学生放学等情境图片)

在出示图片时,图片上一定要标上英文,在图片展示时,可以顺带教读学生,教师可以问以下问题。

T:Do you like dancing?(出示"六一"学生跳舞的照片)

T:What are they doing?(出示学生做早操的图片)

T:We start school at...and finish at...(出示学生上学、放学的图片)

T:That's my school life,is it wonderful?

(设计意图:营造轻松、欢快的学习氛围,同时切合本课的主题及上课伊始的课文导入。)

Step 2　Presentation and practice

1.A letter from Lingling.

（在这里制作一个音效,图片加上声音呈现收到一封邮件的情境）

T:Oh,it's a letter from Lingling to Daming. Lingling is busy. Let's help her to have a look.Do you want to see with me?

（出示邮件,将正文弱化。让学生观察开头和结尾部分,然后提问）

T:Who wrote this letter? Where does Lingling live in? Who received this letter?（将 receive 下方注明解释）

2.设置问题,听第一遍录音,然后学生回答问题。

问题:

（1）Yesterday,Lingling went to Sam and Amy's _____.

　　A.home　　　　　　　　　B.school

（2）Lingling _____ in Sam and Amy's school yesterday.

　　A.took photos　　　　　　B.read book

　　C.played basketball　　　　D.returned books

3.展示课文图片,学生讨论后,教师简单询问,学生回答。

T:Please look at these two pictures.（出示课文下方的图片）

T:What can you see? What are they doing?

S:They are...（引导学生说出 sit around table,sing songs together,视学生反应可简单教读3~5遍）

4.播放第二遍录音。（找中、英两国校园生活不同之处）

T:Now please read the letter by yourself,and then find the difference of school life between UK and China.

5.小组讨论。

6.完成板书空白部分。

T:How many differences have you found? Please fill the blank by yourself.

（教师将模板展示在 PPT 上,在学生完成后展示,先抽一两个,然后剩下的一起完成,只是口头陈述,不用写下来。学生在回答问题时,教师同时在板书,板书要预留空白,让后面环节中学生补充）

7.播放第三遍录音,Listen and repeat。

T:Follow the tape sentence by sentence.

8.Read together.（教师将整封信的内容展示在黑板上,全班学生齐读）

9.Retell.（教师在 PPT 上打上关键词,学生完成内容复述,或者直接根据黑板上的板书进行复述）

T：Look at the blackboard，please try to retell the letter.

(1)全班复述。

T：Read the letter together，and be attention the intonation.

(2)分小组复述。

Step 3　Consolidation and extension

1.学生讨论讲述自己的学校生活。

T：Now Sam and Amy want to know your school life. Talk with your partner，and then tell me.

（根据黑板上的关键词，让学生自己描述学校生活，教师先做示范。事实上这部分只是在放学时间上有变动，其他地方基本没变动。只是让学生用自己的话语转述就行）

2.出示代表不同国家的文化的图片，分类展示。

T：There are many beautiful pictures，do you want to see？

（**设计意图**：让学生感知他国文化。）

3."中西大不同"。

T：We know the school life is different between China and England. But there are many other things in our daily life.How many do you know？

T：We usually use chopsticks to eat，but they use knife and fork.Can you give me an example？ You can say from these aspects.（PPT 上用思维导图模式并提示要点）

4.情感教育。

多元文化构建了丰富多彩的世界，每种文化都值得我们观赏、尊重。

Step 4　Summary and Homework

Help Daming to write a letter to Lingling about school life.

教学板书设计

```
sit _____        sit _____
sing _____       do _____
start _____      start _____
finish _____     finish _____
```

教学评价设计

在教学设计过程中,一直遵循循序渐进的原则,设置的问题由易到难,层层激发学生的思维。

教学设计反思

本设计逻辑较为清晰,运用教师所教的学生引入话题,更容易引起学生的兴趣。其次,我认为这是开门见山的开头,学生更容易理解。在后面的思维导图设计中,教师的操作过程非常简单,也更容易拓展学生的思维。

点评

评课视角:课堂文化创新点。

教学设计所呈现的是以《新标准英语》第 9 册第八模块为教学内容,借主城区英语特色学校的五年级学生执教的一堂语篇教学课。根据对学生语言能力的评测和对教材的编写体系的解读,本课的教学设计突出了学生运用语言表达、描述等"听说"能力的培养,充分采用面向全体学生,独立思考和小组讨论相结合的教学策略。由于本课教学内容以中西校园文化对比为主线,结合本篇教学设计,因此本文特别以课堂文化创新作为评课视角。

本教学设计遵循教材的脉络,教师从介绍自己工作的学校导入(由于是借班上课,教师介绍自己和介绍自己学校的情境创设非常自然真实,丰富的校园图片和学生活动图片都能吸引学生的注意力),自然过渡到教材中及英国小学和中国小学在校园生活各个方面的异同。通过多次带着不同任务和目的的阅读、听读、朗读到复述,让知识点得以不断复现。对比式板书设计让中英校园文化的区别形象直观,一目了然,同时关键词的提示又有助于学生对课文的复述,是笔者观

察到的众多英语课堂板书中功能性和概括性较强的一个设计。在完成本课课文教学以后,教师顺势让学生讨论自己所在学校的校园生活,从学生的生活体验和日常学习出发,很好地让知识走出课本,走进生活,贴近学生。这一设计,让学生在潜移默化中,在真实语境中使用了语言,体现了语言的工具性。

在教学设计的拓展部分,教师先让学生小组讨论自己所了解的中西文化差异,这样的设计能极大地拓展学生的思维和表达能力,发挥学生的主观能动性。小组合作的方式,既很好地促成了学生间的交流分享,又达成了课堂的高效互助,还营造了一种民主热烈的课堂氛围。由于教师只引导性地点拨了可讨论"饮食习惯""服装特色""外貌体型"等方面,也留下省略号让学生有更大更多的空间发挥他们的奇思妙想。开放自主的课堂空间不失为一种值得我们学习和创新的授课模式。

最后的情感教育应该是本课的点睛之笔,通过中西文化差异的课文学习和课堂拓展,学生们应该意识到:多元文化构建了丰富多彩的世界,每种文化都值得我们尊重和欣赏。可再具体引导学生:尊重各国文化习俗,做一个文明的地球村公民,当遇到外籍游客时,不围观他们;当自己是外国游客时,应该注意……将大道理具体化,在教学中渗透良好的品格教育,体现英语学科的人文性。

课　　　题：Unit 4　Lesson 6（第六课时）
课　　　型：对话课
教　　　材：人教版《英语》
年　　　级：五年级下册
教学设计人：重庆市荣昌县玉屏实验小学　葛美
教　　　龄：3 年

教学观念（理念）

《义务教育英语课程标准(2011 年版)》指出：英语课程的学习是学生通过体验、实践、参与、合作与交流的学习方式和任务型的教学途径，发展学生的综合语言运用能力，在注重学生知识能力形成的同时，关注学生的人格发展和思维开拓。本着这样的认识，结合自己学生现有的知识水平和实际情况，遵循以学生为主导，教师为指导的思想，充分利用课件和媒体资源来激发学生的学习兴趣，把情境教学法、游戏教学法和任务型教学法有机结合，让学生在真实的情境中感受语言，体验快乐。

教学分析

1.内容分析

本单元主要学习有关家务劳动的动词词组和句型："What can you do? I can..." "Can you...? Yes, I can./No, I can't." 本课时主要是对整个单元的复习与整合，要求学生能对词组熟练应用和记忆，对主要句型的实际应用和正确规范书写。所以我采用了头脑风暴和小记者等游戏方式来帮助学生反复记忆词组和操

练重点句型。

2.学生分析

五年级的学生已经接触英语有一段时间了,他们有一定的知识基础,但缺乏刚学习英语时的兴趣和激情,所以教师应多想想如何保持学生的学习兴趣。因此,我采用了各种游戏来激发学生的学习兴趣,创设真实的情境进行句型操练。不断地对学生进行口头、实质性表扬和鼓励。

教学目标

1.语言知识目标

掌握 B 部分 Read and write 对话里的四会词组和句型。熟读对话内容以及熟练应用主要句型:Can you...? Yes,I can./No,I can't.

2.语言技能目标

能够简单地介绍自己会做哪些家务劳动。能够询问别人:Can you...? 培养学生用英语交际的能力。

3.学习策略目标

对所学内容能主动复习和归纳。积极运用所学英语进行表达和交流。

4.情感态度目标

养成讲究卫生、热爱劳动的好习惯,培养乐于助人的优秀品质。

教学重、难点

1.教学重点

能够听、说、读、写句型:Can you make the bed? No,I can't.Can you use a computer? Yes,I can.能够听、说、认、读句子:I can play chess.能认读 Read and write 部分的对话。

2.教学难点

掌握四会句型:Can you...? Yes,I can./No,I can't.正确规范地书写句子。

教学方法及策略

教学方法

游戏教学法、情境教学法、对比教学法、活动教学法。

资源运用

教学具:头饰、单词卡、PPT等。

教学流程设计

Step 1　Warm up

1.Greetings.

2.Let's chant.

(**设计意图**:利用媒体资源播放 Let's chant.学生跟着说唱,以欢快的节奏活跃课堂气氛,并服务于教学,为学生复习句型"What can you do?"做准备。)

3.生生问答练习。

(**设计意图**:请一位学生回答:"I can..."让其他的学生一起问:"××,what can you do?"使用学生的真实姓名,激发学生的兴趣,其他同学一边问一边拍手打节奏,一起感受节奏感,在快乐中复习句型。)

4.Brain storm.

(**设计意图**:利用课件做头脑风暴游戏,八张关于本单元动词词组的图片依次闪烁,考验学生的反应能力和瞬间记忆能力,请学生说完答案后,一起将所有的词组读两遍,温习所学短语。)

5.采访游戏 I am a TV reporter.

T:I am a TV reporter.I will choose someone to interview.

T:What can you do?

S:I can...

T:Can you...?

S:Yes.I can./ No.I can't.

(**设计意图**:教师先示范两次,然后让学生自己选择同学进行采访。通过记者采访游戏,进一步巩固复习本单元重点句型。)

Step 2　Presentation

1.Teach new phrase.

T:What can they do?

S:下棋。

(**设计意图**:利用课件展示下棋的图片,导入对话里面出现的新词组 play chess 并教授,采用开小火车的游戏操练该词组,让学生在学习新知的同时增强团队精神。)

2.Teach new phrase.

T：What can she do?

S：Play computer games.

T：Maybe.She can use a computer.

（设计意图：利用课件展示图片,学生学过 play computer games,所以学生首先想到的是这个词组,但该对话出现的是 use a computer,引导学生这张图片也可以用 use a computer 来表达。教授之后,采用 hide and seek 的游戏进行操练,让学生感受学习的快乐。）

3.Teach new word "robot".

T：What's this?

S：机器人。

（设计意图：对话里的主人公 robot 对于学生来说是一个新单词,我首先通过课件展示机器人的图片,教授单词。然后分组进行一个趣味操练,让学生跟我一起模仿机器人的声音和动作,边做边说："One, two. I'm a robot. I am a computer."让学生自己体验机器人的世界,为后面对话表演做好铺垫。）

4.Listen to the records.

（设计意图：让学生听 read and write 的录音,对文章有个大致的理解,同时感受纯正的发音和标准的语音语调,培养学生静心聆听,用心模仿的好习惯。）

5.Listen again and circle the phrases.

（设计意图：让学生再听一次录音并圈出动词词组,进一步熟悉对话并强化记忆词组,为后面完成练习题和背诵对话做铺垫。）

6.Fill in the chart and check the answer.

（设计意图：让学生用他们圈出的动词短语来完成表格,考查学生对文章的理解。）

7.Let's read together.

（设计意图：让学生一起读一遍对话内容,然后分组进行角色扮演,模仿机器人说话,给对话平添了几分乐趣,让他们在朗读的过程中,感受语言的美和学习的乐。）

8.Let's recite.

（设计意图：将整个对话展示出来,并留出一些空白,让学生一起补充完整,帮助他们回忆并记忆词组,为接下来的表演预热。）

9.Show time.

（设计意图：六个人一组将这个对话表演出来,这是验收学生学习成果的时候。采用表演的形式保持学生的兴趣,培养学生的团队合作精神,挖掘自己的表演天赋,发挥自己的特长,增强自信心。)

10.Let's enjoy a video.

(设计意图:播放一个关于狗狗做家务的 flash 动画,然后完成一个拓展练习。视频动画比较能吸引学生,让他们在看动画的同时能了解更多关于家务事的表达方式,整个课堂在轻松愉悦的氛围里结束。)

11.Homework:Do one thing for your mother.

(设计意图:让学生回家为自己的妈妈做一件家务事,培养学生热爱劳动的好习惯,做一个爱劳动、讲卫生、会心疼父母的好学生。)

教学板书设计

Unit 4 What can you do?	
Robot can	**Robot can't**

教学评价设计

(1)口头表扬。如:Great! Good! Excellent! Well done! You did a good job!

(2)教师自己准备的小礼物。

教学设计反思

本课时是本单元的最后一课,以归纳和复习为主,所以在复习环节设计的活动比较多,有说唱、生生问答、头脑风暴和记者采访游戏,目的在于巩固记忆本单元词组,为后面操练对话做好铺垫。根据学生喜欢游戏和善于模仿的天性,我采

用表演对话的形式进行语言操练,学生在模仿机器人动作和语气的过程中体验学习的快乐。

点评

教学过程往往被认为是整个教学设计的主体,也是教师在课堂中实施教学的重要依据。要特别重视教与学的关系,注意教学环节之间的逻辑衔接、教学中学生的主体地位、课堂中的情感投入等。本课体现了任务型教学以及情境教学的教学理念,但运用时采用了直线型、流水式的表述方式,很多步骤描述过于简单,建议用具体的语言描述教师与学生的教与学的过程。

课　　　　题：Unit 2 My family Lesson 2
课　　　　型：新授课
教　　　　材：人教版《英语》
年　　　　级：三年级下册
教学设计人：重庆市垫江县桂溪小学　　余桂芳
教　　　　龄：8 年

教学观念（理念）

　　基础教育阶段英语课程强调从学生的兴趣、生活经验和认知水平出发，倡导体验、实践、参与、合作与交流的学习方式和任务型的教学途径，发展学生综合语言运用能力，使语言学习的过程成为学生形成积极情感态度、主动思维和大胆实践、提高跨文化意识和形成自主学习能力的过程。《义务教育英语课程标准（2011 年版）》中明确指出："教学设计要力求满足不同类型和不同层次学生的需求，使每个学生的身心得到健康的发展。"面向全体学生的核心思想是使每一个学生都得到发展。因此，义务教育阶段的英语课程应该是为每一个学生开设的，所设计的教育目标也应该是多数学生能够达到的。当然，在保证课堂面向全体学生的同时，也应该积极创造条件，来满足那些有更大学习潜力的学生的需要。本节课正是基于这样的指导思想进行教学设计的。

　　结合本课要求，我设计了一些与学生学习、生活紧密结合的活动情境，为学生提供了一些相关的、迁移新知识点的练习任务，促使学生运用所学知识，实现知识的迁移、活学活用。在活动中，能够组织好学生小组合作活动，使学生在有趣的任务活动中体验师生、生生之间的多向交流，发挥小组合作学习的优势，进

行有意义的练习与实践,充分发挥他们的学习主体性。

教学分析

1.内容分析

我教学的内容是义务教育教科书小学英语三年级下册 Unit 2 My family Part A 第二课时的内容。本单元围绕"家庭"这一题材展开,使学生能用英语简单介绍自己的家庭成员及如何询问他人的身份。我借助任务型教学采用多样化的教学手段,将听、说、玩、演、唱融于一体,激发学生学习英语的兴趣和愿望,使学生通过合作学习体验荣誉感和成就感从而树立自信心,发展自主学习的能力,形成初步用英语进行简单日常交际的能力。

2.学生分析

三年级的学生好奇、爱活动、敢表现、善模仿,经过一个学期的英语学习,已具有一定的词汇量和初步的认读单词的能力,对英语学习有着较为浓厚的兴趣,但是学习的持久性仍然非常欠缺。因此,在英语教学过程中,我们需要针对学生的认知特点和水平,设计教学方法,以此来激发他们学习英语的积极性,保护他们的自信心。

3.环境分析

三年级的学生在这个年龄阶段都是在父母、亲人的关心、爱护下生活,因为他们现在还不具备独立的能力,所以父母、亲人有义务照顾他们。要告诉学生等他们将来长大以后,对年迈的父母和亲人也有赡养和照顾的义务,并且更应该爱自己的家人,多陪陪他们。

教学目标

1.语言知识目标

能听、说、认、读单词:man,woman,father,mother,mom。

2.语言技能目标

能灵活运用句型"This is my family/mom/friend..."介绍别人。能听懂会说句子"Who's that man/woman/boy/girl?"及回答"He/She is...",并在一定的语境中进行交际。

3.学习策略目标

培养学生的注意力、观察力,激发学生积极思维。通过小组活动,培养学生积极与他人合作,共同完成学习任务。在任务中,引导学生积极运用所学英语进行表达与交流。

4.情感态度目标

通过谈论自己的家引起学生对家、对父母的热爱之情。

5.文化意识目标

让学生了解中外家庭成员关系之间的差异。

教学重、难点

1.教学重点

如何介绍自己和询问他人家庭成员的这一句型。

2.教学难点

"he"和"she"的意义区分及发音。

教学方法及策略

1.教学方法

歌曲导入法,情境交际法,任务型教学法,活动教学法。

2.教学策略

听听说说,小组合作学习。

资源运用

1.教具

单词卡,点读机,PPT,自己和家人的照片以及电视广告视频等。

2.学具

每个学生准备一张全家福。

教学流程设计

Step 1   Warm up

1.欣赏歌曲:*Father and Mother.*

2.日常口语练习。

Good afternoon,boys and girls.

How are you?

How old are you?

Where are you from?

Nice to meet you.

Step 2 Presentation

新知呈现。

1.T：Who's this boy? 指着近处的一名学生问。引导生回答：He is ...

T：Who's that boy? 指着远处的一名学生问。引导学生回答：He is ...

教师再分别指着近处和远处的一名女同学问：Who's this /that girl? 引导学生回答：She is...

（**设计意图**：形象生动的对比可以使学生快速理解"this"和"that"的区别，并体会"he"和"she"的发音及汉语意思。）

2.教师出示学生熟悉的卡通照片（喜羊羊和美羊羊），并说：I have many friends.Let's have a look.出示另外几张图片（刘星、夏雪），问：Who's that girl/boy? 引导学生用 She's/He's 回答。出示几位教师的照片，问：Who's that man? 强调读出"man"，提示学生用"He's Mr...."来回答。以同样的方式介绍句型：Who's that woman.She's...教学单词 man 和 woman。

3.课件出示名人照片（成龙、姚明等），引出"Who's that man/woman?"教学该句型及回答：He/She is...

4.课件出示教师现在的家庭照，让学生观察、猜测并回答。

（1）T：Who's this woman?

S1：She is MissYu.

T：Yes. It's me.

T：Who's this man/woman?

S1：He/She is your father/mother...

（2）教师手指家庭照描述：

This is my father/mother.

This is my family. Happy,happy family.

教师出示教学卡片，学生齐读单词 father, mother, uncle, aunt, brother, sister。

Step 3 Practice

1.学生出示自己的家庭照片进行小组讨论并介绍自己的家庭。

S1：Who's this man?

S2：He's my...

S1：Who's this woman?

S2：She's my...

2.学生上前使用投影仪展示自己家庭的照片,并介绍自己的家庭。

S1：Who's this boy/girl/man/woman?

S2：He's /She's my...

在学生初步掌握词汇后,教师指导学生利用自己的照片,介绍自己的家庭成员,把新学的词汇运用到实际中。

3.T：We have a happy family.Do you like your family?

S：Yes.

T：Now let's listen to a song *Father and Mother*.

播放歌曲 *Father and Mother*,学生在有节奏的音乐中感受家庭的温暖,并随着音乐唱这首歌。

Step 4　Expanding

1.任务一:扮演家庭。

教师将写有家庭成员名称的卡片分发给每位学生,学生选择其中一个角色扮演。

T：Now let's see who plays father? Show your action.

S1：I'm father.(边说边模仿爸爸的模样,如看报纸等。)

T：Who plays mother?

S2：I'm mother.(模仿妈妈的样子,如洗衣服、洗碗等。)

2.任务二:介绍家庭。

请学生组成临时家庭,由学生扮演不同的家庭成员,进行角色定位。小组之间互相介绍自己的家庭。

3.情感教育。

This is my family.

I love my father.I love my mother.

They love me.They love me.

Father and mother.I love you.

(**设计意图**:通过小韵文培养学生对家庭、对父母的热爱之情,并使感情得到升华。)

教学板书设计

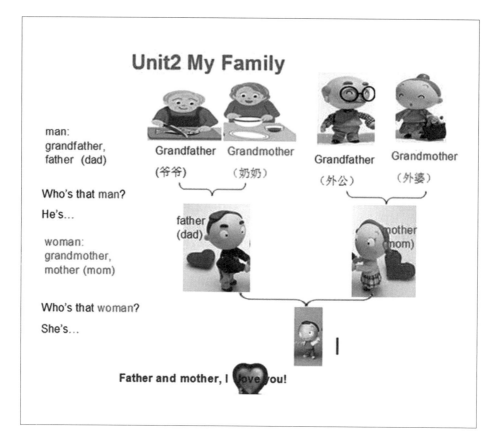

教学评价设计

建立开放、宽松的评价氛围,从单一地针对语言知识掌握程度的知识性测试,向关注学生综合语言运用能力的多样化评价方式的转变。更加注重学生在学习过程中的进步,采用更多、更全面、更公平的评价方式,使评价更有利于促进学生学习和教师改进教学。采用形成性评价与终结性评价相结合的方式,使对学习过程和对学习结果的评价达到和谐统一。为了达到这样的评价效果设计了以下评价方法:

(1)对全班学生的评价:以可爱的卡通标志作为小组评价的标志,根据各小组的表现,以在黑板的大奖杯上贴本组的卡通标志图片的方式进行评价。

(2)对学生个人的评价:教师采用不同层次的口头评价,如 good,great,super,excellent 等,对学生及时表扬。

（3）学生的自我评价和学生之间的相互评价。

①学生的自我评价：每个学生有一份评价表格，对课堂上自己的表现随时进行评价。

②学生之间的相互评价：good，great，super，cool，try harder，excellent 等。

点评

三尺讲台、一块黑板曾被认为是一位教师实施教学的标准配置，黑板上的世界就是教师为学生精心营造的思维空间。课堂板书设计的好坏通常是评价一位教师教学水平高低的重要指标，即使在现代教育技术突飞猛进的当下，精彩的课堂板书设计也是教学设计的亮点。本课的板书让我们可以清晰地看到：右边是 family tree，展示本课重点词汇的同时，帮助学生了解词义和词汇之间的逻辑关系；左边是重点句型的展示，而教师有意识地将家庭成员的单词按 man，woman 进行分类板书，帮助学生突破本课难点。整个板书清晰、逻辑感强，是一例将语法知识与板书设计融为一体的成功案例。

课　　　题：Unit 1 How can I get there？（第四课时）
课　　　型：词汇课
教　　　材：人教版《英语》
年　　　级：六年级上册
教学设计人：重庆市璧山区东关小学　　谭霞
教　　　龄：13 年

教学观念（理念）

　　小学开设英语课的目的是激发学生学习英语的兴趣，使学生树立学习英语的自信心，培养学生的语感，打下良好的语音、语调、书写基础，初步具备用英语进行简单日常交流的能力。本课时我采用多种教学方法，结合教学内容，有意识地进行针对性强的活动，激发学生学习英语的兴趣，培养学生综合运用语言的能力。

教学分析

1.内容分析

（1）前面已经学过一些交通工具的英语名称（如 bus，bike，ship 等），为本单元的学习打下了一定的基础。

（2）本单元重点学习如何询问和回答人们日常出行的方式，这个话题与学生日常生活紧密联系。描述出行方式的英语表达法多是由"by＋交通工具名称"构成，因此语法知识结构相对简单。

（3）与本单元话题相关的许多词汇以前学过，教师要充分利用旧语言知识为新语言知识做铺垫。

(4)本单元的学习内容比较贴近学生的生活,对于交通工具的英文名称已不陌生,因此学生对此学习内容应该比较感兴趣。

2.学生分析

六年级的学生有一定的英语基础,但学生两极分化严重,大部分学生对学习英语没有兴趣。因此,在教学中应充分利用教学资源,对学生进行培优补差,激发学生的兴趣。

教学目标

1.语言知识目标

能听、说、读、写四会单词及短语:stop,wait,traffic lights,traffic rules。

2.语言技能目标

能听、说、认、读句子:Stop at a red light.Wait at a yellow light.Go at a green light.并能在情境中运用。

3.情感文化目标

了解一些简单的交通标志,增强交通意识并培养学生自觉遵守交通规则的意识。

4.教学内容

目标单词和短语:stop,wait,traffic lights,traffic rules.句型:Stop at a red light.Wait at a yellow light.Go at a green light.

教学重、难点

(1)掌握四会单词及短语的认读和书写。
(2)听懂、会说三条交通规则,并能在实际情境中运用。

教学方法及策略

1.教学方法
情境教学法、活动教学法、合作教学法。

2.教学策略
采取逐步导入、创设情境的教学方法,营造轻松愉快的学习气氛。在教学中牢牢抓住学生的注意力,提高学生的学习质量。

资源运用

教学具:磁带、录音机、交通信号灯卡片、交警帽、课件等。

教学流程设计

Step 1　Warm up

1.教师带学生唱歌曲 Color Song,学生一边唱歌一边做动作。

2.Free talk.What color do you like? 学生回答:I like green/ …

(设计意图:利用歌曲创设英语氛围,同时复习颜色单词。)

Step 2　Presentation and practice

1.根据学生的回答出示 red,yellow and green 的圆形色卡,贴在黑板上。学生回答:I like green.教师(指三种色卡)问"What are these?"让学生猜测,引出 traffic lights。教师问:How many traffic lights can you see? 学生回答。

(设计意图:由讨论学生最喜欢的颜色,呈现 red,yellow 和 green 色卡,让学生通过发散思维,引出 traffic lights,新词呈现自然且富有新意。)

2.呈现红色交通灯图片。教师说:Look at the traffic lights.It's red.Can I go now? Yes,we must stop at a red light.引导学生操练句子"Stop at a red light",让学生学说新词、新句。

(设计意图:充分利用学生原有生活经验来感知新句型,加上形象的动作让学生易于理解。)

3.同上教学句子:Wait at a yellow light. Go at a green light.教师播放动画: The traffic rules.

4.Game:看谁反应快。教师说:"Red light."学生起立并说:"Stop at a red light."三种颜色交替。

(设计意图:将枯燥的机械操练融入游戏中展开,充分调动学生的积极性。)

5.接上个环节引出:They are traffic rules.Remember the traffic rules.拼读新词 remember。学说新句:Remember the traffic rules.

6.听录音读单词。

Step 3　Consolidation

1."开火车"游戏。　 S1:Remember the traffic rules.　 S2:Stop at a red light.　 S3:Wait at a yellow light.　 S4:Go at a green light.全部连贯说出的一组为胜。

(设计意图:"开火车"的小组活动充满趣味性,学生操练面广,让学生熟练说出这四句话,理解并掌握。)

2.Let's chant.学生说:Traffic rules.Traffic rules.Stop at a red light.Wait at a yellow light.Go at a green light.We know the traffic rules.Yeah.

3.表演活动:我是小交警。

(1)师生示范:教师扮演交警,一生扮演路人。T:Look at the traffic lights.It's red now.Please stop.S:OK.Stop at a red light.

(2)同桌活动,反馈。

(设计意图:三个活动由浅入深,由机械操练到情境运用,符合学生认知规律,提高了学生语言活动中的思维能力。)

Step 4　Extension

1.Good to know.教师逐个出现 6 个交通标志。让学生描述各个标志的中文含义,教师给予一定的补充。指导学生完成课本的相关练习,引导学生看相关视频。

(设计意图:通过三个环节渗透一定的学习方法,培养了学生的学习能力。)

2.教师指导学生完成"学习评价"里的练习和反馈练习的答案,并进行分析。

教学板书设计

> Unit 1　How do you go there?　Lesson 4
>
> Look at the traffic lights.
>
> Remember the traffic lights.
>
> Stop at a red light.
>
> Wait at a yellow light.
>
> Go at a green light.

老师总结

利用提问形式,让学生自己总结出本节课所学的内容。

Homework:听磁带并跟读 Let's learn 短语。背诵本课四会短语,准备听写。

教学评价设计

(1)在教学过程中,一直以学生为主体,发挥学生的主导作用,培养学生运用英语的综合能力。

（2）从提问、回答问题、复习旧知导入，考查学生对学习过的知识的掌握和学生建构新知识的能力。

（3）能正确书写重点短语。

教学设计反思

（1）在教学总体目标上，重兴趣、重成就感、重自信心的培养。

（2）教学设计充分贴近生活，符合小学生兴趣的需求；教学内容能引起学生的兴趣，例如韵律诗歌。

点评

本节课是一节小学高段的词汇教学课，整个教学过程结构清晰，目标明确，方法得当，教学实际效果性强。

教学目标设计具体明确。

三维教学目标设计体现了培养完整人的理念。目标设计既有语言知识的适当学习，还有语言技能巩固发展，更有情感态度和语言文化的适时渗透。

注意营造英语学习氛围，激发学生学习英语的兴趣。

课前热身活动中，一首 *Colour Song* 不仅活跃了课堂气氛，营造了一个轻松愉悦的学习氛围，把学生的注意力一下集中到英语课堂上来，而且复习了有关颜色的单词，为进一步学习新知做了很好的铺垫。

教学活动设计结合生活实际。

在巩固环节通过看视频等方式介绍生活中的交通标志，让学生在实际生活中学英语用英语，润物细无声地渗透了在生活中要遵守交通规则做文明小公民的德育情感目标。

当然，本节课也有不足之处。本课的内容容量较小，与学生的知识储备有差异。建议教师基于学生实际情况进行教学设计，进一步创设真实的语境，让学生在真实的交际中合理运用语言。

课　　　　题:Unit 1 My new teachers(第五课时)
课　　　　型:阅读课
教　　　　材:人教版《英语》
年　　　　级:五年级上册
教学设计人:重庆市璧山区东关小学　谭霞
教　　　　龄:13 年

教学观念(理念)

小学开设英语的目的是激发学生学习英语的兴趣,使学生树立学习英语的自信心,培养学生的语感,为其打下良好的语音、语调、书写基础,使其初步具备用英语进行简单日常交流的能力。本课时我采用多种教学方法,结合教学内容,有意识地进行针对性强的活动,激发学生学习英语的兴趣,培养学生综合运用语言的能力。

教学分析

1.内容分析

(1)本单元的话题是 My new teachers,重点是谈论教师的 appearance 和 character,以此进行语言交流和交际活动,选取的人物对象是学生熟悉的教师,因此学生会比较乐于接受和操练学习。教师在教学中要注意创设合适的情境,给学生语境和语料,使他们勇于开口,乐于表达。

(2)在以前的教学中,学生们已经掌握了各科教师的称呼(如 math teacher,art teacher,computer teacher...),也能初步谈论动物和好朋友的外貌(如:It has

517

a long tail.He has short hair.She's quite...）。本单元出现的不少形容词曾经在三年级下册、四年级上册教学中有所涉及,如 tall,short,strong,thin,quite,funny 等,所以本单元的教学内容是对以往知识的滚动、拓展和延伸。

（3）本单元的教学内容和前几册教材相比增加了三个新内容,Let's start 是一项 brainstorm 式的预热话题活动;Let's try 是一个听力练习,让学生通过听录音进一步熟悉在 Let's learn 中学的新词,并为学习 Let's talk 做铺垫;本单元的内容是有关字母组合"ea""ee""bl""br"在单词中的基本发音。

（4）本单元学习的文化背景知识是中西方国家在称呼人名上的不同习惯,在汉语中人们习惯把姓放在首位,名放在后面,而英语国家的人却习惯把名字(given name)放在首位,家族的姓氏(surname / family name)放在最后,有的在两者之间还有中间名(middle name),中间名常是自己父母或祖父母的名字,以表示对他们的尊敬。教师可以通过学习交流等方式让学生了解这些习惯。

（5）本单元 Pronunciation 的教学要注意培养学生对语音的兴趣点、注意力和敏感度,可以先让学生通过读熟悉的单词体会出字母组合的发音,再读补充单词体验字母组合的发音,同时以合理的游戏、竞赛等活动增强他们在语音学习中的快乐和成功感。

2.学生分析

五年级的学生有一定的英语基础,但学生两极分化严重,部分学生对学习英语没有兴趣。因此,在教学中应充分利用教学资源,对学生进行培优补差,激发学生的兴趣。

教学目标

1.语言知识目标

能听懂、会说"Who's that young lady? She's our principal.Is she strict?""Yes,she is./ No,she isn't."等句型,并能在情境中熟练运用。能够简单地运用句型"Who's your...?""Is she / he...?""Yes,she/ he is.No,she / he isn't."和他人进行交流。

2.语言技能目标

能够完成本单元 Let's check 部分的练习,对一个单元的学习进行阶段性评价。

3.情感技能目标

培养学生热爱教师、尊敬教师、理解教师的思想感情,增强师生间的情感交流,加深师生间的情意。

教学重、难点

1.教学重点

能掌握句型"Who's that young lady? She's our principal.""Is she strict? Yes, she is./ No, she isn't."要求学生能在相似的情境中正确替换句中关键词，练习新语言。

2.教学难点

能掌握一般疑问句"Is she / he...?"及其肯定和否定回答。

教学方法及策略

1.教学方法
情境教学法、活动教学法、合作教学法。

2.教学策略
渗透略读法、恰当运用寻读法。

资源运用

教学具:教师照片、单词卡片、磁带、录音机、课件、教学 VCD 等。

教学流程设计

Step 1　Warm up

1.Greeting with the students.

(设计意图:将学生的视线转移到英语课堂上来,为学生创造一个英语听说环境。)

2.播放上节课所学的两首歌谣第 7 项 Let's chant 和第 2 项 Let's chant,学生跟唱这两首歌谣。

(设计意图:活跃课堂气氛,并为后面学习做准备。)

3.日常口语练习。

(1)How many new teachers do you have?

(2)Who's your math teacher?

What's she / he like?

(3)Is she / he tall / short / young /...?

学生在教师的引导下,回答问题。

（设计意图：复习巩固上节课所学的单词和句型，并为新课的教学埋下伏笔，为新旧知识的教学起到连接的作用。）

Step 2　Presentation

1.教师出示学生熟悉的本校其他教师的照片并反复问：Who's that man / woman? Is she / he active / strict / young? 学生根据教师的提问进行回答。

（设计意图：如果不方便准备其他教师的照片，也可以用学生们熟悉的公众人物照片来代替。这个环节主要内容为句型"Who's that young lady?"和整篇课文。）

2.让学生看课件上教师提供的各种人物照片进行问答练习。学生相互进行问答练习。

3.点击课件，出示课文中校长的照片，并用箭头指出新单词 lady，解释为女士，教学生朗读单词。学生看课件，学习新单词 lady。

4.让学生根据图片来形容一下这位女士是一个怎样的 lady。引导学生说："She is a quiet / young / tall / kind lady."

（设计意图：这个过程在训练学生说单词 lady 的同时，也让学生运用了"She is a..."这个陈述句。）

5.点击课件出现 Mike 头像，Mike 问"Who's that young lady?"，让学生们猜，从而引出这个问句的答句："She's our principal."然后让学生分角色朗读这两句话。学生们回答 Mike 提出的问题，并分角色朗读课件上出现的一组对话。

6.课件中再出现一些其他角色，同样让学生猜测他们都是什么教师。学生反复运用句型"Who's that...? She / He is our..."进行猜测。

7.用出现过的人物以及对话组成一首 Chant。学生边拍手边唱歌谣，巩固刚刚运用过的句型。

（设计意图：这里用歌谣突出学习重点。）

8.再次出现 principal 的图片，教师故意用一般疑问句提问，如"Is she active?""Is she old?"等，并及时板书。

（设计意图：学生在教师的引导下进行肯定或否定的回答。）

在学生进行肯定或否定的回答后，教师要将学生的回答及时板书，引起学生的注意，同时突出学习重难点，并要求学生看着板书朗读几遍。

9.用陈述句和一般疑问句编一首 Chant。学生朗读这首歌谣。

（设计意图：突出陈述句和一般疑问句的区别，帮助学生区分什么是一般疑问句。）

10.播放 B Let's talk 的录音，要求学生仔细听，并回答问题。学生听完后，回答跟课文有关的基本问题。

11.再次播放录音,要求学生打开课本跟读、分角色读,最后再分角色表演。学生打开课本第 8 页,模仿课文录音跟读、分角色读,最后再分角色表演。

12.播放本课时 Let's try 部分的录音。听录音选择正确答案。

Step 3　Practice

教师根据 Group work 的游戏方法,先将一位教师的照片藏在身后,然后说:"She / He's a teacher.Who's she / he? Guess."学生运用句型"Is she / he...?"来猜测。

(设计意图:对于表现良好的小组要给予适当的表扬和鼓励。)

Step 4　Consolidation

1.引导学生完成拓展活动。模仿 Group work 的游戏方法,让大家猜一猜某位学生的好朋友,他最喜欢的教师或明星是谁等。

2.播放音频 Let's check。将课本翻到本单元的 Let's check,听录音标号。

Step 5　Assessment

教师朗读"学习评价"里的录音材料。反馈练习的答案,并进行讲解。学生完成配套的练习,并及时订正题目。

Step 6　Homework

听读并背诵第 8 页 Let's talk,抄写第 8 页对话两遍。

教学板书设计

> Unit 1　My new teachers Lesson 5
>
> She / He is...
> Is she / he...?
> Yes,she / he is.
> No, she/he isn't.

教学评价设计

本课的评价以鼓励为主,培养学生学习英语的积极性。评价形式多种多样,有教师对小组的评价、教师对个人的评价、小组对个人的评价和学生对自己的评价,充分体现以学生为主体的评价原则。再者,本课的评价渗透在教学的各个环节中,并在听、说、认、读、学生参与的积极性和学生的合作这几方面予以具体化,

使教师能随时获取学生反馈的信息,而学生能正确地肯定自我并及时地认识到自己的不足,懂得自己评价自己。

教学设计反思

在设计本课时我确定了通过重点内容,操练重点句型来重点突破的方法,结合听、说、读、写的综合训练来从不同方面、不同层次提高学生的学习效率,提高教学效果。

点评

热身环节,通过几句简单的问候,唱歌谣,谈论关于本校教师的话题,让学生快速地融入英语学习的氛围中,拉近了师生间的距离,同时也预设了本课的新学内容。新知呈现环节中,继续学生们所熟悉的新知呈现,过渡自然,学生易于接受。PPT 在呈现图片的同时出示对话内容,既简化了教学内容也有效地吸引学生们的注意力,并突出了本课教学重点。显现阶段第七个步骤中的学生边拍手边唱歌谣,巩固刚刚运用过的句型,很有效地唤起了学生的无意注意,及时复习了新知,为接下来的练习打下了很好的基础。总的说来,教师通过创设真实的语境,尝试让学生扎扎实实学英语,轻轻松松说英语,应该能取得很好的效果。

课　　　　题:Module 8 Unit 1　We're going to visit Hainan.
课　　　　型:对话课
教　　　　材:外研版《英语》(三年级起点)
年　　　　级:四年级上册
教学设计人:重庆市彭水县保家镇中心校　冉海涛
教　　　　龄:7 年

教学观念(理念)

依据《义务教育英语课程标准(2011 年版)》的基本理念,英语课程要面向全体,注重素质教育,关注学生情感。我采用温故知新、循序渐进、观察分析的学法为指导,基于小学生的心理特点集游戏与英语学习为一体,让学生在创设的情境中模仿操练交流。在教师的指导下,以学生为主体,通过听、说、玩、演唱等活动来达到学习目标,习得语言。根据英语教学的直观性、趣味性和实践性原则,我充分利用单词卡片和课件等来辅助教学。

教学分析

1.内容分析

在教材内容安排上,本教材以学生生活为主要内容,并且同一题材在全套教材中会重复出现,但随着学生年龄的增长,其内容会逐步扩展加深。本课是外研社版新标准小学英语教材三年级起点四年级上册 Module 8 Unit 1 We're going to visit Hainan。主要教学内容是使用" be going to... "讲述自己的计划和即将发生的事情。这是学生第一次接触" be going to..."句型。另外,本课文本虽然

是对话形式,但相对来说,"一对一"的对话特点不明显,主要还是以讲述性的句式呈现。而且本课涉及的生词较多,课文句子较长,尽管话题内容紧扣学生实际,但学习起来可能会有一定的难度。

2.学生分析

本次的授课对象是小学四年级学生。他们有了一定的英语学习基础,对英语有着极大的学习热情,乐于在教师的引导下积极地参与到课堂中来。对于 swim,sea,plane,from,China 等单词有可能都知道,但也有可能不全知道。根据学生认知情况来处理,如果学生会就一略而过,如果不会就简单教授一下,为新授打下基础。

教学目标

基于《义务教育英语课程标准(2011 年版)》的相关要求确定,基于分析板块的学生实际情况确定,含目标、重点和难点。

1.语言知识目标

大部分学生能听懂、会读、会说单词 plane,sea,swim,China,tomorrow,get up,visit,from。大部分学生能听懂课文,并回答教师提出的问题。

2.语言技能目标

多数学生能运用本课所学句型"I'm going to.../We're going to..."与朋友谈论自己将要做的事情。

3.学习策略目标

培养学生主动用英语与他人交流,能积极与他人合作,共同参与,合作完成学习任务。

4.情感态度目标

带领学生了解一些关于旅游的知识。通过对本课的学习,让学生学会从小就要有计划地做事情,合理地安排时间。

5.文化意识目标

扩展学生的视野,感知祖国的美好河山,增强爱国意识。

教学重、难点

1.教学重点

单词 plane,sea,swim,China,tomorrow,get up,visit,from 的认读及运用。句型"I'm going to.../We're going to..."的运用。

2.教学难点

"be going to"句型的理解与运用。

教学方法及策略

情境教学法、小组合作学习法、讨论法。

资源运用

幻灯片、单词卡。

教学流程设计

Step 1　Warm up

1.Greeting & Sing a song：*Three Green Parrots*.

（设计意图：让学生在轻松愉快的交谈中感知英语，为下面学习新课做好铺垫，同时也对学生进行了英语思维的训练。）

2.Presentation.

A.Show the learning task.

T：Children，do you like travel？Why？通过与学生讨论旅行引出本课的教学任务，本环节中大部分学生能用所学的知识进行交流，有的学生还能用上课外的知识。

B.Learn new words and new sentences.

（1）幻灯片出示海南美景图。T：Look！Where is it？学生回答后教师总结，并引到今天的课题上。Yes.It's Hainan.How beautiful it is！I'm going to visit Hainan.（板书 I'm going to visit...）Children，are you going to visit Hainan？T：Oh！We're going to visit Hainan.（手指着回答 Yes 的学生，板书课题 Module 1 We're going to visit Hainan。领读两遍课题）

（2）依次出示青岛、上海、大连等图片，让学生更多地练习句型：I'm going to visit...

（设计意图：直接用"be going to"的形式表述，在精心设计的层层递进的提问中，让学生感知将要发生的动作的表达方式，并唤起学生对新课学习的兴趣与热情。）

（3）T：I'm going to visit Hainan.But Hainan is too far.How shall I go？Can you help me？根据学生的回答，选择最合适的方式并进行教学。

T：I think it's a good idea！I'm going to go by plane.（幻灯片出示飞机图

片,板书 go by plane,教师拿 plane 单词卡片)领读"Plane,plane,by plane"。

（设计意图：采用图片和在具体的语境中讲授短语,可以让学生在有意义的语言环境中非常自然地接受,在此过程中,对学生进行适当的激励教学评价,让学生体验到习得语言的快乐。）

T:My children,Hainan is a beautiful city.It's next to the sea.Look! What's a beautiful sea!（幻灯片依次出示大海、游泳和游泳衣的图片）教师结合单词卡片教学单词 sea,swim,swimsuit。最后利用多媒体、单词卡片、动作表演等多种形式出示单词 get up,visit,tomorrow 并领读。本环节采用多媒体、单词卡片、动作表演等多种方式让每一个单词在学生脑海中多维重现。通过分组读、个人读、表演读等多种形式练习单词,提高了学生的学习兴趣,避免枯燥。

Step 2   Practice

Play a game.游戏方法:利用单词卡片,让学生左转三圈,右转三圈后快速说出所看到的单词,说对的给所在小组奖励。这个环节依次练习 sea,swim,get up,China,from,tomorrow,visit。

Step 3   Learn the text

T:Look! Who are coming?（出示 Sam 和 Amy 的头像）

1.Listen and answer.（学生合着课本听）

Q1:What are they going to go?

Q2:What is Sam going to do?

2.Listen,point and answer.（学生打开课本看书,听录音然后回答问题）

3.Listen and repeat.

4.读课文找出"We're going to...""I'm going to..."。

（设计意图：让学生整体感知课文。让学生带着任务有目的地听录音学课文,边听边指所听到的句子。）

Step 4   Production

本环节在每次听录音或跟读之前都提出任务,让学生带着任务学习,培养学生边听边思考、边读边想的好习惯,学生在完成任务的过程中学习了课文;同时,将对学生的情感教育寓于其中。

Step 5   Show time

角色扮演课文中的五个人物,表演课文（小组完成并展示）。小组表演让每一个学生都有展示的机会,使同学们都体会到了成功的快乐。

（设计意图：采用小组合作方式,既培养了学生的集体合作精神,巩固了所学知识,同时也使操练更加充分、到位,使学生对本课要求掌握的重点操练到熟练和自动化的程度,为在实际中运用打好基础。)

Step 6　Read and let's chant

本环节对课文中的句子和单词进行复习。欣赏有关海南的景色和特产。

(**设计意图**:扩展学生的视野,感受祖国的大好河山,增强爱国意识。)

Step 7　Homework

请制作自己和家人在寒假的旅游计划!

(**设计意图**:与开头呼应,不仅操练了目标语言"be going to",引导学生运用所学知识解决实际问题,同时也激发了学生对祖国大好河山的热爱之情。引导学生把所学知识应用于实际生活中,最终提高实际运用语言的能力。将课内学习延伸到课外,维持学生对英语的持久学习兴趣。)

教学板书设计

> Module 8
>
> Unit 1　We're going to visit Hainan.
>
> I'm going to visit...
>
> go by plane
>
> plane sea swim swimsuit
>
> get up visit tomorrow

教学设计反思

(1)在本课教学设计中,我借助直观教学、PPT 教学、情境教学等丰富实用的教学方法,组织学生进行广泛深入的语言实践活动,通过多种手段激发学生实践的热情。

(2)本课向学生展示了几个城市的图片,吸引学生的兴趣和注意力,使得旅游这一主题更深入,由此引出本文将要学习的句型"be going to"以及怎么去。

点评

本节课是一节小学中段的会话教学课,能够根据小学英语教学策略和小学英语教材的编排特点设计教学过程,在教学过程中很好地贯彻英语教学所提倡的任务型教学原则,并运用多种教学手段以达到教学目的。本节课的教学环节设计循序渐进,基本教学环节是歌曲热身—Free talk 自然引入课题—在一定语

境中呈现新知——运用多种方法巩固拓展。教学活动由易到难,每一个教学活动都有明确的任务目标。

　　本课的不足之处是新知呈现和机械操练环节较多,意义操练和拓展延伸环节较弱,建议多设计有效的意义操练和真实的交流运用,可以在开课之初就抛出本课的任务:制订假期旅行计划。从而让学生带着这个终极任务学习,在最后拓展环节教师先带领学生设计旅游计划(攻略)然后分组制作小组的旅游攻略。

课　　　　题：Module 8 Unit 1 Looking at photos（第一课时）
课　　　　型：新授课（对话）
教　　　　材：外研版《英语》（三年级起点）
年　　　　级：六年级上册
教学设计人：重庆市彭水县保家镇中心校　　冉海涛
教　　　　龄：7 年

教学观念（理念）

本课根据《义务教育英语课程标准（2011 年版）》理念、小学六年级英语教学要求、本课教学内容和教学目标、学生的年龄特征和基础知识进行设计。

以"学生为主体，教师为主导"创设教学情境，运用多媒体课件辅助教学。采用任务型教学途径，通过游戏、竞赛、表演、调查问卷等形式引导学生学习问句"Do you often do sth.?"并根据实际情况用"Not really./Not very often."等回答问题。让学生循序渐进，学会如何正确运用"Do you often do sth.?"和"Not really./Not very often."进行对话，帮助学生巩固运用新知识，同时培养良好的生活习惯。

教学分析

1.内容分析

本教材的特点是时代性、实用性、基础性和人文性，本节内容教授学生学习怎样用英语表达兴趣爱好，这就充分体现了实用性和基础性的特点。本节重点学习几个频率副词的使用，以及一些非常贴近生活的动词短语的使用和一般疑

问句的再学习,对本教材前几册的学习起到一个总结、复习的作用。

2.学生分析

学生来自六年级,已经有三年学习英语的经验积累,学生有了一定的词汇量基础,有了一定的学习热情,掌握了一定的学习方法。而且学生在合作学习以及在真实的任务中运用所学语言进行交际的能力等方面都较低年级时有了很大提升。通过学生前几个模块学习过程中的课堂表现、作业情况以及试卷分析,可以看出部分学生对于经常使用的一些动词短语的掌握程度很不错,对频率副词的使用也有了一定的了解,一般疑问句的问答也有不少学生已经掌握,但是大部分学生还有很大欠缺。就本单元来讲,大多数的学生对于频率副词的使用没有明确认识,也没有系统的了解,而常用动词短语也存在部分遗忘现象。

3.环境分析

在教授新语言点时,要尽可能多地联系实际生活,创造生活化的语言环境,让学生在语境中更好地理解课文,同时采取小组合作学习的方式加强生生合作与互动,通过任务驱动,鼓励学生在真实的情境中运用所学语言,让学生在大胆实践和积极参与的过程中,培养其积极的情感态度和自主学习能力。

教学目标

1.语言知识目标

能熟练听说读写单词:often,clean。能认、读、使用动词短语:play with dolls,read stories,clean your room,help your mom,speak English,play basketball,play football.能理解并灵活运用句型:Do you often...? Yes,I do./No,I don't./Not really./Not very often./Do you like reading books now?

2.语言技能目标

学生能够在创设的情境中对别人经常做什么,喜欢做什么进行较流畅的问询和回答。能够灵活运用功能语句在真实的生活情境中调查并转述别人的活动。

3.学习策略目标

尝试阅读英语短文,积极与他人合作并运用所学语言进行表达和交流。通过"小组合作学习"方式提高团体协作和运用语言的综合能力,最大限度地调动和发挥学生的内在潜力,进行语言知识的主动练习和运用。

4.情感态度目标

通过多种形式的教学活动,激发学生学英语的兴趣,用"Do you often ...?"

询问别人的日常行为。引导他们积极参与小组活动。

5.文化意识目标

培养学生的合作精神和与人交流的能力。

教学重、难点

1.教学重点

能理解 often,并运用句子"Do you often...?"。知道以下几种回答的区别：Yes,I do./No,I don't.Not really.Not often.Yes,of course.并会根据喜好程度做出正确的表达。

2.教学难点

句型:Do sb. often do sth.? 及频率副词的使用。

教学方法及策略

任务教学法、情境教学法、小组合作法、游戏法等。

资源运用

教学具:调查表、单词卡片、多媒体课件、CD-ROM。

教学流程设计

Step 1 Warm up

1.Greeting.师生进行日常打招呼对话。

（设计意图:让学生在轻松的环境中进入英语课堂。）

2.Revise.让学生运用上节课所学的描写动物的语言自己编谜语,若学生有困难,教师可先引导。

（设计意图:复习上节课目标语言,检验学生掌握程度。）

Step 2 Presentation

1.Lead-in.通过课件给学生展示一些照片,引导学生说出"看照片 look at photos",课件出示本课时的课题 Looking at Photos,让学生跟读这一短语,强调照片的复数形式。

（设计意图:引出本课标题。）

2.Show pictures.给学生展示一些和所学动词短语相关的图片,让学生猜出动词短语,并领读。

(设计意图：展示并学习这节课要学习的动词短语。)

3.Game：I do，you guess.挑学生上台当小演员表演动作，其他同学来猜短语。

(设计意图：巩固动词短语的学习。)

4.Sentences.课件展示葛优的图片，引出句型：Do you often go to see films? 再引导学生说出它的回答：Yes，I do. / No，I don't.

Step 3　讲授新课

1.听录音。T：Now，our friends，Amy and Lingling are coming.What are they doing? Can you guess?

(设计意图：先引导学生猜一猜，旨在激发学生的好奇心，培养学生发散思维能力，让他们带着探究的欲望去认真倾听和观看对话。)

T：Maybe.Let's look at the title，and see whether you're right. Let's listen to the text(播放录音)and answer question(回答问题).

How many photos are they talking about?

(设计意图：给英语基础差的学生一个机会，通过看一下课本的插图就可以回答问题，让基础差的学生感到这节课很简单，调动积极性。)

2.Listen again.(边听边跟默读)回答以下问题：

(1)Does Amy often play with dolls?

(2)Does Amy often read stories?

(3)Does Lingling often clean her room? 讲解：stop 过去式 stopped，love 过去式 loved。

(设计意图：通过问题的问答，先听录音整体感知课文，引导学生捕捉 key information and general idea，帮助学生初步理解对话的内容，使学生整体感知和了解文本的意思。适时操练本课重点句型。)

3.学生跟读—自读课文—齐读。

Step 4　Consoltdation

1.Choose True or False.(判断对错)

(1)Lingling wants to see Amy's photos.

(2)Amy often plays with dolls.

(3)Amy doesn't often read stories.

(4)Amy often cleans her room.

(5)Lingling often cleans her room.

(设计意图：学生进一步理解感知课文，并根据已掌握的信息做出判断。)

2.Complete sentence.(补充句子)

(1)Do you (经常)read books? Yes,I do.\ No,I don't.

(2)Do you(玩娃娃)?

(3)(阅读)Very much.

(4)I can/I like(打扫我的房间).(不经常)

（设计意图：对于六年级的学生来说,要有一定的书写能力,本小题是对课文的检测,同时也考查了学生的书写能力。）

3.Play a game.(游戏)

首先,请一名同学到这儿背对着我们闭上眼睛,我把图片放在其中一个同学的桌子里面。然后,这个同学可以找一找图片在哪儿。这个同学找的同时,我们大声地读出重点句子,我们可以通过声音的高低来提示这个同学距离图片所放位置的远近。卡片句子：

(1)Do you often play with dolls?

(2)Do you like reading books now?

(3)Do you often clean your room?

（设计意图：游戏的进入,把本节课重点内容带入了高潮,极大地调动了学生的积极性。）

Step 5　Summary

1.学生跟教师一起复习本节课所学的单词与句型。

2.总结本节内容并表演小 chant。

Read read read books.Do you often read books? Yes,I do.Yes,I do.

Play play play with dolls.Do you often play with dolls? Not very often.Not very often.

Clean clean clean your room.Do you often clean your room? Not really.Not really.

（设计意图：这一部分是对本课重点句型的总结。）

Step 6　Homework

1.听录音、跟读对话,并尝试与同伴表演对话。

2.读、背本课所学短语。

3.课下练习句型"Do you often...Do you like...?"及其回答。调查一下你同学经常做什么? 喜欢做什么? 并记录下你调查的问题和结果。

Do you often	Yes,of course	Not very often	Yes,I do	No,I don't	Not really
play football					
watch TV					
go shopping					
clean your room					
read stories					

（**设计意图**：巩固并检验本课所学内容，作业的设置也是课堂的延伸，继续完成本节课的任务教学。学生通过表格体会、学习频率副词 always，often，sometimes，never。通过这个调查活动，让学生将本节课所学进行运用，同时为了完成本节课的任务搜集好信息，做好铺垫。让学生通过表格更形象地理解频率副词。）

教学板书设计

Unit 1 Looking at photos

often clean　　Do you often...?

always never　　Yes，I do./No，I don't.

Yes，of course./Not really./Not often.

教学评价设计

对于高年级学生多以鼓励为主，不经意的一句赞扬，一个赞许的眼神或者通过大多数学生肯定的掌声对学生来说都是一种莫大的鼓舞，这种表扬胜过分数甚至胜过任何物质的奖励，多用这种鼓励的方法也许会收到意想不到的课堂效果。

教学设计反思

在对这节课的备课过程中，我对于学生现在的认知情况又有了新的了解，哪些学生哪些部分掌握得好，针对掌握得不好的进行重新整理，有助于随时更新教学计划和教学步骤。本课的设计比较切合实际，能做到以学生为主体，且有较多的互动环节。

英语教师要培养对学生的亲近感。在课堂教学中英语教师要十分尊重学生,注意激励学生,关注学生学习过程。

点评

从这节课的预设上,课堂节奏快,活动多,以学生为主体,教师选取贴近学生生活的体裁进行教学,选取了学生喜爱的卡通形象和感兴趣的图片展示描述人或物的形容词,能抓住学生的有意注意,自然地渗透语言点。如:出示演员葛优的图片,运用之前的语言点进行练习,明星效应调动了学生的学习兴趣。巩固部分,教师带领学生回归文本,通过听音、默读、跟读、自读递进,照顾了班上所有层次学生的需要,同时也内化了重点句型。课堂语句训练有层次,快而实。教师也注意到了先把对话内容巩固实后再联系学生实际生活使用重点句型。建议教师从多角度设计句型练习,要给学困生时间进行练习,不要仓促进行句型应用和拓展。

课　　　题：Unit 1 Lesson A Let's spell（第三课时）
课　　　型：语音课
教　　　材：人教版《英语》
年　　　级：四年级上册
教学设计人：重庆市大足区元通小学　　李燕红
教　　　龄：14 年

教学观念（理念）

通过多媒体、卡片、自制的教辅工具等，采用快乐的学习方法，让学生掌握自然拼读法的基本要领。让学生在听中学（感知）、听中做（输入）、学中做（解码）、学中拼音（展示输出）、拼音中记忆单词（突破）。我们的学生没有一个学习英语的大环境，我们教师给学生创设一个学习的小环境。

教学思路是通过知名的英语教学专家 Craig Wright 的 5 个 E 的学习方法——Effective（有效率），Efficient（有效果），Engaging（在互动中学习），Educational（有教育功能），Entertaining（有娱乐）——尝试组织本节课的教学。

教学环节是依据崔允漷专家的 4 维度 20 个视角 68 个点下的部分点来设计的。

教学分析

1.内容分析

本节课是 Let's spell 部分。本部分分为 Read，listen and chant（呈现 a—e 在单词中发长音/ei/的规律），Read，listen and number（通过听力活动对比 a/a-e

的音、形对应关系)，Listen，circle and write(通过听音写单词活动帮助学生按照发音规则拼写单词)三部分。

2.学生分析

学生是来自农村小学四年级的学生。由于是农村最底层的英语教学，虽然是三年级开课，但是由于学校师资缺乏，学生只是机械地认识了26个字母和少量的单词。对于字母的准确发音及口型，都缺少了解或认知。所以学生的发音水平仍然处于零水平阶段。

3.环境分析

首先，就农村英语教学来说，农村的家庭不重视学生的英语教学，在家中接触英语的可能性，除了教师布置的作业外，其余几乎为零。就学校来说，教学资源也相对落后和匮乏。所以，农村英语教学大多停留在了完成任务而教学。

教学目标

《义务教育英语课程标准(2011年版)》(以下简称《课标》)指出：在英语教学起始阶段，语音教学主要应通过模仿来进行，教师应提供大量听音、模仿和实践的机会，帮助学生养成良好的发音习惯。

1.语言知识目标

(1)学生感知 a 和 a-e 组合在单词中的发音规则。

(2)掌握 a 的发短音/æ/和 a-e 组合发长音/ei/。

(3)简单了解字母 a 的两个发音规则。

2.语言技能目标

(1)学生能准确发字母 a 的短音和长音。

(2)学生能基本掌握自然拼读的技能。

(3)学生能拼读字母 a 和 a-e 的单音节词。

(4)学生能通过自然拼读，简单记忆单词。

3.学习策略目标

(1)模仿练习策略。《课标》指出：在英语教学起始阶段，语音教学主要应通过模仿来进行，教师应提供大量听音、模仿和实践的机会，帮助学生养成良好的发音习惯。①听音。听音是学习语音的第一步。应该让学生多听音，教师可以提供原声语音资料，使他们接触和学习地道的发音。②模仿。模仿时可采取集体模仿。③仿说。在听音、模仿的基础上可以进行仿说。

(2)让趣味一直伴随语音教学。都说语音教学难教、枯燥、乏味，用 phonics

教学能持续学生学习的兴趣。

4.情感态度目标

让学生快乐学英语。让我们的英语课堂真正的"活"起来。

5.文化意识目标

欣赏、感知、了解 26 个英文字母的发音。

教学重、难点

1.教学重点

字母 a 和 a-e 的发音及发音规律。拼读符合 a 和 a-e 发音规则的单词。

2.教学难点

学生对发音、口型与气息的掌握。自然拼读的方法与技巧(突破学生哑巴式的英语学习方式)。元音和辅音搭配拼读与汉语拼音的区别。(学生拼读汉语拼音成习惯,英语拼读与汉语拼读的纠正较难)

教学方法及策略

1.教学方法

(1)游戏教学法:用游戏进行语音教学,使学生在乐中学,在活泼、轻松、愉快的气氛中自然而然地获得英语知识与技能。

(2)情境教学法:情境是教师创设生活场景让学生学习英语,应具有真实、生动、实用的特点,便于学生持续学习的兴趣。

(3)合作学习法:小组协作创新单词,并读出来。

(4)自然法:这种方法允许学生根据自己对已学知识的熟练程度来参加活动。

2.教学策略

(1)依据学生喜欢动画的特点,利用 26 个字母发音的动画导入新课。首先就吸引学生学习的乐趣。

(2)根据学生的童心特点,利用多媒体,对课文(read,listen and chant)部分进行的文本再构。提升学生学习兴趣,让学生快乐学英语。

资源运用

教学具:字母卡片、自制字母玩具、多媒体、PPT 等。

教学流程设计

Step 1 Warm up

1.Let's sing *ABC* song.

播放 Flash。让学生一起唱 ABC 歌,复习 26 个字母读音。

2.Let's watch and follow.

播放 26 个字母的发音动画,让学生整体感知 26 个字母的发音并试着跟读。(语言输入)

3.Let's see.

PPT 快速呈现 26 个字母的元音和辅音的"分家",让学生复习元、辅音字母,并导入本节课的教学目标——元音 A。(语言输入)

Step 2 Presentation

(呈现 a 发音)

1.PPT 呈现字母 A 与 cat 的相遇。利用对比教学,让学生知道/ei/是 A 的字母音,/æ/是 A 的发音。呈现出本节课的教学目标/ei/和/ æ/,并教授。(输入)

2.利用单词 cat,组织 phonics(自然拼读)教学。(输入)

3.利用不同的字母卡片,比如 cat 中的 t 换成字母 p,反复练习。让学生掌握 a 的发音。(输出)

4.小组合作。教师说单词,学生用教具在小组中拼出单词。(输出)

5.播放 flash "a"的发音。(输入)

(呈现 a-e 发音)

1.通过单词 hat 的短音发音的复习,加入 a 的家庭成员 e。a 改变发音,发它的字母音/ei/。(输入)

2.换不同的辅音字母,让学生拼读,掌握 a-e 的发音规则。(输出)

3.小组合作。教师说单词,学生用教具在小组中拼出单词。(输出)

4.播放 flash "a"的发音。(输入)

Step 3 consolidation

PPT 呈现电子文本 Read,listen and number;Read,circle and write.播放并让学生做。检测学生对本节课教学目标的掌握情况。(输出)

Step 4 Practice

1.小组活动。让学生用教具造新单词。(输出)

2.小组表演。(输出)

Step 5　Homework

Work after class：

1.Read words with /æ/and/ei/.　　♡

2.Make new words with /æ/and/ei/.　　♡♡

3.Make new words and read.　　♡♡♡

（**设计意图**："授人以鱼不如授人以渔。"在我们大多数的英语教学中,我们教授的仅仅是 what,而忽视了 how 的教学。所以本节课我将以 phonics 的教学方法,让学生掌握拼读单词的技能。

语言学习的最终任务在于输出。而此年龄段的学习目标是在发展听说读写的基础上发展听、说技能。所以本节课我将遵循在教材的基础上,使学生能突破传统的学习技能,掌握自然拼读的技能。在以后能自主学习单词。

作业根据学生的素质而灵活设计,照顾学生的差异性。）

教学板书设计

Unit 1　Let's spell

Aa

a/ æ /　　　　　　　　　　a_e　/ ei /

Fan dad map cat cap　　　　hate face save

Hat ant can bag　　　　　　date wave name

教学评价设计

（1）获星星奖励方法。

（2）教师口头表扬法:Great! Wonderful! Proud of you! Well done!

（3）学生互评。

教学设计反思

本次的设计,主要考虑农村的学生基础差,每个环节都考虑此因素。比如:26 个字母的发音的动画,首先吸引学生的兴趣,又让学生整体感知。A 与小猫的相遇,主要考虑学生没有语音基础,让他们明显区别名字与发音。以此引出 A 与不同辅音字母的相遇所发的音,自然地进行自然拼读方法的教学。此部分是 A 闭音节的教授。A 的家庭成员 E 的加入,A 会用它的字母音,从而进行 a-e 组合发音的教学,即开音节教学。中间穿插 A 的短音与长音的 flash,既是总结,又提升了学生的学习兴趣。

点评

这堂课教学设计关注帮助学生建立学习的成就感和自信心。本课重在传授自然拼读的方法,帮助学生建立字母名和发音的联系。无论在目标设定、教学过程,还是课程评价等方面都突出了以学生为主体的思想。

在教学过程中,主要通过体验参与,让学生在教师的指导下,通过感知、体验、实践、参与和合作等方式,实现任务的目标,感受成功。在学习过程中进行情感和策略调整,以形成积极的学习态度。

在导入部分,通过唱字母歌,复习字母,再导入新课,不仅活跃了课堂气氛,也为下面的语音教学做铺垫。

在教授自然拼读时,采用 PPT 语音输入,指导学生拼单词,学生很容易接受,记忆也更加深刻。

然而,本节课也有一些需要改进的地方。例如,在字母发音的音素教学时应该教师示范发音,引导学生观察口型、发音位置等以便学生能正确发音。学生的活动设计较单一,输出方面的活动只有拼词和小组表演,应多设计一些学生喜欢的游戏,让学生在游戏中自然感知字母在单词中的发音。

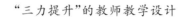

> 课　　　题:Unit 5 Look at the monkeys Part A(第一课时)
> 课　　　型:词汇课
> 教　　　材:人教版《英语》
> 年　　　级:五年级下册
> 教学设计人:重庆市南岸区教师进修学院附属小学　龚亚利
> 教　　　龄:10 年

教学观念(理念)

　　基础教育阶段英语课程的总体目标是以学生的语言知识、语言技能、情感态度、学习策略和文化意识的发展为基础,培养学生语言综合运用能力。根据多元智能理论,运用 TPR 来学习巩固词汇。根据学生的年龄特征,设计活动,让学生在完成任务的同时学到知识。

教学分析

　　1.内容分析

　　五年级下册四、五、六单元的主要内容就是现在进行时,而本节课是在学生学习了现在进行时一个单元之后,学习怎样描述动物的动作情况。学生对现在进行时已经有了初步的了解。本课时是人教版小学英语五年级下册 Unit 5 的第一课时。主要围绕"Look at the monkey.It's..."这个核心话题来展开教学活动,这个话题是小学生在日常生活中重要的话题,有现实意义,学生容易接受并掌握。

2.学生分析

Our students are in Grade 5.They are active and curious,interested in new things.After learning English for 2 and half years,they have some basic English background knowledge,so the teacher should attach importance to the communication with them,providing them the chances of using language.

3.环境分析

They have already known the words about animals and their actions.And in Unit 4 they have learnt present participle to describe housework and indoor activities.It is not difficult for them to understand and use present participle.But how to write running and swimming correctly is a little difficult.

教学目标

1.语言知识目标

(1)Students can listen,read and write the 5 new words:flying,jumping, walking,running and swimming.And can understand the verb's - ing form.

(2)Students can listen and read:Look at the tiger! It's running.The rabbit is jumping.And can use "What is the tiger doing? She's/ It's running".

2.语言技能目标

(1)To use "Look at the... The...is..." describe animals.

(2)To use " What is the _____ doing? It's..." to inquire and answer.

3.学习策略目标

To use -ing form to describe animals and have a conversation.

4.情感态度目标

Students can finish task time and enhance the consciousness of students love animals.

教学重、难点

1.教学重点

The important iterms are students can master the five present participle: flying,jumping,walking,running and swimming.And the students can use the present participle to describe animals' action in a situation.Such as "Look at the tiger! It's running. The rabbit is jumping"."What is she /it/ the fish doing?

She's/ It's swimming." to communicate with classmates.

2.教学难点

The first one is how to write running and swimming correctly. They should pay more attention to double n and double m. And the second one is students can use the words of animals and the verbs of their action to talk about the animals action fluently.

教学方法及策略

1.教学方法

TPR, task based approach.

2.教学策略

导入时利用全身反应法让学生快速进入学习的氛围中。通过直接的图片展示学习词汇,再结合听力进行练习,最后通过做描述动物的小册子让学生在做中学,并运用所学知识来描述动物。

资源运用

教学具:卡片,CAI 2,PPT 等。

教学过程设计

Step 1　Warm up

1.Greeting with the teacher. How are you? I'm fine. What about you? I'm fine, too.

2.TPR. Follow the flash PEP Book 1 U4 Let's Do "Hunt like a mouse", chant and do as the animals do. Hunt like a mouse. Walk like an elephant. Climb like a bear. Fly like a bird. Jump like a squirrel.

3.Watch a flash. U5 Let's Start. Yes! The zoo is never boring. So Zoom & Zip are going to the zoo. Let's go together.

(设计意图:In this step, let the students begin to learn in a happy and relaxing atmosphere, and leads to the class to talk about the topic.)

Step 2　Presentation

1.Watch a PPT, according to the teacher's lead in(Go to the zoo with Zip & Zoom).

"What is the rabbit doing?" Try to guess "It's jumping." And follow the teacher read jumping. Then 1 to 3 students will be invited to act: Jump like a frog/ rabbit/ squirrel. And try to say "The rabbit is jumping. The squirrel is jumping".

Watch a PPT, look at the dog and judge "Is the dog jumping too?" "No." Then follow the teacher and read running. And pay more attention to double n. And then practice running with the pictures of a horse and a tiger. Try to say: "The horse is running. The tiger is running." Some students act the sentences in front of the classroom. The other students try to use "The... is...ing" to describe animals activities on the PPT. Chant together. Walking, walking, the elephant is walking. Running, running, the tiger is running. Jumping, jumping, the frog is jumping.

2. Look at the teacher: I'm strong, I'm running like this. (with high morale) Now I'm tired, I'm running like this. (as walking) Am I running? They say no. And the teacher teaches walking. The students may say you are walking. Read walking together and the teacher chooses some to read and read in groups. The teacher asks: Who is walking? (PPT shows the cat, the elephant and other animals.) Students use "Look at the...It's...ing." to practice.

3. The teacher guide them the elephant is walking to the river. What's in the river? Students answer fish. Look and say what is the fish doing? Then follow the teacher "swimming" and pay attention to double m. Then look at the pictures of 4 swimming postures. Read the fish is swimming one by one in a group with doing the action. Look at the mother fish and a baby fish.

Try to say. Look at the fish. It's _____. And remember DO NOT swim in the river, lake or sea. It's very dangerous, you could kill yourself.

4. Ask students to listen and follow, and ask them to pay attention to the sound and the tone.

5. Look at the picture the teacher shows. And answer the teacher: "She is flying kite." Then look at the bird in the picture. Try to say "The bird is flying. And 2 birds are flying."

（设计意图：Through CAI, give students an intuitive visual effects, so that the students can understand the meaning of the word. Then create situations Go to the zoo with Zip and Zoom. In the zoo they can see many lovely animals, and talk about what they are doing. In this step, we focus on the words and the sen-

"三力提升"的教师教学设计

tencens：Look at the _____ fish. It's _____. In vocabulary and dialogue teaching，we always grasp the word from the sentence，and use the sentence to practise words.)

Step 3　Practice

1.Read the new words：jumping，running，walking，swimming，flying.Chant together：jumping，jumping，the rabbit is jumping.Running，running，the tiger is running.

2.Play a game.Let's play.Look at the pictures hide by another picture and guess what the animal doing is？They can use mother _____ or baby _____. So they can say look at the_____. It's _____ing. Then describe the animal's action and act.

3.Look at the PPT，follow the teacher and read what is_____ doing？ Choose one picture and talk. A：Look at the_____.B：What is the fish/ bee/ kite/ tiger/ butterfly/Superman/（mother horse，baby horse；mother kangaroo，baby kangaroo；mother panda，baby panda）... doing？　A：The...is...ing. Talk about it in pairs.Then act.

4.Listen to Let's try on page 59.Listen and match.

5.Go to the forest and look.What are the animals doing？

Watch VCD of Disney，and say：The _____ is _____.

（设计意图：Practise the words and the main sentences.To promote students' ability of using English through drilling，playing and listening.）

Step 4　Development

1.Look at the PPT. Ask and answer. What is Liu Xiang/Liu Zige doing？ He/She is...

2.Go to the circus.

Write and act in groups：

A：Look！ The animals are so lovely.　　B：The _____ is _____.
C：The _____ is _____.　　D：The _____ is _____.

ABCD：We love animals.

（设计意图：To strengthen the key words and sentences. To practise in groups and promote their communication and cooperation ability.）

Step 5　Conclusion

Be recommended a book *My Wild Animal Friends*. And look at the pictures.So we should love animals.

Homework：Make a funny book.

Book of Animals.Name：_____．They can use：cat，dog，pig，rabbit，duck，goose，hen，horse，zebra，donkey，lamb，sheep，goat，cow，bear，panda，lion，tiger，fox，elephant，bird...   （mother，father，baby...）walking，jumping，running，swimming，flying，sleeping，etc.Draw the picture with imagination，talk about it with your friends.

（设计意图：Consolidate the words and the sentences to cultivate students' attitude and emotion of loving and protecting animals.）

教学板书设计

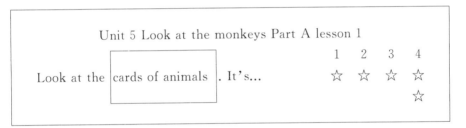

教学评价

1.评价内容

本堂课主要针对学生输出词汇语音是否准确；学生对句型的掌握是否流利，是否能在语境中运用；学生小组活动时的活跃性和纪律；以及在教学中，教师预设的目标在整堂课中的达成度来评价。

2.评价方法

口头表扬。如：Great! Good! Excellent! Well done! You did a good job!

小组参与度及准确度的积分换贴画，一个单元之后再整体评价，教师发小奖品。

教学设计反思

本课时主要围绕"Look at the monkey.It's..."这个核心话题来展开教学活动，学习怎样描述动物的动作情况。这个话题是小学生在日常生活中常见的话题，有现实意义，学生容易接受并掌握。学生通过与 Zip 和 Zoom 一起去动物园，谈论看到的动物正在干什么，进一步熟知常见动物的习性，从而培养学生热爱动

物、热爱大自然的良好品质。在整个设计中,活动较多,但是缺少一个中途放松的环节,在上课时可做适当调整。学生通过各种形式的操练活动,加强同学之间的合作学习与交流。

点评

该教学设计从话题出发,设计贴近学生生活的有趣情境,教学环节紧密相扣,层次分明。活动设计既能关注学生语言知识目标的达成,又能自然地让学生对知识进行迁移。词汇的呈现严格按照 TPR 原则逐一进行,且词不离句,注意词汇在句型中的操练和运用,为后续语段的呈现奠定了良好的基础,体现了设计的系统性。

课　　　题:Recycle 1 Let's read
课　　　型:对话课
教　　　材:人教版《英语》
年　　　级:六年级上册
教学设计人:重庆市南岸区教师进修学院附属小学　龚亚利
教　　　龄:10 年

教学观念(理念)

注重语言实践,培养学生的语言运用能力。教师要通过创设接近实际生活的各种语境,采用循序渐进的语言实践活动,以及各种过程与结果并重的教学途径和方法。结合实际教学需要,创造性地使用教材。比如根据学生周围的现实生活对教材编排顺序做适当的调整或者整合。

教学分析

1.内容分析

本单元是 PEP 六年级上期第一个复习单元,是对前三个单元语言知识的复习运用,主要围绕 weekend plan 这个核心话题来展开教学活动。于是我将"Where are you going?""What are you going to do?""When are you going?""How do you go there?"在备课的过程中进行了一定的加工,根据学生的实际生活,延伸、扩展了教材的内容。让学生在具体语境下会用这些句子来谈 weekend plan。除了教授课文中的重点句型外,还扩充了句型的多人称变化及特殊疑问句 what,when,where,how 在一般将来时的运用,同时创设情境,操练所学过的语言知识。

2.学生分析

六年级上期的学生有了一定的英语基础。对于我们学校的学生来说,六上这个时候,已经出现了一些两极分化。这堂课采取小组合作完成任务来学习。因为内容是复习单元,学生对重点句子已经了解,有的已经能很熟练地运用 what, when, where, how 来询问如何安排周末时间,有的只能在小组长的带领下掌握部分重点句型。

3.环境分析

本校处于城乡结合部,学生在课外没有英语学习的语言环境。

部分学生进入六年级后分化特别严重,在小组内跟同学一起尽力学习,能达到良好的学习效果。

教学目标

1.语言知识目标

(1)The students can understand "Let's read", especially how to get somewhere and what to do, etc.

(2)Master, where are you going? What are you going to do? When are you going? How do you go there?

2.语言技能目标

(1)Students can use the main sentences correctly.

(2)Ability: the students can talk with new friends about planning things.

3.学习策略目标

Task based approach and group work make students study from each other and promote their communication and cooperation ability.

4.情感态度目标

Learning where, what, when, how and can plan things. Then students can say: I think, I plan, I prepare, I can grasp the chance, I gain.

教学重、难点

1.教学重点

(1)To review "Where are you going? What are you going to do? When are you going? How do you go there?"

（2）To use these sentences to make a new conversation.

2.教学难点

（1）To use "Where are you going? What are you going to do? When are you going? How do you go there?" to ask and answer correctly.

（2）To use "Where are you going? What are you going to do? When are you going? How do you go there?" to describe the plan clearly.

教学方法及策略

1.教学方法

情境教学法、交际教学法。

2.教学策略

创设情境让学生在相应的语言环境中学习,有利于学生理解知识;通过交际的方式来操练知识点,进而达到有效输出的目的。

资源运用

结合之前三个单元的知识点和学生学习情况整合资源、PPT。

教学流程设计

Step 1　Warm up

1.Ask students to sing a song.How do you go to school?

2.Daily practice.

T:How do you go to school? S:I go to school by...

T:How do you go to Nanping? S:I go to Nanping by...

T:How do you go to the bookstore? S:I go to the bookstore by...

（设计意图:Let the students begin to learn in a happy and relaxing English atmosphere,and lead to the class to talk about the topic.）

Step 2　Revision and presentation

1.Look and say.

This is a bookstore.If you are going to the bookstore,what are you going to buy? I am going to buy a comik book/ story-book/magazine.

There is a clothes shop.If you are going to the clothes shop,what are you going to buy?

I am going to buy a new shirt/jacket.

Ask students to practise in pairs. Then show the conversation.

（设计意图：In order to respect students ability，decomposing knowledge and reducing difficulties.）

When are you going to the clothes shop?

2. Review when and this afternoon/this evening/tomorrow/this Saturday/this Sunday/next week/next Saturday. Read first then answer：I am going to the pet shop _____.I am going to the clothes shop...

（设计意图：Through some simple questions guide students in to English learning atmosphere in the classroom，and let the students try to understand the topic by themselves. And the important is that it can pave the way for the following learning.）

Step 3　Practice

1. Make a plan.

Ask and answer. Make a new dialogue.

A：Where are you going?　　　　　B：I'm going to _____ .

C：What are you going to do?　　　B：I am going to _____ .

D：When are you going?　　　　　B：I am going _____ .

E：How do you go there?　　　　　B：I go there _____ .

Show the conversations.

（设计意图：After leaning some simple dialogues，combine them into a new conversation. Promote students' language output.）

2. Let's chant.

I'm going to buy a book，I'm going to take a look，I'm going to bake a cake，I'm going to walk near a lake.

We are going to take a trip. We are going to take a sip. I'm going outside to play.

I'm going to have a good day!

（设计意图：Let the students relax，study English happily. And practise the main sentence "I am going to..."）

Step 4　Consolidations

1. Zhang Peng and Mike are our friends. Let's watch a flash about their plan.

（1）Try to answer the questions.

（2）Ask students to read and tick or cross.Then check.

（设计意图：To check students' ability of using the main items.）

2.Let's write down our weekend plan.

Hello.I'm _____.　　I'm going to the _____ this Sunday.

I'm going to _____.　　I go there by _____.

3.Share！I think.I plan.I prepare.I can grasp the chance.I gain.

Step 5　Home work

Make a dream vacation plan.

I'm going to the moon.I'm going next year.I'm going to do a project.I'm going there by spaceship.

（设计意图：Consolidate the main sentences. To cultivate students' attitude and emotion of planing and thinking.）

教学板书设计

Weekend　Plan

・Weekend Plan　　　　　　　　　　1　2　3　4

Hello.I'm _____.　　　　　　　　　☆　☆　☆　☆

I'm going to the _____ this Sunday.　　　　　　☆

I'm going to _____.

I go there by _____.

教学评价

1.评价内容

本堂课主要针对学生输出：

A：Where are you going? B：I'm going to _____.C：What are you going to do?

B：I am going to _____.D：When are you going? B：I am going _____.

E：How do you go there? B：I go there _____.学生的回答是否准确，是否流利,是否能在语境中运用;学生小组活动时的活跃性和纪律;以及在教学

中学生对"Let's read"的判断理解来评价。

2.评价方法

口头表扬。如:Great! Good! Excellent! Well done! You did a good job!

小组参与度及准确度的积分换贴画,一个单元之后再整体评价,教师发小奖品。

教学设计反思

本课时主要围绕"Weekend Plan"这个核心话题来展开教学活动。我将"Where are you going?""What are you going to do?""When are you going?""How do you go there?"整合在一起让学生在具体语境下会用这些句子来谈Weekend plan。这个话题是小学生在日常生活中常见的话题,有现实意义,学生容易接受并掌握。学生通过各种形式的操练活动,加强同学之间的合作学习与交流。在学会重点句型的同时,让学生慢慢学会做个有计划、善于思考的人。整个设计中,各个环节衔接紧密,前面为后面的做铺垫,学生学起来很容易。

点评

本节课是一节小学高段的对话教学课,整个教学过程结构清晰,目标明确,定位准确,重点突出,难点突破。整个教学过程都围绕本课的教学目标展开,过渡自然,环环相扣。

本节课以简洁明了的谈话复习旧知,又以此为突破口,以旧引新,步步深入,使新知引得自然、亲切,给人一种润物无声之美感。以"Weekend plan"这个小学生日常生活中常见的话题,创设使用重点句型的真实语境,让学生在真实的语境中运用语言,将语言知识转化为语言技能。通过自编对话、歌谣等形式呈现新知,阅读文中短文巩固新知,让学生写出自己的周末计划拓展延伸本课所学语言,同时无形中渗透学会做个有计划、善于思考的人这一情感目标。在各种活动中不但给学生结合自身实际情况操练语言的机会,也让学生在众人面前展示了自己的能力,尊重了学生的个体差异。